高等学校"十三五"特殊教育规划教材

现代特殊教育技术

主　编　葛修娟　胡作进
副主编　姚建东　李明扬　蒋小艳
　　　　张居晓　张胜伟　许梦阳
主　审　沈书生

南京大学出版社

图书在版编目(CIP)数据

现代特殊教育技术 / 葛修娟,胡作进主编. — 南京:
南京大学出版社,2019.1(2023.8 重印)
ISBN 978-7-305-21555-1

Ⅰ. ①现… Ⅱ. ①葛… ②胡… Ⅲ. ①特殊教育—教育技术—高等学校—教材 Ⅳ. ①G76

中国版本图书馆 CIP 数据核字(2019)第 013547 号

出版发行	南京大学出版社
社　　址	南京市汉口路 22 号　　邮　编　210093
出版人	王文军

书　　名　现代特殊教育技术
主　　编　葛修娟　胡作进
责任编辑　钱梦菊　　　　　　　　编辑热线　025-83592146

照　　排　南京南琳图文制作有限公司
印　　刷　南京玉河印刷厂
开　　本　787×1092　1/16　印张 18.5　字数 435 千
版　　次　2019 年 1 月第 1 版　2023 年 8 月第 4 次印刷
ISBN 978-7-305-21555-1
定　　价　45.00 元

网址:http://www.njupco.com
官方微博:http://weibo.com/njupco
官方微信号:njupress
销售咨询热线:(025) 83594756

* 版权所有,侵权必究
* 凡购买南大版图书,如有印装质量问题,请与所购
　图书销售部门联系调换

序

  我国政府历来重视特殊教育,关注每一个身体或精神等方面存在着障碍的个体,每一个孩子的发展都被视作整个教育体系的重要内容。对于这一特殊群体的儿童来说,他们同样需要形成综合素质,进行潜能开发和缺陷补偿,以满足未来社会的岗位需求。

  在特殊教育领域,信息化有着天然的优势,它可以从不同的方面实现对人的能力的拓展与延伸,丰富和发展人的核心素养,因此,将现代信息技术的最新研究成果纳入特殊教育体系,助力特殊教育现代化的目标实现,已经成为特殊教育学校不得不面对和适应的重要内容。葛修娟老师团队长期从事特殊教育领域的师范生教育技术课程的教学研究与实践,并围绕特殊教育群体中的不同特点与学生可能存在的多样性,潜心探讨特殊教育中的信息技术应用、课程建设与教学实践等问题。其团队编写的《现代特殊教育技术》一书,能够聚焦特殊教育行业的教师教育技术能力发展需求,关注学生乏能的特殊性,结合互联网+、移动学习、大数据和云计算等在特殊教育领域的应用可能性,就如何合理选择和应用现代信息技术,如何巧妙运用不同的技术表征方式,如何设计适合学习困难或肢体有缺陷的孩子的学习活动等进行了系统化的设计和阐述。

  目前,我国提出要大力推进特殊教育课程教学改革,加强特殊教育信息化建设和应用,重视教具、学具和康复辅助器具的开发与应用。《现代特殊教育技术》适应这一时代要求,从培养学生的现代教育技术能力出发,紧密结合特殊教育特色,具有较强的针对性与实用性。

  相信这本教材的出版,能够为未来从事教育技术和特殊教育工作的教师拓宽视野,能够引导未来教师系统思考如何成为一名合格的助学者,通过向信息技术借力,催生教学过程的变革,让每一个孩子都能够得到最合适的发展。

沈书生

南京师范大学教授,教育技术学博士生导师

2018.12.18

前　言

《国家中长期教育改革和发展规划纲要(2010—2020年)》提出要关心和支持特殊教育,提高残疾学生的综合素质,注重残疾学生的潜能开发和缺陷补偿。2014年,教育部等七部门发布《特殊教育提升计划(2014—2016年)》,提出要大力推进特殊教育课程教学改革,加强特殊教育信息化建设和应用,重视教具、学具和康复辅助器具的开发与应用。在中央推进特殊教育现代化、信息化和"十三五"纲要方针指导下,将高科技手段和信息技术纳入特殊教育现代化的建设目标之中已经成为很多特殊教育学校的工作重点。用新的教学理念武装思想,用新的教学组织形式改变教育的进行过程,用最新的和最适合的技术手段促进特殊需要儿童的学习,关注每一个特殊儿童的发展,提高教学效果是每个特殊教育工作者的目标,也是本教材编写团队的初衷和目标。

本教材从培养学生的现代教育技术能力出发,紧密结合特殊教育特色,以特殊教育信息化为导向,以服务残疾人为宗旨,理论联系实际,深入浅出地安排了整个教学内容。全书共分为三篇十个章节,从理论、教学和实践三个层面对师范生应该掌握的特殊教育技术问题进行了较为系统的探讨。理论部分详细介绍了教育技术的概念、发展简史;特殊教育的概念、发展简史;特殊教育信息化的概念和重要意义,同时结合互联网十,介绍了移动学习、大数据和云计算等在特殊教育领域的运用现状。教学部分介绍了不同类型特殊教育学校的教学原则、方法和老师应该具备的素质以及不同类型特殊学生的特点和不同类型特殊教育学校的特色教学媒体,并结合时代特色,介绍了新兴技术在特殊教育领域的运用。在实践部分,专门用一章的篇幅讲解多媒体课件的概念、类型、制作步骤和使用注意事项等,还详细介绍了用不同软件进行多媒体课件制作的方法等内容,同时对目前非常流行的微课和慕课的制作做了详细的介绍。

本教材的编写是整个团队工作的结晶,全书由沈书生教授主审,葛修娟老师和胡作进老师负责整本教材内容体系的安排和审定,具体章节编写分工如下:第一章、第六章、第八章、第九章第二小节由葛修娟老师编写,第二章、第三章、第四章第一小节、第二小节、第三小节由李明扬老师编写,第四章第四小节由姚建东老师编写,第五章由张居晓老师编写,第七章、第九章第一小节由蒋小艳老师编写,第九章第三小节由许梦阳老师编写,第十章由张胜伟老师编写。姚建东老师和张世军经理(索诺瓦听力技术(上海)有限公司)对第四章的其他内容进行了审核,肖亚仙老师(南京市育智学校)对第六章的内容进行了审核。每章内容的编排都采用:学习目标、思维导图、主要内容和思考与练习四个部分。实践部分的内容均采用任务驱动法,让学习者在完成任务的过程中掌握软件的使用方法。

从教材的特色和创新点方面来说,本教材重点关注教育技术与特殊教育的融合,选择了教育技术与特殊教育之间的交叉点,试图弥补国内特殊教育技术方面的空白;本教材突出介绍特殊学校特色的现代教育技术手段,使用的特色的教学媒体,让学生在学校就能了解特殊教育学校的常规和特殊教学手段,为以后的工作打下坚实的基础,同时让学生了解、掌握特殊教育学校多媒体课件的制作方法和制作原则。

本教材建设秉承立体化、精品化的理念,积极提供多种教学资源,最大限度地满足教师教学需要和学生自主学习需要。在教材目录部分提供二维码,通过扫描二维码的形式,为教师和学生提供包括重要知识点、延伸阅读内容、参考资料、习题参考答案、教材内容配套素材、配套教学课件等多种形式的资源。

本书既可以作为高等特殊教育院校师范类公共必修课"现代教育技术"课程的教材,也可以作为高等学校特殊教育专业学生专业技能训练类课程的教材,亦可作为各级各类特殊教育教师师资培训教材,或者对教育技术和特殊教育感兴趣的学习者自学指导书。

由于新技术的不断发展和编者自身知识水平的局限,书中难免有偏漏和不妥之处,恳请广大读者批评指正。

编　者

2018 年 12 月

目 录

配套数字资源概览

第一篇　理论篇

第一章　概　述 …………………………………………………………………… 3
第一节　教育技术的概念和发展简史 ………………………………………… 3
第二节　特殊教育的概念和发展简史 ………………………………………… 7
第三节　教育信息化 …………………………………………………………… 12
第四节　特殊教育信息化 ……………………………………………………… 14

第二章　"互联网+"时代与特殊教育 …………………………………………… 19
第一节　"互联网+"与特殊教育 ……………………………………………… 20
第二节　移动学习与特殊教育 ………………………………………………… 22
第三节　大数据与特殊教育 …………………………………………………… 25
第四节　云计算与特殊教育 …………………………………………………… 29

第二篇　教学篇

第三章　教学媒体概述 …………………………………………………………… 35
第一节　教学媒体的概念 ……………………………………………………… 35
第二节　教学媒体的分类 ……………………………………………………… 39

第四章　聋校教育技术 …………………………………………………………… 57
第一节　听力障碍概述 ………………………………………………………… 57
第二节　聋校教育教学特点 …………………………………………………… 64
第三节　聋校使用的教学媒体 ………………………………………………… 68
第四节　纯音听力检测基础 …………………………………………………… 79

第五章　盲校教育技术 …………………………………………………………… 83
第一节　视力障碍的概念和特点 ……………………………………………… 83
第二节　盲校教育教学特点 …………………………………………………… 88
第三节　盲校信息无障碍 ……………………………………………………… 92

第四节　读屏环境下的教育技术 …………………………………… 96
   第五节　常用的科技辅具介绍 …………………………………… 120

第六章　培智学校教育技术 ……………………………………………… 132
   第一节　智力障碍的概念和特点 ………………………………… 133
   第二节　培智学校教育教学特点 ………………………………… 137
   第三节　培智学校常用特色媒体介绍 …………………………… 141

第七章　特殊教育新兴技术及运用 ……………………………………… 153
   第一节　3D打印技术 ……………………………………………… 154
   第二节　虚拟现实技术 …………………………………………… 159
   第三节　人工智能 ………………………………………………… 163

第三篇　实践篇

第八章　多媒体课件的编制 ……………………………………………… 171
   第一节　多媒体课件的概述 ……………………………………… 172
   第二节　多媒体课件的制作原则 ………………………………… 174
   第三节　多媒体课件的制作流程 ………………………………… 175
   第四节　多媒体课件评价标准 …………………………………… 176
   第五节　多媒体素材的类型和获取方式 ………………………… 177
   第六节　使用多媒体课件教学应该注意的问题 ………………… 185

第九章　多媒体制作工具 ………………………………………………… 188
   第一节　用PowerPoint制作多媒体课件 ………………………… 188
   第二节　动态效果十足的Flash …………………………………… 230
   第三节　功能强大的Photoshop CC ……………………………… 246

第十章　微课慕课的发展及应用 ………………………………………… 265
   第一节　微课的概念及发展历史 ………………………………… 265
   第二节　慕课的概念及发展历史 ………………………………… 269
   第三节　微课在特殊教育学校中的应用 ………………………… 273
   第四节　微课制作方法 …………………………………………… 278
   第五节　微课设计与制作实践案例 ……………………………… 282
   第六节　微课的评价指标 ………………………………………… 284

参考文献 …………………………………………………………………… 287

>>>>>>> 第一篇

理 论 篇

第一章 概 述

◆ 学习目标

1. 掌握教育技术的概念,了解教育技术的发展历史。
2. 了解特殊教育的概念及发展简史。
3. 掌握特殊教育信息化的概念和发展历史。
4. 掌握教育技术在特殊教育信息化中的重要作用。
5. 联系实际,掌握特殊教育信息化的重要意义。

◆ 思维导图

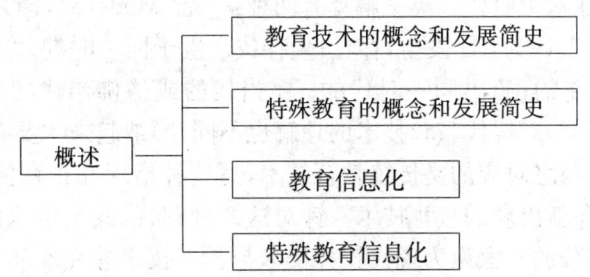

当今社会是一个信息化的社会,信息正逐渐成为政治、经济、军事以及社会一切领域赖以生存和发展的基础。我们要深刻认识教育技术在教育教学中的重要地位及其应用的必要性和紧迫性,充分认识应用教育技术是现代科学技术和社会发展对教育的要求,是教育改革和发展的需要。因此,我们要紧跟科学技术发展的步伐,努力掌握和应用现代教育技术,以提高自身素质,适应现代教育的要求。作为基础教育重要组成部分,特殊教育的发展水平直接影响着教育的发展水平,充分利用现代教育技术促进特殊教育的发展,认识教育技术对特殊教育的重要作用是每个教育技术工作者必须重视的问题。

第一节 教育技术的概念和发展简史

一、教育技术的概念

(一)教育技术

"技术"一词的中文解释有两种,一种是以《辞海》为代表的解释,将技术定义为:① 泛指根据生产实践经验和自然科学原理而发展成的各种工艺操作方法与技能;② 除操作技能外,广义的还包括相应的生产工具和其他物质设备,以及生产的工艺过程或作业程序、方法。另一种是以《科学辞典》和《科技辞典》为代表的解释,将技术定义为:为社会生产和人类物质文化生活需要服务的,供人类利用和改造自然的物质手段、智能手段和信息手段的总和。可见,"技术"一词所包含的内容除了有形的物化形态方面之外,还包括无形的智能形态方面。根据上面对技术的解释,我们可以认为:教育技术是人类在教育活动中所采用的一切技术手段和方法的总和。它分为物化形态和智能形态两大类。物化形态的技术指的是凝固和体现在有形的物体中的科学知识,智能形态的技术指的是那些以抽象形式表现出来,以功能形式作用于教育实践的科学知识。Fred Percival 和 Henry Ellington 在《教育技术手册》一书中把教育技术分为更加具体的不可分割的三个部分:一是硬件,指技术设备和相应教学系统;二是软件,指由硬件实施而设计的教材;三是潜件,指理论构想和相关学科的研究成果。

(二)现代教育技术

"现代教育技术"与"教育技术"名称的不同就是前面加上了"现代"两个字。中文关于"现代"的解释是现在这个时代。英文解释有两种:一是"Modern",译为:近代的、现代的;二是"Contemporary",译为:① 发生,存在;生存或产生于同一时期;② 同一瞬间发生的;③ 自始至终同时存在的;源出同一时代的;④ 当代的或仿佛当代的。可见,由于对"现代"这个词的理解不同,对现代教育技术的理解也不同,归纳起来主要有两种:一种指现在新出现的教育技术,与之对应的是传统教育技术,另一种指现在正在使用的教育技术,它包括传统教育技术和新出现的教育技术。针对这两种解释,我们国家的很多专家都给出了自己的解释,大部分的专家认为现代教育技术与教育技术并无本质上的区别,突出"现代"二字是为了要更多地注意探索那些与现代科学技术有关的课题,吸收现代科技成果和系统思维方法,使教育技术更具有时代的特色。

(三)教育技术的基本概念

在 AECT 提出的教育技术的概念中,比较具有代表性的是这样几个:

> **知识卡片**
>
> AECT 全称 Association for Educational Communictions and Technology,美国教育技术与传播协会,简称 AECT。美国从 60 年代开始讨论教育技术的定义,70 年代意见相对集中。1972 年 AECT 提出了较权威的定义,1977 年 AECT 将其定义正式文献化。与此同时,教育技术学的理论体系也在形成。以 1987 年著名心理学家罗伯特·M.加涅主编的《教育技术学基础》一书,最具代表性。

1970 年定义:教育技术是指产生与传播革命的媒体,这些媒体可以与教师、课本和黑板等一起为教学目的服务……组成教育技术学的部分,包括电视、电影、投影仪、计算机等"硬件"和"软件"。第二种定义不太为人们所熟悉,它不限于任何特定的媒体和设备,在此意义上,教学技术大于其成分之和,是指按照具体的目标,根据对人类学习和传播的研究,综合地利用人类和非人类资源,以促进更有效的教学为目的的一种系统地设计、实施和评价的学与教全部过程的方法。

1977年定义:"教育技术是一个复杂的、综合的过程,这一过程包含各种人、各种方法、各种思想、各种设备和组织机构。而这些人、方法、思想、设备和机构是在分析人类学习中的所有各方面问题以及为解决这些问题而进行的设计、实施、评价和管理的过程中所涉及的"。

1994年定义:"教育技术是关于学习过程与学习资源的设计、开发、利用、管理和评价的理论与实践"。

2005年定义:教育技术是通过创造、使用、管理适当的技术性的过程和资源,以促进学习和提高绩效的研究与符合伦理道德的实践。

在这些定义中,为我国教育技术专家和学者普遍认同的是1994年AECT组织对教育技术所提出的概念,这个概念明确了教育技术的研究对象、研究范围、研究方法和研究的形式。

(四)详细分析AECT1994年定义

1994年定义(以下简称"94定义")分析:可以说,94定义在某种程度上有其定义的必然性。从1977年至20世纪90年代中期,认知主义学习理论和建构主义学习理论已经开始对教学设计产生重大的影响,各种先进的媒体对设计实践的影响也愈来愈大。因此,到20世纪90年代中期,教育技术的研究领域发生了很大的变化。94定义指出了教育技术不仅仅是一个过程。94定义将教育技术的领域描述为理论和实践,强调了这样一个观点,教育技术不仅仅是一个实践领域,它还是一个研究领域。另外,在这个定义中,也强调了该领域的目的是为了促进学习,而教学则被视为实现该目的的一种手段。分析得出94定义对教育技术阐述的特点如下:

(1) 教育技术研究和实践的对象是"学习过程和学习资源",确立学生学习的主体地位。

(2) 强调对学习资源的设计、开发、利用和管理,学习资源的优化成为优化学习的必要条件。

(3) 系统方法是运用现代教育技术的核心和灵魂。

(4) 教育技术可以运用在教育教学领域的不同层次、不同方面。

二、教育技术的发展历史

应该说,教育技术的发展是在技术的应用和理论的发展相互作用下前进的,每一次科技的进步都对教育技术的研究领域、方法和范围等产生冲击,而教育技术就是在这样的冲击下不断发展、不断进步的。教育技术学的发展,大体经历了以下三个阶段:

(一)初始阶段(17世纪—19世纪末)——直观教学阶段

教育技术产生的最原始动机是对直观教学的追求。英国唯物主义哲学家培根曾说过,感觉是一切知识的源泉。在17世纪,捷克教育家夸美纽斯比较系统和全面地提出了直观教学的思想,认为"知识的开端永远必须来自感官","在可能的范围之内,一切事物都应该尽量放到感官跟前"。夸美纽斯认为直观是一切知识的起点,认为直观所提供的知识更具有真实性与准确性,更容易记忆,更能引导学生用自己的眼睛去看,用自己的头脑去想,而不是盲目依赖权威。直观教学从17世纪开始逐渐形成并不断发展完善,以班级教学为认识形式,以书本、粉笔、黑板、图片、模型及口语为媒体的直观技术是较为简单和原始的教育技术。

(二)发展阶段(19世纪末—20世纪60年代)——视觉、视听和视听传播阶段

19世纪末至20世纪,是世界科学技术迅速发展的年代,其中尤以电子科学技术的发展最为突出。各种电子类新媒体大量涌现,在直观教学思想的促进下,这些新的科技成果迅速被应用到教学活动中,并获得了巨大的成功。这一阶段,根据不同媒体应用到教学的作用和过程,还可以细分为以下几个阶段:

1. 视觉教育阶段

20世纪初幻灯、无声电影等新兴视觉媒体大量应用于课堂。1822年,法国人尼克福、尼普斯发明的照相术在19世纪末广泛使用,1884年爱迪生发明了电影放映机并由法国的卢米埃尔兄弟1885年在巴黎公映电影,德国的一位传教士发明幻灯。1906年美国出版了一本叫作《视觉教育》的书。然而,视觉教学作为一场正式的教学改革运动,是在1918年至1928年期间,这场运动称为视觉教学(Visual Instruction)运动,标志着教育技术的发端。

2. 视听教育阶段

随着科学技术的发展,在20年代末广播录音技术的发展,及30年代有声电影在教育中的应用,视觉教学发展成为视听教学(Audiovisual Instruction)。并且,在美国参加"二战"之前(1941年底),视听教学在提高教育效果上,显示了巨大的作用。在美国参加"二战"以后,视听教学在军队得到大力发展,而在其他领域基本处于停顿状态。视听设备在战时人员的培训方面取得了显著成效后,提高了人们对使用视听媒体的兴趣和热情。战后电影、无线电广播等得到进一步的推广应用,并开展了一系列的研究,重点探讨了视听媒体的特征及其对学习的影响。

3. 视听传播阶段

进入20世纪50年代,视听教育因传播理论和早期系统观念的引入,发生了一次重大的变化。俄亥俄州立大学心理学家普莱西设计了教学机器,然而由于教学机设计的问题和客观条件不成熟,普莱西的自动教学机对教育技术的发展影响不大。直到50年代中期斯金纳发起新的程序教学运动,普莱西的早期贡献方为人们真正认识。1953年,美国视听教学部出版了《视听传播评论》专业刊物,标志着视听教学开始向视听传播理论发展。传播理论、早期的系统观以及学习理论的发展,给视听教学引进了大量新鲜的理论观念,拓宽了视听教学理论工作者的视野。1961年视听教学部成立了"定义与术语委员会",探讨从学习理论和传播理论的角度重新认识视听教学的理论问题。这标志着视听教学向视听传播教学的发展,是视听教学理论上的一个转折点。

(三) 形成阶段(20世纪60年代至今)——教育技术学

在传播学向视听教学渗透的同时,系统理论也开始对教育、教学发生作用和影响。"教育技术"作为一个独立的科学概念和专门术语正在逐渐形成。60年代初,Education Technology(教育技术)一词首先在美国一些书刊、杂志中出现,并很快在国际上传播开来。美国从60年代开始讨论教育技术的定义,70年代意见相对集中。1972年美国教育传播与技术协会(AECT)提出了较权威的定义,1977年AECT将其定义正式文献化。与此同时,教育技术学的理论体系也在逐渐形成。

第二节 特殊教育的概念和发展简史

一、特殊教育的概念

特殊教育(Special education),是根据特殊儿童的身心特点和教育需要,采用一般或特殊的教学方法和手段,最大限度地发挥受教育者的潜能,使他们增长知识、获得技能、培养良好的品德,增强他们适应能力的一种教育。特殊教育是整个社会教育活动中重要的组成部分。

二、世界特殊教育的发展简史

特殊教育作为一种培养人的活动,总是与社会的政治、经济发展水平密切相关,它的发展也与人们对残疾人的认识和看法的变化相联系。

特殊儿童得到受教育的机会和权利,经历了一个漫长的历史发展过程。在古代社会,极度低下的生产力水平很难保证所有人生存的需要,普通人的平均寿命都只有35岁左右,许多残疾人连生存的机会都难以保障,更别提受教育的权利了。

一直到帝国时期,随意杀害或抛弃残疾婴儿的行为开始受到限制,许多残疾儿童逐渐获得了生存下去的机会,但由于当时的科学发展水平还无法解释残疾的成因,人们普遍把残疾人看作邪恶的化身和对公众的威胁,认为他们是因为做了坏事而受到上帝惩罚的结果。在这样的社会背景下,绝大多数残疾人都生活在黑暗、贫困和痛苦之中,他们没有职业、没有经济来源,得不到人们的理解与尊重。

(一) 欧洲特殊教育的发展

14至16世纪,欧洲经历了社会生活各个领域的深刻变革,在以文艺复兴运动为标志的意识形态领域里,提出了"自由、平等、博爱""人皆平等""人皆有用"等一系列新的政治主张和观点。自然科学,特别是医学、生理解剖学研究的深入开展,使人民得以正确认识导致残疾的原因,一些医生、教师和哲学家也从不同的角度论证了特殊儿童接受教育的可能性。

最早进行特殊教育尝试的国家是西班牙。在西班牙北部的贝尼迪克汀的修道院里,一位叫庞塞的修道士用自己设计的聋教育方法,对某些西班牙富有家庭的后代进行教育。"有关该方法的详细内容已无从考证,但是他本人和他的学生以及公平的观察者都证明他教的聋童能学会流利地说话。""庞塞的成就或许不在教聋童学习说话,而在于他是第一个肯定了残疾人具有学习更多知识的能力,还在于他是第一个成功的特殊教育者。"可以说,人类是在1578年才开始真正意义上的残疾人教育。

1760年,法国莱佩在巴黎创办了世界上第一所聋校,用他创造的以手语教学为基础、以口语学习训练为辅助手段的聋人语言教学法,进行了成功的聋教育实践活动。

与此同时,英国人布雷涅也在英格兰的爱丁堡成立了英国第一所聋童教育机构。海尼克在1778年建立的德国第一所聋童学校也是很著名的,但是海尼克认为手语不是语言,只有口语才是发展聋人抽象思维的必要基础,所以他主张进行口语教学,并逐渐形成了独具特色的口语教学法。

1784年,法国人霍维在巴黎创办了世界上第一所盲人学校。该校采用印着凸起字母的书籍、乐谱、地图等教盲童学习阅读、音乐和地理等课程,但凸字书造价昂贵,不利于教育的普及。后来,法国教师布莱尔在1829年设计出了点字符号系统,极大地推动了盲教育事业的发展,因此,人们又把点字盲文称为"布莱尔"。

法国医生伊塔德最早开始了对智力落后儿童的教育尝试。他从观察和教育训练一个名叫阿维龙(Avevron)的狼孩开始,探讨了教育智力落后儿童的方法,写出了最早的一本系统讨论智力落后儿童问题的专著《关于一个野人的教育》,为后来的弱智儿童教育奠定了理论和实践的基础。19世纪30年代,法国医生塞甘(又译谢根)在巴黎创办了历史上第一所正规的弱智学校。

随后,世界各国相继开始了特殊儿童教育的实践活动。同法国一样,各国的特殊教育大多也是从聋教育、盲教育起步,逐渐发展到弱智儿童、肢体残疾等儿童的教育。但早期的特殊教育学校大多是由医生和神职人员创办的,学校也都是私立的和寄宿制的,课程的设置除了学习文化知识和感官功能训练以外,更多的是对学生进行职业教育和训练;此外,特殊教育的教学方法、教学组织形式、学校管理等方面都处于探索的过程之中,许多方面都还很不完善。

(二)北美特殊教育的发展

特殊教育虽起源于欧洲,但随着北美经济的迅速增长,特殊教育在北美得到了迅速的发展。1817年,加劳德特(Thomas H. Gallaudet)等人在哈特沃特(Hartfood)创立了美国的第一所聋校;1932年,马萨诸塞州建立了盲人教养院(Massachusetts Asulum for the Blind)(即至今闻名于美国的帕金斯盲人教育研究所及麻笞盲人学校的前身)。在19世纪初,美国许多州都建立了盲校和聋校,联邦政府也积极支持特殊教育的发展。1846年,林肯总统批准建造了为聋哑学生设置的高等学府——加劳德特学院(Gallaudet College)。为了适应特殊教育日益发展的需要,1914年贝利(Charles S. Berry)在密执安州创立了第一所特殊教育师资培训学校。后来埃里诺(Charles M. Ellior)还在密执安师范学校开设了特殊教育专业,以培养高水平的师资。

随着特殊教育学校的相继成立,各国政府的援助和支持大大促进了特殊教育事业的发展。美国政府在第一次世界大战后增加了对特殊教育的拨款,特殊教育的规模也迅速扩大,从1910年到1930年,设立在公立学校的特殊教育班级也快速增长。

(三)苏联特殊教育的发展

苏联在十月革命前,特殊教育机构大多为私人所办,主要是为有钱人家的孩子服务的。十月革命后,苏联教育部在1924年重点讨论了如何发展特殊教育机构的问题。此后的十年间,苏联特殊教育机构发展迅速,残障儿童青少年的就学率也有了很大的提高。"据统计,1927—1928年间,特殊教育学校的总数已经发展至1 449所,就读的特殊学生约97 000人……到1938年,苏联的特殊教育学校总数已已经发展到2 210所,接受特殊教育服务的残障青少年约有116 000人。"

三、中国特殊教育的发展简史

中国是创造了灿烂辉煌文化的文明古国,与古代欧洲遗弃、扼杀特殊儿童的做法相比较,中华民族尊老、慈幼、扶弱、助残的传统美德却使人们对残疾人抱着同情、支持和帮助的态度。从史料的记载中可以看到,夏、商、周时期就已经提出了减免残疾人税收的具体政策,如"以保息六养万民,一曰慈幼,二曰养老,三曰振穷,四曰恤贫,五曰宽疾,六曰安福"。以后的各个朝代,都有扶助残疾人的一些措施。尤其是从隋唐开始设立的"悲田制"(隋朝)、"福田制"(宋朝),使残疾人能从田产中得到比较固定的经济支持。此外,还设置"普救病坊"(隋朝)、"惠民药局"(元朝)和"养济院"(清朝)这类具体给残疾人提供救助的机构。但对于特殊儿童的教育问题,却由于当时生产力水平低下、社会动荡不安、整体上国民教育水平不高等因素的影响,而一直没能真正得以实施。

1. 旧中国的特殊教育

据《中国教育年鉴》记载,中国第一所盲校——瞽叟通文馆,是由英国传教士威廉·穆恩(Willian Moon)于1874年在北京东城甘雨胡同创办的。学校初创时期仅有2名学生,但到1919年前后,学生数已经达到200余人。1920年学校迁址到北京西郊八里庄,改名"启明瞽目院"。该校招收社会上的盲童学习文化、传播宗教,教他们掌握一定的劳动技能。但该校由于经费的短缺、连年的战乱等因素的影响,几次停办,又几次恢复。

中国第一所聋校——登州启喑学馆,是美国传教士梅理士·查理(M. Charles)夫妇1887年在山东登州创办的。学校初办时,只有1名学生,3年后,在校生也只有11人。1898年迁到烟台,改名为"烟台启喑学校"。

由外国传教士创办的特殊教育学校还有很多,如1888年英国循道会在湖北汉口创办的"大卫希耳盲人学校"、1894年法国天主堂圣母院在上海徐家汇创办的聋哑学校、1912年英国传教士在上海虹桥路创办的"上海盲童学校",等等。

教会和慈善机构在中国创办特殊教育学校,带来了西方社会中比较先进的思想、观念和方法,在一定程度上推动了我国特殊教育事业的兴起和发展。

由中国人自己创办的第一所特殊教育学校——南通盲哑学校,是近代著名的实业家张謇于1916年在江苏南通创办的。

第一所国立的特殊教育学校——南京市立盲哑学校,是由当时的民国政府1927年创办的,也是在旧中国影响最大的一所公立的特殊教育学校。

直到1949年,全国设有盲聋学校42所,在校学生数2 380人,教工数60人。绝大多数的学校都是由宗教和慈善机构主办,没有全国统一的培养目标、课程设置,也没有规定的教学内容。可见旧中国的特殊教育无论是办学规模,还是办学效益与质量,其发展的速度都是极其缓慢和落后的。

2. 新中国的特殊教育

新中国的成立,为我国特殊教育的发展书写了新的篇章。1951年10月,由当时的政务院颁发的《关于改革学制的决定》提出:"各级人民政府应设立聋哑、盲目等特种学校,对生理有缺陷的儿童、青年和成人施以教育。"在党和政府的领导下,国家接管了过去由教会和私人办的特殊教育学校,将他们纳入了国民教育的体系之中,改变了特殊教育的慈善救济性质,国家又新建了一大批特殊教育学校,使广大的特殊儿童获得了进学校学习的机会。同时,国家教育部设立了主管全国特殊教育工作的专门机构;制订了特殊教育学校的教学计划、教学大纲,编写了专用的教材;颁布了全国统一的新盲字(即"现行盲文")和汉语拼音手指字母方案、通用手语等,使我国特殊教育学校的教育教学工作走上了规范化、科学化的道路。

20世纪80年代以来,改革开放的政策使我国的经济、文化、教育事业有了较快的发展,社会的综合实力大大加强,也使中国的特殊教育事业迈入了一个新的发展阶段。

第一,特殊教育的体系逐步完善。主要表现为特殊教育服务的年限逐步延长,特殊教育已经基本形成了由学前教育、基础教育、职业教育、高等教育构成的较为完整的与普通教育相一致的教育体系,改变了过去只有小学和初中以及初等职业教育的局面,使特殊儿童能和普通儿童一样接受完整的学前教育、义务教育和高等教育;特殊教育的形式多样化,除了特殊教育学校外,还通过普通教育机构中建立特殊教育班、在普通班级内随班就读等方式,给特殊儿童提供接受教育的机会;教育对象也从过去的盲、聋逐步扩展到智力落后儿童、天才儿童、学习障碍儿童、自闭症儿童等。

第二,通过立法保障了特殊教育的发展。过去主要依靠国家颁布一些规范性的文件指导特殊教育的发展,如《关于改革学制的决定》(1951年)、《小学教学计划在盲童学校中如何执行的指示》(1955年)、《关于聋哑学校使用手势教学的班级的学制和教学计划的指示》(1956年)、《教育部关于办好盲童学校、聋哑学校的几点指示》(1957年)、《聋哑学校口语教学班级教学计划表(草案)》(1957年)等,这些文件涉及特殊教育学校的办学体制以及特殊教育的办学方针、培养目标、教育管理等方面,但始终没有采用法律的形式对特殊儿童受教育的问题做出明确的要求,因而当时的特殊儿童入学率非常低。据1988年的统计,我国学龄儿童入学率为97.1%,而特殊儿童入学率不足6%,其中弱智儿童入学率不足1%,全国文盲、半文盲占总人口的20.6%,而残疾人中文盲占66.37%。为扭转这一局面,国家先后颁布了一系列的法律和法规,推进特殊教育的快速发展。

1982年修订颁布的《中华人民共和国宪法》第45条规定:"国家和社会帮助安排盲、聋、哑和其他有残疾的公民的劳动、生活和教育。"这是我国首次在国家的根本大法中明确提出残疾人的教育问题。

1986年4月颁布的《中华人民共和国义务教育法》第9条规定:"地方各级人民政府为盲、聋哑和弱智儿童、少年举办特殊教育学校(班)。""国家鼓励企业、事业单位和其他社会力量,在当地人民政府统一管理下,按照国家规定的基本要求,举办本法规定的各类学校。"

1990年12月我国颁布的《中华人民共和国残疾人保障法》直接宣布:"国家保障残疾人受教育的权利。""各级人民政府应当将残疾人教育作为国家教育事业的组成部分,统一规划,加强领导。""国家、社会、学校和家庭对残疾儿童、少年实施义务教育。"

1994年8月23日国务院第161号令发布的《残疾人教育条例》是我国第一部关于残疾人教育的专项法令,它直接对特殊教育的各个方面都做出了原则性的规定。

此外,我国还就特殊教育问题颁布了许多相关的文件,这一系列有关特殊教育的法律法规和政策的出台,使特殊教育事业的发展走上了有法可依、有章可循的道路。

第三,重视特殊教育专业人员的培养和培训。过去从事特殊教育工作的专业人员主要依靠举办零星的培训班或"师傅带徒弟"进行培养,这种方式培养的教师无法满足特殊教育发展的需要。1982年,我国第一所专门培养特殊教育师资的师范学校——南京特殊教育师范学校,在南京的西郊建成了,同时,它还是我国和联合国儿童基金会合作的第一个特殊教育教师培训基地。随后,辽宁营口特殊教育师范学校、山东昌乐特殊教育师范学校也相继建立,在全国共建立了34个中等特殊教育师范学校或特殊教育教师培训中心。在北京师范大学、华东师范大学、华中师范大学、陕西师范大学、西南师范大学这五个教育部直属师范大学和两个地方院校建立了特殊教育专业和特殊教育系,形成了从中专、专科、本科到研究生层次的特殊教育师资培养体系。进入21世纪以后,许多中等特殊师范学校陆续独立升格或和大学合并,南京特殊教育师范学校先是升格为大专院校,更名为"南京特殊教育职业技术学院",后在2015年由教育部批准,升格为普通本科高校。

此外,我国还通过举办各种形式、各种层次的专业培训,通过自学考试、函授教育等形式培养特殊教育的专业人员,提高现有特殊教育学校教师的水平,以胜任特殊教育学校的教育工作。但是,目前特殊教育专业人员的数量和质量还不能满足我国特殊教育发展的需求,特别是一些康复训练、语言矫正等专业人员的缺乏,高素质、高水平的教师还不是很多,在某种程度上制约了我国特殊教育教学质量的提高。

第四,特殊教育研究工作逐步开展。20世纪80年代后,一些特殊教育研究机构先后成立,主要有:① 专门从事特殊教育研究的机构,如中央教育科学研究所特殊教育研究室、上海市教育科学院特殊教育研究中心、天津市教育科学院特殊教育研究室和各省区级教育研究所特殊教育研究室;② 由设在高等院校内的特殊教育学院或特殊教育系的特殊教育专业人员组成的特殊教育研究机构,如北京师范大学特殊教育研究中心、华东师范大学特殊教育研究所、陕西师范大学教育科学学院特殊教育研究室、辽宁师范大学特殊教育研究室、南京特殊教育师范学院的特殊教育研究中心等,这些机构担负教学和科研的双重任务;③ 与特殊教育紧密相关的心理医学教学科研机构,如中国科学院心理研究所、中国聋儿康复中心、北京医科大学精神卫生研究所等;④ 与特殊教育相关的学术团体,如中国教育学会、中国心理学会等。这些机构从不同层次、不同角度对特殊教育领域存在的问题进行探索,推动了特殊教育事业的快速发展。

此外，还出版了一批特殊教育方面的专著和学术刊物。过去有关特殊教育方面的书籍和刊物是非常少的，自20世纪80年代以来，我国出版了几十本编译或撰写的有关特殊教育的专著、参考书，公开发行或内部发行了近十种特殊教育杂志和相关刊物，其中，1994年创刊的、由中央教育科学研究所主办的《特殊儿童和师资研究》，是我国第一个有关特殊教育研究的全国性学术刊物，1996年更名为《中国特殊教育》，目前已经成为中国特殊教育界公开发行的"全国哲社类核心刊物"和"全国中文类核心期刊"。《现代特殊教育》《南京特教学院学报》《山东特教》等也是在我国有一定影响力的刊物，在推动我国特殊教育事业的发展方面都做出了积极的贡献。

第三节　教育信息化

一、教育信息化的概念

信息化是当今世界发展潮流，是国家社会发展的趋势，信息化水平已成为衡量一个国家现代化水平和综合国力的重要指标。积极推进国家信息化是我国国民经济和社会发展的重要战略举措。提高国民的信息素养，培养信息化人才是国家信息化建设的根本，教育信息化是国家信息化建设的重要基础。教师教育信息化既是教育信息化的重要组成部分，又是推动教育信息化建设的重要力量。

2010年7月颁布的《国家中长期教育改革和发展规划纲要（2010—2020年）》（以下简称《纲要》），描绘了未来10年我国教育发展的蓝图。教育信息化作为《纲要》单独的一章，体现了国家对教育信息化的重视。

教育信息化是教育现代化的重要标志之一，它包括信息网络基础设施建设、教育信息资源建设、信息资源的利用与信息技术的应用、信息化人才的培养培训、教育信息产业的发展以及信息化政策法规与标准的建设等六大要素。其中，教育信息资源的建设是核心，信息化人才的培养培训和教育信息产业的发展则是教育信息化的强有力保障。教育信息化的技术特点是数字化、网络化、智能化和多媒体化，基本特征是开放、共享、交互、协作。随着计算机技术和大量校园网络的建成，我国的教育信息化取得了长足的发展。但是作为一项复杂的社会系统工程，教育信息化的工作涉及的内容是十分广泛的。从目前各级各类学校的实际情况来看，以下几个方面的问题需要特别关注和研究：① 学校教育信息化进程的组织和管理体制；② 对优质教育资源进行整合、共享的机制和方式；③ 有关关键技术的研究和应用，例如支持可视化、个性化、交互式的各种技术；④ 新型师资队伍的培养和建设，包括现有师资队伍信息化水平的提高；⑤ 校园网络安全及文明的有效管理；⑥ 教育信息化的实际效益的评价和检查方法。

> **知识卡片**
>
> 　　教育信息化是指"在教育与教学的各个领域，积极开发并充分应用信息技术和资源，培养适应信息社会需求的人才，以推动教育现代化的过程"（李克东）。

二、教育信息化"十三五"规划

为深入贯彻党的十八大和十八届三中、四中、五中全会精神,落实中央有关教育信息化的战略部署和第二次全国教育信息化工作会议精神,完成《国家中长期教育改革和发展规划纲要(2010—2020年)》和《教育信息化十年发展规划(2011—2020年)》确定的教育信息化目标任务,全面深入推进"十三五"教育信息化工作,中华人民共和国教育部于2016年6月7日发布了《教育信息化"十三五"规划》。"规划"分析了"十二五"以来,教育信息化工作的开展现状与当前面临的形势,提出了"十三五"期间,教育信息化的发展目标是:到2020年,基本建成"人人皆学、处处能学、时时可学",与国家教育现代化发展目标相适应的教育信息化体系;基本实现教育信息化对学生全面发展的促进作用、对深化教育领域综合改革的支撑作用和对教育创新发展、均衡发展、优质发展的提升作用;基本形成具有国际先进水平、信息技术与教育融合创新发展的中国特色教育信息化发展路径。"规划"还提出了"十三五"期间教育信息化的八项主要任务:

(1) 完成"三通工程"建设,全面提升教育信息化基础支撑能力。

(2) 实现公共服务平台协同发展,大幅提升信息化服务教育教学与管理的能力。

(3) 不断扩大优质教育资源覆盖面,优先提升教育信息化促进教育公平、提高教育质量的能力。

(4) 加快探索数字教育资源服务供给模式,有效提升数字教育资源服务水平与能力。

(5) 创新"网络学习空间人人通"建设与应用模式,从服务课堂学习拓展为支撑网络化的泛在学习。

(6) 深化信息技术与教育教学的融合发展,从服务教育教学拓展为服务育人全过程。

(7) 深入推进管理信息化,从服务教育管理拓展为全面提升教育治理能力。

(8) 紧密结合国家战略需求,从服务教育自身拓展为服务国家经济社会发展。

三、教育信息化2.0

为深入贯彻落实党的十九大精神,加快教育现代化和教育强国建设,推进新时代教育信息化发展,培育创新驱动发展新引擎,结合国家"互联网+"、大数据、新一代人工智能等重大战略的任务安排和《国家中长期教育改革和发展规划纲要(2010—2020年)》《国家教育事业发展"十三五"规划》《教育信息化十年发展规划(2011—2020年)》《教育信息化"十三五"规划》等文件要求,2018年4月13日中华人民共和国教育部发布教技〔2018〕6号《教育信息化2.0行动计划》。

(一) 基本目标

通过实施《教育信息化2.0行动计划》,到2022年基本实现"三全两高一大"的发展目标,即教学应用覆盖全体教师、学习应用覆盖全体适龄学生、数字校园建设覆盖全体学校,信息化应用水平和师生信息素养普遍提高,建成"互联网+教育"大平台,推动从教育专用资源向教育大资源转变、从提升师生信息技术应用能力向全面提升其信息素养转变、从融合应用向创新发展转变,努力构建"互联网+"条件下的人才培养新模式、发展基于互联网的教育服务新模式、探索信息时代教育治理新模式。

（二）主要任务

继续深入推进"三通两平台"，实现三个方面普及应用。"宽带网络校校通"实现提速增智，所有学校全部接入互联网，带宽满足信息化教学需求，无线校园和智能设备应用逐步普及。"优质资源班班通"和"网络学习空间人人通"实现提质增效，在"课堂用、经常用、普遍用"的基础上，形成"校校用平台、班班用资源、人人用空间"。教育资源公共服务平台和教育管理公共服务平台实现融合发展。实现信息化教与学应用覆盖全体教师和全体适龄学生，数字校园建设覆盖各级各类学校。

持续推动信息技术与教育深度融合，促进两个方面水平的提高。促进教育信息化从融合应用向创新发展的高阶演进，信息技术和智能技术深度融入教育全过程，推动改进教学、优化管理、提升绩效。全面提升师生信息素养，推动从技术应用向能力素质拓展，使之具备良好的信息思维，适应信息社会发展的要求，应用信息技术解决教学、学习、生活中问题的能力成为必备的基本素质。加强教育信息化从研究到应用的系统部署、纵深推进，形成研究一代、示范一代、应用一代、普及一代的创新引领、压茬推进的可持续发展态势。

构建一体化的"互联网＋教育"大平台。引入"平台＋教育"服务模式，整合各级各类教育资源公共服务平台和支持系统，逐步实现资源平台、管理平台的互通、衔接与开放，建成国家数字教育资源公共服务体系。充分发挥市场在资源配置中的作用，融合众筹众创，实现数字资源、优秀师资、教育数据、信息红利的有效共享，助力教育服务供给模式升级和教育治理水平提升。

第四节　特殊教育信息化

一、特殊教育信息化

在百度里面输入"特殊教育信息化"，我们可以得到如下结果：

特殊教育信息化就是针对具有特殊需求的学生，在教育的各方面应用信息技术，提高其康复水平，加快融入主流社会的步伐，最终实现特殊教育现代化的过程。

早在1999年，欧盟就启动了"特殊教育中的信息通信技术项目"。这个项目的主要目的在于总结各国特殊教育中涉及的信息通信技术的相关信息、确定特殊教育中的信息通信技术的关键主题，并收集一些有用的参考资料。

联合国教科文组织一直积极推动特殊教育信息化的研究与实践。设在俄罗斯莫斯科的联合国教科文组织信息技术教育研究所，通过开展研究、组织会议与进行培训等方式积极推进特殊教育信息化。IITE在由多国专家参加的国际专家会议的基础上，于2001年详细制定并出版了分析调查报告《特殊教育中的信息通信技术》。该报告展示了这一领域的当前状态、主要趋势和信息通信技术在特殊教育中的应用前景。2006年，联合国教科文组织又出版了培训教程《针对有特殊教育需要的人们的信息通信技术教育》，促进特殊教育工作者在信息通信技术应用方面获得知识和发展实用技能。在互联网＋和大数据背景下，美国、英国、联合国教科文组织等已尝试利用开放教育资源、开源软件、云服务、辅助技术和移动平台等进行缺陷补偿、特殊需求评估、教学与康复整合、职业技能培养、社会融入训练等。一些最新研发的学习技术，如平板电脑、学习分析技术等也已经开始应用于特殊教育领域。

我国政府高度重视特殊教育信息化的工作，把信息化作为特殊教育工作的一个重要组成部分。《国家中长期教育改革与发展规划纲要（2010—2020年）》提出关心和支持特殊教育，提出特殊教育是促进残疾人全面发展、帮助残疾人更好地融入社会的基本途径。在教育部公布的《全国特殊教育"十一五"发展规划》中明确提出"要全面普及信息技术教育，加快信息化进程，实现特殊教育跨越式发展，以信息技术推进特殊教育的现代化"。

二、特殊教育信息化的重要意义

中国残联发布的《2010年中国残疾人事业发展统计公报》显示，2010年全国为视障、听障、智障少年儿童兴办的特殊教育学校发展到1 705所，义务教育普通学校附设特教班的有2 775个，在校的视障、听障、智障学生有51.9万人。信息技术的发展改变了人类社会的方方面面，特殊教育也因信息技术的发展发生了深刻的变革，应该说，特殊教育信息化无论是对特殊学校的老师还是特殊儿童都有着不容忽视的重要作用，特殊学校的教师为了更好地与残疾学生沟通，应掌握更先进的教育、教学手段，特殊教育学校的学生也迫切需要掌握更先进的信息技术手段，作为他们今后适应社会环境、融入社会的手段。因此，特殊教育信息化对特殊教育和特殊教育的发展都具有重要意义，具体表现在以下几个方面：

（一）它是实现特殊教育现代化的重要步骤

特殊教育信息化是特殊教育现代化的重要内容，是实现特殊教育现代化的重要步骤，没有特殊教育信息化，就不可能实现特殊教育的现代化，也不可能在特殊教育领域全面普及信息技术教育，实现特殊教育的跨越式发展。

（二）为有特殊需要的人群克服交流和学习困难提供新的途径

教育信息化的重要手段是多媒体技术和网络技术，多媒体技术的图文并茂为特殊需要人群的学习提供了生动形象的表达方式，大大提高了特殊需要人群学习的兴趣和积极性；网络技术让特殊需要人群可以平等地接受先进的技术带给人们生活上的便利，比如现在的无障碍网站的建设，使得视障人群也可以顺利地浏览网络信息，这在以前是根本无法想象的事情。

（三）有利于特殊需要人群素质的提高

特殊教育信息化的实施、以现代信息技术建构的开放式远程教育网络的实现，使受教育者的学习不受时间、空间的限制，改变了以学校教育为中心的教育体系，保障了每一个受教育对象接受教育的平等性。同时，特殊教育信息化的实施，可以有效提升特殊学校老师的信息素养,使他们掌握更先进的教学手段实施特殊教育,提升特殊需要学生的综合素质。

(四)有利于创新人才的培养

特殊教育信息化为素质教育、创新教育提供了环境、条件和保障。学生利用信息化的环境,通过检索信息、收集信息、处理信息、创造信息,实现发现学习、问题解决学习,实现知识的探索和发现,这对创新人才的培养具有重要的意义。

(五)能够有效地促进特殊教育理论的发展

特殊教育信息化是特殊教育的一场重要变革,在这个过程中必将出现许多新问题,许多新现象需要我们去解决、去认识,而这些问题的解决、认识将有效地推动特殊教育理论的发展。比如:信息技术环境下特殊教育教学理论、现代信息技术条件下残疾学生的康复教育理论、现代信息技术和特殊教育信息转换为技能的理论,等等。

(六)能够有效地促进教育信息产业的发展

教育信息化的过程是信息技术、信息机器在教育中广泛应用的过程,在这个过程中必将极大地推动教育信息产业的发展。全国有60多万所学校,有上亿的学生,在这些学校全面地实施教育信息化,对我国的信息产业,对我国的经济发展孕育着一个极大的商机,提供了一个很大的发展机遇。

三、特殊教育信息化建设的主要途径

(一)制定相关的特殊教育信息化政策规划

若想发展特殊教育信息化,政策保障是主导。国家必须制定相关的政策规划,确保在建设过程中的资金投入和人员投入,只有这样,才能有效地推动特殊教育信息化的发展进程。

(二)转变思想,建构特殊教育信息观念

思想是行动的先导,要想发展特殊教育信息化,从事特殊教育的工作者首先必须从改变思想观念出发,培养正确的信息化思想观念、正确的信息意识、对信息的敏感度、信息思维能力等,要提高特殊教育教师对信息化教学的重视,加强信息技术与特殊教育整合的应用研究,如发表相关学术论文,参与信息化课题的研究,在研究中不断提高特殊教育信息化的观念和水平。

(三)加强现有特殊教育信息化资源的整合

目前来看,各特殊教育机构和特殊教育学校都有很多长久积累下来的教学资源和教学经验,但是互相之间的共享并不是很多。特殊教育信息化资源的整合一定要采取从上到下的顺序,首先国家和地方各级特殊教育主管机构要建立本地区特殊教育信息化资源

的整合计划,使得本地的特殊教育机构和特殊教育学校的教育信息资源库得到广泛的推广,从而使特殊教育信息资源能够实现在各级各类特殊教育学校和机构之间实现共建共享,完善全国特殊教育信息数据资源库,以及远程康复教育和评价体系,充分发挥我国特殊教育信息设备的功效。

(四)开发新的特殊教育信息化资源

特殊教育信息化建设的关键是教学资源建设,应该结合特殊教育机构和各级各类特殊教育学校的特点,不断开发出丰富的信息化教学资源,这些教学资源必须真正适合特殊教育,要考虑到特殊需要学生的生理缺陷和生理特点,不能简单地照搬普通教育信息资源。

(五)重视特殊教育师资培训

特殊教育信息化建设对特殊教育教师的综合素质提出了新的更高的要求,我们必须重视特殊教育师资培训工作,提高特殊教育教师的信息素养和在工作中应用信息技术的能力,以推动特殊教育信息化的建设进程。

四、教育技术与特殊教育信息化

我们从 AECT 1994 年对教育技术所下的定义可以看出:学习资源和学习过程是教育技术的研究对象,学习资源和学习过程的设计、开发、利用、管理和评价都是教育技术的研究方向。特殊教育信息化的主要实现途径是技术的更新和应用,尤其是信息技术在特殊教育领域的应用,信息无障碍就是教育技术在特殊教育信息化中重要作用的一个具体体现。

在特殊教育信息化建设的过程中,现代教育技术设备的完善、管理和使用以及现代教育思想的渗透起着非常重要的作用,具体可以从以下几个方面来看:① 现代教育技术设备的完善是走近特殊教育信息化的基础。② 现代教育技术设备的有效管理是推进特殊教育信息化的关键。③ 运用现代教育技术设备和现代教育思想进行教学研究活动是推进特殊教育信息化的核心。

【思考与练习】

一、了解与记忆

1. 现代教育技术的研究对象是(　　)。
   A. 学生　　　　　　　　　　　B. 教师
   C. 学生和老师　　　　　　　　D. 学习过程和学习资源
2. 教学机器的发明者是(　　)。
   A. 加涅　　　　B. 普莱西　　　C. 戴尔　　　D. 斯金纳
3. 教育技术产生的最原始动机是(　　)。
   A. 对直观教学的追求　　　　　B. 提高教学效果
   C. 减少教师的工作量　　　　　D. 以学生为中心
4. 以"经验之塔"为核心的"教学中的视听方法"是由(　　)提出的。

A. 伯克　　　　B. 戴尔　　　　C. 斯金纳　　　　D. 普莱西

二、理解与运用

1913年,托马斯·爱迪生宣布:"不久将在学校中废弃书本……有可能利用电影来教授人类知识的每一个分支。在未来的10年里,我们的学校将会得到彻底的改造。"请谈谈你对这句话的认识。

三、研究与设计

结合自己的专业,谈谈你将在以后的工作中如何将教育技术应用到你的教学实践中去。

【参考文献】

[1] http://jiguang.ci123.com/blog/jhuiytiu12/entry/2563.

[2] 黄荣怀.教育信息化助力当前教育变革:机遇与挑战[J].中国电化教育,2011(1).

[3] 方俊明.特殊教育学[M].人民教育出版社,2005.

[4] 刘春玲,江琴娣.特殊教育概论[M].华东师范大学出版社,2008.

[5] http://jiguang.ci123.com/blog/jhuiytiu12/entry/2563,发布于2010年12月17日.

[6] 特殊需要儿童教育导论(第八版)[M].肖非等译.中国轻工业出版社,2007.

[7] 李卫东.特殊教育信息化之我见[J].教育教学研究,2007(34).

[8] 张立志.特殊教育信息化的探索[J].新课程(教育学术版),2009(9).

[9] 曹宇星.特殊教育专业现代教育技术课程设置研究[J].软件导刊——教育技术,2009(7).

[10] 洪如霞.网络时代特殊教育信息化建设的对策[J].职教论坛,2011(35).

[11] 何克抗.我国教育信息化理论研究新进展[J].中国电化教育,2011(1).

[12] http://www.lhjy.net/edu/lunwen/200702/36387.html.

第二章 "互联网+"时代与特殊教育

◆ 学习目标

1. 了解"互联网+"、移动学习、大数据和云计算的概念和特点。
2. 了解"互联网+"、移动学习、大数据和云计算对教育的影响及其应用。
3. 掌握"互联网+"、移动学习、大数据和云计算对特殊教育的影响。

◆ 思维导图

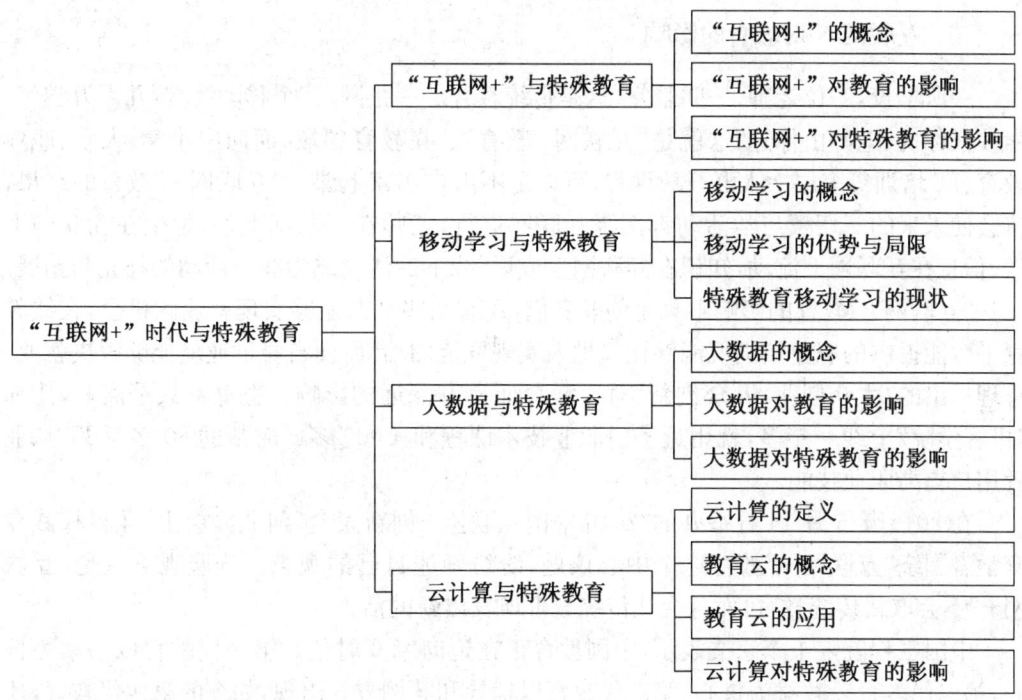

互联网世界正在告别工业时代,也正在带来各行各业的翻天覆地的变化,当互联网越来越广阔、深入地参与到生产活动中去的时候,"互联网+"时代拉开了大幕。"互联网+"时代是高速运转和信息量庞大的时代,信息在"互联网+"时代有着无可替代的作用,大数据、云计算和移动互联网等新一代信息技术对社会各个领域产生着深刻影响,教育也不例外。

第一节 "互联网+"与特殊教育

一、"互联网+"的概念

"互联网+"的概念最早在2012年提出。2015年3月5日上午十二届全国人大三次会议上,李克强总理在政府工作报告中首次提出"互联网+"行动计划。李克强在政府工作报告中提出:"制定'互联网+'行动计划,推动移动互联网、云计算、大数据、物联网等与现代制造业结合,促进电子商务、工业互联网和互联网金融(ITFIN)健康发展,引导互联网企业拓展国际市场。"

通俗地说,"互联网+"就是"互联网+各个传统行业",但这并不是简单的两者相加,而是利用信息通信技术以及互联网平台,让互联网与传统行业进行深度融合,创造新的发展生态。

二、"互联网+"对教育的影响

一所学校,一位老师,一间教室,这是传统教育。一张网,一个移动终端,几百万学生,学校任你挑、老师由你选,这就是"互联网+教育"。在教育领域,面向中小学、大学、职业教育、IT培训等多层次人群开放课程,可以足不出户在家上课。"互联网+"教育的结果,将会使未来的一切教与学活动都围绕互联网进行,老师在互联网上教,学生在互联网上学,信息在互联网上流动,知识在互联网上成形,线下的活动成为线上活动的补充与拓展。

"互联网+"教育的影响不只是创业者们,还有一些平台能够实现就业的机会,在线教育平台能提供的职业培训就能够让一批人实现职能的培训,而自身创业就能够解决就业。总理提出的"大众创业,万众创新"对于教育而言有深远的影响。教育不只是商业,比如"极客学院"上线一年多,就用近千门职业技术课程和4 000多课时帮助80多万IT从业者用户提高职业技能。

在2015年6月14日举办的"2015中国互联网+创新大会"河北峰会上,业界权威专家学者围绕"互联网+"教育这个中心议题,纷纷阐述自己的观点。普遍观点就是"互联网+"不会取代传统教育,而且会让传统教育焕发出新的活力。

中国工程院院士李京文表示,中国教育正在迈向4.0时代。第一代教育以书本为核心,第二代教育以教材为核心,第三代教育以辅导和案例方式出现,如今的第四代教育,才是真正以学生为核心。

三、"互联网+"对特殊教育的影响

在"互联网+"的推动下,特殊教育与互联网走向融合创新,特殊教育教学方式更加智能,教育内容进一步丰富,资源获取快速便捷,互动交流明显增加。特殊教育的革新与发展离不开互联网的支撑,互联网的运用为破解特殊教育难题提供了方向。当前,"互联网+"特殊教育这种新型的教育形态正在被广泛认知,它利用现代多媒体科技手段将传统

的特殊教育活动转移到互联网这个平台上，发挥了网络资源数据化、规模化、大众化等特点，使更多的特殊需要学生在这个虚拟空间里获得了自由学习的机会。这种全新的教育方式为特殊教育的深刻变革提供了动力来源。

（一）教学方式智能化，弥补感官功能缺陷

我国特殊教育的目标和任务之一就是根据残疾人群体的特殊发展需求，补偿其发展缺陷，促进其潜能开发。"互联网+"背景下，各种移动智能终端如iPad、移动PC、媒体播放器等汇集文本、图像、音频、视频及其他各种多媒体手段于一体，学习材料的表征形式多样化，教师可以根据学生残疾情况选用合适的表征形式，为其学习与发展创造公平的机会。例如，听障学生因双耳失聪，声音的加工通道被妨碍，对信息的获取主要通过视觉通道进行。教师在上课时可用现代教育媒体播放雪花纷飞的场景帮助听障学生学习"纷纷"一词。台湾学者开发的基于iPod的MAC系统语言识别器，将教师的语言转换成文字传送到听障学生的iPod上，待学生做出回应后再用iPod将其反馈给授课教师，以此来帮助听障学生克服随班就读的种种不便。多种智能化教学方式与课程相结合，可以弱化特殊需要学生的感官缺陷，拓宽了他们的"较强"感官的感知能力，提高了学生的理解能力，从而取得良好的学习效果。

（二）教育内容丰富化，实现个性化学习

伴随全国及各地特殊教育专业教学资源库和一些学校智慧校园的建成，特殊教育的教育教学内容空前增大，不再是几本书一个图书馆范围内的狭小教学。例如，中国特殊教育资源网中包含了各种特殊教育专业课程资源、教师资源等，为听障、智障和视障三种特殊需要学生的教学提供了丰富的材料。数字化学习环境让学生的学习有了更强的自主性，教师可以创设灵活的虚拟学习环境，让学生有选择地进行具身学习、体验学习，也可以依据学生的兴趣爱好、学习风格与特点等为学生定制个别化的学习方案。在评估学生学习成果时，可考虑学生的特殊需求，使用小组作业、语音作业、手工作品等多种方式展示学习结果，增强学生自我效能感，突破以往量化成绩占主导的桎梏。例如，宁波市智慧特教平台对学生数据采用"一人一档，人档对应"的原则，收集学生的学业水平成绩、作品照片、视频等，记录每位学生的成长历程。

（三）资源获取便捷化，提供新的学习模式

"互联网+"背景下特殊教育发展的最大特征就是教育环境虚拟化、教育资源共享性和教育对象多样化，这意味着教学活动不再受制于物理时空的束缚。

首先，在空间上，具有非排他性，学习活动可以在传统教室，也可以在虚拟课堂，只要有网络和连接网络的设备就有教育空间，就可以开展教育活动。例如，专属残疾人的互联网教学平台——阳光学习网，为特殊需要学生提供了一个完整的虚拟教学环境，注册报名、课程学习、完成作业、交流协作等均可在线完成，极大程度地缓解了行动不便学生的求学问题，学生足不出户便可获取所需学习资料，同时也解决了特殊教育师资匮乏的矛盾。

其次，在时间上，24小时网络全天候开放，只要你想学，可以在任何时间获取信息。

音频、视频、图像、PPT课件等学习资料可以反复使用,特殊需要学生可以根据自己的学习进度和实际情况支配学习节奏,避免了传统课堂学习中"过时不候"的局限。"互联网+"特殊教育打破了时空限制,获取资源更加便捷,其远程教育技术在提高现有特殊学校吸纳和服务特殊需要学生能力方面展现出了突出的优势,这为我国中西部偏远地区因学校数量少、交通不方便等各种原因无学可上的一大批特殊需要学生带来了新的学习便利,使原无机会入学的中重度特殊需要学生进入"校园"。互联网这个新的学习平台,延伸了有学习障碍学生的学习能力,让更多的特殊需要学生受益,提供了新的4A(Anytime, Anywhere, Anybody, Anyway)学习模式。

(四)网络运用互动化,凸显学生主体地位

在互联网中,各类特殊需要学生自建学习社区,寻找学习搭档,在共同的虚拟化学习环境中开展合作性学习,通过网络论坛、电子邮箱、电子公告和各种聊天室等相互讨论、联系、交流学习体会,并能对热点话题进行视频通话、在线沟通。遇到学习困难时特殊需要学生可以通过网络答疑系统快速获得数据库里存储的解答信息,也可以通过即时通信软件(如QQ、微信等)与教师或同学进行远距离沟通。一些优秀教师开设的个人博客等整合了特殊教育的相关内容,包含大量教育资源和学习经验供教师、学生相互探讨、信息共享,为学生和教师提供了互动的空间。而且,在一些创客空间,有共同兴趣的学生可以聚会、设计、开展合作,利用各种硬件和互联网把自己的创意制作成产品,大大提高了学生的自豪感。

"互联网+"特殊教育打破了线性的点对点沟通,各网络节点上的优质学习资源、教学设备、人员等在信息高速公路上进行着最大化的互动和组合。在这个高度互动的网络大课堂里,特殊需要学生充分体会到了"当家作主"的感受:课程内容围绕自身需求展开,课堂进度由自己决定,一切学习活动由自己负责,自己真正成为学习活动的主体。

第二节 移动学习与特殊教育

以计算机技术作为代表的现代信息技术不断改变教育技术。第一阶段是电化教育;第二阶段是与网络技术结合而形成的网络教育,网络教育属于第三代的远程教育,并发展为E-learning(数字学习),E-learning迅速改变远程教育的学习方式;第三段阶段是与移动通信技术结合而形成的移动学习。移动学习(M-learning)是移动通信技术与移动计算技术在教育中应用而产生的,是网络教育的延伸,属于E-learning的新阶段。应该说移动学习是计算机技术、网络技术、通信技术发展到一定阶段后的必然选择。

一、移动学习的概念

移动学习(Mobile Learning)是一种在移动设备帮助下的能够在任何时间、任何地点发生的学习,移动学习所使用的移动计算设备必须能够有效地呈现学习内容并且提供教师与学习者之间的双向交流。相较于传统的在线学习,移动学习具有碎片化、便捷性等特点,4G网络促使移动学习向互动化和移动化、游戏化和社区化及大数据的应用三种趋势发展。

二、移动学习的优势和局限

(一)移动学习的优势

移动学习的特点决定了移动学习和传统教育相比具有独特的优势,主要表现在以下几个方面:

(1)可以随时随地的学习。学习者能在任何地点、任何时间、以任何方式学习任何内容,这种独特优势是其他学习方式所望尘莫及的,极大地满足了"总在线"的学习需求,这也奠定了移动学习在未来学习中的重要地位。

(2)可以充分利用琐碎的时间学习。移动学习以其独有的碎片性的特点,为学习者提供了学习知识的便利,使学习者可以充分利用琐碎的时间,掌握一个相对完整的知识组块,正如面对一堆看似杂乱无章的知识碎片,经过每天一片、一点的摄入和积累,最终会形成一个完成的知识拼图。

(3)满足了个性化的学习需求。移动学习的交互性可以实现信息及时的双向流通,有利于培养学习者的交流沟通能力,激发学习者的学习热情,发展学习者的个性,有利于提高学习者的学习成绩和信心。

(4)可以消除心理负担。从心理学角度看,对于一些性格内向、害羞等学习者来说,移动学习能够弥补传统课堂和面对面学习中遇到的一些尴尬的场面,驱除交流的胆怯心理,从而轻松地学习和交流。

(二)移动学习的局限性

移动学习强调移动性,强调技术对教育的驱动,这同时也决定了其局限性。这种局限性集中体现在以下几个方面:

(1)移动学习情景的随意性和休闲性会分散学习者学习的注意力。在移动学习情境下,学习环境是复杂多样的,可能在嘈杂的大街上,也可能坐在公交车里,还可能在咖啡馆等地,学习者周围存在多种干扰因素,这样学习者就无法像在教室中一样完全沉浸于学习当中,也很难保持较长时间及较高的注意力。

(2)移动学习所建立的学习环境是一个完全的自主学习环境,这只能保证为学习者提供一套优质的教育基础设施,但不能保证提供的是优质的教育,更不能保证学习者一定能够最大限度地接受优质教育。

(3)移动学习设备硬件有局限。技术在驱动移动学习发展的同时也困扰着移动学习的推广和普及。比如,移动设备虽然便携,但是信息处理能力相对较低,手持设备屏幕普遍偏小、屏幕的分辨率低、运算能力偏弱,移动学习中技术带来的复杂操作对学习者纸质学习养成的无须频繁操作便能轻松学习的习惯也是一大挑战。

(4)移动学习更多的时候是人机对话,这使得原本学习中追求的情感体验和人与人之间的情感交流越来越贫乏,带来情感交流的缺失。

三、特殊教育移动学习的基本现状

移动学习基于数字化信息技术，所以其突出的特点是多媒体化，文本、图形、图像、声音、视频、动画等视听资源丰富，开展移动学习的特殊教育人群主要是听觉障碍学生和视觉障碍学生。听障学生因为听力不同程度地受损，声音成了他们获取移动学习资源信息的主要障碍，但获取文本、图形图像等视觉信息没有困难；视障学生则由于视力丧失而失去了获取外界信息的主要渠道，是开展移动学习的特殊教育人群中相对较弱的一类。

（一）听障学生移动学习基本现状

1. 移动设备接入与使用

听障学生视力正常，所以他们操作和使用移动设备时困难较小。同时，移动厂商在产品设计时也照顾到了听障人士的特殊需求。例如，Apple 官网展示了 iPhone、iPod、iPad 如何辅助听障人士使用这些产品；安卓系统的移动设备经过合理设置之后也能便于听障者进行无障碍操作。

国内多项研究发现听障学生普遍持有和使用移动设备，赵美涵（2012）在对哈尔滨聋哑学校听障学生的调查中发现，62.97%的听障儿童高频度接触手机，一周内每天接触手机的达到41.98%，一周内接触3～5天的达到20.99%，他们每天接触手机的平均时长达到78分钟；李东锋等人（2013）在对徐州特殊教育学校的调查中发现，五年级以上的听障儿童几乎每人一部手机，听障儿童使用手机亦较为频繁，大多用于收发短信、QQ聊天、看新闻资讯、查找资料等；孟宇擎（2014）在对济南市听障青少年的调查中发现，听障者青少年手机拥有率已高达96.4%，72.8%的受访者保持高频接触手机，其中几乎每天接触的有42.3%。除了个人行为，南京聋人学校（2012年）统一配备了基于无线网络移动终端的先进教学设施，促进和推动听障学生进行移动学习。

研究发现，社交、上网、短信是听障学生最常使用的手机功能。由于听力不同程度的丧失，听障学生的手机使用不同于健全人，接打电话的即时通信功能存在很大不便。但手机App综合了文本、图片、动画、视频多种视觉媒体类型的即时通信对此有很好的弥补，手机QQ和微信等社交App逐渐成为听障学生融入社会、表达自我的重要平台。同时，上网搜索各种有关学业的信息也是听障学生常用的手机功能。

综上所述，听障学生移动设备接入和使用非常普遍，所用功能以社交和信息搜索为主。

2. 移动设备教育应用

听障学生使用移动设备时没有太大的困难，对于移动设备在听障教育中的应用研究也越来越多。江苏省南京市聋人学校（2012）开展了"移动学习终端应用于聋校课堂教学的实验项目"，研究发现 iPad 在聋校课程中的合理使用有利于激发学习兴趣、调动参与热情、提高学习主动性；孙继红等人（2015）研究发现，移动终端作为聋校故事教学的有效工具，有助于听障学生在更自然的情境与互动中习得和发展语言；邢红梅（2016）探讨了微信、学霸、作业帮、微课类 App 等在数学教学中的多种作用；大连盲聋学校（2016）则积极探索利用微课资源，依托移动微课程平台，构建聋校英语教学新模式。

（二）视障学生移动学习基本现状

1. 移动设备接入与使用

目前，视障学生在使用移动设备时所面对的困难可以说是最大的。从信息获取途径的角度看，移动设备中的数字信息是一种直观形象化的视觉信息，但是视觉能力的障碍却让他们无法用"看"的方式获取视觉信息。视障用户需要借助语音导航系统、读屏软件以非视觉（主要是听觉）的方式来使用手机、平板电脑等移动设备。李东晓（2014）对我国视障者大众媒介使用与供给进行研究并发现，约 82.9% 的受访者均在使用手机，其中 97.7% 的使用者主要用手机来接打电话，使用手机上网的受访者只有 12.9%。从以上数据可知，当时视障者使用手机的主要目的在于社交，对于手机的移动互联网功能并没有很高的使用率。很大一部分原因是当时手机的语音导航等无障碍上网的辅助工具做得不好，而这方面做得比较好的手机又因为价格昂贵使很多视障者望而却步。

不过前景是乐观的，情况会越来越好。随着移动互联网的迅速发展，视障学习辅助技术在不断进步，产品价格也在不断下降。安卓系统的语音辅助程序（Android Talkback、KickBack and SoundBack）、苹果系统的语音辅助程序（iOS VoiceOver、Siri）都不断升级，国产的小米手机也开始进行无障碍支持。QQ 音乐安卓版和 iOS 版开始全面支持无障碍操作，安卓手机 QQ 从 4.6 测试版以后全面支持无障碍操作；"阳光""永德"等第三方手机读屏软件也为视障生提供了更多帮助，视障学生有望逐步像健全人一样无障碍地融入移动学习。2015 年中国移动开发者大会上，腾讯将《移动端信息无障碍标准》捐赠给中国信息无障碍产品联盟，该标准是目前为止国内首个专门针对移动端的信息无障碍标准，将会掀开我国移动端信息无障碍供给的新篇章。

2. 移动设备教育应用

由于视障人士使用移动设备显著困难，目前关于移动设备在视障学生教育中的应用还是比较少的。有研究者刊文阐释了移动互联时代碎片化学习的意义，提出了碎片化学习中教师和视障学生的任务，呼吁视障学校的学习者和教育者为移动互联网带来的变革做好充分准备。邱建维等人则对移动学习平台在盲人按摩高等教育中的应用展开研究，寻求高等教育盲人推拿专业移动学习资源建设的科学路径。

第三节 大数据与特殊教育

一、大数据的概念

大数据是指无法在一定时间内用常规软件工具对其内容进行抓取、管理和处理的数据集合。大数据技术，是指从各种各样类型的数据中，快速获得有价值信息的能力。适用于大数据的技术，包括大规模并行处理（MPP）数据库、数据挖掘电网、分布式文件系统、分布式数据库、云计算平台、互联网和可扩展的存储系统。

具体来说，大数据具有四个基本特征：

（一）Volume：数据量大

这指的是数据体量大，即所说的海量数据。百度资料表明，其新首页导航每天需要提供的数据超过 1.5 PB(1 PB＝1 024 TB)，这些数据如果打印出来将超过五千亿张 A4 纸。有资料证实，到目前为止，人类生产的所有印刷材料的数据量仅为 200 PB。

（二）Variety：种类和来源多样化

这指的是数据的存储类型多种多样，数据结构复杂。现在的数据类型不仅是文本形式，更多的是图片、视频、音频、地理位置信息等多类型的数据，个性化数据占绝对多数。

（三）Value：数据价值密度相对较低

这指的是大数据的价值密度低，即有价值数据的比例比较小。以视频为例，一小时的视频，在不间断的监控过程中，可能有用的数据仅仅只有一两秒。

（四）Velocity：处理速度也快

这里的快有两层意思：一是指数据产生的速度快，二是要求数据处理速度也要快。比如，在交通路口拍摄的照片需要及时传回到大数据系统中，进行及时处理，从照片中提取出经过某一路口的车牌号、时间点等信息，这样才便于公安或交警部门快速地捕获指定的违章车辆，快速进行拦截。如果处理的速度不够快，有可能数据分析后的结果就意义不大了。

二、大数据对教育的影响

中央电化教育馆王晓芜副馆长曾说："教育正在走向大数据时代，谁能够发现数据，谁就能够赢得未来的生存；谁能够挖掘数据，谁就能够赢得未来的发展；谁能够利用数据，并利用数据提供个性化的服务，谁就能够赢得未来的竞争。"目前互联网、云计算、物联网、移动互联网、智能技术等技术的快速发展，教育数据的形式和来源越来越趋于多元化、多样化，这也直接推动了当今教育的深度变革。

大数据可以支持对学习者个性发展的研究，大数据的分析可以提供给我们关于每一个学习者的学习需求、学习风格、学习态度乃至学习模式等信息，进而能够为每一位学生都创设一个量身定做的学习环境和个性化的课程，还能创建一个早期预警系统以便发现滑坡甚至厌学等潜在的风险，因此我们可以相应地提供适合不同学习者发展的学习内容和学习指导，促进其个性发展从而实现真正意义上的个性化教育。

大数据技术可以在教育平台上跟踪和关注老师和学生的教学与学习过程，记录老师和学生的课堂表现以及课下行为的数字化痕迹，通过在教育活动中点滴微观行为的捕捉，为教育管理机构、学校、老师和家长提供最直接、客观、准确的教育结果评价等。

大数据还可能让我们追踪每一个学生在校时、毕业后、工作后的成长情况，通过长期对数据的积累和分析，我们可以对学生进行生涯规划教育，为学生更好地实现人生成长提供更好的帮助。

三、大数据对特殊教育的影响

（一）大数据时代有利于特殊教育教师专业发展

大数据时代的到来，将会为特殊教育教师专业发展带来四种机遇：打破"小样本"的限制，特殊教育教师群体专业水平将获得跨越式提升；特殊教育教师专业学习将打破时空限制进入"全民化"时代；特殊教育教师自组织的专业发展状态将成为可能；特殊教育教师的专业发展评价将在行业内部真正实现。

一是打破"小样本"的限制，特殊教育理论建构的跨越式发展将为特殊教育教师的专业发展提供全新的参照。由于特殊教育教师的人数比较少，专业发展的历史比较短，专业发展的理论和实践积累比较少，相对自身的发展，特殊儿童及其家庭对教育质量的诉求和需求却是直线上升，两者之间的落差要远远大于普通教育。然而，特殊教育的显著特点是学生个体间和个体内部的差异比较大，这一特点导致特殊教育基础研究只能以小样本或个案的方式开展，极大地限制了特殊教育理论发展的速度，也制约了特殊教育理论和实践的客观性。大数据时代的一个重要转变就是"利用所有数据，而不再仅仅依靠一小部分数据"。这一转变将会把特殊教育的理论建构带入"样本＝总体"时代，每个特殊学生的学习过程，每个特殊教育教师的教学过程将超越"样本"的局限，使特殊教育理论建构更快速、更准确、更系统，这将为特殊教育教师的专业提升提供一个接近特殊儿童发展实际的一套理论框架和实践证据，从而使特殊教育教师的专业水平真正满足特殊儿童发展的需要成为可能。

二是专业学习将突破时空限制，打破等级制的藩篱，让特殊教育教师的专业学习进入"全民化"的时代。专业学习是教师专业发展的主要途径之一，然而，由于特殊教育教师人数少，分布比较分散，导致日常的学习局限在某个狭小的区域里，与普通教育相比，特殊教育教师的学习机会和资源都比较缺乏。相对普通教师，特殊教育教师实践操作的时间更多，相对而言，用于专业学习的时间被大大限制。大数据时代，数据收集及挖掘技术的运用，让每个特殊教育教师都将成为专业理论建构的贡献者，在海量的专业学习资源面前也都将获得平等的机会，这些新的变化将促使特殊教育教师的专业发展的潜力逐步得到解放，并最终形成专业等级界限模糊、学习全民化的局面。

三是特殊教育教师自组织的发展状态成为可能。自组织普遍存在于自然界，于人类社会，是生命系统、社会系统由无序向有序，由低级向高级演进的重要机制。教师的专业发展究其实质是使教师所从事的教育由无序向有序、由低级向高级发展。在传统的特殊教育发展中，教师的专业发展受到"等级制"的制约，专业发展的主动性受到压抑，再加之特殊教育效果不易彰显，特殊教育教师个体的专业发展自觉水平比较低，这种状态又反过来制约了整个特殊教育教师专业持续发展的推动力。教师专业发展必须要关注到个体的需求，大数据时代的专业资源海量积累和有序呈现，以及数据挖掘技术的参与，将会更好地满足个体的需求。当每个特殊教育教师都能根据教育服务对象的需求，获得相关的专业支持的时候，教师的专业积极性将得到满足，专业发展的成就容易得到彰显，每个特教教师能在自身的工作里，体验到更多平等和价值感，这会增加特教教师对美好教育的向往,进而唤醒老师内在的教育潜能,促使教师在教育改革中实现专业发展。

四是特殊教育教师专业发展的评价将在行业内部真正实现。目前特殊教育教师的专业发展的评价囿于信息的不共享,只能在局部范围内开展,导致行业内部无法形成公认的评价标准和评价方法,这样的局面,极大地阻碍了特殊教育教师的专业发展。但大数据时代的到来将会改变这一现状,教育数据的采集渠道和方式越来越多样化,并且非结构化数据所占比例越来越高,所有人的教育实践过程将被纳入大数据系统中,在专业团体内部经过资源的选择过程,将会出现淘汰和优化的局面,而此过程将会把更符合学生心理特点、更符合社会情境的教育理念和方法优选出来,这种大数据下的评价机制,并没有很明确的标准和方案,却是最有效的评价机制。

(二)大数据有利于建设特殊教育网络信息资源

实现对信息技术的推广和应用阶段逐步转型到教育信息资源开发和利用阶段是我国教育信息化建设的重要时期。针对特殊教育,对大数据时代下信息资源的开发利用,建设管理机制是实现特殊教育网络资源建设的有效途径,能有效促进特殊教育的发展。

1. 实现特殊教育网络资源在线化

将网络教育信息资源发布在网上是实现特殊教育在线化的有效途径。实现网络资源在线化,实现使用各种在线工具,体现网络教学的信息资源。就特殊教育而言,实现网络教育在线化首先要对学校的多媒体教学工具实现普及,并且实现学校的互联网全面覆盖。实现网络资源在线化,尽管对特殊人群而言有一定的难度,但是帮助了特殊人群体会网络教育资源的优势,实现了实时的学习,丰富了学生学习的形式,体现了网络教育的便携性,对特殊人群的自主性学习具有良好的促进作用。

2. 实现特殊教育信息资源的有效整合

网络信息资源丰富多彩,大量的数据资源给特殊教育人群查找资料造成了一定的困难。实现特殊教育信息资源的有效整合,是提升特殊教育中网络资源应用的有效手段。教师在进行教学过程中要积极整合特殊教育的网络资源,不断地优化教学课件,依靠多媒体视频、图片等教学手段,多方位全面地刺激学生感官,使其产生学习的兴趣,帮助特殊人群树立学习信心,培养自主学习的能力。同时,针对特殊人群的特点,教师要积极地传授一些适合特殊人群的网络资源整合方法,帮助其利用有效网络资源、甄别过滤无用资源的方法和技能,使特殊人群能够与时俱进地掌握网络资源整合方法。

3. 建设特殊教育网络资源平台

网络化教学的发展和实施不仅需要网络信息资源的在线化,同时还需要建设网络教育信息资源平台。特殊教育网络资源建设更加需要这样一个平台来实现网络化教学的发展,很多的特殊人群具备正常人的学习能力,帮助这类人群建立和正常人一样的网络教学模式具有一定的可行性,对其自身自信心的培养有着一定的意义。通过网络教育平台,学生可以在平台实现对教学课件的在线观看以及对自己在学习中遇到的问题向教师或者同学进行积极的求解,最大限度地实现特殊教育的实效性,是学生自主学习的有效途径。搭建特殊教育平台对具备学习能力的特殊人群具有重要的意义。

4. 加强特殊教育学校基于大数据的管理

由于特殊教育的特殊性,建设网络资源是一项长期的、系统的过程。通过网络资源在线化、教学资源有效整合以及教育平台的应用,可以使特殊教育网络资源的建设得到有效的实施。就特殊教育学校而言,要注重对特殊教育网络资源的大数据管理能力的提升。大数据时代,拥有大数据不是目的,能够积极发挥出大数据在网络资源建设中的有效优势,是特殊教育学校实现网络资源建设的最终目的。加强特殊学校大数据管理能力,对特殊学校建设网络资源、更好地应用网络资源、实现特殊教学的改革具有重要的意义,是实现建设特殊教育网络资源的有效手段,促进了我国特殊教育的发展。

第四节 云计算与特殊教育

一、云计算的定义

对云计算的定义有多种说法,现阶段广为接受的是美国国家标准与技术研究院(NIST)的定义:云计算是一种按使用量付费的模式,这种模式提供可用的、便捷的、按需的网络访问,进入可配置的计算资源共享池(资源包括网络、服务器、存储、应用软件、服务),这些资源能够被快速提供,只需投入很少的管理工作,或与服务供应商进行很少的交互。

二、教育云的概念

云计算在教育领域中的迁移称之为"教育云",是未来教育信息化的基础架构,包括教育信息化所必需的一切硬件计算资源,这些资源经虚拟化之后,向教育机构、教育从业人员和学员提供一个良好的平台,该平台的作用就是为教育领域提供云服务。

教育云包括"云计算辅助教学"(Cloud Computing Assisted Instructions,CCAI)和云计算辅助教育(Clouds Computing Based Education,CCBE)多种形式。

云计算辅助教学(Cloud Computing Assisted Instructions,CCAI)是指学校和教师利用"云计算"支持的教育"云服务",构建个性化教学的信息化环境,支持教师的有效教学和学生的主动学习,促进学生高级思维能力和群体智慧发展,提高教育质量。也就是充分利用云计算所带来的云服务为我们的教学提供资源共享、存储空间无限的便利条件。

云计算辅助教育(Clouds Computing Based Education,CCBE),或者称为"基于云计算的教育",是指在教育的各个领域中,利用云计算提供的服务来辅助教育教学活动。云计算辅助教育是一个新兴的学科概念,属于计算机科学和教育科学的交叉领域,它关注未来云计算时代的教育活动中各种要素的总和,主要探索云计算提供的服务在教育教学中的应用规律,与主流学习理论的支持和融合,相应的教育教学资源和过程的设计与管理等。

三、教育云的应用

云计算在中国起步比较晚,2009年5月16至17日,中国教育技术协会在上海举办了全国首届"云计算辅助教学高级培训",旨在帮助有条件的学校掌握云计算辅助教学的理论与技术,促进我国基础教育教学改革,提高教学质量。继此次培训之后,我国各地区中小学逐渐开始实践云计算辅助教学。《教育信息化十年发展规划(2011~2020)》中明确提出了建设中国教育化云服务平台的任务和行动计划。云计算作为教育行业信息化的下一个热点,投资规模也在逐年增加。

与此同时,各大公司纷纷为教育行业提供了专业的教育云平台解决方案,在这些教育云平台解决方案中衍生出了许多产品。以下为其中几款产品:

1. 成绩系统

及时统计每个年级、班级、个体学生多科、单科考试成绩分析,任课班级设置;快速解决校长对年级、教师对班级学生成绩管理的负担,家长可对孩子成绩进行综合分析,查漏补缺,快速提高孩子各科成绩。

2. 综合素质评价系统

为了更好地发展学生素质教育,提高孩子的积极性,需要教师、家长的不断鼓励与支持;学生评价系统实现教师与学生、家长与学生、学生与学生之间的互评功能,告别传统式的用笔墨对孩子学习态度、作业进行评分评等级等评价方式。

3. 家校互动系统

学生的成长需要老师、学生、家长密切配合,三网合一互动家校通方便快速地解决学校老师与家长之间的信息沟通,告别传统繁琐的家长会,良好的沟通能促进学生健康成长。

4. 选修课系统

选修课系统实现在计算机网络平台上的选修课查询、提交、管理等工作;拓展学生的知识与技能,发展学生的兴趣和特长,培养学生的个性,促进教师的专业成长;方便学校对选修课程信息的管理。

5. 平安考勤系统

平安考勤系统详细记录学生上学、放学时间,便于班级管理,老师上下班进入校门刷卡,按月统计刷卡情况,可作为学校教师考勤的有效工具。为学校管理简化了学生、教师的考勤情况记录保存问题。

6. 智能试题库

智能试题库实现智能组卷、阅卷等功能,阅卷系统中试题量达130万道,涵盖12个年级9个主学科。30秒钟自动生成一套试卷。

四、云计算对特殊教育的影响

(一)云计算让特殊教育研究者们联系更紧密

各个国家特殊教育研究的现状各有不同,研究者们对特殊教育的认识也参差不齐,在对特殊教育进行更多探索的时候必然需要互相学习、互相促进。许多单位或者个人在研究的过程中积累了较多有用的数据和资料,这些数据资料放置在单位所在的内部服务器中,由于网络的原因相对只能对内部人员开放。如南京特殊教育师范学院,就有自己的

"特殊教育专题数据库",这里面记载了几十年特教人对特殊教育的探索,共享这些资源将会对其他的研究者们提供较多的帮助。

利用云计算的超大规模特点,将各种资源共享到云计算供应商提供过的超大服务器上,特殊教育研究者们只需要一台电脑,通过连接云计算服务器进行检索,就可以获取需要的资源,了解最前沿的特殊教育动态。

(二)云计算可以让研究者轻松共享特殊教育的研究成果

众所周知,在各种领域的研究中,高精尖的设备往往能创造巨大的效益。尤其是特殊教育研究的设备,基本上都是最先进生产力的体现,以及最周到人文的体现。但是这些特殊教育研究用的高精尖设备往往价格昂贵,一般的研究机构根本无力购买。一些单位即使硬件设备很齐全,但是在设备的使用率上也不高,往往造成一定的资源浪费。云计算能做到按需服务,并且经济廉价。云计算可以把各种资源整合起来,不管是昂贵的设备资源还是应用资源,都可以在云计算的世界里变成一个资源池。只要这些资源连接在云计算的服务器上,你就可以通过计算机去共享设备资源。既可以提高资源的共享利用率,又能使需要资源服务的研究者们在花费较少的情况下获得原本需高额成本才能得到的数据资料,因为研究者们所要做的就是远程共享设备应用,另外支付一定的设备使用费即可。跟昂贵的设备采购费比,这样的研究花费已经很经济了。

(三)云计算能造福特殊人群

在残疾人中,有一部分是后天的肢体残疾,但是还有很大一部分是先天由于遗传或者药物致残的特殊人群。比如有相当一部分聋童是听觉神经受损而导致听力残疾,虽然人工耳蜗可以对听力残疾的聋童有很大的帮助,但是费用太大,普通家庭无法承受。

云计算提供了超级计算能力,研究人员不需要把大量经费耗费在硬件设备上,就可以利用云计算查找聋童的问题所在,甚至可以模拟出神经的受损情况,为聋童的康复训练提供强有力的技术支持。针对肢残人士各自的不同特点,云计算能为用户制定因人而异的策略,比如可以制作出更符合个体需要的义肢。总之,将云计算的超级计算能力应用到特殊人群身上,可以更好地为人类研究残疾人的生理特性提供支持。

【思考与练习】

1. 在"互联网+"时代,"互联网+"、移动学习、大数据、云计算在特殊教育上有哪些应用?
2. 在"互联网+"时代,特殊教育将会有怎样的发展趋势?
3. 在"互联网+"时代,如果你是一名特殊学校的老师,该怎样利用移动学习、大数据或者云计算来提升自己的素养?怎样利用它们为教学做辅助?

【参考文献】

[1] 齐媛.信息化视角下的特殊教育发展对策探究[J].中国特殊教育,2013(10):60-64.
[2] 李建峰.推进特教学校"智慧校园"建设[J].现代特殊教育,2016(11):18-20.
[3] 赖小乐,李珊珊.信息技术在推进残疾人远程高等教育中的作用[J].内蒙古电大学刊,2014(2):56-59.

[4] 赵美涵.听障青少年媒介接触和媒介使用对策研究——以哈尔滨市盲聋哑学校听障学生媒介接触和使用情况调查分析[D].长春:吉林大学,2013.

[5] 孟宇擎.济南市听障青少年媒介使用和媒介表达调查研究[D].成都:成都电子科技大学,2014.

[6] 刘彬,陈金友,高燕.iPad应用于聋校课堂教学的探索与实践[J].中国信息技术教育,2013(1):21-23.

[7] 邢红梅.浅论app应用程序在听障学生数学辅助教学中的应用[J].现代教育,2016(14):49-50.

[8] 栾世虎.移动互联微课程平台:构建聋校英语教学新模式[J].现代特殊教育,2016(13):53-55.

[9] 李东晓.我国视障者的媒介使用及大众媒介的无障碍供给研究——基于对浙江省视障者的调查[J].浙江传媒学院学报,2014(4):30-36.

[10] 于敏,周秋华.特殊教育移动学习的基本现状与资源开发[J].襄阳职业技术学院学报,2018(1):32-33.

[11] 维克托·迈尔·舍恩伯格,肯尼斯·库克耶.大数据时代[M].盛杨燕,周涛译.杭州:浙江人民出版社,2013.

[12] 吴彤.自组织方法论研究[M].北京:清华大学出版社,2001.

[13] 申承林.大数据时代特殊教育教师专业发展[J].当代教师教育,2017(12):49-50.

[14] 李明扬.浅析云计算对特殊教育的影响[J].科技风,2010(2):16.

[15] 周秋华.大数据时代视角下特殊教育网络资源建设[J].科技广场,2017(5):150-151.

>>>>>>> **第二篇**

教 学 篇

第三章 教学媒体概述

◆ 学习目标

1. 掌握教学媒体的含义。
2. 掌握教学媒体选择的基本标准和方法。
3. 了解各种教学媒体在教学中的应用。

◆ 思维导图

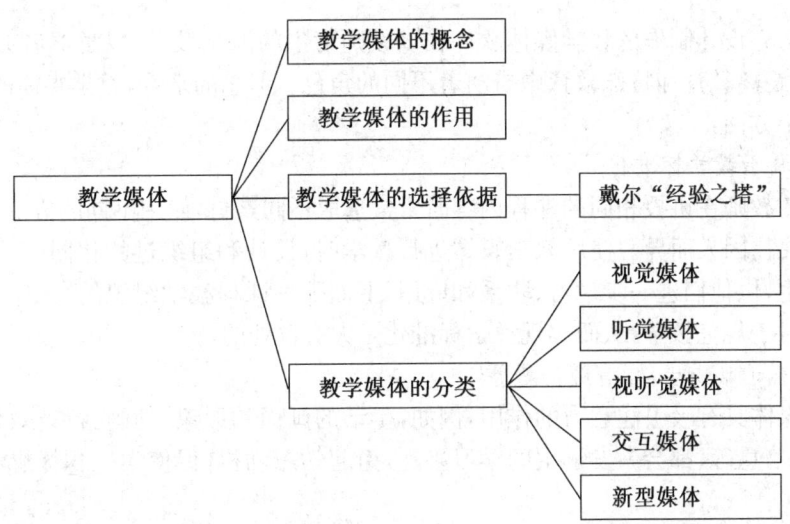

教学媒体是载有教学信息的媒体,是连接教育者和受教育者双方的中介,是师生传递与获取教学信息的工具。本章所要讨论的是教育信息获取与传递过程中所依存的媒体,它们一方面是学习材料的载体,另一方面构成学习过程的支撑环境。根据不同的分类标准,教学媒体被分成了若干类别,并且在选择教学媒体时,也会遵守一定的标准和原则。

第一节 教学媒体的概念

一、媒体

媒体是英文media的译名,意思是指信息的载体和加工、传递信息的工具。媒体有两种含义,一是指承载信息的载体;二是指存储和传递信息的实体。电影、电视、广播、计算机、网络、印刷材料等和录像带、光盘、磁盘、磁带等都是媒体。在信息社会里,媒体已经成为各种通信工具、宣传工具、教育工具的总称。

二、教学媒体

当某一媒体被用于传递教学信息时,就称该媒体为教学媒体或学习媒体。教学媒体是载有教学信息的媒体,是连接教育者和受教育者双方的中介物,是人们用来传递与取得教学信息的工具。例如,具有明确的教学目的、教学内容、教学对象,专门用于教学的电视机、计算机和网络就是教学媒体。教学媒体是学习资源的重要组成部分。

教学媒体沟通了学与教,在其间起桥梁和纽带作用。在相当长的一段教育史上,它只限于言语和文字。教科书的产生、直观教具的使用、音像材料的涌现、计算机和多媒体网络的发明,是教学媒体的四次重大飞跃,从而使学生能通过更广阔的渠道获得更大范围的信息资源。

三、教学媒体的作用

使用精心设计制作的教学媒体软件在以教师为主的课堂教学、以学习者为主的个别化学习、远距离教育和特殊教育中扮演着不同的角色。但总的来看,教学媒体的作用表现在以下几个方面:

1. 有利于教学标准化

不同的教师在讲授相同的课程内容时常常选取不同素材,使用不同的方法,课堂教学的组织也往往因人而异。使用教学媒体进行教学时,设计和组织过的相同的信息传递给所有的学生,供他们进一步学习、联系和应用,上面那种课程教学组织的"无序"将会大为减少。这对于规范教学,从而实现教学标准化是大有益处的。

2. 有利于形成生动、有趣的教学

教学媒体具有吸引注意力的作用,例如,生动的画面和形象、动画、特技效果、声音效果、清晰的信息等,都会激发学生的学习兴趣,引起学习动机,促使学生积极思考,主动参与教学。

3. 有利于提高教学质量和教学效率

大部分媒体可以在较短的时间内,向学习者呈现和传递丰富的信息,并调动学习者的各种感官,使学习者容易接受和理解。特别是应用精心设计的教学媒体软件进行教学,可以收到更好的教学效果,这对于提高教学质量和教学效率的作用是显而易见的。

4. 有利于实施个别化学习

配有个别化学习的教学软件的教学媒体,可以为学生的个别化学习提供便利条件,学生可以自己决定学习的进度、时间和地点。当学生直接通过教学媒体进行学习时,教师就有更多的机会根据学生的具体情况加强个别指导,这更符合因材施教的原则。

5. 有利于开展特殊教育

身体残疾的学生,由于其身体条件限制,应当接受特殊教育。选择使用适当的现代教学媒体,根据身残学生的特殊情况,将教学调整和设计到最佳状态,可以收到很好的教学效果。例如,使用专门设计的教学幻灯、投影教材来训练聋哑儿童说话,充分利用他们的视觉感官进行教学,可取得很好的效果;又如,盲童同外界交往主要靠听觉与触觉,可以通过加强他们的听力训练,提高其听力技能以便今后更好地学习与生活。

6. 有利于探索和实现不同教/学模式的教学

利用多媒体技术和虚拟现实技术,根据不同的学习理论,可创设不同的学习条件和情境。例如,根据建构主义的学习理论,可以创设所需要的学习情境与学习者交互作用,促使学习者主动地进行意义建构。

四、教学媒体的选择依据

(一)戴尔"经验之塔"

美国视听教育家戴尔 1946 年写了一本书《视听教学法》,其中提出了"经验之塔"的理论,对经验是怎样得来的,认为经验有的是由直接方式、有的是由间接方式得来的。各种经验,大致可根据其抽象程度,分为三大类(抽象、观察和做的经验)、十个层次。

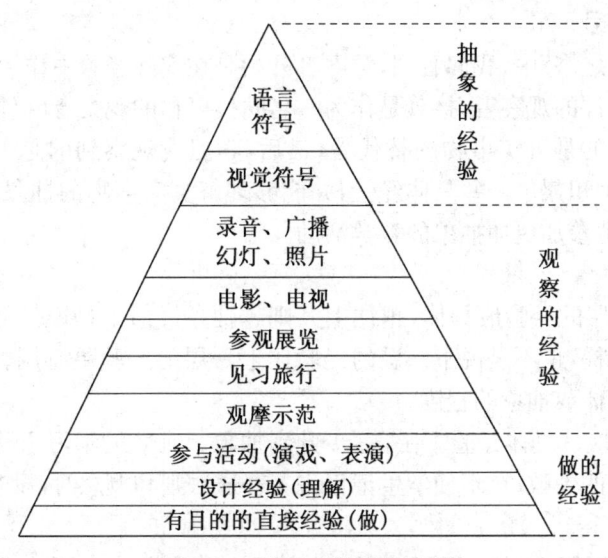

图 3-1-1 戴尔的"经验之塔"

1. 10 个层次

最底层是做的层次,包括:

(1)直接的有目的的经验。指直接地与真实事物本身接触取得的经验,是通过对真实事物的看、听、尝、摸和嗅,即通过直接感知获得的具体经验。

(2)设计的经验。指通过模型、标本等学习间接材料获得的经验。模型、标本等是通过人工设计、仿造的事物,与真实事物的大小和复杂程度有所不同,但在教学上应用,比真实事物易于领会。

(3)演戏的经验。指把一些事情编成戏剧,让学生在戏中扮演一个角色,使他们在尽可能接近真实的情景中去获得经验。参加演戏与看戏不同,演戏可以使人们参与重复的经验,而看戏是获得观察的经验。

中间部分是观察的经验,包括:

(4) 观摩示范。看别人怎么做,通过这种方式可以知道一件事是怎么做的。以后,他可以自己动手去做。

(5) 野外旅行。可以看到真实事物的各种景象。

(6) 参观展览。展览是供人们看的,使人们通过观察获得经验。

(7) 电视和电影。银屏上的事物是真实事物的替代,通过看电视或看电影,可以获得一种替代的经验。

(8) 静态画面、广播和录音。它们可以分别提供听觉的与视觉的经验,与电影、电视提供的视听经验相比,抽象层次更高一些。

最顶层是抽象的经验,包括:

(9) 视觉符号。主要指图表、地图等。视觉符号是一种抽象的代表,如地图上的曲线代表河流,线条代表铁路等。

(10) 言语符号。包括口头语言与书面语言的符号。言语符号是一种抽象化了的代表事物或观念的符号。

解释:在"经验之塔"中,我们看到,学习者开始是在实际经验中作为一名参与者,然后是作为一名真实事件的观察者,接着是作为一名间接事物的观察者(提供一些媒体来呈现这些事件),观察到的是真实事物的替代者,最后,学习者观察到的是一个事件的抽象符号。戴尔认为,学生积累了一些具体经验,并能够理解真实事物的抽象表现形式,在这个基础上,才能有效地参加更加抽象的教学活动。

2. 基本观点

(1) 宝塔最底层的经验最具体,越往上升则越抽象。但不是说任何经验都必须经过从底层到顶层的阶梯,也不是说下一层的经验比上一层的经验更有用。划分阶层是为了说明各个经验的具体或抽象的程度。

(2) 教育教学应从具体经验下手,逐步升到抽象。有效的学习之路应该充满具体经验。教育教学最大的失败,在于使学生记忆许多普通法则和概念时,没有具体经验做它们的支柱。

(3) 教育教学不能止于具体经验,而要向抽象和普遍发展,要形成概念。概念可供推理之用,是最经济的思维工具,它把人们探求真理的智力简单化、经济化。

(4) 在学校中,应用各种教学媒体,可以使学习更为具体,从而导致更好的抽象。

(5) 位于宝塔中层的视听媒体,较语言、视觉符号更能为学生提供具体和易于理解的经验,并能冲破时空的限制,弥补其他直接经验方式之不足。

(二) 教学媒体选择的依据

1. 依据教学目标

每个知识点都有具体的教学目标,为达到不同的教学目标常需要使用不同的媒体去传递教学信息。

2. 依据教学内容

各门学科的性质不同,适用的教学媒体会有所区别;同一学科的各章节内容不同,对教学媒体的使用也有不同要求。

3. 依据教学对象

不同年龄阶段的学生对事物的接受能力不一样,选用教学媒体时必须顾及他们的年龄特征。

4. 依据教学条件

教学中能否选用某种媒体,还要看当时当地的具体条件,其中包括资源状况、经济能力、师生技能、使用环境、管理水平等因素。

(三) 选择教学媒体的原则

1. 最优决策原则

美国传播学家施拉姆(Wilber Schramm)提出的决定媒体选择几率的公式,是选择媒体的最优决策的依据,如下:

$$媒体选择的几率(P) = \frac{媒体的功效(V)}{需付出的代价(C)}$$

2. 有效信息原则

从戴尔的"经验之路"可以看出,各种教学媒体所体现的学习经验层次是不同的:有的属于具体的经验,有的属于替代的经验、间接的经验,有的则属于抽象的经验。因而,不同的教学内容应选择不同的教学媒体来体现。或者说,不同的教学媒体适合表现不同的教学内容。

学生的认知结构是逐步形成的,它不但与年龄有关,更与他们的知识、经验、思维的发展程度有关。因此,只有当所选择的教学媒体所反映的信息与学生的认知结构以及教学内容有一定的重叠时,教学媒体才能有效发挥作用。

3. 优化组合原则

各种教学媒体都有各自的优点,也有各自的局限性,没有一种可以适合所有教学。各种教学媒体的有机组合将会扬长避短、优势互补,取得整体优化的教学效果。但是,媒体的组合要以取得最佳的教学效果为出发点,而不只是形式上的相加。

第二节 教学媒体的分类

随着科学技术的进步,教学媒体的种类越来越多,性能也越来越好。由于着眼点不同,对媒体的分类方法也不尽一样。本书按媒体作用于人的感官对教学媒体进行分类,将教学媒体分为视觉媒体、听觉媒体、视听觉媒体、交互媒体和新型媒体。

一、视觉媒体

人类获得的主要的信息来自视觉感受,特瑞克勒曾精确地断言,对于一个没有心理障碍和生理疾病的人来说,用于获知的所有感官中,通过视觉的学习占83%。使用视觉媒体在教育教学过程中非常重要,形象生动的视觉展示在教育教学过程中可以起到良好的效果。

（一）幻灯机

1. 幻灯机的构成

幻灯机的种类很多，但其基本结构和原理大致相同。一般由光学、机身、机械传动、电气控制四部分构成。

（1）光学部分。光学部分是幻灯机的主要组成部分。其作用是用足够强的光线透射幻灯片，在银幕上呈现出放大了的清晰的影像。它由光源、聚光镜、反光镜、隔热玻璃、放映镜头等组成。

（2）机身部分。机身部分是由支撑光学部分和维持幻灯机工作机能的各个部件组成，它包括底座、外壳、灯箱、电源变压器、冷却风扇、镜头筒和升降足等。

（3）机械传动部分。机械传动部分主要由传动机构、换片机构、调焦机构组成，其部件有马达、传动轮、摩擦轮、蜗轮、蜗杆等。

（4）电气控制部分。电气控制部分主要是将操作者换片或调焦的旨意以电信号形式传递给机械传动部分，其功能多少随幻灯机种类的不同有所区别，一般具有无线遥控、有线遥控、定时控制、声控、讯控等功能。

2. 幻灯机的使用

幻灯机具有使用简单、成本较低的特点，因此虽然受到了计算机等媒体的冲击，还是有着一定的应用前景，如图 3-2-1。此外，幻灯机的种类较多，教师在进行教学活动前，须对所使用的幻灯机进行详细的了解，熟悉设备。使用幻灯机的注意事项如下：

（1）详细阅读幻灯机使用说明书，了解所使用幻灯机的主要性能特点。

图 3-2-1　幻灯机

（2）根据幻灯机的放映要求，制作合适的幻灯片，可以是透明幻灯片，也可以是图片、表格、实物等。

（3）幻灯机须放在合适位置，所放映画面投射充满银幕，既要便于学生观看，保证无障碍物遮挡，又要便于老师进行操作。

（4）将幻灯片左右上下倒置插入片盒，打开幻灯机，如画面不清晰，首先检查镜头是否保持清洁，如果镜头上有灰尘等杂物，则使用专业镜头除尘设备如吹气球、镜头纸进行清理，切忌用面纸或手直接清理，以免划伤镜头。接着控制幻灯机调焦组，使得幻灯片在银幕上清晰成像。

（5）使用过程中，如果机器发出异常响声或是出现异常情况，须立即停机检查，在故障排除后，才可以继续使用。不可频繁开关机器。

（二）投影仪

1. 投影仪的分类

投影仪又称投影机，是一种可以将图像或视频投射到幕布上的设备，可以通过不同的接口同计算机、VCD、DVD、BD、游戏机、DV 等相连接播放相应的视频信号。投影仪广泛应用于家庭、办公室、学校和娱乐场所,根据工作方式不同,有 CRT、LCD、DLP 等不同类型。

(1) CRT 三枪投影仪

CRT 是英文 Cathode Ray Tube 的缩写,译作阴极射线管。作为成像器件,它是实现最早、应用最为广泛的一种显示技术。这种投影仪可把输入信号源分解成 R(红)、G(绿)、B(蓝)三个 CRT 管的荧光屏上,荧光粉在高压作用下发光系统放大、会聚、在大屏幕上显示出彩色图像。光学系统与 RT 管组成投影管,通常所说的三枪投影仪就是由三个投影管组成的投影仪,由于使用内光源,也叫主动式投影方式。CRT 技术成熟,显示的图像色彩丰富,还原性好,具有丰富的几何失真调整能力;但其重要技术指标图像分辨率与亮度相互制约,直接影响 CRT 投影仪的亮度值,到目前为止,其亮度值始终徘徊在 300 lm 以下。另外 CRT 投影仪操作复杂,特别是会聚调整繁琐,机身体积大,只适合安装于环境光较弱、相对固定的场所,不宜搬动。

(2) LCD 投影仪

LCD(Liquid Crystal Display)液晶投影仪,可以分成液晶板投影仪和液晶光阀投影仪,前者是投影仪市场上的主要产品。液晶是介于液体和固体之间的物质,本身不发光,工作性质受温度影响很大,其工作温度为 $-55\ ℃\sim +77\ ℃$。投影仪利用液晶的光电效应,即液晶分子的排列在电场作用下发生变化,影响其液晶单元的透光率或反射率,从而影响它的光学性质,产生具有不同灰度层次及颜色的图像。由于 LCD 投影仪色彩还原较好、分辨率可达 SXGA 标准,体积小,重量轻,携带起来也非常方便,是投影仪市场上的主流产品。普通的 LCD 投影仪具有色彩好、价格优势和亮度均匀性好等多方面优势,因此目前正在以万元甚至低于万元的价格,逐渐普及到家庭和小型商用场所之中。

此外,液晶光阀投影仪代表了液晶投影仪的高端产品,它采用 CRT 管和液晶光阀作为成像器件,是 CRT 投影仪与液晶光阀相结合的产物。具有非常高的亮度和分辨率,适用于环境光较强,投影屏幕很大的场合,如超大规模的指挥中心、会议中心或娱乐场所等。

(3) DLP 投影仪

DLP 是英文 Digital Light Porsessor 的缩写,译作数字光处理器。DLP 以 DMD(Digital Micromirror Device)数字微反射器作为光阀成像器件。一个 DLP 电脑板由模数解码器、内存芯片、一个影像处理器及几个数字信号处理器(DSP)组成,所有文字图像就是经过这块板产生一个数字信号,经过处理,数字信号转到 DLP 系统的心脏——DMD。而光束通过一高速旋转的三色透镜后,被投射在 DMD 上,然后通过光学透镜投射在大屏幕上完成图像投影。一片 DMD 是由许多个微小的正方形反射镜片(简称微镜)按行列紧密排列在一起贴在一块硅晶片的电子节点上形成的,每一个微镜都对应着生成图像的一个像素。因此,DMD 装置的微镜数目决定了一台 DLP 投影仪的物理分辨率,例如一台投影仪的分辨率为 600×800,所指的就是 DMD 装置上的微镜数目就有 $600\times 800=480\ 000$ 个。

2. 投影仪的使用

投影仪也是我们使用较多的一种视觉媒体,如图 3-2-2。现在流行的液晶投影仪因其体积小、重量轻、投影效果好,有着较广泛的应用。投影仪使用的注意事项如下:

(1) 投影仪的连接

图 3-2-2　投影仪

现在学校里大部分的教室都已经实现了多媒体化,投影仪通过中控可以和教室里的 DVD、音响、计算机等设施配套使用。如果教师自己携带笔记本电脑,也可以通过 VGA 线与投影仪连接,然后按住笔记本键盘功能键 Fn,点击 F6,将笔记本屏幕切换到投影仪屏幕就行。(注:不同笔记本的快捷键有所不同,但都是功能键 Fn+指定键)。

(2) 投影仪的维护

- 做好防尘工作,定期对投影仪进行除尘保养,清洗镜头。
- 投影仪放置位置要避免阳光直接照射,远离热源,避免潮湿。
- 投影仪关闭后,须充分散热,等待其散热风扇停止转动后再关闭电源。
- 投影仪如出现重大异常状况,须直接关闭电源,请专业人士检修,不可自行打开机盒。

(三) 照相机

照相机简称相机,是一种利用光学成像原理形成影像并使用底片记录影像的设备。照相机是用于摄影的光学器械。被摄景物反射出的光线通过照相镜头(摄景物镜)和控制曝光量的快门聚焦后,被摄景物在暗箱内的感光材料上形成潜像,经冲洗处理(即显影、定影)构成永久性的影像,这种技术称为摄影术。

1. 照相机的组成

(1) 镜头

镜头是用以成像的光学系统,由一系列光学镜片和镜筒所组成,每个镜头都有焦距和相对口径两个特征数据。

(2) 取景器

取景器是用来选取景物和构图的装置,通过取景器看到的景物,凡能落在画面框内的部分,均能拍摄在胶片上。

(3) 测距器

测距器可以测量出景物的距离,它常与取景器组合在一起,通过连动机构可将测距和镜头调焦联系起来,在测距的同时完成调焦。光学透视或单镜头反光式取景测距器都须手动操作,并用肉眼判断。此外还有光电测距、声呐测距、红外线测距等方法,可免除手动操作,又能避免肉眼判断带来的误差,以实现自动测距。

(4) 快门

快门是控制曝光量的主要部件,最常见的快门有镜头快门和焦平面快门两类。镜头快门是由一组很薄的金属叶片组成,在主弹簧的作用下,连杆和拨圈的动作使叶片迅速地开启和关闭;焦平面快门是由两组部分重叠的帘幕(前帘和后帘)构成,装在焦平面前方附近。两帘幕按先后次序启动,以便形成一个缝隙。缝隙在胶片前方扫过,以实现曝光。

(5) 光圈

光圈又叫光阑,是限制光束通过的机构,装在镜头中间或后方。光圈能改变光路口径,并与快门一起控制曝光量。常见的光圈有连续可变式和非连续可变式两种。

2. 照相机的使用

随着科技和制作工艺的不断进步,照相机的发展也是非常迅速的,从传统相机发展到了数码相机。传统相机和数码相机的区别在于它们的感光材料不同。传统相机是利用胶片曝光,通过后期的冲洗成像;而数码相机则是舍弃了胶片,利用胶片的替代品感光元器件 CCD 或 CMOS 感光,将光信号转换为电子信号,传送至影像处理芯片成像的。

一张优秀的作为教学媒体材料的照片必然是需要具有艺术美感的。掌握一定的摄影技术,运用好照相机是一个教师所要具备的重要技能之一。我们把照相机的使用简单归纳为曝光和调焦。

(1) 曝光

传统相机的曝光指的是光线照射物体后的反射光通过镜头聚焦在胶片上,胶片上的感光物质发生光化学反应形成潜影。数码相机则是通过 CCD 或 CMOS 感应器进行曝光。不论是传统相机还是数码相机,如果不能正确地曝光,画面层次就不能得到良好的表现,拍摄的照片也就是失败的照片。照相机控制曝光主要由光圈和快门共同决定。

(2) 调焦

调焦就是调整镜头与被摄体之间的距离,使被摄物体在感光元器件上形成清晰的影像。我们可以选择自动调焦和手动调焦。在选择自动对焦时,我们只需要半按快门,相机便可进行自动对焦,保证影像清晰;在选择手动对焦时,我们可以估计被摄物体到相机的距离,调整聚焦环,直到我们在相机寻像器中观察到最清晰的影像再进行拍摄。调焦在拍摄过程中非常重要,如果影像拍摄出来连清晰度都无法保证,那就失去了传达信息的能力。

(四) 电子白板

1. 电子白板概述

电子白板作为新兴的视觉媒体,正在逐步走进我们的课堂。在世界各地,电子白板技术都在被广泛地应用。英国已经有 90% 以上的中小学都配备了电子白板;其他欧美发达国家教育机构的电子白板普及率也达到了 70%。如此高的普及率体现了电子白板使用者对于电子白板提高课堂教学质量能力的认可。2004 年 4 月,自中英合作交互白板实验研究项目在北京部分中小学启动以来,电子白板在国内学校的普及率迅速提高,但仍然处于起步阶段。

2. 电子白板的种类及特点

目前市场上的电子白板分为两类:复印式电子白板和交互式电子白板。

(1) 复印式电子白板

这类电子白板可以作为计算机的投影板使用,在教学过程中起到良好的展示作用。白板上的书写内容可以通过图像传感器采集处理后进行打印,也可以通过与计算机的连接,将白板的内容扫描到电脑上进行处理。如图 3-2-3。

这类电子白板与计算机的关系是单向的。电子白板的书写内容可以传输到电脑上,但如果在电脑上对电子白板内容进行修改,在电子白板上则不会有显示。这类电子白板只作为普通的投影屏幕,计算机投影在电子白板上的内容是无法在电子白板上直接进行加工处理或者操作的,在可修改性上,没有传统黑板灵活性强。

（2）交互式电子白板

交互式电子白板实现了电子白板与计算机之间的双向交互通信与操作,如图 3-2-4。交互式电子白板可以与电脑进行信息通信,将电子白板与计算机连接,利用投影机将计

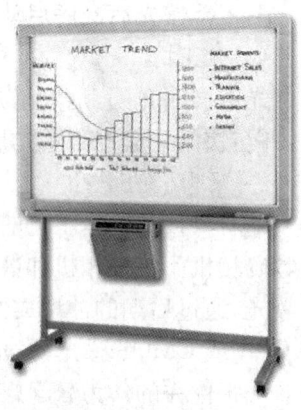

图 3-2-3　复印式电子白板

算机上的内容投影到电子白板屏幕上,在专门的应用程序的支持下,可以构造一个大屏幕、交互式的教学环境。利用特定的定位笔在白板上进行操作,可以运行任何应用程序,可以对文件进行编辑、修改等在计算机上利用键盘及鼠标可以实现的任何操作,所有的操作不但可以保存在电脑里,而且可以在电子白板上立即显示。交互式电子白板同样可以支持复印。

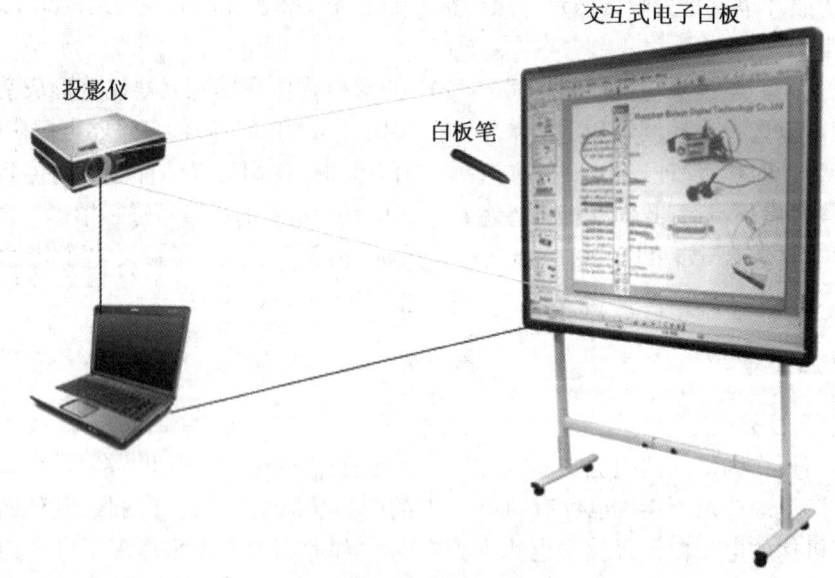

图 3-2-4　交互式电子白板

交互式电子白板的智能性、交互性、趣味性对教育信息化的意义重大,主要有以下特点：

- 功能强大。集计算机技术、投影技术、网络技术、视音频技术、互动技术于一身,功能上强于现在传统的多媒体教室,通过电子白板将计算机、投影仪等设备完美结合。
- 互动教学。改变了传统的教与学,为老师与学生、学生与学生在教学活动中的互

动提供了良好的平台。拉近了老师和学生距离,生动形象的展示更加激发学生的学习兴趣,提高其学习积极性。
- 继承创新。在继承传统黑板教学优秀传统的同时,加入高科技的元素,特别是教师可以在白板上直接进行操作,这是传统多媒体教学设备所无法达到的。
- 应用广泛。适用于各类课程教学,可以进行多种教学,无论是对于讲授式教学、互动式教学,还是实验式教学都可以起到良好的作用。

二、听觉媒体

听觉媒体主要指以收音机、录音机、CD 唱机、MP3 播放器等设备以及相应的教学软件为主的承载语音教学信息的媒体。听觉媒体在教学上的运用非常广泛,它既可以应用于大范围的教学,又可以供学生进行个别学习、重复学习,并且通过听觉媒体加工的听觉材料更加生动有趣,易于被受众接受。

下面介绍在教学中应用比较广泛的几种听觉媒体,讲解这些媒体的使用特点。

(一) CD 唱机

CD 的英文全称为 compact disc,译为激光唱盘。能播放 CD 唱片的机器,我们就称为 CD 唱机或激光唱机。CD 唱机是一种用微电脑控制的智能化高保真立体声音响设备,采用了先进的激光技术、数码技术、计算机技术,具有高密度记录、放音时间长(达 60～75 分钟)、操作简便、选曲快速等优点,各项性能指标优于录音机和收音机。

CD 唱机主要由激光拾音器及唱盘系统、伺服系统、信号处理系统、信息存储系统与控制系统等组成。将 CD 光盘装入 CD 唱机后,唱机的激光器会发出激光束,通过光学透镜投影到光盘的信息面上,光盘的信息面是由许多凹坑组成的,激光在盘片上刻出的小坑代表 1,空白处代表 0,当光点打在凹坑处时,因反射光较弱,光电检测器捡拾的信号小;当光点打在无凹坑的铝膜上时,反射光较强,光电检测捡拾的信号大,这样在检测器输出的时候就产生了不同高低电平的信号,这样的数字信号经过进一步的处理,经过数模转换器,就可以转换成模拟的声音信号了。

CD 唱机所用的唱盘主要有 CD - ROM、CD - R、CD - RW 三种。CD - ROM 是最常见的,表面为白色。它是由光盘加工线大批量生产出来的,一生产出来就已经有内容了,刻录机无法做出 CD - ROM。CD - R 的表面涂有反射层(绿、蓝或金色),刚生产出来时是无内容的,你可以发现在刻录之后,盘片的颜色会改变,此时资料已经存储进去了。CD - RW 英文全称为 Compact Disc-Rewritable,译为可重复刻录光盘,也有紫色反射层,可以多次使用,极限为 1 000 次左右。

(二) MP3 播放器

自 1998 年世界上第一台 MP3 播放器——MPMan F10(如图 3-2-5)诞生以来,MP3 不断发展,依靠其出色的音质、良好的便携性、多功能的用途获得了广大使用者的喜爱,成为一种重要的听觉媒体。

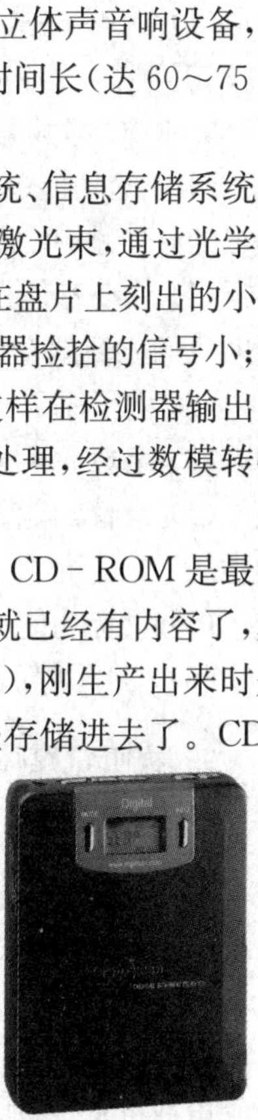

图 3-2-5　MPMan F10

1. MP3 播放器支持格式

MP3 播放器是利用数字信号系统完成处理传输和解码 MP3 文件的任务的。首先 MP3 播放器读取存储器上的音乐信号,通过解码芯片给信号进行解码,解码后的数字信号通过数模转换器转换为模拟信号,模拟信号再经过放大后,传输到音频输出口,这就是我们通过 MP3 播放器听到的音乐了。一款 MP3 的兼容性非常重要,也就是除了可以播放 MP3 格式的音乐,对其他格式的音乐也要做到兼容并包。现在 MP3 播放器支持的音频格式有:

(1) MP3 格式。MP3 格式是一种有损压缩,具有 10∶1～12∶1 的高压缩率,低音频部分保存良好,牺牲高音频部分换取文件数据的缩小,音质比 CD 格式或 WAV 格式稍差。

(2) WAV 格式。最早的数字音频格式,对存储空间要求比较大。它支持多种压缩算法,支持多种音频位数、采样频率和声道,采用 44.1 kHz 的采样频率,16 位量化位数,音质较好。

(3) WMA 格式。WMA 全称为 Windows Media Audio,是微软公司开发的一种音频格式。WMA 通过减少数据量获得高达 1∶18 的高压缩率,音质一般,文件大小只有 MP3 格式的一半大。

(4) OGG 格式。OGG 格式全称为 OGGVorbis,这种格式支持多声道,压缩技术优于 MP3。

2. MP3 播放器的多功能使用

MP3 的功能已不仅仅局限于收听音乐,多功能的发展方向使得 MP3 成为我们生活学习的好帮手,下面我们介绍一些常用的 MP3 功能。

(1) 移动存储器。MP3 播放器的容量现在已经达到几十 G,作为移动存储器,它可以帮助我们方便地存放各种文件。

(2) 电子书。可以播放存储在其中的电子文档,方便我们随时随地阅读学习。

(3) 字典。可以实现电子词典的功能,进行英汉互译之类的操作。

(4) 录音功能。可作为录音机使用而无需磁带,声音素材在录取后直接存储在播放器中。

(5) 收音功能。可收听广播,电台频率自动存储,一键式操作。

(6) 图片浏览。可以在显示屏上直接观看多种格式的图片。

三、视听觉媒体

前面我们讨论了单纯视觉、听觉媒体对学习者在传递信息上的作用,而如果将视觉与听觉媒体结合使用,将获得更好的学习效果。如图 3-2-6 所示,通过对记忆率的研究,表明学习相同的内容,若单纯用听觉,3 小时后对所获知识的保持率为 60%,3 天后则只能保持 15%;若单纯用视觉,3 小时后为 70%,3 天后则下降为 40%;若视、听觉并用,则 3 小时后保持率为 90%,3 天后仍能保持在 75%。

由此可见,视听觉并用将获得更多的教学信息量、更高的记忆保持率和最佳的学习效率。而将视、听结合的媒体,称为视听媒体。视听媒体同时作用于人的视觉、听觉两种感

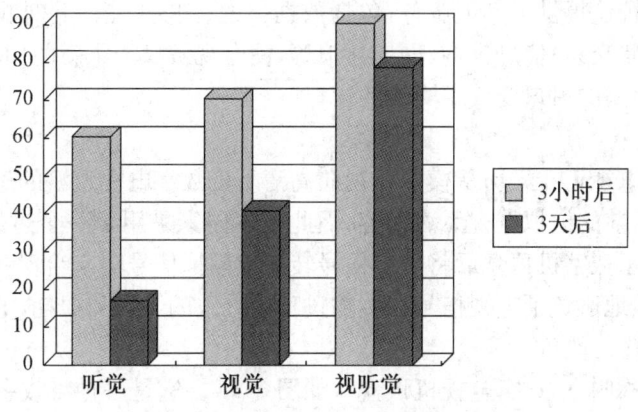

图 3-2-6 视觉、听觉、视听觉信息记忆比较

官,它将直观、鲜明的图像与生动的语言、语音、语调有机结合,这种配合的默契创生出一种新的环境氛围,不但充分表达所需传递的教学信息,而且有利于学习者处于积极的学习状态,促进对信息的理解和接受。常用的视听类教学媒体设备有电视系统、电视机、录像机、摄像机、VCD、DVD 等。

（一）电视机

电视是现代科学技术的成果,它根据人眼的视觉暂留特性和视觉心理,运用电子技术和光电技术,形成事物的图像信号与声音信号。随着科技的发展,电视也获得了不断更新,这里我们主要介绍数字电视。

1. 数字电视的概念

数字电视就是指从演播室到发射、传输、接收的所有环节都是使用数字电视信号或对该系统所有的信号传播都是通过由 0、1 数字串所构成的数字流来传播的电视类型。

数字电视的含义并不是指我们一般人家中的电视机,而是指电视信号的处理、传输、发射和接收过程中使用数字信号的电视系统或电视设备。其具体传输过程是由电视台送出的图像及声音信号,经数字压缩和数字调制后,形成数字电视信号,经过卫星、地面无线广播或有线电缆等方式传送,由数字电视接收后,通过数字解调和数字视音频解码处理还原出原来的图像及伴音。因为全过程均采用数字技术处理,因此信号损失小,接收效果好。

2. 数字电视的用途

在数字电视中,采用了双向信息传输技术,增加了交互能力,赋予了电视许多全新的功能,使人们可以按照自己的需求获取各种网络服务,包括视频点播、网上购物、远程教学、远程医疗等新业务,使电视机成为名副其实的信息家电。

数字电视提供的最重要的服务就是视频点播(VOD)。VOD 是一种全新的电视收视方式,它不像传统电视那样,用户只能被动地收看电视台播放的节目,它提供了更大的自由度、更多的选择权、更强的交互能力,传用户之所需,看用户之所点,有效地提高了节目的参与性、互动性和针对性。因此,可以预见,未来电视的发展方向会朝着点播模式的方向发展。数字电视还提供了其他服务,包括数据传送、图文广播、上网服务等。用户能够使用电视现实股票交易、信息查询、网上冲浪等,使电视被赋予了新的用途,扩展了电视的功能,把电视从封闭的窗户变成了交流的窗口。

3. 机顶盒

目前我国的电视正在经历从模拟电视向高清晰度数字电视过渡的过程。这是一个跨越式的过渡,与目前的模拟电视无法兼容,因此很多国家采用了一个过渡式的办法,即数字机顶盒。使用了数字机顶盒后将数字信号转变成模拟信号输入给现在的模拟电视机显示信息,这样有效地避免了电视信号在传输过程中导致的干扰和损耗,电视接收的信号质量得到了很大程度的改善。

机顶盒的全称叫作"数字电视机顶盒",如图 3-2-7。它是一种将数字电视信号转换成模拟信号的变换设备,它把经过数字化压缩的图像和声音信号解码还原成模拟信号送入普通的电视机。目前的数字电视机顶盒已成为一种嵌入式计算设备,具有完善的实时操作系统,提供强大的 CPU 计算能力,用来协调控制机顶盒各部分硬件设施,并提供易操作的图形用户界面,如增强型电视的电子节目指南,给用户提供图文并茂的节目介绍和背景资料。同时,机顶盒具有"傻瓜计算机"能力,这样通过内部软件功能和对网络稍加进行双向改造,很容易实现如因特网浏览、视频点播、家庭电子商务、电话通信等多种服务,可谓一网打天下。

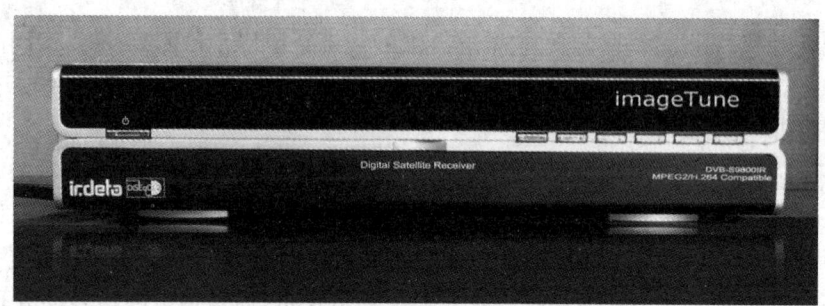

图 3-2-7　数字机顶盒

(二) 影碟机

影碟机也统称为视盘机,是播放光盘中电影声音的设备,如图 3-2-8。影碟机是由数字视频技术、数字声频激光唱盘技术与计算机技术相结合而产生的声像设备,集中了激光技术、数字技术、精密加工技术等,是光机电一体化的典型消费类产品。它的型号品种繁多,这里我们主要介绍 VCD、DVD 和 EVD。

1. Video-CD(Video Compact Disc)

Video-CD(简称 VCD,影碟机或影碟),是 1993 年 8 月由 JVC、Philips 等公司联合制定的数字电视视盘技术规格,称之为白皮书(White Book)。其采用 MPEG－1(Moving Picture Exports Group,活动图像专家组)标准编码,VCD 可以在一张普通的 CD 光盘上记录 70 分钟的动态视频和连续的音频数据、相关的处理程序。

2. DVD(Digital Visual/Versatile Disc)

1994年日本TOSHIBA(东芝)和SONY(索尼)等公司推出DVD,它按MPEG-2压缩编码标准存贮活动图像及相应的声音,DVD图像质量达到电视演播室水平(水平扫描线≥480线)。

VCD记录的只有单面一层,而DVD的记录层面有四种:单面单层(4.7 GB),单面双层(8.5 GB),双面单层(9.4GB),双面双层(17 GB)。单面单层能够存储133分钟的声音和图像。

DVD图像采用MPEG-2标准,在音频方面采用的标准较多,既有MPEG-1立体声、MPEG-2环绕立体声,也有Dolby(杜比)AC-3,它采用5.1声道或7.1声道。

3. EVD(Enhanced Versatile Disc)

图 3-2-8 影碟机

EVD的水平扫描线达到720线以上的电视线,EVD与DVD的区别首先是高清晰度,EVD的像素(1 920×1 080i)200多万像素是DVD(760×480)的5倍多。EVD从碟片的内容到碟机运行都按照高清标准要求制作。显示设备最好是高清电视,这样能够保证高清节目按1 920×1 080i、1 280×1 080i或1 280×720p格式播放(p指逐行扫描,i指隔行扫描)。

EVD影碟机可以兼容DVD、SVCD、VCD碟片。同时,EVD因为在按高清模式播放时,采取了上变换的措施,比DVD,VCD影碟机播放效果要好。

(三)摄像机

摄像机工作的基本原理都是一样的,就是把光学图像信号转变为按照时间顺序记录的动态电信号,以便于存储或者传输。

1. 摄像机的种类

摄像机种类很多,分类方法也不同。按成像质量可分为家用级、专业级、广播级等;按成像器件可分为摄像管摄像机、CCD摄像机等;按信号记录方式可分为数字摄像机、模拟摄像机等;按摄像功能可分为单一摄像机、摄录一体机等。

图 3-2-9 数字DV摄像机

图 3-2-10 数字摄像机

2. 摄像机的使用

摄像机的基本操作要领包括以下几点：

（1）稳：指镜头画面要平稳，无抖动，无晃动。

（2）平：指镜头画面中的水平线要平，可以画面中景物的垂直线或水平线作参考，或以寻像器边框为标准来衡量。

（3）准：要求技巧性镜头成为落幅画面时要准确无误，即落幅要准；还包括正确重现彩色、白平衡调整准、聚焦准、光圈准等。

（4）匀：指施加技巧的速度要匀，匀速进行，不能忽快忽慢；镜头起落幅应缓慢，中间必须匀速。

（5）清：指图像画面要清晰，或根据画面内容的需要达到一定的模糊程度。

3. 摄像机的使用注意事项

摄像机随机的说明书中除了介绍机器的操作方法，还写有机器使用维护的注意事项。说明书中没有提到的在平时使用中应注意的问题如下：

（1）摄像机拍摄时请勿遭雨淋。

（2）注意防潮、保持清爽。

（3）使用和保存摄像机的环境湿度保持在40％左右最为适宜。

（4）进行必要的防尘措施。

（5）外出携带的注意事项：摄像机携带和使用中要注意防震、防摔。

（6）远离磁场电场。

（7）工作中不要任意切断电源。

（8）摄像机使用后应注意：摄像机使用完毕存放之前应将磁带和电池从摄像机内取出。

四、交互媒体

交互是在某种学习环境中，两个或两个以上的个体间进行的双向交流，其目的在于促进学习任务的完成或人际关系的构建。因此，交互对于教师和学生来说，是一种接收信息反馈和学习活动自适应的方式。时至今日，交互式教学已经得到较多的媒体技术支持。

（一）多媒体计算机系统

1. 多媒体与多媒体信息

"多媒体"一词译自英文"Multimedia"，是一个复合词。它由"multiple"和"medium"的复数形式"media"组合而成。"multiple"有"多重、复合"之意；"medium"则是指"介质、媒介和媒体"。按照字面理解，多媒体就是"多重媒体"或"多重媒介"的意思。从字面上看，多媒体就是由单媒体复合而成的。

多媒体是数字、文字、声音、图形、图像和动画等各种媒体有机组合，并与计算机、通信和广播电视技术相结合，形成一个可组织、存储、操纵和控制多媒体信息的集成环境和交互系统。

媒体是传递信息的中介物，客观世界存在着各种各样的媒体形式。多媒体计算机系统中的多媒体信息包括以下几种类型：

（1）文本（Text）：它是各种文字字体的集合，是用得最多的一种符号媒体形式，是人和计算机交互作用的主要形式。文本的特性包括字体、颜色、字号等。

（2）图形（Graphic）和图像（Image）：图形包括点、线、面到三维空间的黑白或彩色几何图形。图像包括照片、幻灯片和绘画作品等。

（3）动画（Animation）：包括卡通、活页动画片和计算机制作的二维、三维动画等。

（4）视频（Video）：主要是指自然景物的连续画面图像，包括数字化处理的录像资料、影片等。

（5）音频（Audio）：包括音响和音乐两类。音响（Sound）包括解说旁白、自然声响（如雷声）和各种动物叫声、汽车声等。音乐（Music）包括歌曲、乐曲等。

2. 多媒体计算机

多媒体技术就是计算机交互式综合处理多种媒体信息——文本、图形、图像、声音、视频等，使多种信息建立逻辑链接，集成为一个具有交互性的系统。集成性、交互性和控制性是多媒体技术的三个最基本的特征。多媒体信息技术的出现，在技术上全面采用人类本来所具有的信息交流技能和认知方式，为人机交互水平产生质的飞跃提供了可能性。

"多媒体计算机"一词的出现是进入20世纪90年代以后兴起的。多媒体计算机能综合处理多种媒体信息，为学习者提供了选择学习内容、方法、重复学习的自由，为自主性学习提供了方便，有利于因材施教。多媒体技术综合了音响、活动图像、动画，甚至通信的声音功能，而且诸多媒体共同传递信息，极大地增强了信息表现力，以便使学习者始终处于积极的学习状态；多媒体计算机利用窗口交互操作、图像的交互界面，让学习者通过友好的人—机交互界面提高了参与性，使学习者在情感和行为上积极参与媒体的活动，并且多种感官的刺激也使学习者的思维更加积极，从而便于发现和总结。

（二）多媒体教室

1. 多媒体教室基本组成

多媒体教室由多媒体计算机、液晶投影机、数字视频展示台、中央控制系统、投影屏幕、音响设备等多种现代教学设备组成。

（1）数字视频展示台。数字视频展示台是整个多媒体演示教室中最重要的也是最昂贵的设备，它连接着计算机系统、所有视频输出系统及数字视频展示台，把视频、数字信号输出显现在大屏幕上。

（2）多媒体液晶投影机。可以进行实物、照片、图书资料的投影，是一种非常实用的设备。

（3）多媒体计算机。多媒体计算机是演示系统的核心，教学软件都要由它运行，而且在很大程度上决定演示效果的好坏。

（4）中央控制系统。中央控制系统用系统集成的方法，把整个多媒体演示教室的设备操作集成在一个平台上，所有设备的操作均可在这个平台上完成。

图 3-2-11 多媒体教室

2. 多媒体教室的教学功能

(1) 课堂演示教学

教师在课堂中利用多媒体系统将教学内容直接投影在大屏幕上,并对教学内容进行讲解。运用这种方法传递信息比较直观、明了,可以从视听方面刺激学生的感官,提高学生的学习兴趣,增强学生观察问题、理解问题和分析问题的能力,从而提高教学质量和教学效率。

(2) 模拟教学

多媒体技术可以把声音、图像、动画等有机结合起来,模拟宏观世界的现实场景和微观世界的事物运动,以帮助学生学习和理解一些抽象的原理和概念。随着计算机技术的发展,出现了"虚拟现实"技术,它是通过计算机产生一种仿真的环境,在这个环境中,学生可以作为一个实际操作者进行各种学习和操作,计算机可做出反应和判断。模拟教学的设备系统主要有计算机、服务器和网络设备。

(三) 网络机房

网络机房也称为网络教室,是目前国内各类学校,尤其是中小学较为普遍的、应用较为广泛的一种网络教学系统。网络机房集普通的计算机机房、语音教室、视听教室、多媒体教室等功能于一体,利用网络和多媒体技术及相关的网络设备互联而成,是一个小型教学网络。网络机房为提高教学质量、建构协作化学习环境创造了良好的技术基础。

1. 网络机房的硬件组成

网络机房就是一个小型的局域网,需要配置的硬件包括交换机(或集线器)、服务器、计算机(教师机和学生机)、网卡和双绞线等。

图 3-2-12　网络机房

（1）服务器

服务器是一台功能强大的计算机，它比一般的计算机配置要好，速度快，存储量大，具有更加稳定的性能。服务器是整个网络的核心，在服务器上安装的是服务器操作系统，如 Windows Server 2003，它在管理整个网络的同时，也为网络用户提供服务。

（2）PC 机（教师用机）

教师用机是计算机网络教室中教师专用的计算机。在电子教室系统软件支持下，教师用机可以对学生用机实施教学与管理。

（3）PC 机（学生用机）

在计算机网络教室中，学生用机是为学生提供的学习工具。学生用机可以在电子教室系统控制下使用，也可以单独使用。

（4）交换机

交换机是局域网中工作站和服务器的连接设备。

2．网络机房的软件组成

网络机房除应安装必要的系统软件（如 Windows 2000，Windows xp）和课程教学软件（如 Office 2000）等以外，还应当安装下列管理软件：

（1）电子教室软件。主要用于计算机教室的综合教学管理。

（2）网络净化器。主要用于计算机教室反黄和反黑。

（3）学科资源库。主要是各学科的资源库，为教师、学生提供教学资源。

（4）办公与备课系统。主要用于教师办公管理和教学备课。

3．电子教室系统软件的功能

（1）广播教学：可将教师操作机的屏幕和多媒体信息实时传送广播给全体、部分或单个学生。

(2) 教学转播：教师可将某一学生操作机的屏幕或多媒体信息转播给所有学生，并可随时改变广播主动方。

(3) 师生对话：教师和学生可实时进行语音提问、交谈。

(4) 动态监视：教师可实时监视和控制每个学生机的操作过程而不必移步。

(5) 单独教学：教师可实时和指定的学生进行语音对话，而其他学生不受干扰。

(6) 远程命令：教师可同步控制学生机执行或关闭某一命令。

(7) 键盘、鼠标控制：教师可实时控制全部或某一学生机的键盘和鼠标的操作。

(8) 电子黑板：实现普通黑板的全部功能。教师和学生可共享。

网络机房主要用途有两个方面：一是中小学信息技术必修课的主要教学场所，按照教育部信息技术课程教学的要求，通过网络机房，可以使学生了解计算机的基本知识，训练学生的计算机应用技能；同时可以培养学生的信息技术素养，训练学生收集、传输、处理、发布和应用信息的技能，使学生可以利用信息技术手段进行自主学习。二是信息技术与课程整合教学的重要场所和条件保障，为学生提供自主学习、个别化学习、协作学习、研究性学习的良好环境。

五、新型媒体

（一）手机媒体

1. 手机媒体的概念和特点

手机媒体，是以手机为视听终端、以手机上网为平台的个性化信息传播载体，它是以分众为传播目标，以定向为传播效果，以互动为传播应用的大众传播媒介。被公认为继报刊、广播、电视、互联网之后的"第五媒体"。

手机媒体的基本特征是数字化，最大的优势是携带和使用方便。手机媒体作为网络媒体的延伸，具有网络媒体互动性强、信息获取快、传播快、更新快、跨地域传播等特性。手机媒体还具有高度的移动性与便携性，信息传播的即时性与互动性，受众资源极其丰富，多媒体传播，私密性和整合性，同步和异步传播有机统一，传播者和受众高度融合等优势。

2. 手机媒体的发展与存在的问题

中国信息业实现跨越式发展，互联网信息时代手机影响力赶超广电媒体。近年来，手机报、手机广播、手机电视等手机媒体纷纷问世，无线通信已经渗透到人们日常生活以及社会的方方面面，提供无处不在的最佳服务。一方面，手机媒体作为以手机为中介，传播文本、视听、娱乐等多媒体信息的互动性的传播工具，将对传统的传播方式产生突破性创新，手机比电脑更普及，比报纸更互动，比电视更便携，比广播更丰富，集四大媒体的优势于一身，带来视听方式和传播模式的革命。因而我们要学会运用手机媒体，特别是面对当今多元化、即时性、多样性的舆论生态环境，必须积极运用手机这一最新媒体，顺应新闻传播规律，提高传播技巧，主动设置议程，及时发布信息，努力占得舆论引导的先机，把握正确舆论导向。

另一方面，手机媒体存在着一定的问题，主要有虚假与不良信息传播，侵犯个人隐私，信息垃圾，信息安全，手机所固有的技术缺陷如屏幕小、电池不足等。

此外，对手机媒体监管存在不少难点，诸如传播者身份的隐蔽性、手机用户的海量性、跨地域传播带来的挑战、政策法规滞后等。在中国实行手机和网络实名制不切实际而且存在负效应。对手机媒体的管理，要尊重手机媒体发展的特殊规律，创新手机媒体管理的原则。在制定有关手机媒体的政策与法规时，要避免鸵鸟政策。政策制定与立法原则应该是顺应和促进手机媒体产业发展，规范与发展并重。

（二）移动电视

1. 移动电视的概念

狭义上，移动电视是指在公共汽车等可移动物体内通过电视终端，移动地收看电视节目的一种技术或应用。广义上，指一切可以通过移动方式收看电视节目的技术或应用，这就包括了狭义的移动电视、手机电视等其他可接收电视信号的移动设备。

图 3-2-13　公交车上的移动电视

图 3-2-14　移动电视 DVD

2. 移动电视的应用

移动电视是全新概念的信息型移动户外数字电视传媒，是传统电视媒体的延伸。它采用了当今世界最先进的数字电视技术，通过无线发射、地面接收的方法进行电视节目传播，你可以在任何安装了接收装置的巴士、轮渡、轨道交通等移动载体中收看到如 DVD 般清晰的移动电视画面，当然也能在非移动的情况下接收。

移动数字电视是国际公认的新兴媒体，它首先出现在新加坡，2002 年 10 月，中国内地第一批移动数字电视在上海投入运营，目前全国已有上海、北京、成都、长沙、广州、南京、武汉、南昌、合肥、杭州、大连、青岛、无锡等地开通了移动数字电视。

作为一种新的媒体，移动数字电视具有安装简便、覆盖广泛、反应迅速、移动性强的特点，它除了具有传统媒体宣传和欣赏的功能外，还承担着城市应急预警、交通、食品卫生、商品质量等政府安全信息发布的重任。移动电视是通过无线数字信号发射、地面数字接收的方式播放和接收电视节目的，无须连接有线电视网络，通过机顶盒、接收天线和终端显示器即可收看到电视节目，它覆盖广泛、反应迅速、移动性强，无论在高速移动还是固定的状态下均能保持画面清晰，实现了边走边看、随时随地收看，极大地满足了快节奏社会中人们对于信息的需求。

【思考与练习】

1. 说说你身边出现的新型教学媒体。
2. 根据课堂教学的程序以及各种教学媒体的功效作用,结合你的专业,谈谈如果由你来安排课堂教学,你会怎样使用教学媒体来提高教学效果。

【参考文献】

[1] 丁兴富.教学媒体的本质,分类和特征——远程教育中的信息技术和媒体教学[J].中国远程教育,2000(10).

[2] 李运林.教学媒体的理论与实践[M].北京:北京师范大学出版社,2003.

[3] 陈丽.远程教育中教学媒体的交互性研究[J].中国远程教育,2004(7).

[4] 程志,周铁.基于认知负荷理论的教学媒体设计[J].现代教育技术,2008(11).

[5] 张刚要,李艺.教学媒体:由技术工具论、工具实在论到具身理论的范式转换[J].中国电化教育,2017(4).

第四章 聋校教育技术

◆ 学习目标

1. 了解听力障碍的基本概念以及听力障碍儿童的基本特征。
2. 了解听障儿童教育康复的基本特点。
3. 熟悉听障儿童教育康复中出现的新型教学媒体及其应用。

◆ 思维导图

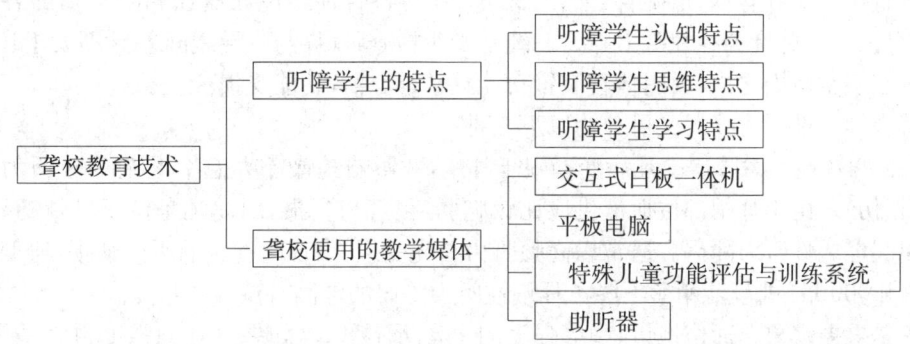

随着教育技术的不断发展,各类教学媒体在学校课堂教学中得到了广泛的使用。在普通学校的日常教学中,各种教学媒体如幻灯、投影、多媒体计算机等都是比较常见的。然而在特殊教育的范畴之内,聋校在开展课堂教学时所使用的教学媒体和普通学校有哪些不同呢?本章将重点来探讨听力障碍学生的学习认知特点以及聋校常见的教学媒体。

第一节 听力障碍概述

一、听力障碍的概念

听力障碍,又称听觉障碍,是指人由于各种原因导致双耳不同程度的永久性听障,听不到或听不清周围环境声及言语声,以致影响其日常生活和社会参与。

听力障碍儿童,又称听力残疾儿童、听障儿童,是指由于各种原因导致双耳不同程度的永久性听障,听不到或听不清周围环境声及言语声,以致影响其日常生活和社会参与的儿童。

我国对于听觉障碍的定义并无明确的规定,但大多数专家认为世界卫生组织的推荐是合理的。由于长期的生活习惯,聋的含义可能更广一些,既包括各种轻重不同的体力损失,又包括严重的听觉障碍。

二、听力障碍的分类

(一)按听力障碍的性质及部位分类

一般可分为以下四种:

1. 传导性听力障碍

凡病变局限于外耳和/或中耳,并影响导音功能障碍者,均为传导性听力障碍。如外耳和中耳的发育畸形、外耳道阻塞性疾病、中耳炎性或非炎性疾病、耳硬化早期等,都可引起传导性听力损失。纯音测听检查:气导与骨导之间差异大于10 dB且骨导在正常范围内,说明声音在到达内耳之前有障碍,但内耳功能正常。

2. 感音神经性听力障碍

凡直接影响到耳蜗、螺旋神经节等末梢感受器、听神经传导途径和听中枢的各种病变,都可以造成感音神经性听力障碍。纯音测听检查:气导与骨导之间差异不大于10 dB,且都不在正常范围之内,说明传音装置功能正常,而感音功能受损。

感音神经性听力障碍又可分为以下三种:

(1)感音性听力障碍。凡病变局限于耳蜗,并影响其感音功能者,即感音性听力障碍(耳蜗损伤)。由于耳蜗部位血液供应比较脆弱,很容易受损,因此凡是位于耳蜗的病变,都能引起耳蜗性听力障碍。通常以高频听力首先受损,出现山谷状的听力缺损,典型的听力图在4 000 Hz处呈陡峭形下降。耳蜗性听力障碍的电测听试验的特点为:

一是重振现象。通俗地讲,中等强度的声音听不见,但如果声音的强度再大一些,他们又感受耳部难受、疼痛,即小声听不见、大声难忍受。

二是复听。对于同一种音调,听力障碍患者感到听到的声音不一致,可能表现为音调一高一低。

三是病理性听觉适应。在持续性的声音刺激时,听阈显著增高。

(2)神经性听力障碍。凡病变直接发生在螺旋神经节或听神经传导通路上的任何部位,均为神经性听力障碍。其临床特点为:高频听力首先受损,逐渐向中低音扩展,最后普遍降低;气导大于骨导,但均缩短;具有明显的病理适应性现象。

(3)中枢性听力障碍。病变位于脑干与大脑,累及蜗神经核及其中枢传导通路、听觉皮质中枢时导致中枢性听力障碍。大脑对声音和言语信号不能正确处理、识别和辨认。它又可以划分为脑干中枢性听力障碍和皮质性听力障碍。

3. 混合性听力障碍

外耳和/或中耳、内耳病变同时存在,影响声波传导与感受所造成的听力障碍称为混合性听力障碍。导致混合性听力障碍的原因可以是一种病变同时损伤了耳的传音和感音系统,也可以是不同的疾病分别导致中耳和内耳或听传导通路的功能障碍所引起。混合性听力障碍在临床的表现多为两种听力障碍的混合表现,听力图表现为气导和骨导均不正常,且气骨导之差大于10 dB。

4. 伪聋

伪聋即装聋,是指听觉系统无明显器质性病变,听力正常,自称听力障碍。伪聋者并无神经心理创伤,往往带有目的或企图进行伪装,主观表现非常严重,通过多次的听力学检测以及客观听力检查有助于鉴别。

(二)按患病时间分类

1. 先天性听力障碍

先天性听力障碍包括外耳道先天性闭锁、中耳或内耳畸形、妊娠期及围产期所致的各种听力障碍。

2. 后天性听力障碍

后天性听力障碍包括外耳和中耳各种传导性听力障碍,如外耳道后天性闭锁、化脓性中耳炎、外耳及中耳肿瘤、各种外伤及耳硬化症等;在感音神经性听力障碍中,包括各种传染病所致的各种感音性听力障碍、药物中毒性听力障碍、迷路炎、听神经瘤、听神经病、老年性听力障碍以及精神因素所致的功能性听力障碍等。

三、听障儿童的认知特征

认知是人脑反映客观事物的特性与联系,并揭露事物对人的意义与作用的心理活动。认知包括感觉、知觉、记忆、想象、思维等一系列的心理活动。

(一)听障儿童的感知活动特征

感觉和知觉统称为感知觉,简称感知,是人脑对客观事物的不同反映形式,它们都是对当前直接作用于感觉器官的事物的反映。听觉是人接收外界信息,认识客观世界的重要渠道和途径之一。在各种感觉中,听觉给人以丰富的信息。在生活中,特别是在学习活动中,听觉的作用有时超过了视觉。听障儿童丧失了听觉功能,或者在听力上有明显的缺失,他们的感知较正常儿童少了一条重要的途径。

1. 感知活动受到局限

(1)听障影响了知觉的完整性

听障儿童的知觉形象主要是视觉形象或视觉、触觉和动觉的综合性形象,不易形成视听觉结合的综合性形象。而生活中大量的事物形象是视听结合的形象,而且所有知觉形象中试听结合的形象最具鲜明性。本来具有声音特性的事物,如果只能反映其视觉特性,这种缺失听觉成分的知觉形象给人一种平面和虚扑的感觉。

(2)缩小了感知的范围

视觉所反映的光学特性和听觉所反映的声学特性是不同的,视线受到遮挡时就无法反映视线之外的事物,而听觉不受这样的局限。例如,门虽关闭,室外的声音照样可以为室内听觉正常的人所知晓,但是对于听障者,却难以知晓门外的情况。

(3)不能利用声音识别物体的某些特性

不同质地的物体发出的声音是不同的,人们往往据此判断物体的质地。另外,同一事物在不同的情况下所发出的声音也会有所不同,如某人声音沙哑,我们猜想他可能感冒了。听障者无法利用这些信息做出相应的判断。

2. 不能利用声音进行定向

定向就是确定方向,它是一种方位知觉。确定方向包括两个方面:一是确定物体在空间的方向位置;一是确定自身在空间所处的方向位置。在通常情况下,健全人的方向定位是以视觉听觉为主,辅之以其他感官的协同活动,但是在特殊情况下,听觉可以成为定向的主要感觉。例如黑夜里跌落的一枚硬币,附近的火车从远到近再远离。健全人可以把声音的强弱作为距离远近的线索,但是对于听障者是难以利用的。

3. 使视觉发生明显的变化

(1) 对物体的视觉认知

有人做过这样的实验,用60张日常生活的图片做实验材料让被试者辨认,被试者有普通小学一年级学生,聋校二、四年级学生和健全成人。实验结果,低年级的听障儿童视觉认知低于健全儿童,四年级的听障儿童已经接近健全成人水平,视觉认知的发展速度很快。

(2) 视觉补偿能力得到长足的发展

由于长期对视觉的依赖和使用,视觉经验日益丰富,并且使视觉补偿能力有了较大的发展,例如听障人的"看话"能力,也就是读唇语,一般人几乎做不到。另外,在对形象物体的认知上,听障儿童往往能关注到更多的事物细节。

4. 触觉、振动觉和言语动觉更重要

(1) 触觉和振动觉能部分代偿听觉功能

在目前聋校的课堂教学中,触觉和振动觉往往能让听障儿童产生定向反射,起到吸引学生注意,进行组织教学的有效方式和途径。律动课中,听障儿童能通过木质地板的振动感受音乐的节奏,并随之完成规定的动作。在目前的听障儿童康复教学中,有一项很重要的发音教学,触觉和振动觉能帮助学生体会发音的要领,掌握发音方法。

(2) 言语动觉对听障儿童学习口语十分重要

听觉正常的儿童能够听到自己的发音,他们学习说话主要是靠听觉来调节。但是在听力发生缺失时,言语动觉就起了非常重要的作用。

言语动觉就是发音时对自己言语器官的运动和言语器官各部分所处的位置状态的感觉。例如,发"a"这个音时,需要学习者体会言语器官的各部分是如何动作的,听障儿童靠着这样的自我感觉来调节发音活动。言语动觉在"看话"的过程中也是必不可少的,一方面要看说话者的口型,另一方面还要体会发音的动作,这样才能理解说话者的意思。

(二) 听障儿童的注意特征

注意按其是否有预定的目的和意志努力的程度可以分为三种:无意注意、有意注意和有意后注意。事先没有预定的目的,也不需要做意志努力的注意是无意注意。反之,则为有意注意。而有意后注意是指有意注意在活动中发生的变化,即原先的有意注意,由于从事的活动逐渐熟练了或对其产生了兴趣,此时对活动的注意仍然是有目的的,但不需要很强的意志努力了,与原先的意志努力相比程度减弱了。它产生在有意注意之后,所以叫有意后注意。

和健全儿童一样,听力残疾儿童的注意是由无意注意逐步发展到有意注意的。儿童的有意注意受语言能力的制约,约从 2 岁开始,随着语言能力的发展而逐步形成和发展。在低年级的小学生身上,无意注意仍然占优势。听力残疾儿童的有意注意要比健全儿童发展晚,他们注意的稳定性较差,不太善于分配注意和适时地转移注意。

1. 引起注意的刺激源主要来自视觉对象

听障儿童注意的产生无法像健全儿童那样,既可以来自视觉刺激,也可以来自听觉刺激。听障儿童大脑皮层上的优势兴奋中心基本都产生和保持在视觉中枢,对他们来说,一般的语言刺激,如讲述、解释、劝告、演说等,都是难引起其注意的。所以要尽可能地把听觉刺激转化为视觉刺激,以吸引他们的注意。例如,聋校的电铃都配有指示灯,铃声响起的同时,指示灯也发出强烈而耀眼的红光。即使是有残余听力的学生,视觉刺激的作用也强于听觉刺激。

2. 无意注意起主导作用,有意注意发展迟缓

刚入学的听障儿童由于年龄和语言的限制,往往只有他们感兴趣的事物才能引起其注意。这类事物往往具有以下特点:新奇、强烈;对比度鲜明;运动变化。由于他们对学习活动缺乏较深刻的认识,因而他们的注意往往缺乏明确的目的性和自觉性,更多的是受客观环境的影响,具有较大的盲目性和随意性。例如,刚入学的聋校一年级新生,之所以喜欢上学学习,并非指他们认识到了学习的重要性,而是觉得学校里的环境新鲜、小伙伴多、比家里好玩。他们的有意注意是在学习活动中逐步发展起来的。

3. 注意的稳定性较差

通常人们在感知某一事物时,注意很难长时间保持固定不变,总会出现一种周期性的加强和减弱现象。因此注意的稳定性是相对的,它往往受活动的内容、形式以及人的活动动机、身体机能状态等多种因素的影响。对于听障儿童而言,一方面由于他们过多地依赖和使用视觉来感知事物,更容易因为视觉器官的疲劳而分散注意力;另一方面,听障儿童缺乏较明确的学习目的,学习困难相对于健全人而言更大,学习的动力会慢慢降低,从而也难以长时间保持注意力。

4. 注意分配更加困难

健全儿童在从事某一活动时,通常都是视觉兴奋和听觉兴奋一起产生,并且可以在大脑皮层的协调下,实现注意的恰当分配。因为健全儿童可以眼、耳、手、脑并用,同时视觉、听觉和思维都能保持集中。听障儿童的情形则完全不同,他们不能同时既看又听,而只能选择其中一项完成,要么看黑板,要么看教材,要么看教具,要么看(听)讲解,注意会在几者之间来回转移。这样,一方面减慢了感知的速度,感知同样的内容需要花费更多的时间;另一方面,由于注意的频繁转移使学生的感知变成了间断的、不连续的,甚至遗漏了某些内容。

5. 注意难以随任务的变化而适时转移

注意转移的关键在于人的主观能动性,它具有较强的主动性、目的性和强制性。听障儿童在学习中往往不得不以注意的转移来代替注意的分配,但是当需要转移注意时,他又难以适时地实现注意的转移。例如,当老师讲完一个比较有趣的教具开始往下讲授时,学生的注意力还停留在那个教具上。

6. 有意后注意发展水平较低

有意后注意是注意的高级形式，它是在兴趣的基础上产生的，是主体个性倾向性的表现。听障儿童由于知识经验贫乏，语言发展迟缓，自我意识的发展也晚于健全儿童，他们的有意注意尚且比健全人要晚许多，有意后注意所要达到的层次就更困难了。

（三）听障儿童的记忆特征

记忆是过去经验在人脑中的反映，曾经感知过的事物、思考过的问题和理论、体验过的情绪和练习过的动作，都可以成为记忆的内容。

在听障儿童的课堂教学中经常会出现这样的情况，几天前刚学习的东西，上课提问时，会有许多的学生说"没学过"，让老师大为恼火。其实并不是听障儿童的学习态度不好，这跟听障儿童的记忆特点有很大关系。

关于听障儿童记忆的特点，许多著述者从不同的角度都做过概括，如有人把听障儿童的记忆特点概括为三点：① 无意记忆占优势；② 有意记忆逐渐发展；③ 形象记忆显著优于词语记忆（方俊明，1998）。也有人则指出：① 听障儿童形象记忆能力较强，而对语音、语调以及文字材料的记忆则要困难很多；② 手语记忆是听障儿童的一种特殊记忆方法。这里将各种听障儿童记忆特点归纳总结成以下几个方面：

1. 视觉记忆相对占优势

从记忆所依赖的分析器来看，听障儿童的视觉记忆优于动觉记忆。在一项研究中，被试为听障儿童和听力正常儿童。向两组被试用不同的方式呈现相同的图形，一组用视觉方式来呈现，即让被试通过看来识记图形；另一组则用手沿着图形的轮廓触摸而排除视觉。研究结果显示：第一，听障儿童在第二组以动觉形式反映识记图形的空间形象，其准确性比健全儿童要差。第二，听障儿童的视觉记忆的发展落后于健全儿童，但视觉记忆的落后程度要比动觉记忆的落后程度要小得多。第三，听障儿童和健全儿童的动觉记忆在学龄初期差距最大，学龄中期差距缩小，学龄晚期则几乎消失了。

2. 对与语词关联密切的材料的记忆明显薄弱

研究发现，凡是需要借助于视觉的图形记忆则不逊于健全儿童，但是需要借助于语言的记忆材料，其记忆效果都较正常儿童要低。主要有如下原因：

（1）对语音的感知困难。语言是由语音、词汇和语法三要素构成的一种符号系统。其中，语音是最基本的要素，它是语言存在的物质形式，所以"有声"是语言的一个最基本的特征。有关人类记忆的心理学研究表明，多种感官的协同感知有助于提高识记的效果。与健全儿童相比，听障儿童无法感知或者不能清晰地感知语言的声音刺激，如此就失去了最常用的感知语言的通道，从而使语言材料的记忆不牢固。

（2）言语听觉与言语动觉的神经联系较差。此处的言语动觉是指说话时言语器官的肌肉组织的活动所产生的感觉。健听人的言语听觉和言语动觉会天然地建立起一种神经联系，这种联系一方面可以通过言语听觉的模仿而学习发音，另一方面对自身的发音动作起调控作用，即通过言语听觉的反馈信息对言语动觉实行调节。一旦这种联系变得较弱，无论是模仿他人发音还是对自身发音动作的调节都不能达到很精确的程度。

（3）与听障儿童掌握语言的程度有关。人类对任何一种工具的操作都必须形成相应的技能,语言的表达也是一种技能,而技能的掌握需要经过反复练习,一旦形成熟练技巧之后,也能保持不忘。但是听障儿童的语言基本处于半生不熟的状态,甚至有些基本不会,也难得去用。目前的康复中心在听障儿童语音练习这方面投入了相当大的精力,以期通过多练习的方式让其掌握最基本的语言技能。

(4)与听障儿童对语言材料的理解程度有关。心理学的一些研究表明,识记的材料是否有意义、意义的大小以及学习者是否了解其意义,对识记的效果有明显的影响。在理解基础上的识记效果要比机械识记更全面、更迅速、更牢固。听障儿童对大多数文字本身的意义理解比较模糊,光是通过死记硬背的方法去识记的话,效果可想而知了。

(5)与语言的个体保存方式有关。语言是人类特有的现象,个体的语言活动,包括听说读写,就是语言得以保存下来的一种基本形式。语言的这种保存方式是最方便、最完善的,它的生物学前提是人类进化的漫长岁月中,人脑所形成的言语机能区。我们要明确的是,听障儿童不可能去改变这个物质前提,另外听障儿童采用其他保存方式,比如手势动作、神态表情,也不可能与听说方式的优越性相比。这也表明,只有恢复利用人脑言语技能区的优势,才可以提高听障儿童的语言文字记忆效率。这也正是目前大多数的康复中心致力的方向,也应该是听障儿童获得语言机能的最佳方案。

(四)听障儿童的想象特征

想象是人脑对已有表象进行加工改造从而创造出新形象的过程。由于听力的缺失,听障儿童比较缺乏听觉的表象,尤其是由此带来的语言障碍,使得他们不能利用语言来组织形象的加工,造成他们的想象较之同龄或同年级健全儿童有较大的落后性。

1. 无意性较强,有意性相对薄弱

听障儿童想象的无意性很强,一般没有什么预定的目的和计划,而是由外界事物的直接刺激所引起的形象的联想,或者是在情绪和兴趣的影响下展开想象。因此,他们想象的主题也变幻不定,想象的内容也零散不连贯。例如,在描述看过的电影电视时,常用手势动作把影片中的某些画面凌乱地演示出来。这种现象在学龄前和低龄听障儿童身上表现得比较明显。

随着年龄的增长,知识经验的积累和语言能力的提高,高年级听障儿童的有意想象有了一定的发展。例如,他们已经能完成看图作文,并且可以按照一定的命题去构思,写出一定质量的作文。不过总的来说,他们的无意想象仍然较强。

2. 富于形象性和直观性,而逻辑性和概括性相对肤浅

听障儿童的想象表现出很强的形象性和直观性,一般需要借助某种具体的东西作为直接的依据,想象才能得以展开。例如,教"翩翩起舞"一词时,仅靠教师在课堂用生动的语言描绘和动作演示是不够的。一旦有机会看到蝴蝶,教师可以引导学生把语言描绘、动作演示和眼前的蝴蝶飞舞联系起来,这样学生就能借助"蝴蝶"这一具体形象,展开想象的翅膀,真正知道"翩翩起舞"的意思。另外听障儿童的想象还不能通过合理的组合、加工揭示事物的本质。

3. 再造性成分较多,创造性成分较少

低、中年级听障儿童的想象特别富于再造性,他们善于模仿别人的姿态、动作和神态,

他们表演的哑剧真是活灵活现、惟妙惟肖,但是创造性成分很少。到了高年级,他们的语言能力已经形成,表象日益丰富,想象中的创造性成分也有了显著的发展。

(五)听障儿童的思维特征

1. 听障儿童思维的具体形象性

一般来说,健全儿童的思维发展要经历三个阶段,即动作思维、形象思维和抽象思维。但是由于听障儿童言语形成和发展的缺陷,很大一部分思维较长时间停留在思维发展的第二阶段。这种具体形象从思维过程来看是以事物的外部特征作为概念的依据的,在解决问题时表现为思维更容易受知觉情景的影响,缺乏对问题所处的情境做全局的分析,看不出事物的多重关系,因而使解决问题的思路不灵活。

2. 听障儿童抽象思维的发展

对于健全儿童来讲,从具体形象思维向抽象思维发展的过程不是立刻实现的,而是逐步地由以具体形象思维为主发展到以抽象思维为主的过程。对听障儿童来说,由于语言发展较迟缓,词汇贫乏而不牢固,从而使这种转变过程更具有明显的过渡性。通常表现为以下几个方面:

(1)时间更长。健全儿童入学后经过一段时间的语言学习和思维训练,大约到四年级,他们的思维开始以抽象思维为主。听障儿童缺乏语言基础,一般要到十五六岁或者高年级以后,他们的抽象思维成分才开始居主要地位。

(2)抽象思维发展的同时,仍表现出很大的具体形象性。听障儿童所掌握的概念大多是有关具体对象的概念,如苹果、橘子等,要把握概念中比较抽象的成分则比较难,因而尚不能掌握一类对象的一般特征。

(3)两种思维呈现出均势状态。在抽象思维明显占据优势之前,两种思维形式不分高低,即在考虑一个问题时表现出具体形象思维的特点,而在考虑另一个问题时又表现出抽象思维的特点。

第二节 聋校教育教学特点

近几年来,听力障碍学生的教育问题越来越受到社会的广泛注意和国家的高度重视。但相对于发达国家而言,我国目前的聋校教育尚处在初级发展阶段,办学经验比较缺乏,各种条件比较落后,师资力量比较薄弱等。如何让一个听力障碍学生健康成长,摆脱自身的缺陷,掌握一技之长,成功地走入社会,成为一个独立自主并对社会有用的人才,这在未来很长的一段时间内,还需要继续地摸索和研究。

一、聋校教学原则

(一)重视听力障碍学生的早期康复教育

听力障碍学生由于各种原因基本上听力很差甚至失去听觉,从小就生活在无声的世界里,语言系统发展极为缓慢,对社会的感知基本是零认识。0 至 7 岁这一阶段是听力障碍儿童认知的重要时期,可塑性大,对外界环境的适应能力强。如果在这期间对听力障碍儿童进行合适的教育,会有利于听力障碍儿童生理能力的重新组合;有利于身体各种能力的代偿;有利于损伤器官的矫正和恢复。也就是说,"对听力障碍儿童进行早期的康复教育,有利于其缺陷的最大能力补偿;有利于其潜力的最大程度发挥;有利于其身心最大限度的发展。"

良好的早期康复教育,不但可以最大限度地培养听力障碍儿童的自理能力,减轻家庭的压力,甚至可以使听力障碍儿童完全具备和正常人一样的社会能力。所以在聋校的教育教学过程中要抓好听力障碍儿童的早期康复教育。

(二)重视听力障碍儿童德、智、体等方面全面发展教育

聋校里大多数学生习惯于死读书,读死书,也很少愿意参加社会实践活动。而聋校教育教学的宗旨是培养听障儿童在德、智、体等方面均衡发展,不仅要求听障儿童掌握基本文化课知识,还要注意学生在道德、体育、审美、情感、劳动、卫生等方面的教育。要把他们培养成德、智、体、美、劳等方面都很优秀的学生,为他们以后成功地走入社会打下坚实的基础。听障儿童虽然有着自身的缺陷,但事实证明他们能像正常人一样学习、工作和生活,成为一个对社会有用的人。

(三)重视听障儿童的情感教育

人是有感情的,有爱才能构建一个和谐的社会。然而情感这方面恰恰是听障儿童的弱点。由于听障儿童自身的缺陷导致他们一般都比较自闭、骄傲,具有猜忌、怀疑别人、报复性强等特征,因此他们的感情比较冷漠,一般也不会主动去关爱别人和帮助别人。通常情况下都是以自我为主,很少会去关心其他的人或事。

聋校的教育教学基本上都比较重视听障儿童的情感教育,教育他们要爱自己,爱别人,爱整个社会大家庭。最后就是要"晓之以理,动之以情",丰富他们的感情,唤醒他们灵魂深处的爱,做一个有理想、有志气、有感情、有爱心的新时代少年。

(四)重视听障儿童的职业教育

聋校的教育教学都相当重视职业教育。听障儿童由于自身存在着缺陷,因此相对于健全人来说,要想独立生存还是比较困难的,走入社会之后大部分还是要靠父母养活。培养和提高听障儿童的职业技能,不但对听障儿童自身谋求发展显得十分重要,而且有着积极的社会意义。职业教育不仅能帮助听障儿童培养自尊、自爱、自强、自立和不断进取的信心,为他们平等地参与社会准备条件和奠定基础,还能帮助听障儿童得到全面发展,进一步巩固和提高文化学习效果,丰富他们的知识,掌握一技之长。职业教育是聋校教育一个很重要的组成部分,它可以为听障儿童提供更多的选择、更多的出路,真正地做到残而不废,同时也减轻了家庭和社会的负担。

二、聋校教育教学的方法

由于听力障碍学生经常借助视觉来理解外部世界,他们的视觉方面比健全学生有着特殊的发展,他们喜欢和习惯于用视觉去感知世界,因此他们的视觉表象是比较丰富的,视觉是他们从外部获取知识和信息的最主要渠道。根据听力障碍学生的这一特点,教师在具体教学工作中就要注意选用符合这一特点的教学方法,以提高自己的教育水平和教学质量。比较常用的有演示法、观察法等。

(一)演示法的运用

这一方法是教师把教具或实物展示给学生看、给学生做示范性的实验,或者是给学生做形象化的动作表演,使学生仅凭视觉就能从直观的形象中获得感性认识的教学方法。演示法具有直观形象的特点,充分发挥听力障碍学生的视觉优势,使学生通过视觉把抽象的知识形象化。人的认识规律是由具体到抽象,这一教学方法不仅符合学生的认识规律,也符合听力障碍学生的思维特征。

听力障碍学生由于人群小,与社会交往少,使他们的生活面较窄,对知识的理解、接受能力均偏低。根据从具体到抽象的认识规律,在聋校教学中要遵循这一规律,大量地运用演示法教学,使学生的学习从直观形象顺利发展到抽象理解。在演示过程中,要随时注意各种直观教具或其他演示材料的实际效果,要根据教材内容和教学目的要求恰当地安排和使用,要做到使学生看懂、理解。演示的顺序一般是按教材内容来确定,如按事情的发展顺序或按人物活动、情节过程等进行演示,总之,运用演示法要综合考虑学生、教材及设施条件等要素,要善于抓住事物之间的联系和规律,使演示合理化、系统化,提高演示的效果。

(二)观察法的运用

观察法是另一种发挥听力障碍学生视觉优势的教学方法。该方法是利用视觉器官观察事物的现象、特征,从而获取感性知识,进而通过概括分析得到理性知识的重要途径。观察是听力障碍学生获得感性知识的基础,也是发展听力障碍学生智力、培养能力的前提和基础,是教师向学生传授知识的重要途径。

学生的观察能力是在实践中培养起来的,教师要善于结合教学内容,教给学生一定的观察方法。听力障碍学生在观察中往往只注意到事物的表面现象和外部联系,分不清主次,抓不住重点,有时只注意到个别细节而忽略了整体联系。由于听力障碍学生在观察时的这些缺陷,他们需要在老师的帮助和启发下,进行不断的训练和培养,从而获得比较好的观察效果。只有让学生多观察、仔细和全面观察,才能为他们进行正确的思维活动提供丰富的感受性材料,为他们的思维能力发展、表达能力的提高起到促进作用。

(三)谈话法的运用

谈话法是老师在教学过程中为了引导学生积极思考,通过师生对话的形式,使学生获得知识的一种教学方法。该方法同样依赖于学生良好的视觉注意力,但其侧重于学生的表达能力和逻辑思维能力的培养。

谈话法包括三种类型：以传授新教材为主要任务的启发式谈话；以巩固知识为主要任务的复习和考查性谈话；指导性的或总结性的谈话。通过谈话使学生加深对知识的理解，有利于培养学生分析问题的能力和语言表达能力。同时，谈话法还能调节学生的情绪，增加师生间的情感，活跃课堂气氛，顺利完成教学任务。正确运用谈话法，能使学生在老师的引导下，积极进行思维活动，获得知识和能力。相反，如果谈话法运用不当，则可能有问无答，课堂气氛沉默，达不到应有的教学效果。

三、聋校教师应具备的信息技术素养

面对听障儿童听觉能力的缺失及由此带来认知结构及能力方面的变化，教会学生如何获取吸收有用信息，提高学习和社会适应能力至关重要。聋校教师具备较高的信息技术素养，在提高教育教学效果方面有着重要的现实意义。

（一）聋校教师应具备良好的视觉素养

国际视觉素养协会将视觉素养定义为：一个人通过看获得并整合其他感官经验形成的一系列视觉能力。而这些能力的发展是学习的基础。当拥有这些能力时，具有视觉素养的人就能区别和解释视觉活动、视觉物体以及自然的或人造的视觉符号。通过创造性地使用这些能力，人们会与他人交流、理解和欣赏视觉传播的蕴涵。视觉素养之于大众有着十分重要的意义，而对于主要靠视觉获得信息的听障儿童，聋校教师具有较高视觉素养的重要性和必要性不言而喻。

（二）聋校教师应掌握多媒体制作能力

教师向听障儿童传授知识时，由于听障儿童听觉器官损伤和教师口型不准，听障儿童常常无法通过"看话"获得口语传递的信息。受手语词汇不够丰富，无法表达新生事物或抽象概念的限制，大量知识无法被听障儿童接收。如果教师掌握更多的视觉化表达方法，比如处理并制作图形、图像，制作动画、视频，制作多媒体课件，将一些直观的或者用语言无法表达清楚的事物、情景或过程生动形象地呈现给他们，很好地适应他们的视觉需求，对于提高聋教育教学的效果有着十分现实的意义。教师在教学时应考虑听障儿童高级思维能力发展的需要，将抽象的知识利用一定的视觉表达策略展示给学生，让听障儿童在丰富的感性知识基础上加深对知识的理解和把握。

（三）聋校教师应能熟练运用各种信息传递渠道

张宁生教授认为聋教育的关键不是解决听力的问题，而是解决沟通手段问题。现代化的信息技术可以开通一个全新的传播渠道，在信息编码的多元化、传播方式的多样性、信息反馈的及时性方面都有着巨大的优势。利用多媒体这一高度视觉化信息传递工具，通过逼真的图像、鲜艳的色彩、生动的动画为听障儿童创设具有直观、形象、运动、交互和可重复性的学习环境与氛围，可以对听障儿童的生理缺陷进行有效的补偿，同时培养听障儿童的创新意识和创新思维。互联网是很好的交流互动平台，聋校教师可以指导听障

童通过电子邮件(Email)、讨论组(Discussion Group)、聊天室(Chat Room)等实现全球范围内的互动交流,增进了解,交流思想,获取知识,求得帮助。通过网络日志可以记录听障儿童学习和成长的经历、感悟、心得,并可以与网络上志同道合的人相互分享,共同进步。这将有效克服了听障儿童与外界的沟通障碍,构筑了他们在信息输入、处理、输出环节的无障碍通道,提高了听障儿童自主学习的能力,同时培养了听障儿童的探究能力。

(四)聋校教师应能具备利用信息技术加强教育康复的能力

聋校的信息技术设备不仅包括计算机、多媒体教室、互联网等,还包括适用于听障儿童听力康复及语言训练的相应设备,如无线调频集体语训设备、有线调频语训设备、测听设备、耳模制作设备、助听维修设备等。这些设备的应用使得有残余听力的听障儿童能够最大限度地进行听觉的补偿和康复。借助信息技术手段来创设内含听训和语训的游戏活动,让听障儿童在玩中学、学中玩,充分激发听障儿童的学习积极性,调动他们的视觉、触觉、运动觉,从而提高其听说能力。聋教育教师所需要掌握的信息技术应用能力,不仅包括教学媒体的操作与使用、多媒体课件的制作、信息技术与聋教育具体学科整合的有机整合,还要考虑到听障儿童的特点及康复的特殊需要,熟练掌握康复仪器的操作原理、使用及相应问题的解决,这与听障儿童的有效康复有着紧密的联系。

第三节 聋校使用的教学媒体

听障儿童的认知特点、思维特点、学习特点使得聋校的课堂教学与普通学校的课堂教学在教学内容的表现形式和表现手段上有许多的不同之处。聋校的课堂教学往往突出以直观教学为主,注重从听障儿童的形象思维入手,开展课堂教学。

随着时代的不断发展,教育技术的手段也得到了较大的丰富,在现在的聋校课堂教学中,既有普通学校常用的媒体,如投影仪、多媒体计算机等,也有代表教学手段前沿技术的媒体,比如听觉功能、语言/言语功能、认知能力评估与训练系统等。

一、交互式白板一体机

(一)特点

目前市场上冠名多媒体教学一体机的产品很多,从显示方式来区分,可以分为白板一体机和液晶一体机。交互式白板一体机作为新型多媒体互动教学终端,集合电子白板、短焦投影、功放、音响、电脑、视频展台、中控、无线耳麦、有线电视等多媒体设备功能于一体,满足现代教学应用需求,一举解决当前多媒体教室各种设备分散、连接杂乱、操作繁琐、设备协调与兼容性差等问题,方便广大教师轻松自如地开展多媒体教学,丰富教学手段,拓展教学表现形式,让常态课堂教学动感起来,激发学生学习兴趣与互动参与,提升课堂教学的质量与效率。

交互式白板一体机作为教育信息化的基础教学平台,既有效解决了大尺寸显示难题,又实现了最佳书写效果。尤其适合教育信息基础薄弱的城乡、农村地区的广大中小学校,具有一机多用(白板教学、音视频播放、实物展示、收看电视等),便捷易用(集成面板控制,一键式开关、腔体分装结构等),经济实用(比传统多媒体设备、平板电视等具有更高的性价比等)的特点,缩小城乡教育"数字鸿沟",提高区域教育信息化整体水平,有效促进教育均衡化发展。

图 4-3-1　交互式白板一体机

(二)与传统电子白板相比的优势

1. 使用交互白板容易对材料展示过程进行控制

教师不必到主控台前操作,就可控制演示材料的播放,这使得课堂中教师的身体语言得以充分发挥,也避免了课堂上由于教师往返于黑板与主控台间分散学生注意力的问题。教师又重新站在了讲台上,在电子白板上自由地板书,教师不再是"鼠标的点击者",学生也不用再当"录音机"。最重要的是,教师终于可以重新站起来和学生面对面地交流了,通过一个眼神、一个手势等多种方式与学生充分互动交流,演绎精彩课堂。

2. 使用交互白板技术能高效地处理数字化信息资源

交互白板技术能及时方便灵活地引入多种类型的数字化信息资源,并可对多媒体材料进行灵活的编辑组织、展示和控制,它使得数字化资源的呈示更灵活,也解决了过去多媒体投影系统环境下,使用课件和幻灯讲稿教学材料结构高度固化的问题。交互白板能够实现丰富多样的教育资源的灵活整合。可以在交互白板的计算机工作界面调用计算机及网络原有的各类资源(包括各类计算机和网络软件课件,播放各类多媒体光盘和视频音频材料等),而且还可直接调用交互白板内置的多种资源库,主要有活动挂图资源库、注释库、超链接库、动画库等。

3. 板书内容可以被存储下来

写画在白板上的任何文字、图形或插入的任何图片都可以被保存至硬盘或移动存储设备,供下节课、下学年或在其他班级使用,或与其他教师共享;在电脑中每个老师都有自己的资源库,以供以后反复使用,这些资源库中的资料对于老师的讲课有重要的作用,并且老师还可以通过互联网或连接其他计算机以获得更多的资源。

4. 交互白板技术丰富了材料的表现形式

交互白板技术使得以前色彩单调,呈示材料类型仅止于手写文字和手绘图形的黑板变得五彩缤纷,既可如以往一样自由板书,又可展示、编辑数字化的图片、视频,这将有利于提高学生学习兴趣,保持其注意力,能同时实现人机和人际交互,提供了教师与学生、学生与学生、师生与资源的交互平台,提高学生积极性,愿意主动加入学习过程中。

5. 白板不再是一块"冷冰冰"的黑板,而成为学生的另一位老师和朋友

使用交互白板仍然可以像传统黑板一样自由板书,因为它在外观和操作上接近黑板和触摸屏,无须严格的专业训练,易学易用,好学好用,部分年龄较大、计算机技能较差的老教师稍加尝试就可应用白板的基本功能进行教学。同样,不需要使用键盘而在白板上直接书画和操作有利于幼小儿童和残障学生更踊跃地参加到教学中来。

6. 交互白板使教师对计算机的操作透明化

它使学生可以清楚地看到教师是如何对软件进行操作的,如点击了哪个按钮或哪个菜单。这对计算机软件应用的学习十分有意义。在计算机机房,教师可以在白板上熟练操作,既使教师离开了计算机操作台,又可以面向学生站在白板前,这个变化使教师从远离集体又回到学生集体当中。学生也可以从中学习到计算机的操作知识。

二、平板电脑

(一)平板电脑的概述

随着教学信息化的飞速发展,教学资源的现代化管理已成为当前教学改革的重点工作。通过计算机来对院校教学资源进行统一管理,是教学资源管理走向信息化、规范化的必然途径。平板电脑的出现,为整个数字教育带来了一场新的革命,移动交互平台将进一步推进教学信息化,使教与学不再受地域、时间的限制。

图 4-3-2　平板电脑

平板电脑是一种小型的、方便携带的个人电脑,以触摸屏作为基本的输入设备。它拥有的触摸屏(也称为数位板技术)允许用户通过触控笔或数字笔来进行作业而不是传统的键盘或鼠标。用户可以通过手写识别、屏幕上的软键盘输入、语音识别或者一个真正的键盘来输入。

(二)平板电脑的功能

平板电脑的使用极大地丰富了课堂教学的手段,使用平板电脑可以实现多方面的辅助教学功能。

1. 电子书库

"你的平板电脑就是你的私人图书馆",学生从此可以摆脱沉重的课本,所有教材及课外读物都可以从平台下载,提供的教学内容包括语文、数学、英语、艺术、经济、商业、生命科学和社会科学等类别。

2. 虚拟教室

利用平台改变以往授课老师在黑板上板书授课的教学模式,直接借助平板电脑的界面进行书写、批注和绘图,而学生在平板电脑上可以清晰地看到教师所编辑的内容,并可以随时向老师提问,实现和老师的实时互动。在教学中,老师也可以借助平板电脑看到学生电脑屏幕上显示的内容,并可以随时操控学生的电脑,根据学生的需要及时协助学生完成课程,学生在虚拟教室里分组讨论,也可及时与教师沟通讨论结果。

3. 视频教学

利用平台,我们将突破教室的物理界限,随时随地都可以汲取知识的养分,利用上传的教学视频或通过平板电脑的前置摄像头就可实现一对一教学。同时,上传的教学视频还可通过分享功能与有共同兴趣爱好的朋友一同学习一同进步,并通过平台论坛即时分享学习体会及心得。

4. 课件管理

无论是教师还是学生都可通过平台管理自己的教学课件、教学视频、教学笔记等学习资料。同时,教师还可对课表、教案、办公会议等工作内容进行合理安排及管理。

5. 电子考试

通过平台的考试系统可以实现无纸化考试,学生在平板电脑上做题,教师通过平板电脑改卷。

三、特殊儿童功能评估与训练系统

(一)特殊儿童听觉功能评估与训练系统

特殊儿童听觉功能评估与训练系统以听觉发展的四个阶段(听觉察知、听觉分辨、听觉识别、听觉理解)为理论指导,通过客观、定量的数量评估和功能评估对听障儿童及其他听障人群的助听听阈及听觉能力进行综合测评,为助听(重建)效果的评价以及康复训练制定提供科学依据;同时,结合大量丰富、贴近日常的视听素材以及生动有趣的互动游戏,帮助听障儿童最大限度地开发利用自己的残余听力,提高并强化其对日常各种声音的辨认、区别和理解能力。

1. 适用人群

(1)适用对象。适用于听障儿童,以及语言发育迟缓、精神发育迟缓、自闭症、脑瘫等伴有听觉障碍的特殊人群。

(2) 适用范围。适用于特殊学校、医院康复科、儿童医院、残联中心及康复机构等。

2. 系统特色

(1) 遵循听觉发展的规律，针对听觉察知、听觉分辨、听觉识别及听觉理解四个阶段提供定量、客观的能力评估。

(2) 结合丰富写实的视听素材以及生动有趣的互动游戏，将触摸屏人机交互和多媒体动画技术应用于听觉康复中。

(3) 提供康复效果全程监控和康复数据统计分析功能。

3. 系统功能

(1) 听觉评估。提供数量评估和功能评估，评估过程自动化，无须人工计分，自动保存和处理分析评估结果，生成分析报告。

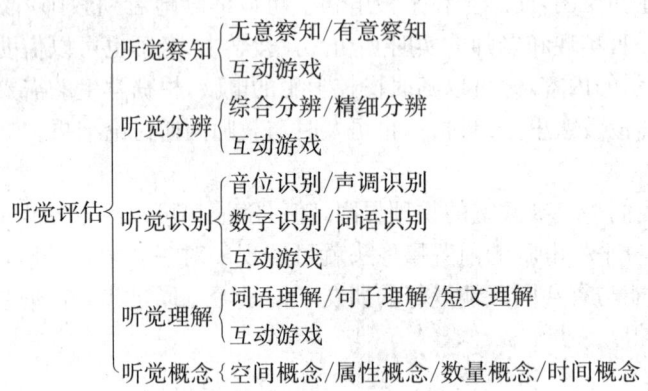

图 4-3-3　听觉评估

(2) 听觉康复。

(3) 康复效果管理。内含数据管理、实验设计和统计分析三个模块，可用于储存、读取特殊儿童的评估结果及训练数据，为听觉功能的个别化康复训练计划制定提供参考信息。

(4) 专业工具。内含言语主频分析（移频、渐进、开放式）、滤波复合音、助听效果模拟等专业工具，用于辅助听障儿童的听觉能力评估与训练。

(二) 特殊儿童语言功能评估与训练系统

语言障碍不仅影响儿童与他人进行有效的沟通交流，还会影响儿童的神经心理发育。特殊儿童语言功能评估与训练系统以语言发育关键期及发展规律为指导，甄选语言发育不同阶段的关键词汇、词语、句子及短文作为语言评估和训练的素材。系统结合主客观的评估方法，采用由易到难、循序渐进的训练设计，通过科学、明确的教育和强化训练，引导儿童的语言从低阶段向更高阶段发展。

1. 适用人群

(1) 适用对象。适用于语言发育迟缓、精神发育迟缓、自闭症、脑瘫、唐氏综合征等语言障碍患者。

(2)适用范围。适用于特殊学校、医院康复科、儿童医院、残联中心及康复机构等。

2. 系统特色

主客观相结合的评估方式；丰富的训练题库；8 000多个干预内容；开放式教学平台。

3. 系统功能

系统功能包括早期语言评估、早期语言干预、主题教育、辅助沟通、生态教学平台、康复效果管理以及指导手册七大功能。

(1)早期语言评估。提供前语言能力、词组、句子、短文理解与表达能力的评估，语言行为量表评估以及语言韵律能力的测评。

(2)早期语言干预。内含前语言能力、词语、词组、句子、短文理解与表达能力和语言韵律能力的康复教育，童谣吟诵以及音乐厅。

(3)主题教育。由单元主题和认知主题训练、语言认知训练以及结构化教学三大训练版块组成，各单元主题由易到难，从简至繁，内容环环相扣，逐步挖掘和培养特殊需要儿童的语言理解和表达能力。

(4)辅助沟通。采用图形和文字代替语音进行沟通训练，帮助特殊需要儿童提高仿说能力，促进听觉理解，引起语言兴趣，建立语言意识。

(5)生态教学平台。由读一读、说一说、学名词、学组句、对与错、找朋友、朗读训练和情景训练八大训练题型组成。

(6)康复效果管理。可用于储存、读取特殊需要儿童的评估结果及训练数据，为语言功能的个别化康复训练计划的制定提供参考信息。

(7)指导手册。内含语言能力的原理指导、康复训练的方法介绍、训练系统的方案操作以及典型案例的讲解。

(三)特殊儿童言语功能评估与训练系统

言语产生是通过呼吸、发声、构音三个系统的协调运动实现的。特殊儿童言语功能评估与训练系统以言语产生机制为基础，实现对呼吸功能、发声功能、共鸣功能、构音功能以及语音功能的定量化评估，为语言康复训练方案的制定和康复效果的评价提供客观依据；同时，系统针对各环节的言语障碍提供录入生动有趣的游戏训练程序和视听动画反馈，为言语障碍儿童提供充满科学性、趣味性的训练工具。

1. 适用人群

(1)适用对象。适用于唇腭裂、语言发育迟缓、精神发育迟缓、脑瘫等各类疾病引起的构音障碍、发声障碍儿童。

(2)适用范围。适用于特殊学校、医院康复科、儿童医院、残联中心及康复机构等。

2. 系统特色

采用语音信号处理技术实现言语发音各环节的量化测评；开放式语音库管理功能；提供多种声控游戏训练；提供康复效果的动态监控和康复数据的统计分析功能。

3. 系统功能

特殊儿童言语功能评估与训练系统包括言语测量、言语矫治、语音库管理、康复效果管理以及指导手册五大功能。

(1) 言语测量。由呼吸功能评估、发音功能评估、共鸣功能评估、构音功能评估、语音功能评估组成。

(2) 言语矫治。由言语发声教育、言语促进治疗和视听反馈训练三个训练模块组成。

一是言语发声教育。可通过语谱图实时获取语音信息及学生教师双屏显示,引导学生模仿教师的发声,达到发声教育的目的。

二是言语促进治疗。提供常用的呼吸障碍、发声障碍及共鸣障碍促进治疗方案,可配合视听反馈训练进行指导教育,以便最大限度地促进患儿言语功能的改善。

三是视听反馈训练。涵盖呼吸功能、发声功能、共鸣功能、构音功能及语音功能五大个性化训练篇章,可获取声音、音调、响度、起音和清浊音等实时参数,并根据实时参数变化形式生成生动有趣的声控主题训练游戏,提供专业科学的电声门图显示及发声训练。

(3) 语音库管理。可构建不同地区、不同年龄、不同性别的语音参数常模库,从而消除地区间的测量误差。

(4) 康复效果管理。用于存储、读取患儿的评估结果及训练数据,能够进行前后结果的对比,为康复效果的评价提供客观依据。

(5) 指导手册。内含言语能力的原理指导、康复训练的方法介绍、训练系统的方案操作以及典型案例的讲解。

(四)特殊儿童认知能力评估与训练系统

在多元智力理论的基础上,特殊儿童认知能力评估与训练系统以注意、定向、记忆、计算、语言和推理六个维度作为认知能力重要成分设计智能筛查模式,通过智能筛查模式全面评估个体各维度认知能力,并针对其当前认知能力水平智能分析并生成优先排序的训练策略。在训练形式和内容上,系统结合认知心理学原理和计算机科学技术,设计了科学实用、丰富有趣的认知训练游戏,通过相应的游戏训练,可促进各维度认知能力的发展。

1. 适用人群

(1) 适用对象。适用于智力障碍、语言发育迟缓、精神发育迟缓、自闭症、脑瘫等认知能力低下或认知发育缓慢的特殊儿童。

(2) 适用范围。适用于特殊学校、医院康复科、儿童医院、残联中心及康复机构等。

2. 系统特色

(1) 智能筛查模式。采用两阶段筛查方式,甄别阶段初步评估注意、定向、记忆等六个维度的认知能力水平;等级阶段对六个维度进行程度划分,深度评估当前认知能力水平状况。

(2) 智能排序训练策略。能够针对筛查结果中已经进入障碍值或临界值的功能维度进行智能分析和排序,自动生成20分钟训练程序并导向训练模块中,节省了治疗师制定训练方案的时间。

(3) 20分钟训练机制。根据儿童和成人注意力持续时间的长短以及康复训练的临床经验,采用20分钟训练机制,将每次训练任务控制在20分钟内,避免长时间训练所带来的疲劳感和兴趣持续性的降低。

(4) 康复效果动态监控。专门的动态监控管理中心,用于储存、调用使用者的筛查及训练结果,家属或治疗师等可在该中心查看到使用者哪些能力训练上有提升,哪些能力需要再进一步地强化。

3. 训练系统

(1) 训练模式。内置大量丰富有趣的认知能力训练题库,可开展定向交流、交流训练、记忆训练、注意训练、算术训练和综合训练六大训练项目。

(2) 保健模式。提供开放性原创平台以及大量贴近日常生活的素材库,可对图片、文字、声音、视频、语言种类等进行编辑,并将其编辑内容存储到原创平台上,以便教师根据实际需要,设计针对性的训练方案和课程内容。

(3) 快乐星球平台。快乐星球作为开放性平台,为使用者提供对图片、影像、视频等上传、展示、存储、编辑等功能。通过图片、影像资料的播放等日常生活或以往的生活片段,能激发特殊儿童对日常生活的情景回忆,或以往生活片段的点滴记忆,以达到促进认知能力的强化效果。

(4) 学生管理。用于存储、读取特殊儿童的评估结果以及训练数据,为个性化康复训练计划的制定提供参考信息。

四、助听器

助听器是一个有助于听力残疾者改善听觉障碍,进而提高与他人会话交际能力的工具、设备、装置和仪器等。广义上讲,凡能有效地把声音传入耳朵的各种装置都可以作为助听器;狭义上讲,助听器就是一个电声放大器,通过它将声音放大使聋人听到了原来听不清楚、听不到的声音,这种装置就是助听器。

通常讲,助听器有电力的和非电力的两类,后者目前已被废弃。前者又有电子管式、晶体管式、集成电路、数字式等多种。晶体管式助听器最为灵巧轻便,于1950年问世后已取代电子管式而被普遍采用。1964年集成电路面世,具有体积小、功耗低等特点。目前最常用的为数字式。

(一) 发展史

人类最早、最实用的"助听器"可能是听障者自己的手掌。将手掌放在耳朵边形成半圆形喇叭状,可以很好地收集声音。虽然这种方法的增益效果仅为3 dB左右,而且也不是现代意义上的助听器,但是,这是最自然的助听方法。直到现在仍然可以看到一些老年人在倾听别人讲话时用手掌来集音的情况。许多哺乳动物都有硕大的耳朵,所以它们的听力比人要好得多。

现代助听器经历了一百多年的风风雨雨变化,今天的助听器已经有了耳背式、耳内式、盒式、眼镜式、发卡式、钢笔式、无线式等多种形状,助听效果明显提高。

(二) 工作原理

助听器名目繁多,但所有电子助听器的工作原理是一样的。传统助听器可包括七大基本结构(不同的分类方法,有不同的结构):

(1) 话筒(传声器或麦克风):接收声音并把它转化为电波形式,即把声能转化为电能。

(2) 放大器：放大电信号（信号处理部分）。

(3) 耳机（受话器）：把电信号转化为声信号（即把电能转化为声能）。

(4) 耳模（耳塞）：置入外耳道（一般适合耳背式助听器）。

(5) 音量控制开关。

(6) 电源：助听器专用电池。

(7) 三个附加电路：音调控制、感应拾音线圈、输出限制控制。

（三）常见分类

个人配戴的助听器主要有以下几种类型：

1. 盒式

又叫口袋式或袖珍式。体积似香烟盒，挂在胸前小袋内或衣袋内。主机经一根导线连接耳机插入外耳道内使用，其主要缺点是导线较长，既不美观又不方便。但因体积较大，可装置多种功能调节开关，提供较好的声学性能，并易制成大功率型，以满足严重听力障碍患者的需要。其中，以儿童和老人使用较多，占需求量的5%～10%。中国生产的助听器以此型为主，因元器件较大容易制造，使用普通5号电池（或7号电池）很方便，价格也最便宜。

图 4-3-4　盒式助听器

图 4-3-5　眼镜式助听器

2. 眼镜式

眼镜式能同时满足屈光不正和听力障碍患者的需要，旧式的是将传声器（话筒）、放大器、受话器（耳机）、电池盒及各种功能开关全部安装在眼镜腿内。而近年则将普通眼镜的一只腿末端与耳背式助听器连接在一起，便于维修和更换。对于一耳全聋，另一耳正常或一耳全聋另一耳部分聋者，可使用信号交联式助听器。其用途主要是帮助单耳全聋者接受全聋侧的声刺激，以利于安全与对话，眼镜式助听器实现此功用较方便。本类型助听器除用于气传导方式外，也最适于制成骨导助听器。缺点是眼镜与助听器相互牵制，售价较贵。

这种助听器外形似眼镜，对使用耳背式助听器感到不美观的人有一定的掩饰作用。其他各方面性能均较差，是一种已经被淘汰的助听器。

3. 传统耳背式

形似香蕉曲度，伏于耳后，一般长约4～5 cm（如图4-3-6）。受话器开口与一硬质塑料管制成的导声钩连接,把它挂在耳廓上缘根部,由此钩经软塑料管和耳模或耳塞放进耳甲腔及耳道口助听,有些国家此型助听器发展最快,许多厂家可提供 30～50 种不同规格的产品,功能逐渐增多。现已能制成大功率型或适用于低频残听为主的聋哑儿童所需的特殊型耳背式助听器。由于性能优良,机壳可制成各种肤色,伏于耳后为头发所隐蔽,往往不为外人发现,很能满足聋人心理要求。在一些国家已成为最受欢迎的普及型助听器,一般使用率达到 60% 左右。

4. 定制式

定制式助听器是"耳内式助听器""耳道式助听器"及"深耳道式助听器"等的统称。定制式助听器的最大特点是根据我们每个人的耳朵的形状去定做,适合个人的耳朵(如图 4-3-7)。这样配戴更舒服,容易取戴;能充分利用外耳的声音收集功能;比较不引人注目;可以正常的方式来接听电话。其中"深耳道式助听器"外形最小,利用外耳收集声音的功能更接近我们真耳,更不易被人发现,抑制耳鸣的效果也最佳。但定制式助听器的价位也相对较高,尤其是"深耳道式助听器",同品牌、同系列、同功率、同技术水平的情况下,最小的耳道式助听器价位也相对较高。

图 4-3-6　耳背式助听器

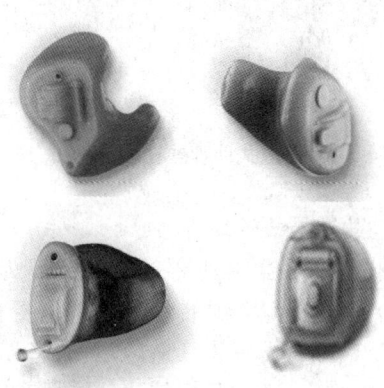

图 4-3-7　定制式助听器

5. 隐形式

近两年随着技术的发展,在定制式助听器的基础上发展出了比"深耳道式助听器"更小的助听器,可暂称之为"隐形式助听器",英文名称为 Invisible in the Canal(IIC),佩戴位置处于耳内第二弯道以内,可以基本达到 100% 隐形的效果,非常适合对外形要求较高的高端人士使用。当前市场上主要有峰力的钛斗系列、优利康的量子系列、斯达克的"黑玫"系列、爱可声的"红宝石"系列等。对验配人员制取耳样和制作工程师定做等要求较高,同时目前技术条件下,功率相对常规耳内式助听器较低,适用范围目前一般为≤80 dB HL。

6. 开放式

开放式耳背机与传统的耳背机不同,轻巧纤细的导声管,富有一定的弹性,佩戴起来更加舒适。功率较传统耳背机低,验配范围一般在 80 dB HL 以下,适合轻度、中度损失用户。

第一款开放式助听器诞生于 2003 年。目前国内许多品牌均推出自己的开放式助听器,但由于款式的新颖以及工艺的难度,目前相比于同等技术的传统耳背机,价格要高一些。

7. 标准耳道机

定制机以小巧、隐蔽的特性,一直深受广大用户的喜爱。但定制机的制作,需要验配师现场取耳样,送工厂定制机壳,一般需 7 到 10 个工作日,用户才可拿到机子。也正基于便利性的考量,许多公司纷纷基于定制机做出改良,经历结构工程师上达千次的试模,并深研人体耳道结构,制作出符合大多数人耳道使用的标准耳道机。目前尚不能确定,未来是否能逐渐流行。

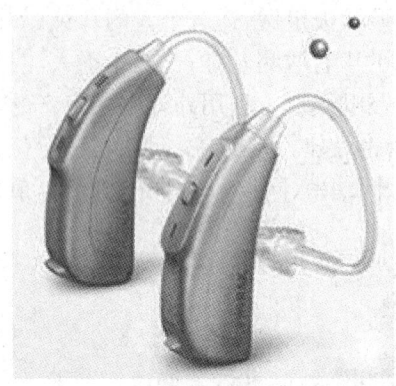

图 4-3-8　开放式助听器

图 4-3-9　标准耳道机

8. 耳道受话器技术助听器

又名内置受话器助听器,英文名称为 Receiver in the Canal(RIC)等,将受话器从传统耳背机机身移出,通过导线与机身相连,受话器直接置于耳道内,具有音质自然、不易啸叫、相对隐蔽等特点,在欧美具有替代传统耳背机的趋势。

9. 其他类型

(1) 为教育训练听障儿童发展口语教学专用的集体助听器,经放大器并联多付耳机,放置在课桌上为每个学生使用,称为有线式。也有的连接两个组合音箱,听障儿童坐在教室内以开放声场形式接受扩声教学。

图 4-3-10　耳道受话器技术助听器

(2) 比较新式的则是无线式助听器或语言训练器,分为调频(FM)助听器和红外助听器两种。使用时学生将其挂在胸前,而老师或父母身佩发射装置(如无线话筒)进行教学或对话,在一定的距离范围内可以自由活动。除在室内教学外,还可走进博物馆、动物园或社会、自然界中进行讲解,扩大了学生们的知识面。

(3) 另外有一种便携式或台式助听器(亦称听觉语言训练器),虽然体积较大,但频带较宽,功能齐全,而且功率较大,很适合学生在家庭和课堂中接受听觉语言训练用。有的还附带装有骨导振动器,放置在手腕上对极重听力障碍儿童发展口语具有很好的辅助作用。

(四)助听器的发展趋势

在可以预见的未来,助听器发展有三个主题:

1. 小型化

从19世纪末的桌面大小到20世纪末的重量不足一克,助听器外型尺寸越来越小。尽管目前还未找到进一步大幅度减小助听器外型尺寸的有效方法,但作为趋势,助听器肯定会越做越小,越做越美观。微型助听器不仅是制造商的希望,更是广大助听器使用者的要求。

2. 个性化

随着相关听力知识的普及,人们会越来越重视自己的听力,同时也会发现听力损失完全相同的听力障碍者极少,每个听障者的听力状况都有其特殊的一面。因此,为每个听障者个别定制助听器以保证使用效果必然会成为发展趋势。

3. 智能化

要想进一步提高助听质量(比如信噪比),就必须使助听器具备记忆能力、重新编码能力等"智能",比如抗噪声、声源定向定位、音质定位等各类耳蜗性能。这一切,需要计算机技术与数字化技术的支持。智能化助听器已经开始受到广泛重视,但作为商品还远远没有成熟,远远不能满足广大特殊用户的需求。

第四节 纯音听力检测基础

一、声音传导路径

正常人耳,声音通过气导和骨导两种途径传导。

(一)气导

① 声波→耳廓→外耳道→鼓膜→锤骨→砧骨→镫骨→前庭窗→外、内淋巴→螺旋器→听神经→听觉中枢。

② 声波→外耳道→鼓膜→中耳鼓室内的空气→蜗窗的第二鼓膜→鼓阶的外淋巴→蜗管的内淋巴→螺旋器→听神经→听觉中枢。

(二)骨导

声波→颅骨→骨迷路→前庭阶和鼓阶的外淋巴→蜗管的内淋巴→螺旋器→听神经→听觉中枢。

气导:声音机械波经空气、骨和液体的传导,为声音传导的主要途径。

骨导:骨导途径短于气导,常规骨导听阈应不大于气导听阈。

二、频率范围

正常人耳能听到的频率范围为20～20 000 Hz,人耳在不同频率上的听觉灵敏度是不同的,图 4-4-1 为等响曲线(横坐标代表频率、纵坐标代表声压级)。

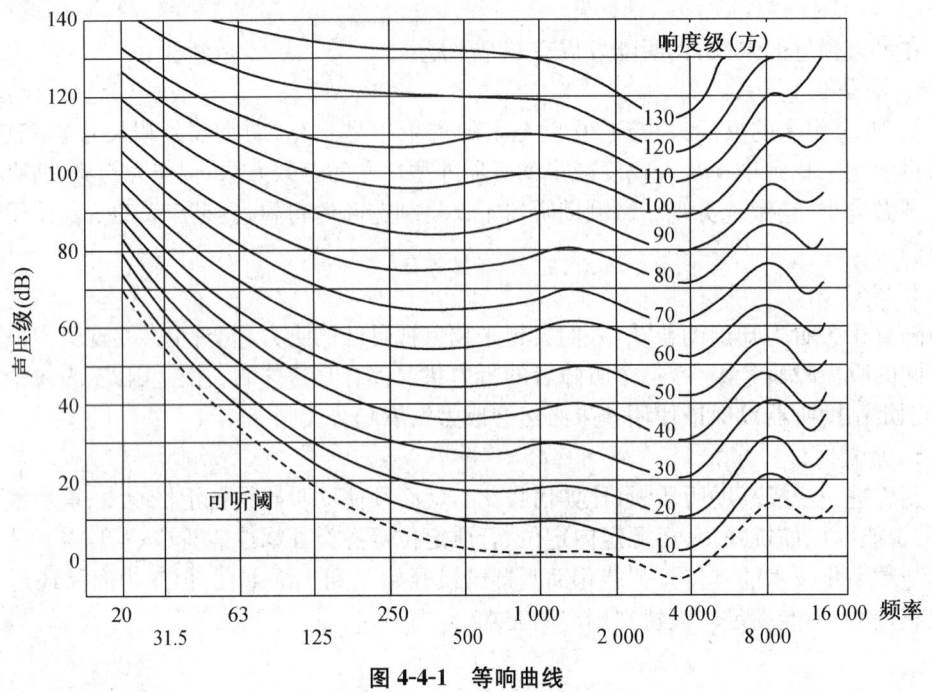

图 4-4-1　等响曲线

从等响曲线可以看出:
(1) 3 000~4 000 Hz 曲线位置最低,代表人耳对该频率的声音最敏感。
(2) 响度单位为方。
(3) 1 000 Hz 处,心理物理量(响度)与物理量(声压级)在数值上等同。
(4) 低频区域响度与高频区域响度等大时,需要的声压级更大。
(5) 可以依据同一声压级声音的强度,找到对应的频率范围。
(6) 也可以依据某一频率,找到对应的声音的强度范围。

三、听阈测试与听力图

听力测试包括骨导、气导纯音听阈测试(Pure tone audiometry,PTA),听力图如图 4-4-2 所示:

现代一般纯音听力计的测试范围为 125 Hz~8 000 Hz,气导最大可达 120 dB HL。
临床上依据气导、骨导之间的关系可将听力损失分为:
(1) 传导性听力损失:骨导正常,气导与骨导之差大于 10 dB。
(2) 感音神经性听力损失:气导与骨导均不正常,且之差小于等于 10 dB。
(3) 混合性听力损失:气导与骨导均不正常,且之差大于 10 dB。

图 4-4-2 听力图

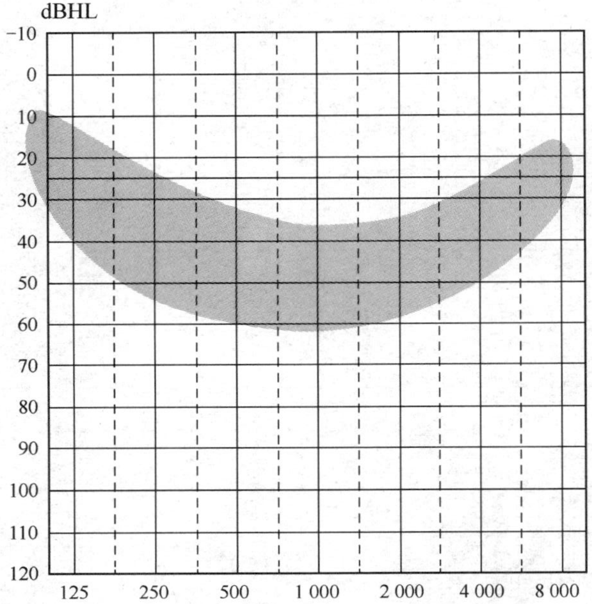

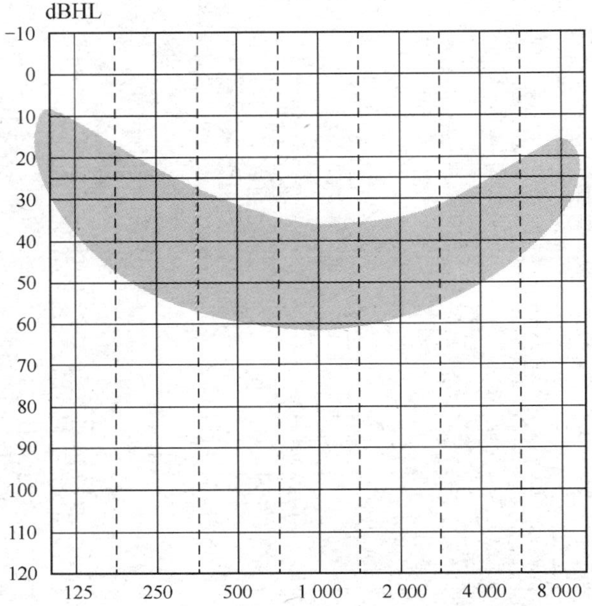

【思考与练习】
1. 结合你的专业,谈谈你觉得作为一名聋校教师应该具备哪些基本素质。
2. 根据见习经历或者查阅资料,说说聋校有哪些教学辅具或生活辅具。

【参考文献】
[1] 李兆阳.聋校教学中注意运用的几种方法[J].读与写,2008(4).
[2] 冯小燕.聋校教师信息技术能力探析[J].学理论,2010(8).
[3] 张宁生.听力残疾儿童心理与教育[M].大连:辽宁师范大学出版社,2002.
[4] 资源教室系列.常州市钱璟康复股份有限公司.

第五章　盲校教育技术

◆ 学习目标

1. 掌握视力障碍的概念和特点。
2. 掌握视力障碍者的心理特征。
3. 了解盲校信息技术教学原则及方法,掌握盲校信息技术教师应该具备的能力。
4. 了解信息无障碍的概念与发展。
5. 掌握主流读屏软件的使用。
6. 了解主流视障生录入信息的方法。
7. 掌握低视力者和视障生操作计算机的方法及主要辅助工具。
8. 了解视障生常用的科技辅具及使用方法。

◆ 思维导图

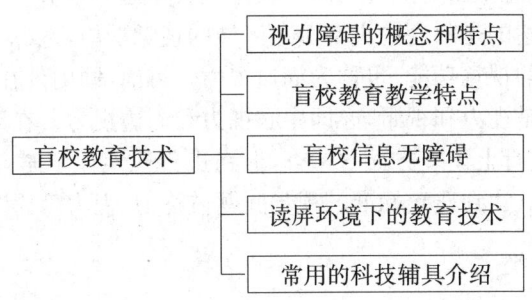

第一节　视力障碍的概念和特点

一、视觉的概念

1. 视觉的产生及内容

眼是人类的视觉器官,由眼球、视路、视中枢及附属器构成。眼之所以能看到外部世界,是由眼的特殊结构决定的。当光线经过包括角膜、房水、晶状体及玻璃体的屈光系统折射后,聚焦成像于视网膜上。其间,通过瞳孔的大小变化调节入眼的光线强弱,通过晶状体凸度的改变调节焦点聚焦的位置。视网膜接受光信息成像后形成神经冲动,经由视觉神经纤维传至大脑视觉中枢,完成视觉的整个过程。

视觉是一个生理学词汇。光作用于视觉器官,使其感受细胞兴奋,其信息经视觉神经系统加工后便产生视觉。通过视觉,人和动物感知外界物体的大小、明暗、颜色、动静,获得对机体生存具有重要意义的各种信息,至少有80%以上的外界信息经视觉获得,视觉是人和动物最重要的感觉。

2. 视力与视觉的区别

视力是指眼睛分辨物体的形态、大小及细微结构的最大能力。视力又分为中心视力和周边视力。前者反映眼底黄斑中心凹的功能;后者反映中心凹以外视网膜的功能,通常称之为视野。平常所说的视力一般指中心视力。1.0是视力是否正常的一个标准。

视觉指外界的物体通过视觉器官,反映到大脑皮质的视中枢而产生的光觉、色觉、形觉及双眼视觉。视觉功能作为一种重要的感觉功能,主要由以下三方面的功能组成:

(1) 完整的视觉通道,包括健康的眼睛、正常的视力和屈光状态。
(2) 视觉技巧,包括眼球运动、双眼视和融合功能。
(3) 信息处理,包括识别、辨别、空间感知以及视觉与其他感觉的整合。

视力在医学上又叫作视觉敏感度,它只是视觉天生潜质的一个方面,是视觉的物质基础。也就是说,如果一个人没有好的视力,当然不会有好的视觉;但有好的视力,却也未必就会有好的视觉功能。因为视觉不但与天生的潜质有关,而且受我们每个人的视觉技巧和信息处理能力的影响。同样的事物,在视力相同的两个人眼里形成的视觉冲动不尽相同,就是这个道理。我们可以把视觉系统看成是一部全自动相机,视力就是相机的镜头。好的镜头很重要,但要想拍出好照片只靠一块好镜头是远远不够的。

视力(视敏度)表达的是眼底中央部黄斑区域的视觉功能,也称为中心视力,视野表达的是眼底周围视网膜的视觉功能,也称为周边视力。目前,国内外在制定视觉残疾标准时使用的技术指标主要是视力和视野,亦即中心视力和周边视力。在康复工作中,对视觉功能进行评估时,可以进行上述多方面的检查,但在进行残疾评定时,只采用中心视力和周边视力两个指标,因此,达到残疾标准的视觉问题被称为"视力障碍"[①]。

二、视力障碍的分类

视力障碍泛指视觉功能的下降,包括生理性视力障碍与病理性视力障碍。

1. 生理性视力障碍

由于人眼生理构造缺陷而产生的视力障碍属于"生理性视力障碍",不属于疾病范畴。如光线昏暗的环境下,人眼的视力障碍就显露出来了,表现为包括视敏度、色觉、立体觉、运动觉等各种视功能全面下降。再如,随着年龄的增长,人眼的调节能力下降,出现了老花等。

2. 病理性视力障碍

由于疾病等因素导致眼球、视路、视中枢组织结构或功能的异常,使之不能成像或成像不清晰,或不能分析所成之像时而发生的视力障碍属于病理性视力障碍。

[①] 为对残疾人的尊重,一般采用"视力障碍"或"视觉障碍"。在不影响语义混淆情况下,这两个词都是指特殊教育领域的"视力障碍"。视力障碍的人(学生)简称为"视障者"(视障生)。

病理性视力障碍者,绝大多数有易于发现的眼部异常表现,如屈光不正、角膜瘢痕、瞳孔变形、晶状体异位、晶状体混浊、玻璃体混浊、眼底出血、视网膜脱离、增殖、瘢痕、小眼球、眼球震颤、眼球运动障碍、斜视等。

(1) 普通视力下降:裸眼视力低于正常标准,但可以用常规的屈光矫正方式提高视力,双眼或双眼中视力较好眼的矫正视力高于或等于0.3。

(2) 视力残疾:指视力障碍达到一定的严重程度,而且不能用手术、药物或常规的屈光矫正方法得以改善,患者难以像一般人一样在日常生活和学习工作中自如地应用视觉功能,甚至丧失视觉功能。根据视觉功能受损程度的不同,视力残疾又分为盲人与低视力。

中国残联制定的视力残疾评定标准如下:

一级盲:最佳矫正视力低于0.02,或视野半径小于5度。

二级盲:最佳矫正视力等于或优于0.02,而低于0.05;或视野半径小于10度。

一级低视力:最佳矫正视力等于或优于0.05,而低于0.1。

二级低视力:最佳矫正视力等于或优于0.1,而低于0.3。

上述是从医学角度分类,如果从教育学的角度来看视力残疾的分类,教育盲指无法利用或很难使用视觉来接受教育,必须以听觉、触觉等为主要学习手段,在读写方面使用点字。教育低视力是指使用视力困难较大者,视觉仍是主要学习手段,借助助视器阅读,经过训练可以利用剩余视力接受教育。

三、视力障碍者的身心发展与影响

1. 视力障碍者身心发展的基本规律

视力障碍者生理、心理的发展与普通者相同,只是在某些阶段生长发育的速度较缓慢些,但是其发展空间与普通人一样。

视力障碍者的特殊性表现在接受外界信息的途径不同,他们与明眼人的显著区别只限于感知觉方面。没有充分的视觉刺激以激发运动的动机和兴趣,缺乏视觉模拟学习,加之环境和教育可能不利,对视力障碍者的身心发展会产生一定的消极影响,如动作发展迟缓、形成概念困难等。

2. 视力障碍对身心的影响

一是视力损伤的本身。二是由视力损伤产生的直接影响。该影响不同程度存在于所有视力障碍者身上,如需要使用视觉获得概念(色彩、亮度等)时的局限。三是由视力损伤产生的间接影响。多见于后天性盲和低视力障碍者,在从明眼人生活转向低视力及盲的生活后,阅读、书写能力受到极大限制,由于不能独自外出,长期与主流社会分离,与外界的沟通减少,从外界获取信息的能力与机会迅速下降;迅速被动地远离主流生活,生活自理、社交、语言,甚至思维分析能力迅速下降,生活慵懒、体质下降,其焦虑、孤独、忧伤、无助,甚至愤怒的心理反应非常强烈。

应对第一类影响依靠医学手段,应对第二类影响依靠教育手段,应对第三类影响依靠康复手段。

四、视力障碍者的心理特点[3]

1. 视力障碍学生感知活动的特点

视觉获取的信息量大、速度快、整体性强,而且能够检查其他感觉所获得的信息。视力障碍学生部分或全部失去了视觉感知的优势,其感知活动的特点主要表现在以下方面:

(1) 主感觉通道差异大。作为人类主感觉通道的视觉发生损伤后,有的视力障碍学生还有较强的剩余视力功能,他们的主感觉通道仍然是视觉;有的视力障碍学生需要以触觉为主感觉通道。如果视力障碍学生同时有触觉缺陷,则需要以听觉为主感觉通道。

(2) 感知范围受到局限。触觉感知需要直接接触物体,因此,触觉感知的范围在一臂之内。视力障碍学生完好的远距离感觉(听觉、嗅觉等)不能提供物体形状、大小等具体信息。太遥远的物体触觉无法感知。

(3) 感知多样性受到局限。触觉与视觉是平行的感觉,视觉能够感知的信息,触觉基本也能够感知。但是,色彩、亮度只属于视觉,全盲学生无法感知。另外,太大、太小的物体,太娇嫩的物体,有伤皮肤的物体,光学艺术,气状物体等,触觉不能有效感知。

(4) 信息量减少,感性体验的种类和多样性受到限制。视觉、听觉可以在无意识状态下接收信息。触觉则必须在有意识使用中,才能发挥感知功能。然而,没有视觉刺激,学生往往缺乏主动使用触觉探究的动机。

(5) 不能有效利用视觉定向。人类定向所需要的知觉信息主要靠视觉提供。在自然状态下,其他感觉不能为定向提供充足、准确的信息。因此,定向行走训练是视力障碍学生教育的重要内容。

(6) 触觉、听觉的补偿作用大。经过专门的训练和长期实践,触觉、听觉能够在补偿视觉方面发挥较大的作用。嗅觉在补偿视觉方面也有一定的作用,其他感觉补偿视觉的作用较小。所以,视障学生的信息技术教育就是突出触觉与听觉的功能。

针对视力障碍学生感知活动的特点,在教育教学中要重视触觉、听觉、剩余视力的功能训练,调动多种感官的参与,培养他们的观察能力。

2. 视力障碍学生注意力的特点

视力障碍学生注意分配一般在听觉、触觉、嗅觉、运动觉等方面进行,功能视力较好的学生注意分配范围也包括视觉。视力障碍学生的听觉、触觉、嗅觉等有意注意有所加强,无意注意也有所增多。与明眼学生相比,视力障碍学生对第一信号系统的注意相对减少,对第二信号系统的注意相对加强。

由于视觉无意注意干扰的减少或消失,视力障碍学生注意的稳定性通常较高。视力障碍学生注意的外部表现通常是停止不相关的活动,凝神屏气。视力障碍学生注意分散时不像普通学生那样有明显的外部表现形式,貌似注意集中,实则注意分散。引起注意分散的主要因素通常是声响、气味、情绪不安、饥饿等。

3. 视力障碍学生记忆力的特点

视力障碍学生记忆表象缺乏完整性,他们不能或很难依靠视觉表象进行记忆。视力障碍学生一般以听觉记忆和触觉记忆为主,运动觉记忆、嗅觉记忆、视觉记忆起一定的辅助作用。

与普通学生相比,视力障碍学生的机械记忆能力较强。由于缺乏对事物的感性认识,他们常常需要记忆一些不理解的东西,如衣服的颜色与款式的搭配等。机械记忆的实践机会增多,促进了机械记忆能力的发展。

4. 视力障碍学生想象力的特点

视力障碍学生以视觉表象为材料的想象受到限制,他们进行想象的资源缺乏。多数视力障碍学生很难产生色彩斑斓、景色如画的想象。他们赖以想象的触觉表象与明眼学生的视觉表象在质和量上都有很大的差别。视力障碍学生听觉想象的材料充足,听觉想象较丰富。

仅靠触觉自然获得的支离破碎的触觉表象是不够的,视力障碍学生需要大量触觉直观教学的实践来丰富触觉表象,减少其词汇与形象脱节的现象,为再造性想象提供雄厚的、可靠的基础。

5. 视力障碍学生思维的特点

视力障碍学生的思维与普通学生的思维发展并没有本质的差别,同样要经历动作思维、形象思维和抽象思维这三个阶段。但是由于他们的知觉具有特殊性,思维也就存在一定的特殊性,主要表现在形象思维方面。

因为视力障碍学生对外界的感知受到一定的限制,使他们对事物的分析、综合、比较等思维活动也受到一定的影响。在视力障碍学生的思维发展过程中,常出现表象和概念脱节、概念掌握缺乏感性支持的现象。由于缺少视觉的参与而导致感性材料可能不足,影响视力障碍学生思维的发展。视力障碍的直接影响是缺少视觉表象、感性经验贫乏,这也就间接限制了他们思维的发展。缺少了视觉,很难将所感知物体的各种属性综合成一个完整的概念。通过其他感觉获得的感性材料往往只是反映事物的局部特征,视力障碍学生以此为基础进行思维,容易产生错误的判断。

视力障碍学生的抽象思维能力与明眼学生没有任何差别。但是,如果他们一直处在感性材料匮乏的状态,会影响其形象思维的发展,这会使他们从形象思维到抽象思维的过渡比明眼学生更缓慢、更困难。如果视力障碍学生的思维结果有偏差,那很可能是思维原材料的问题,而不是思维过程的问题。

在有效的教育补偿下,随着年龄的增长,视力障碍学生的思维也逐渐向更高水平发展,能够形成严密的抽象逻辑思维能力,也会初步形成辩证思维,思维的独立性和批判性也会进一步增强。

6. 视力障碍学生在情绪、意志、性格等方面的特点

视力障碍对学生的情绪、意志、性格等个性发展也可能产生一定的间接影响,在这些与感知没有直接联系的方面,视力障碍的影响是间接的,是通过环境产生的,是因环境而异的。如果视力障碍学生处于不利环境中,就会有消极的心理特征。如果视力障碍学生处于有利环境中,就会有积极的心理特征;视力障碍与不利环境的因果联系也是可以打破的。

视力障碍学生在情绪、意志、性格等方面没有典型的、共同的、有别于普通学生的心理特征,作为群体,视力障碍学生与明眼学生之间在情绪、意志、性格等方面没有显著的差异,而视力障碍学生个体之间的差异却很大。

第二节 盲校教育教学特点

视力障碍使他们对事物的认识缺乏相应的视觉形象支持，信息来源较为狭窄，导致其认知途径、广度、深度及速度受到一定影响，并影响了他们的认知能力思维和心理发展，因此他们对生活和学习中涉及的各种内容的本质特征常常难以把握，难以理解某些事物的本质属性，也很难对其进行抽象概括归纳从而进行进一步运用。这突出表现在对物体形象的准确认识、变化过程的准确把握、形象及空间思维能力的发展等方面。这使视障学生在生活和学习中表现出不同程度的困难，特别在理科（数学、物理、化学）学习方面，且视障学生学习的困难将随着知识难度增加而不断增加。

与普通学生相比，视障学生在学习中存在着相当突出的障碍，普通学生能够"一目了然"的事情，视障学生却往往难以理解，盲校教师有别于普通教师的根本任务就是要研究、利用不同的教学手段，使学生充分利用听觉、触觉、嗅觉、剩余视力等感知通道，通过非视觉感觉功能代偿其视觉缺陷，从而对视障学生进行针对性的补偿，充分利用和挖掘他们的残余视力，实现多感官参与学习，提高他们认知的效率和质量，形成正确和完整的认知结构。

一、盲校教学原则

盲校教学最重要的是直观性原则。视力障碍学生与普通学生的共性多于特殊性，因此普通教学原则也都适用于指导视力障碍学生的教学活动。

视力障碍的直接影响是学生缺乏客观表象，直接性原则在视力障碍学生教学中更加重要。恰当的直观手段不仅可以使学生产生感性认识，使抽象的教学内容直观化，有时甚至会成为相关内容可否被视力障碍学生认识，教学能否进行的决定性因素之一。因此，直观性原则在盲校有特殊的、标志性的意义，是视力障碍学生特殊需要的集中体现。

按照皮亚杰的理论，小学阶段的学生基本上处在具体运算阶段。所有学生，不论视力障碍与否，都需要大量的具体形象的直观教学。凡是明眼学生需要的直观教学，视力障碍学生都需要，方式可能不同而已。明眼学生不需要的直观教学，视力障碍学生也可能需要，后者的比例很大。

在初中级段，学生的认知进入了形式运算阶段，对直观教学的需要越来越小。如果小学阶段提供了大量客观事物的直观表象，视力障碍学生也会逐步过渡到以抽象思维为主，与明眼学生的差异也会越来越小。如果小学阶段没有大量直观学习的经历，视力障碍中学生，甚至大学生还需要直观手段，这不意味着他们的思维还滞后在具体运算阶段，这是弥补低年级阶段教学的疏漏，是对客观表象缺乏的补偿。

贯彻直观性原则要使用符合视力障碍学生感知规律的教具。使用视觉教具时，要注意其色彩、对比、大小等要素。使用听觉教具要核实视力障碍学生是否具有必要的视觉或触觉表象作为基础。使用触觉教具时要留有充足的时间，让学生逐个部分感知，甚至需要从部分到整体，从整体到部分反复感知，蜻蜓点水式的触摸难免形成片面的认识。在可能的情况下,教师要准备多份同样的教具,避免一人用、多人等,最好两人一件。

二、盲校教学方法

虽然普通学校的教学方法都可以在盲校教学中使用,但是很多情况下,简单照搬普通学校的教学方法是低效的,许多教学方法需要根据视力障碍学生的感知特点、个别差异、沟通方式等进行改良,特别是直观教学法。直观教学法可以丰富和扩大视力障碍学生的认知范围,使视力障碍学生在感知的基础上更好地理解所学内容,还可以训练和发展视力障碍学生多种感官的功能。盲校直观教学以教具直观为主、动作直观为辅,语言直观可以作为补充。

在教具直观手段中,触觉教具是主体。触觉教具的直观层次从高到低依次是实物实景、生物标本、模型、触觉图形。触觉图形对于触觉和视觉图形对于视觉有本质的不同,触觉图形只能起一定的直观表征作用。动作直观应用范围不仅局限在体育课内。语言直观的使用要慎重,语言直观需要有关事物的具体形象为基础,否则,"形象化"的语言不仅无法达到直观的效果,反而可能使视力障碍学生如坠云雾。而视力障碍学生所缺乏的恰恰是事物的具体形象,往往没有使用语言直观的基础,这正是需要通过直观教学补偿的。

三、盲校教师的基本技能

1. 盲文书写与阅读能力

盲文书写与阅读是视力障碍者学习科学文化知识、提高文化素质、平等参与社会生活的重要途径,盲校教师自然首先要掌握盲文书写与阅读能力。

2. 触摸图的制作能力

触摸图对于视障者学习知识非常重要且不可缺少。因为有些学习内容仅仅通过文字难以描述(如《几何》《化学》以及按摩专业中的专业知识),有些内容又难以随时通过实物达到直观形象的教学效果。因此,制作触摸图是有效、可行的手段,也是必要的,盲校老师应该掌握该技能。制作触摸图的方法有手工制作、热敏发泡技术、丝网印刷技术和计算机辅助制图技术等。

3. 触觉教具的设计与制作能力

盲校教师不仅仅需要会制作触摸图,还需要自制教具,特别是触摸教具。

4. 现代信息技术的使用能力

盲校教师应掌握计算机等现代信息技术,尤其是盲用软件、盲用计算机的使用。软件主要包括放大软件、读屏软件、输入法、多媒体课件的制作软件等。还有盲用专用电子设备,如点显器、刻印机等。

5. 盲校科技辅具的使用能力

"科技辅具"是对"辅助性科技"中相关设备设施的简称,是指任何概念、想法或产品、零件、设施,无论是商业化、经改造,或特殊设计的产物,其目的在于提升、维持、或增强身心障碍者的功能。视障科技辅具共有生活类、学习类(录音机、录音笔、盲用读书机)、软件类(盲文翻译软件)、点字触摸显示器、盲用计算机、刻印机、光学辅具类,以及扩视器等八大类。

6. 视觉康复训练的技能

广义的视觉康复是指通过医学、工程学、社会学、教育学等领域的理论手段减轻或者补偿视觉障碍,提高其生活质量和参与社会能力的过程。狭义的视觉康复是指通过视觉训练和助视器具的配置、视觉环境的营造达到提高视障生的视觉能力、补偿器视觉缺陷的过程。主要包括视觉评估、视觉康复训练(低视力康复训练仪器)、助视器的验配和训练、视觉环境营造等。

7. 分层教学的能力

视障生的个体差异显著。在教学过程中,教师要对不同的学习需要采取不同的教学策略,一般采用分层分类的教学方式,尽量满足每个学生的需要,使得每个学生得到最大限度的发展。

8. 多重障碍的康复训练与教育的能力

"视多障"是指除了视力,往往还伴随语言、情绪和行为问题,有的具有明显的自闭倾向。多重残疾教育目的是尽量让受教育者独立生活。常用的教学策略有真实性策略、体验全程、"小步子"策略等。

9. 掌握随班就读的理论与策略

随班就读是指特殊儿童在普通教育机构中和普通儿童一起接受教育的一种教育形式。对随班就读的学生除了按普通教育的基本要求教育外,还要针对随读生的特殊要求提供有针对性的特殊教育和服务,对他们进行必要的康复和补偿训练,努力使他们和其他正常学生一样学会做人、学会求知、学会创造等,让他们今后自立、平等地参与社会生活。

随班就读的理论基础是全纳教育理论[①],其工作模式是巡回指导,基本教学策略是面向全体、兼顾个别。

10. 掌握定向行走技能

定向行走技能是指视障生运用各种感官确定自己在一定环境中及其他物体之间的相互位置关系的过程,训练视障生能在各种环境中进行有目的、安全、有效、独立自如的行动。定向行走技能是视障生日常生活的基本技能,定向行走的训练能够培养视障生的感知觉能力,磨炼其意志,对形成自信和独立的心理有着重要意义。

定向行走训练主要有导盲随行、不持杖独立行走、持杖独立行走和沿盲道行走。导盲辅助设备主要有盲杖,科技辅具有超声定位、GPS 定位等。

11. 综合康复训练的技能

针对视障生的综合康复是综合利用各种措施,减少视障生的身心、社会功能的障碍,使其能够重返社会,提高生活质量的过程。主要综合康复内容包括生活指导、社会适应、感知觉训练、定向与行走训练、行为矫正、言语矫正、明眼字读写等。

实施综合康复训练需要具有康复资格的专业人员、康复训练场地(PT 训练室、OT 训练室、HSL 训练室、感觉统合训练室、视功能训练室等)和康复训练设备。

---

① 全纳教育是 1994 年 6 月 10 日在西班牙萨拉曼卡召开的世界特殊需要教育大会上通过的《萨拉曼卡宣言》中提出的一种新的教育理念和教育过程。它容纳所有学生,反对歧视排斥,促进积极参与,注重集体合作,满足不同需求,是一种没有排斥、没有歧视、没有分类的教育。

四、盲校教师需要的信息技术技能

国外已经将教育技术和视障教育辅助技术引入特殊教育领域,特别是在利用以计算机技术为核心的现代信息技术辅助盲校教学方面,例如利用计算机辅助学科学习、辅助盲文材料的制作、辅助学生生活等。

以信息技术为核心的现代教育技术已经使教育教学的理念、内容和效果发生了革命性的变化,这种变革也推动了视障教育辅助技术的迅猛发展。教育辅助技术是指在视障教学中可以增加、维持或提高视障学生功能性能力特别是补偿其缺陷的各种技术和各种辅助教育设备,主要包括信息技术、各类辅具、触摸教具和图谱、语音设施、盲文和大字材料等。辅助技术可以充分利用视障学生多感官进行视觉缺陷补偿,提高学生的学习和生活能力,使其适应现代生活要求。例如,辅助技术可加强视障学生对知识理解的正确性和深入性,提高视障学生整体认知水平和思维能力,促进他们综合感官能力的发展,克服残疾带来的种种困难,适应现代生活需要,从而达到视障教育的目的,在视障教学中,具有特别重要的意义。

盲校教师主要信息技术技能是应用以计算机技术为核心的现代信息技术进行辅助课堂教学和视障生的学习、辅助盲文材料的制作等。其中包括能够进行硬件环境和设施的构建,拥有在不断发展的辅助技术条件下形成新的盲校教学模式及方式的能力,能够进行辅助材料的制作等。

例如:

(1) 会使用无障碍网站,能够指导视障生利用专门软件自由浏览网站内容。

(2) 能够建设与整合学科教学资料,形成盲教资源库。

(3) 充分使用视障教育资源中心资源及专业设施、专用设备。会操作先进的助视设备和训练用具。如盲文刻印机、盲图刻印机、热印机、热敏仪、盲文翻译软件、低视力康复仪器和助视器等。能够使用这些设备进行翻译校对盲文、盲图设计、盲文图打印、盲用教具管理;低视力康复、助视器配发及使用指导,随班就读视障学生学习指导等。

针对读屏软件无法读出理科符号和图形的问题,着重建设数学、物理、化学、地理、生物等理科学科的盲文习题库和盲图。会制作与使用盲用课件,注重视障学生视力特点和与各种盲用软件的整合,水平不断提高,使课程内容由静态的灌输变为图文并茂的动态传播。盲图的大量使用能使学生识读盲图的能力得到很大提高,使学生对知识的综合理解逐步深入。

(4) 会使用"盲用读屏软件"及"低视力放大软件"等软件,引导视障学生进行计算机操作和学习。能指导学生学会使用盲用读屏和放大软件对电脑进行操作,进行文字处理、资料搜寻、文件下载、收发邮件、网上聊天、音乐编辑等各种工作。

第三节 盲校信息无障碍

一、信息无障碍的定义

目前,关于"信息无障碍"的定义具有代表性的有:

第一种观点是联合国给"信息无障碍"一词下的定义,是指信息的获取和使用对于不同的人群应有平等的机会和差异不大的成本,这意味着任何人(无论是健全人还是残障人士,无论是年轻人还是老年人,无论是中国人还是外国人,无论是低收入人群还是高收入人群)在任何情况下都能平等地、方便地、无障碍地获取基本信息或使用通常的信息沟通手段。

第二种观点:信息无障碍是指任何人在任何情况下都能平等地、方便地、无障碍地获取信息、利用信息。

信息无障碍主要包括两个范畴:① 电子和信息技术无障碍;② 网络无障碍。前者是指电子和信息技术相关软硬件本身的无障碍设计以及辅助产品和技术,后者包括网页内容无障碍、网络应用无障碍以及它们与辅助产品和技术的兼容。

第三种观点:IBM 信息无障碍中心主任王馥明认为,信息无障碍就是指所有人都能够从信息技术中获益,平等地、方便地、无障碍地利用信息技术以及获取信息,参与社会生活。

从以上三个定义来看,第一个定义强调信息无障碍的适用对象,它不仅仅面向残疾人、老年人、低收入人群等弱势群体,还面向包括健全人、年轻人、高收入人群在内的所有人。联合国具体列出了信息无障碍概念涵盖的四类人群:① 身体机能丧失或弱化已经在日常生活工作中对信息使用产生影响的人群;② 信息手段使用习惯和通常信息系统设置有差异的人群;③ 文化习惯和周边信息系统环境有明显差异的人群;④ 信息使用能力或周边环境条件和通常信息使用环境条件存在差异的人群。

第二种观点和第三种观点基本一致,均强调所有人都有平等获取信息、利用信息、参与社会生活的权利,突出信息权利的平等。第二种观点中将信息无障碍的范畴进行了详细界定,进一步说明信息无障碍不但面向残疾人,而且使电子、信息技术和网络对尽可能多的人而言更加可用和易用,使所有人从中受益。

二、信息无障碍的特征

(1)信息无障碍强调所有人均有平等获取信息的权利,平等享受社会信息化的益处,每个人都不能被排斥在社会信息化的成果之外。平等的信息获取权是信息无障碍的核心价值观。

(2)信息无障碍强调如何实现平等的信息获取权,即要求方便、无障碍地利用信息技术和相关技术来获取信息,参与社会生活。

(3)界定了信息无障碍的两大组成部分,即电子和信息技术无障碍、网络无障碍,有利于从技术、政策等角度来解决信息无障碍问题。

三、信息无障碍的主要解决方案

计算机和因特网已经成为人们日常生活、学习和工作的重要组成部分。越来越多的信息和服务通过网络来传递,如电子政务、网上银行、网上商店、网上聊天、电子邮件、电子新闻、微博等。这些以网络为载体的服务,为人们获取信息和交流信息提供了极大的便利。但是,由于国内目前大多数互联网页在设计之初并没有考虑到特殊人群的需要,从而导致该类人群不能访问到其中的信息,网络环境的障碍问题开始显现出来。

视障人群信息无障碍解决方案:

1. 视障学生阅读纸质稿普通书籍方案

(1)将普通明眼人的书籍翻译成盲文书是最传统的方法,目前能够刻印盲文书籍的出版社有中国盲文出版社等。

(2)别人读着听。这种方法最直接,多见于视障学生的幼儿时期(不能阅读盲文),但是所有的书籍都要依靠别人阅读,不太现实。

(3)电子扫描仪器。使用扫描仪将书籍扫描后,使用 OCR 软件识别书籍的电子稿,然后使用读屏软件阅读。

(4)对于低视力视障的学生,可以借助电子助视器等辅具完成阅读。

2. 视障学生阅读电子稿书籍

对于计算机中电子稿的书籍(非盲文),视障学生进行阅读主要依靠读屏软件阅读或者听书郎。

3. 视障学生操作计算机

计算机应用越来越广泛,与我们的生活息息相关。视障学生也应该无障碍地使用计算机,提高工作效率,提升生活质量。

(1)视障学生可以使用专门为视障学生开发的盲用专业计算机,但是这类计算机性能不佳,升级慢,支持的软件不多,并未形成规模。

(2)普通计算机装上读屏软件是最常用的方式,目前主要的读屏软件有阳光和争渡等。

(3)对于低视力学生来说,更多的是普通计算机装上放大软件。目前主要软件有微软操作系统中的辅助工具(放大镜等)等。

4. 视障学生上网

视障学生上网过程也是操作计算机的过程,所以前面操作计算机的方案一样适用。主要是通过读屏软件操作普通计算机进行上网。不过现在很多网站进行了无障碍改造,加装了如无障碍助手等插件,使得无需安装读屏软件,就可以无障碍浏览该网站。

研究已经表明触觉、听觉的补偿作用大,其他感觉补偿视觉的作用较小。视障学生的信息技术教育就是突出触觉与听觉的功能。在上述过程中,对于计算机的使用,也是突出触觉、听觉的补偿作用。如点显器就是突出触觉作用,读屏软件就是突出听觉作用。表5-3-1 列出视障教育的信息技术。

表 5-3-1　视障教育的信息技术

获取信息途径	明眼人的感知觉	视障生使用的感知觉	采用的信息技术
人的说话	语音	语音	不需要新技术
计算机	视觉	听觉	读屏系统
计算机的电子稿	视觉	听觉	文语转换系统
计算机系统	视觉	触觉	点显器
纸质稿	视觉	听觉	点读机等相关技术
语音到文字	/	/	语音识别技术

四、无障碍网站建设

无障碍建设工作已纳入国家经济社会发展规划，无障碍建设标准体系得到不断完善。政府、公共事业部门和企业，在积极推动信息无障碍技术应用和法规标准建设方面取得了明显成效。我国修订通过了包括《残疾人保障法》《无障碍环境建设条例》等在内的一系列政策性文件，以全面加强保障残疾人权利的法律法规政策体系建设。自 2008 年 6 月我国正式批准加入《联合国残疾人权利公约》以来，在城市道路、建筑物、信息交流和公共无障碍建设等方面取得了长足的发展。2012 年 8 月 1 日，《无障碍环境建设条例》正式施行，标志着我国无障碍环境建设步入了法制化的轨道。该条例从无障碍设施建设、无障碍信息交流、无障碍社区服务和法律责任几个方面做了规定。

我们关注信息无障碍的一个缩影——信息无障碍网站，由于信息无障碍工作起步较晚，绝大多数网站不属于信息无障碍网站。信息无障碍网站没建设好，就用读屏软件，也产生新问题。如网页突然出现的广告会干扰视障生的操作；图片没文字标注，读屏软件无法读出声音；验证码是图片，无法完成登录注册等操作；排版文字密集、字体较小等，不适合低视力阅读等。

无障碍网站是指残疾人、有特殊需求的健全人可以获取网络上的任何信息，为了做到这一点，就要实现网页内容无障碍以及上网使用的辅助软件技术的无障碍。

信息无障碍网站的一般性标准：为所有有含义图片提供替代文字说明；为所有链接添加可理解的完整含义的提示文字；为所有输入表单均添加可理解的完整含义提示文字；为 Flash 操作界面提供无障碍提示语音；为网页中内嵌网页提供相应的说明标题并提供键盘访问功能；为增强的导航功能提供相应的语音提示和可选键盘操作功能；提供漂浮窗体开关控制功能等。这样的标准能够方便使用读屏软件访问网站。

为贯彻落实《无障碍环境建设条例》(国务院令第 662 号)的精神，积极创造无障碍环境，保障残疾人等社会成员平等参与社会生活，引导全社会共同营造充满友爱、共享信息的社会氛围，根据《信息无障碍身体机能差异人群网站设计无障碍技术要求》等相关标准，无障碍网站应实现支持残疾人及特殊环境条件下的健全人的无障碍通道功能。

无障碍网站的必要功能如下：

读屏专用：方便读屏软件等辅助软件的使用。在基本保持原网页布局效果上，为拥有读屏等辅助工具的用户提供完整内容和便捷的操作。

视觉辅助：方便视觉增强和辅助的用户使用。提供多种视觉增强辅助效果，如放大与缩小、白底黑字、蓝底黄字、黄底黑字、黑底黄字等。

在线语音：为了帮助视力障碍、文化障碍以及临时障碍（或需求）等障碍人群，能够无障碍地访问网站网页信息。提供多种视觉增强辅助效果的同时，针对认知障碍用户提供帮助理解和内容认知的功能，可在线听读。

案例：南京特殊教育师范学院的无障碍网站的功能与使用方法介绍。

（一）读屏专用版

主要适用但不限于使用读屏软件等辅助软件的用户，它为拥有读屏软件等辅助工具的用户提供完整网站内容和便捷的操作。快捷键是Ctrl+Shift+1。

读屏专用版主要是在网页添加了智能盲道功能。所谓智能盲道是指通过本系统提供的网页内容区块划分、标注以及自定义快捷键功能对网页信息进行内容归类和标注，使用户通过读屏软件（如争渡、阳光等）并使用系统自定义快捷键能快速定位并读取网页内容区块信息，从而快速方便地获取网页内容。

读屏专用版提供以下快捷键操作：

（1）提供页面前进功能（快捷键：Shift+→）、页面后退功能（快捷键：Shift+←）。

（2）提供页面刷新功能（快捷键：Shift+9）。即重新载入当前页面。

（3）提供页面重置功能（快捷键：Shift+0）。即页面初始化，用户在使用辅助功能更改页面后，单击重置按钮，可将页面恢复到页面初始状态，即默认状态。

（4）提供退出无障碍通道功能（快捷键：Shift+Esc）。即回到普通版网站首页。

（5）提供无障碍通道帮助功能（快捷键：Shift+?），包括无障碍读屏专用版、辅助浏览版和语音导航版的功能及快捷键操作说明。

（6）提供无障碍工具条的隐藏/显示开关功能（快捷键：Ctrl+Shift+H）。

（7）提供页面区块快捷键导航功能：内容区块遍历：快捷键Ctrl+N，N是指页面内容区块序号，如1,2,…9。内容区块内的栏目分组：快捷键Ctrl+Z顺序遍历，快捷键Ctrl+Shift+Z倒序遍历。

（二）辅助浏览版

主要适用但不限于需要视觉增强和辅助，以及认知辅助（文化障碍语音辅助）的用户，它在线提供多种视觉增强辅助效果，同时对于需要文化认知辅助的用户提供了帮助，可在线听读。快捷键Ctrl+Shift+2。

（1）提供无障碍纯文本转换模式（快捷键：Shift+1）。将网页中的图像等非文本内容转化成文本，并以线性化的显示方式从上到下显示，以满足不同访问人群的要求。进入纯文本模式后可以通过点击"切换为图文模式"开关按钮返回正常模式。

（2）提供控制页面大小功能（页面放大：快捷键 Shift+2，页面缩小：快捷键 Shift+3）。网站浏览者可根据自己的需求自行调整网页界面的大小，界面放大是将网站当前页面显示比例放大，界面放大后网页内容也会随之变大；界面缩小是将网站当前页面显示比例缩小，界面缩小后网页内容也会随之变小。

（3）提供页面换色功能（向前选择配色方案：快捷键 Shift＋Alt＋1，向后选择配色方案：Shift＋Alt＋2）。将当前网页的前景内容、链接，以及背景色对比换成适合弱视用户能够清晰访问的白底黑字蓝链接、蓝底黄字白链接、黄底黑字蓝链接、黑底黄字白链接等模式，为弱视用户访问网页内容提供了帮助。

（4）提供辅助线功能（快捷键：Shift＋4）。提供的辅助线是横竖两条红色的基准线，为视觉障碍用户校对阅读位置提供了帮助。

（5）提供显示屏字幕显示功能（快捷键：Shift＋5）。显示屏用来呈现当前鼠标下的文字，它能够根据文字的个数选择大小合适的文字，便于更加清楚地阅读。

（6）提供语音开关（快捷键：Shift＋6），音量调节（音量增大：快捷键 Shift＋Alt＋3，音量减小：快捷键 Shift＋Alt＋4），语速调节（语速增快：快捷键 Shift＋Alt＋5，语速减慢：快捷键 Shift＋Alt＋6）等功能。语音开关是开启和关闭语音的功能。音量调节功能是根据环境的需求，将其设为五个等级，分别是等级1至等级5，等级1音量最低，等级5音量最大，默认音量设置为最大值等级5。语速调节功能是根据人的听力需求，将其设为三个等级，分别是等级1至等级3，等级1语速最慢，等级3语速最快，默认语速设置为中等语速等级2。

（7）提供指读功能（快捷键：Shift＋7）和连读功能（快捷键：Shift＋8）。指读是指对鼠标指示的页面文字、图片等内容进行朗读的方式。连读是对页面信息连续朗读的方式。需要连读时把鼠标指向需要朗读的开始位置，系统将自动从该位置开始朗读，直至网页信息全部朗读完毕，需要暂停时点击暂停按钮，需要恢复时点击播放按钮。暂停、播放以及连读按钮为同一个按钮在不同状态时显示的不同图标。

页面前进功能、页面刷新功能、页面重置功能、退出无障碍通道功能、无障碍通道帮助功能、无障碍工具条的隐藏/显示开关功能的快捷键与读屏专用版相同。

（三）语音导航版

主要适用但不限于盲人用户，它在线提供语音播报和快捷键导航操作，可以让用户方便地按照语音提示，通过快捷键操作在网站内容间切换并通过语音朗读功能听取网站信息内容，从而为用户正常获取信息提供了方便。快捷键 Ctrl＋Shift＋3。

语音导航版功能快捷键与读屏专用版完全一致，不再赘述。

第四节　读屏环境下的教育技术

一、读屏软件介绍

读屏软件，是一种可以帮助视障生上网的工具。读屏软件是专为盲人或视力有障碍的人设计的屏幕朗读软件。通过数字键盘的切换操作，以及大键盘上的几个功能键的切换，能够随心所欲地进行查找和处理文件，对网页进行导航浏览、编辑和收发电子邮件。

若是低视力,充分利用和挖掘他们的残余视力;若是全盲,充分利用听觉这个感知通道,代偿其视觉缺陷,从而对视障学生进行针对性的补偿。在信息技术中,能够实现听觉弥补视觉,我国的科大讯飞是这一领域的代表性公司,其语音库已经相当成熟,技术包括文语转换与语音识别技术,实现文字与语音之间的双向转换。目前读屏软件的语音库基本上都是基于科大讯飞的语音库。

当一台普通的计算机安装了读屏软件,即改造为盲用计算机了,视障生就可以无障碍地操作计算机。目前国内有阳光读屏、争渡读屏和点明读屏(安卓手机)等软件。

1. 阳光读屏软件

中国盲文计算机系统的功能全面,主要功能有阳光读屏、盲文录入编辑、盲文与汉文之间翻译等。能够帮助弱视者或视障生用户完全独立地操作计算机,使他们更好地学习、工作、娱乐和生活。中国盲文计算机系统包括阳光标准版和盲文专业版。

阳光标准版是用符合视障生特点的操作方式来操作 Windows 的通用控件以及操作系统支持的通用软件。阳光标准版功能如下:

(1)用户可加挂不同的语音引擎(符合 SAPI 标准)。语音的音量、速度可随意调节;支持中英文混读。遇到英文单词,可选择分读或连读;能自动识别朗读简繁体汉字;遇到数字,可选择自动方式、数字方式或数值方式。语音服务器提供的复读功能,可在任何条件下重复阅读听到的信息。可以根据需要选择是否朗读标点。在朗读过程中,可随时暂停、继续或停止。在任何情况下均可选择逐字朗读或连续朗读,并可为用户解释读出文字的字意。缓冲区复制功能,可将任何朗读出的信息复制到剪贴板。

(2)屏幕阅读。通过屏幕取词技术可以对 Windows 通用控件进行朗读。如桌面图标、任务栏、窗口的标题栏、菜单栏及菜单内容、地址栏、列表、状态栏的文字信息。能读出对话框、进度栏,各种组合框、可编辑框、单选按钮、复选框,各种按钮的名称和状态以及控制滑块等。还能通过鼠标追踪焦点来进行一些特殊操作。当开启朗读提示功能,还可读出图标和按钮的浮动条。针对一些弱视人士,为使弱视用户能跟踪当前活动的对象,对当前活动对象显示高亮矩形和高亮光标。

(3)支持点字显示器输出。通过内部的汉—盲翻译模块,将屏幕取词结果实时翻译,并将翻译结果转换成点字显示器能够识别的 ASCⅡ 码输送给点字显示器。这样,用户完全可以通过触摸感知点字显示器上的盲文。

中国盲文计算机系统优势如下:

(1)支持主流点显器。目前阳光能支持国际上主流的点字显示器连接,具体品牌型号有 Power Braille 40、Power Braille 6580、德国点显器(METEC)等。

(2)屏幕朗读的工作模式无外乎用焦点方式取源或鼠标方式取源。但在实际操作中,面对大量非标准的窗口,需要二者配合使用。阳光实现两种取源方式可以互相弥补,并可自由切换。

(3)阳光是目前国内同类软件中唯一支持 PDF 文档朗读的软件。

(4)阳光软件除了支持全盲无障碍操作电脑,对弱视者也提供了一些人性化的服务。

盲文专业版是在标准版基础上增加了适合自动化盲文出版特点的字处理和排版功

能。专业版增加的主要功能如下：

（1）盲汉文编辑。它是一个功能相当完善、便于操作使用的专业盲汉文编辑软件。

（2）盲文显示。在 Windows 系列操作系统下在屏幕上显示盲文，对显示的文字打印预览。

（3）汉—盲互译。随时将汉文转换为盲文，包括现行盲文（部分带调）、现行盲文（全部带调）、双拼盲文；同时也可以将现行盲文、双拼盲文转换为汉文进行编辑。

（4）盲文专业排版功能。集成了一个类似于 Word 界面的编辑器。

（5）集成盲文输入法。提供专用的盲文输入法，用户可以通过盲文输入法中的"盲文输入"，直接用六点键盘输入盲文码；"盲汉输入"可以用六点键盘直接输入盲文编码而经过转换后输入汉字。"汉盲输入"通过输入汉语拼音，完成盲文点字的输入，此功能专为解决不懂盲文的盲人工作者的盲文输入问题。除此之外，还包括"盲英输入"和"盲文 ASCⅡ码输入"。

表 5-4-1 列出阳光软件的常用快捷键，具体操作请查看阳光软件的使用手册[①]。

表 5-4-1　阳光软件的部分常用快捷键

功能		快捷键
启动		Ctrl＋Alt＋X
退出		小键盘 0＋F12（使用过程中经常需要重启读屏软件）
暂停/继续控制		Win＋小键盘 0
设置	选项设置对话框	Ctrl＋Alt＋Shift＋F2
	增加中文语速	小键盘 0＋F1
	切换语音方式	小键盘 0＋～
	切换数字读法	小键盘 0＋主键盘 4
	停止朗读控制	小键盘点
	读缓冲区前(后)一字	Win＋小键盘 4(6)
阳光读屏	朗读前一对象	小键盘 4
	朗读上一行文字	小键盘 8/上光标键
	朗读左一个字	小键盘 1
	朗读左边一个词	Ctrl＋小键盘 1
	单击鼠标左键	小键盘除号
	击鼠标右键	小键盘乘号
	自动朗读	小键盘减号

---

① 参考阳光软件使用手册，http://www.cbph.org.cn/Article/ArticleShow.asp? ArticleID=58。

(续表)

功能		快捷键
输入法	朗读上一个候选字/词	上光标键
	朗读前解词	左光标键
	上翻页	PgUp
	关闭/开启输入法朗读功能	Ctrl+Alt+Shift+M
Word快捷键	换行等	上下左右光标键以及加 Ctrl 后的操作
	朗读到光标所在处	Shift+小键盘减号
	自动朗读	小键盘减号
	翻页	PgUp、PgDn 以及加 Ctrl 键
上网操作	浏览阅读	F8
	自动朗读	小键盘减号
	抽取链接	Ctrl+F7
	查看当前块号	Ctrl+F8
	跳到指定块	Ctrl+Shift+F8
	模拟鼠标	Scroll Lock 打开/关闭网格读屏
读屏软件的设置(含点显器设置)		Ctrl+Alt+Shift+F2

2. 争渡读屏软件[①]

争渡读屏是一款运行在 Windows 系统下的屏幕朗读软件,用于协助视力障碍人士操作电脑。有免费的公益版和付费的商业版。争渡读屏具有良好的系统兼容性,可以安装和运行在 Windows 10、Windows 7、Windows Vista、Windows XP 等系统下。

争渡读屏软件的功能如下:

(1) 丰富和完善的语音引擎:读屏伴随我们使用电脑的每时每刻,语音质量的好坏也直接影响着我们使用电脑的情绪,争渡读屏具有丰富且完善的语音引擎,可以满足用户不同的个性化需求。支持目前大多数主流的语音接口,支持双语音库混合朗读,可以选择不同的声卡切换输出。用户可以随意安装自己喜欢的语音库,并且可以进行任意的搭配使用。双语音混合朗读配合多国语言,可以实现任何双语文字的朗读,比如中英混读、英中混读等。

(2) 多种模拟鼠标模式:模拟鼠标是利用小键盘区的按键来模拟普通的鼠标动作,从而解决了盲人无法使用鼠标的缺憾。争渡读屏进一步开发和丰富了模拟鼠标功能,提供了控件导航、元素导航和像素式浏览等多种模拟鼠标类型。每一个类型又包含了多种操作模式,根据不同的使用环境灵活选择、相互配合,盲人也能自如地使用鼠标指针来控制

---

① 争渡读屏软件下载,http://www.zdsr.net。

电脑。

（3）快速高效的网页浏览：网页浏览已经是当今电脑生活中最为重要的一个组成部分，提高网页浏览的速度和效率是读屏软件必须重视的问题。争渡读屏引进了按元素浏览、网页正文浏览以及编辑/浏览模式等多种操作模式，最大限度地提高网页操作效率。

（4）方便的热键组：随着读屏功能的不断增加，快捷键也随之变得越来越多，这无疑增加了用户的负担，为了减轻用户记忆热键的繁重负担，争渡读屏借鉴相关软件经验并进行深入挖掘，创新性地提出了热键组概念。简单地说就是把相近的一组功能归为一组，然后进行热键编排，这样只需要记住这一组功能的热键即可。争渡读屏目前支持语音方案热键组、读屏功能和朗读习惯热键组。

（5）全面支持Office：争渡读屏可以很好地支持Office办公软件，包括Word、Excel等，不但实现了对Word的逐行、逐字朗读，对Excel的单元格朗读，而且还增加了很多快捷操作方式，例如对Excel单元格的公式、拖拽、选区，以及选区背景色、字体、字体颜色等信息的朗读。

（6）争渡路标：这是争渡读屏的特色功能之一，深受用户喜爱。它的创意源于现实生活中的路标，通过给窗口内的元素或者点进行标记，从而达到扩大操作范围、提高操作效率的目的。结合元素浏览与OCR识别，让路标有了更广泛的应用。此外用户之间还可以通过路标市场相互分享自己的路标。

（7）争渡标签：在一些软件的窗口内，可能会有一些按钮或者编辑框等没有明确的文本提示信息，或者有时候我们希望根据我们的习惯来改变某些朗读，争渡标签就可以用来解决这个问题。争渡标签可以给元素加上标签，朗读的时候就可以按指定的标签进行朗读了。

（8）单手操作模式：化繁为简，解放您的一只手，在很多时候，我们希望用一只手就可以操作电脑，为此争渡读屏提供了单手操作模式。

（9）OCR识别：OCR识别是争渡读屏基于OCR文字识别技术给用户提供的OCR识别功能，以方便用户对于非文本的读取。通过该功能我们可对争渡读屏遇到的非文本的项目进行OCR识别，识别结束后就可参考识别结果进行相应操作了。

争渡读屏的OCR识别提供了本地、在线等多种识别引擎，在日常使用中，可根据实际情况选择需要的引擎。

（10）强大的翻译功能：争渡读屏具有强大的翻译功能，集成了本地英汉词典以及百度、谷歌等在线翻译引擎。可实现剪贴板翻译、朗读缓冲区翻译、选区翻译、自动翻译等多种翻译场景，同时提供了多种方式来查看翻译结果，可自动朗读或者复制到剪贴板。自动翻译功能可轻松地阅读外文网页，安装外文软件等。如表5-4-2，列出争渡读屏的常用快捷键。

表 5-4-2　争渡读屏软件的部分常用快捷键（2017 版）

功能		快捷键
启动争渡读屏公益		Ctrl＋Alt＋F10
暂停/继续朗读		Pause
停止朗读		长按 SR 或者 Ctrl
退出争渡读屏		ZDSR＋ESC
基本操作	从光标所在位置开始朗读	数字 7
	当前窗口标题	数字 8
	标题栏上的关闭、最大化、最小化等按钮之间循环切换	数字 9
	朗读状态栏	Ctrl 加 Win 加星号
	打开争渡菜单	ZDSR 加 Z
	切换语音方案	ZDSR 加 F9
	单击朗读当前时间，双击朗读当前日期	ZDSR 加 F12
模拟鼠标	鼠标左键单击	除号
	鼠标右键单击	乘号
	元素导航和控件导航模式切换	ZDSR 加加号
	文字/图形切换	ZDSR 加 G
	开启和关闭读鼠标功能	ZDSR 加 M
	鼠标左键按下和松开	ZDSR 加除号
	鼠标跟随	ZDSR 加减号
	鼠标状态朗读	ZDSR 加 F8
朗读缓冲区（刚听到的内容）	对朗读缓冲区当前字中文组词，英文对该位置所在单词翻译	ZDSR 加上光标
	单击对朗读缓冲区当前字或者字母进行解释，双击查字典	ZDSR 加下光标
	朗读缓冲区前一个字	ZDSR 加左光标
	朗读缓冲区后一个字	ZDSR 加右光标
	移到朗读缓冲区第一个字	ZDSR 加行首键
	移到朗读缓冲区最后一个字	ZDSR 加行尾键
	打开缓冲区内的网址	ZDSR 加小回车

(续表)

功能		快捷键
网页	在编辑框之间切换	e
	在单选按钮之间切换	r
	在复选框之间切换	x
	在组合框之间切换	c
	在按钮之间切换	b
	在表单之间切换	F
	在图片之间切换	g
	在标题之间切换	h
	分别切换 1 到 6 号标题	大键盘 1～6
	跳过若干连接	j
	在链接之间切换	k
	在网页控件之间切换，如土豆、优酷播放器等	o
	在网页中编辑模式和浏览模式的切换	ZDSR 加空格
	在常规窗口中重复朗读焦点信息；在网页中朗读当前链接的序号、文本和网址，双击在普通窗口内朗读窗口数量、当前进程名、当前进程路径等，在网页中朗读当前元素的源代码	ZDSR 加 Tab
	定位到当前窗口的网页控件	ZDSR 加 i
	网页强制整理（用于 Tab 键失效时）	ZDSR 加 F5
QQ/YY/阿里旺旺专用快捷键	上一条消息	Ctrl 加 8
	下一条消息	Ctrl 加 2
	重复当前消息，双击拷贝缓存消息到剪贴板	Ctrl 加 5
	第一条消息	Ctrl 加 7
	最后一条（即最新消息）	Ctrl 加 1
	向前跳过十条消息	Ctrl 加 9
	向后跳过十条消息	Ctrl 加 3

以上针对全盲视障人群使用，争渡亦有针对低视力用户的设计。争渡读屏为低视力用户专门设计了读鼠标和放大镜等功能，根据需要可以单独使用，也可配合使用。

开启读鼠标功能之后，每当鼠标指针移动时，读屏会时时朗读出鼠标指针停留位置的文本信息，这样既在最大限度上保留了与明眼人一致的操作习惯，又避免了低视力用户看不清楚屏幕上显示的文字而无法准确操作的尴尬，同时也起到了保护视力的作用。

放大镜功能除提供了基础的按照一定倍数放大屏幕上显示的内容之外，还提供了反色模式，便于对颜色不敏感用户的使用。

争渡读屏内置的"之多云"语音助理功能,已经成为盲人朋友的贴心伴侣,可以为盲人朋友提供听音乐、看新闻、讲笑话、查询天气、股票、百科、快递、语音输入法等功能。无须双手敲击键盘,只需对麦克风说话,发出你的命令,剩下的就让语音助理帮你完成。

以上两款读屏软件是在计算机且 Windows 操作系统上使用。一般选择争渡公益版就能够满足使用需求,这也是目前的主流。

只有智能手机上也安装相应的读屏软件,视障人士才能无障碍使用智能手机。市面上主流智能手机分苹果 iOS 平台和安卓平台。苹果 iOS 系统自带 VoiceOver 读屏软件。安卓平台需要独立下载安装,目前市面上好用的免费盲人手机读屏软件有点明读屏、Talkback 读屏、保益悦听软件、永德读屏、讯飞读屏、星目读屏等。用户通过下载安装安卓读屏程序,可以为用户提供智能语音提示服务,帮助盲人朋友和视力不好的用户轻松操作智能手机,不管是上网购物还是聊天,或者玩游戏都可以正常操作。

3. 点明读屏软件

手机的读屏软件关键功能是将屏幕上的项目(文字、按钮、菜单等)转为名称或描述该项目语音输出,配合操作手势(有别于默认的操作手势),从而帮助视障人士无障碍使用 Android 平台的手机。

此处简单介绍点明读屏软件常用手势操作(表 5-4-3),更多功能请参加点明读屏软件说明书。

表 5-4-3　点明读屏软件常用手势

手势	说明	应用场景
单指快速上滑	单指从手机屏幕的下端快速向屏幕的上端滑动。	翻页到下一页;播放下一首歌曲;向下循环切换输入法;在网页启动快速焦点或链接切换。读书时,向后快退十句。在第三方应用操作中,焦点的上移。
单指快速下滑	单指从手机屏幕的上端快速向屏幕的下端滑动。	翻页到上一页;播放上一首歌曲;向上循环切换输入法;在网页停止快速焦点或链接切换。读书时,向前快进十句。在第三方应用操作中,焦点的下移。
单指快速左滑	单指从手机屏幕的最右端快速向屏幕的最左端滑动。	在非编辑模式状态下,界面的返回;在编辑模式状态下,删除操作;在确认对话框界面上的,取消操作;在呼叫界面,通话界面和来电界面的挂断电话操作;在第三方应用操作中,焦点的左移。
单指快速右滑	单指从手机屏幕的最左端快速向屏幕的最右端滑动。	在锁屏界面上的解锁;输入框之间焦点的向下切换;确定以后做最后一步操作(如输入号码后打电话,输入短信号码和内容后发送短信,编辑完联系人后保存联系人);在确认对话框界面上的,确定操作;在来电界面的接听操作;在第三方应用操作中,焦点的右移。
单指向上拖动	单指从手机屏幕的下端开始向屏幕的上端滑动,不松手。	主要使用场景:自下而上,选择列表界面中的列表选项。
单指向下拖动	单指从手机屏幕的上端开始向屏幕的下端滑动,不松手。	自上而下,选择列表界面中的列表选项;在浏览器的网页界面,快速的向下切换链接焦点。

(续表)

手势	说明	应用场景
单指向左拖动	单指从手机屏幕的最右端开始向屏幕的左端滑动，不松手。	从当前焦点开始往前选择输入法候选词或联想词；播放歌曲时，快退。
单指向右拖动	单指从手机屏幕的最左端开始向屏幕的右端滑动，不松手。	从当前焦点开始往后选择输入法候选词或联想词；播放歌曲时，快进。
双指快速上滑	双指稍许错开，从手机屏幕的下端快速向屏幕的上端滑动。	在点明的应用中，获取当前界面上的帮助信息。在第三方应用中，在输入模式，焦点的向上切换。
双指快速下滑	双指稍许错开，从手机屏幕的上端快速向屏幕的下端滑动。	在点明应用中，回到到点明桌面。在第三方应用中，在输入模式，焦点的向下切换。
双指快速左滑	双指稍许错开，从手机屏幕的最右端快速向屏幕的左端滑动。	输入框之间焦点的向上切换；在编辑模式下（焦点在第一个输入框），界面的返回。
单击	单指点击屏幕。	选择列表项；选中后，进入列表项的下一步；在网页浏览界面，打开一个新的链接或焦点提交。
双击	单指双击屏幕。	选择并直接进入某个列表项；选中当前聚焦的候选词到输入框。
双指单击	双指稍许错开，点击屏幕。	在编辑模式下，提示当前已输入的内容。
单指长按	单指长按屏幕，感觉振动时，松手。	在桌面上，删除快捷图标。
双指长按	双指稍许错开，长按屏幕。	在网页浏览界面，弹出网页操作菜单界面。在输入框，弹出快捷操作列表。

4. VoiceOver 读屏软件

VoiceOver 通过语音告诉用户屏幕上选择的每个元素。当一个元素被选定时，它会被一个黑色矩形围住（方便能够看到屏幕的低视力用户），而 VoiceOver 会说出名称或描述该项目。封闭矩形被称为 VoiceOver 光标。如果选择文本，则 VoiceOver 会朗读该文本。如果选择了控制（如按钮或开关），并且打开了"朗读提示"，则 VoiceOver 可能会告诉用户该项目的操作，或者为用户提供操作指示，从而帮助视障人士无障碍使用苹果手机。例如："连按两次来打开"。

打开或关闭 VoiceOver：在"设置"中，选取"通用"→"辅助功能"→"VoiceOver"，然后轻按"VoiceOver 打开/关闭"开关。可以设置快捷方式打开或关闭 VoiceOver：将"连按三次主屏幕按钮"设定为打开或关闭 VoiceOver。

下面以 iPhone X 为例，简要介绍一下 VoiceOver 的使用方法。

(1) 旁白

"旁白"是一种基于手势的屏幕阅读器,可让用户在不看屏幕的情况下也可以使用 iPhone。将"旁白"添加到"辅助功能快捷键"即可启用它,这样无论用户在 iOS 的什么位置都可使用。听取屏幕内容的描述,从电池电量、来电信息到手指所在的应用。可以根据需要来调整朗读速率和音调。"旁白"会将选中的项目(黑色外框会包围项目)通过语音输出,同时会朗读项目的名称或描述。使用"旁白"手势实现与手机交互。"旁白"手势属于最重要的操作方式,视障人士须重点掌握。

(2) "旁白"手势

设置打开"旁白"模式,控制 iPhone 的手势发生改变。标准触摸屏手势具有不同的效果,更多手势可让用户在屏幕上移动并控制单个项目。"旁白"手势包括双指、三指、四指轻点和轻扫。使用多指手势时手指间留出些许空隙,操控更加流畅。

提示:双指触控可以是一只手的两个手指或每只手各一个手指来执行双指轻点。分开轻点的手势:不使用轻点两下来选择项目,而是用一个手指按住项目,然后用另一个手指轻点屏幕。如表 5-4-4,列出 iOS 11 的"旁白"主要手势。

表 5-4-4　iPhone"旁白"主要手势

功能		操作手势
浏览和阅读	选择并朗读项目	轻点
	选择下一项或上一项	左右轻扫
	取决于转子设置 例如:阅读一封电子邮件时,向上或向下轻扫时,使用转子在逐字朗读和逐字符朗读两种文本听取方式之间切换。浏览网页时,设定转子来朗读所有文本(逐字或逐字符),或者从某种类型的一个项目跳转到另一个项目,如标题或链接。	上下轻扫
	从屏幕顶部开始朗读所有内容。	双指向上轻扫
	从当前位置开始朗读所有内容。	双指向下轻扫
	停止或继续朗读。	双指轻点
	关闭提醒,或者返回上一个屏幕。	双指左右滑动(快速来回移动双指三次,形成"Z"字形)
	一次滚动一页。	三指上下轻扫
	前往下一页或上一页(例如,在主屏幕上中)。	三指左右轻扫
	前往下一页或上一页(例如,在主屏幕上中)。	三指左右轻扫
	朗读其他信息,如列表中的位置或者文本是否被选定。	三指轻点
	选择页面上的第一个项目。	四指轻点屏幕顶部
	选择页面上的最后一个项目。	四指轻点屏幕底部

(续表)

功能		操作手势
激活	激活所选项目。	轻点两下
	发起一个操作,或中止/暂停正在进行的操作。 如:接听或结束通话。 在"音乐""视频""语音备忘录"或"照片"(幻灯片放映)中播放或暂停。 使用"相机"拍照。	双指轻点两下
	更改一个项目的标签使它容易找到。	双指轻点两下并按住
	打开"项目选取器"。	双指轻点三下
	静音或取消静音"旁白"。如果同时启用了"旁白"和"缩放",请用三指轻点三下的手势。	三指轻点两下
	打开或关闭幕帘屏。如果同时启用了"旁白"和"缩放",请用三指轻点四下的手势。	三指轻点三下

（3）输入盲文

苹果手机在启用了"盲文屏幕输入"后,可以用手指在 iPhone 屏幕上直接输入六点式或简写盲文。将 iPhone 设置为桌面模式,或握住 iPhone,屏幕朝外,手指向内弯曲来轻点屏幕（屏幕背面模式）,然后用一个手指或同时用多个手指轻点屏幕。

打开"盲文屏幕输入":使用转子来选择"盲文屏幕输入"。如果在转子中找不到"盲文屏幕输入",请前往"设置"→"通用"→"辅助功能"→"旁白"→"转子",然后进行添加。

调整输入点位置:若要移动输入点,让它符合用户自然状态下的手指位置,请用右手三指同时轻点后抬起以定位点 4、5、6,然后立即用左手三指定位点 1、2、3。

输入盲文过程中可能用到的其他操作有① 输入空格:用单指向右轻扫（在屏幕背面模式中,向用户的右边轻扫）。② 删除以前输入的字符:用单指向左轻扫。③ 移到新行（键入中）:用双指向右轻扫。④ 在主屏幕上选择项目:开始输入项目的名称。如果有多个匹配项,请继续拼写名称直到它变成唯一的候选字,或用单指上下轻扫来循环浏览匹配的候选字。⑤ 打开所选应用:用双指向右轻扫。⑥ 锁定屏幕方向:用三指向上或向下轻扫。

（4）缩放

低视力可使用放大或缩小特定项目。

打开或关闭"缩放":前往"设置"→"通用"→"辅助功能",然后打开或关闭"缩放"。或者使用辅助功能快捷键。"缩放"打开时,用三指轻点两下屏幕,可以进行放大或者缩小。

在"全屏幕缩放"和"窗口缩放"间切换:用三指轻点屏幕三下,然后在出现的缩放控制中轻点"窗口缩放"或"全屏幕缩放"。若要选取"缩放"打开时使用的模式,请前往"设置"→"通用"→"辅助功能"→"缩放"→"缩放区域"。

调整缩放窗口的大小（窗口缩放）:用三指轻点三下,轻点"调整放大镜大小",然后拖移出现的圆形控制柄的任一端。

使"缩放"跟踪选择内容或文本插入点：前往"设置"→"通用"→"辅助功能"→"缩放"，然后打开"跟随焦点移动"。例如，打开此功能后，如果使用"旁白"，缩放窗口会随着用户的选择放大屏幕上的各个元素。

放大用户键入的内容而不放大键盘：前往"设置"→"通用"→"辅助功能"→"缩放"，然后打开"跟随焦点移动"。当用户在键入时进行放大操作后（例如，在"信息"或"备忘录"中），紧邻键入文本的区域会放大，同时仍可看到整个键盘。打开"智能键入"后，整个窗口（键盘除外）都会放大。

（5）放大器

低视力用户可将 iPhone 变成一个放大镜，以放大身边的物体。

设置"放大器"："设置"→"通用"→"辅助功能"→"放大器"，然后打开"放大器"。此操作会将"放大器"添加到辅助功能快捷键中。

打开"放大器"：连按三次主屏幕按钮。

调整放大级别：拖移"缩放比例"滑块。

增加更多光线：轻点"手电筒"按钮来打开或关闭手电筒。

聚焦锁定：轻点"焦点锁定"按钮。再次轻点以解锁焦点。

定格：轻点"定格"按钮。若要调整放大比例，请拖移"缩放比例"滑块。若要存储图像，请触碰并按住图像，然后轻点"存储图像"。若要取消定格，请再次轻点"定格"按钮。

低视力且对不同色彩敏感，可应用色彩滤镜：轻点"滤镜"按钮。轻点不同的色彩滤镜来预览其效果。若要调整亮度和对比度，请拖移滑块。若要反转颜色，请轻点"反转滤镜"按钮。若要应用所选滤镜并返回到"放大器"屏幕，请再次轻点"滤镜"按钮。

全盲的视障人士还可使用的功能：Apple Wireless Keyboard 键盘使用"旁白"、用"旁白"拨打电话、盲文显示器、朗读 PDF、朗读数学方程、地图使用"旁白"、通过"旁白"来编辑视频和语音备忘录等。低视力可使用的辅助功能：显示调节、朗读所选项、朗读屏幕和键入反馈、大文本、粗体文本和高对比度文本、按钮形状、减弱动态效果、开/关切换标签、可指定电话的铃声和振动、口述影像等，可参考 iOS 的使用手册（https://help.apple.com/iphone/11/?lang=zh-cn）。

二、输入法的分析

（一）视障者输入信息的输入方式

目前，针对视障者输入信息的输入方式研究主要有四种类型：

1. 拼音输入法

拼音输入法是视障者输入文字的最常用方法，因为这类软件通用性强，只要支持读屏，视障者就能无障碍录入汉字。目前视障者常用的输入法如搜狗等。

2. 语音识别

因为这个方面的研究不限于视障生，也用于正常人，即语音识别与文语转换，所以研究最多，也是最广泛的，成果也是最多的。

3. 输入盲文编码,录入汉字(简称盲汉录入)

盲文点字到汉语文本的一种实现方法。利用通用键盘输入盲文点字,匹配到相应正确的汉字。如永德输入法。

4. 输入盲文编码,直接录入盲文

利用通用键盘输入盲文点字,在普通文档实现盲文输入、显示、打印。

在上述四类研究中,第一个方法研究不涉及盲文点字研究;第二个方法是语音识别技术,不涉及盲文;第三个方法是盲汉录入,突出特性是盲文点字到汉字的翻译,不能实现在文档中输入、显示、打印(刻印)盲文的功能;第四个方法是直接录入盲文,包括盲文字库研究和盲文输入法研究。

(二)常见的盲文输入法

1. 阳光盲文输入法

阳光盲文输入法能提供盲汉输入、英文输入以及盲英输入等多种输入方式,通过语音提示解决了视障生用户对文字信息录入的问题。

用键盘 SDFJKL 分别代表盲文六点,输入盲文后,利用这些盲文查找盲汉转换库,输入法将第一个候选字(词)显示在输入法窗口中,然后用户可以通过上下键和左右键来选择及输入相应的候选字(词)及其解释词。

优点:① 功能全,如盲汉输入(用六点键盘直接输入盲文编码而经过转换后输入汉字)等;② 能提供独立的盲文输入功能;③ 有录入语音提示,可以提高输入的准确性;④ 盲文输入编码 FDSJKL,如要输入 ⠩ 时,同时按下 SJK 三键,模拟盲文打字机,易学易用。

缺点:① 模拟盲文打字机,FDSJKL 成一条直线,无法实现单手录入盲文;② 不具有嵌入性功能,输入盲文和中文混排时,输入法经常需要切换,切换到不同输入状态(盲汉或盲文等),需要不同快捷键,操作繁琐;③ 输入盲文的输入法只能在 Bword 编辑器中录入盲文,该软件成本高;④ 盲汉录入时,有重码,需要选择键,影响录入效率;⑤ 语音提示显然会降低输入效率。

2. 嵌入式盲文单手输入系统

利用流行的汉字输入软件,嵌入盲文字库,利用单手就可以进行盲文的快速输入,实现在普通计算机上盲文的输入和输出,达到了盲文和普通文字的混排。考虑到左手习惯视障生和多重残疾(视力和肢体同时残疾)的盲文录入,该系统根据统计、分析盲文输入不同组合的结果,采用多样性编码,通过自定义对应的输入字母确定盲文的不同录入方式,通过编码优化组合提高输入效率。

优点:① 能在计算机的常用文档(word 等)上录入盲文(键盘录入可靠性高,翻译和自动识别都不实用),显示盲文(显示器和点显器两种显示方式),打印盲文(普通打印机打印非凸点盲文和盲文刻印机刻印凸点盲文);② 盲文能够与中文、英文、符号混排;③ 采用排列组合方式编码实现同一盲文的盲文输入编码的多样性。如输入 LUI 三个键出现的 ⠇ ,可以再补敲一个键 O,输入 ⠧ ,模拟盲文打字机,易学易用;④ 盲文编码键位可以自由定义，用户可以根据需要自由定义键位（如盲文六点键位定义为 FDSREW），这样实现了单手录入左右手的不同需求，满足不同人群需求，尤其解决了左撇子视障生录入盲文问题或者右手残疾的视障生；⑤ 实现了单手输入盲文，也就实现了盲文边摸边录，大幅提高盲文录入效率（经实验效率提高大约 5～6 倍）；⑥ 兼容性好。兼容主流操作系统（Windows XP、Win7 等），兼容大多数盲用电子设备（点显器、刻盲文印机等），能嵌入主流输入法（如搜狗等），能够输入盲文和汉字不需要切换输入法、不影响原有输入法功能和录入习惯；⑦ 简单易学、免费使用。

缺点：不能读屏。

3. 触摸屏手机的盲文输入法

目前主流智能手机的操作系统分 iOS 和 Android 两种，苹果的手机有自带的盲文输入系统，安卓平台上由第三方开发盲文输入系统。

苹果手机盲文输入方式参见 VoiceOver 部分。

安卓平台上输入盲文软件主要有基于手势识别的盲文输入法（专利：ZL2012105023299）和基于注音提示多点触摸手势识别的盲文输入法（专利：2018100355952）。

(1) 基于手势识别的盲文输入法是由点明科技公司申请，是在 Android 系统的智能手机上使用的输入法，其功能是输入中文，只是使用盲文的点位输入中文。利用六点盲文信息的点位位置信息对应的图形特征，建立对应的手势对应表，根据手势识别来输入盲文，提高了盲人用户的信息输入速度，同时为盲人用户利用新型输入介质提供了便利。

其原理为：经过手势预定义、手势感应、手势识别、盲文信息还原与输入四个步骤。手势预定义是指根据六点盲文位置的图形特征信息定义出一套手势盲文对应表；手势感应是指利用触摸屏、手写板、手写笔或动作传感器感应用户手势输入；手势识别是指根据手势感应采集的用户输入对比手势特征库，识别出用户的手势；盲文信息还原与输入是指根据识别出的手势，查找手势盲文信息对应表，还原出相应的盲文信息。

举例说明：比如需要输入"中"这个字，其拼音为 zhong，对应的盲文为( ), 依据盲文的点位形状，设计出手势分别为 （回），即在屏幕单指滑动，从右上角向左下角滑动，出现第一个图形，代表盲文 ，即输入声母 zh；接着再在屏幕上自左向右滑动，拐折向下，形成手势图形为 ，这个图形已经表示盲文 145 点( )，所以此处有个"回"表示需要迅速往回做手势，即向下后再回向上再折回向左，即可输入盲文 256 点( )，输入韵母 ong，即可输入拼音 zhong，出现候选字（中、种等）。

(2) Android 系统的智能手机上盲文输入法，是一种基于注音提示多点触摸手势识别的盲文输入法。其原理为：首先依据盲文上方四个点位形成的滑过区域构建 16 个基本手势，然后按照盲文的点位逻辑排列规则，增加左手的中指或无名指的触摸区域，构建 64

个手势对应 64 个盲文点字,再利用盲文的注音提示,从而选择输入盲文。该发明是利用多点触摸屏幕对应区域形成图形,识别图形后提取盲文点位,完成盲人利用触摸屏进行盲文输入。通过双手在触摸屏上进行手势感应,识别手指滑过区域或者点击区域组成的手势图形后,查找盲文手势对照表,给出盲文注音的语音提示,提取盲文点字,最后触摸"确定"区域输入对应盲文。

举例说明:比如需要输入"中"这个字,其拼音为 zhong,对应的盲文为(○● ○○／○○ ●●／●● ○●),其

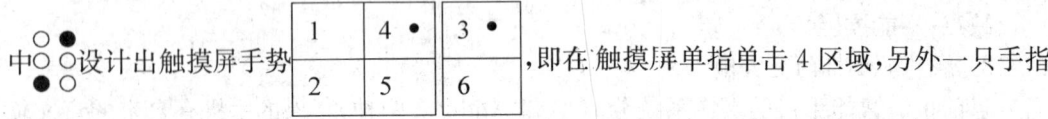

中○●／○○ 设计出触摸屏手势，即在触摸屏单指单击 4 区域,另外一只手指

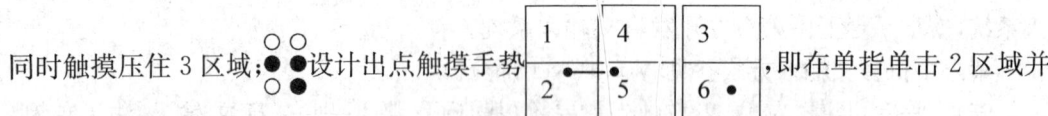

同时触摸压住 3 区域;○○／●● 设计出点触摸手势，即在单指单击 2 区域并滑到 5 区域结束,另外一只手指同时触摸压住 6 区域。所谓区域均靠近触摸屏边缘,便于定位。输入完成后,在触摸屏上会出现盲文,完成盲文输入。

三、低视力操作计算机

(一) 低视力者操作电脑的注意点

(1) 虽然计算机屏幕对视力有伤害,但低视力者在学习电脑的时候不必马上就关掉显示器。因为刚刚学习电脑的时候,对于一些抽象的事物不能马上就全面认识到。比如什么是桌面图标,什么是字体字号等,类似这样的问题,如果不用眼睛去看,理解起来是有一定的困难的,这样的问题如果理解得慢,也会影响学习电脑的速度。当然在使用计算机过程中注意眼睛休息,保护视力。

(2) 在学习电脑的时候,如果开着显示器,还可以尽快学会处理上网时所出现的一些广告,比如 QQ 的广告等,从而为以后关掉显示器操作电脑扫清障碍。

(3) 练习熟练就关掉显示器。一定要有顽强的毅力,不到万不得已的时候尽量不打开显示器。比如出现了验证码等这样的问题时,再用显示器来帮我们操作电脑。

(二) 低视力者计算机设置技巧

一直以来全盲人士使用电脑的问题倍受关注,不过还有一个在使用电脑方面介于全盲与健全人之间的群体,往往被人们所忽略,那就是还保留微弱视力的低视力者。低视力者在使用电脑的过程中存在很多特殊的困难,目前并没有引起人们的重视。现今低视力者的情况是:要么完全利用读屏软件来支持,要么采用和健全人相同的操作方式。我认为两者都存在不足,前者在某些时候限制了低视力者的操作范围和速度,而后者又不利于对残余视力的保护,而保护视力对于低视力者来说尤为重要。

1. 大字体界面的设置

对于低视力者来说,当然特大号的文字和图标是最好不过的,那样会给操作电脑带来

极大的方便。现将一些常用的设置介绍如下：

在桌面空白处单击鼠标右键，在弹出的菜单中选择"属性"，出现"显示 属性"对话框。选择"外观"选项卡，在"窗口和按钮"组合框中选择"Windows XP 样式"选项，在"字体大小"组合框中选择"特大字体"选项，然后点击"确定"按钮完成设置。这种设置如果不够满意，可以自定义文字和图标的大小，仍然在刚才的界面中，点击右侧的"高级"按钮，这里可以更改"标题按钮""菜单""滚动条""图标"等很多元素的大小。

2. 低分辨率的设置

首先大家要了解一点，分辨率越低，屏幕显示的内容就越大，我们在不影响正常操作的情况下，可以尽量设置较低的分辨率。推荐使用 800×600 像素。具体方法如下：在桌面空白处单击鼠标右键，在弹出的菜单中选择"属性"，出现"显示 属性"对话框。选择"设置"选项卡，拖动"屏幕分辨率"滑块至 800×600 像素后，点击"确定"按钮。

3. 特大鼠标指针的设置

低视力者有时候会有这样的感觉，鼠标指针特别小，经常一动鼠标就很难寻找了。其实用户可以把鼠标指针更换一下，具体方法如下：

依次打开"开始菜单"→"设置"→"控制面板"，然后打开"鼠标 属性"对话框，选择"指针"选项卡，在"方案"组合框中选择"Windows 标准（特大）（系统方案）"选项，这时在界面中可以预览鼠标指针的效果。除此以外，还可以进行其他一些设置，以便于用户寻找鼠标指针。在刚才的界面中选择"指针选项"选项卡，勾选"显示指针踪迹"和"当按 Ctrl 键时显示指针的位置"两个复选框，点击"确定"按钮完成设置。移动一下鼠标看看效果吧，鼠标指针会拖着一条尾巴，很容易辨认的。按下 Ctrl 键也会有一个圆圈指示鼠标指针的位置。

4. 大字体输入法的设置

现在流行的输入法都可以设置大字体的外观，这样大大方便了低视力者的使用。现以搜狗拼音输入法为例，将设置方法简单介绍一下：

安装了搜狗拼音输入法以后，依次打开"开始菜单"→"程序"→"搜狗拼音输入法"→"设置"，打开"搜狗拼音输入法设置"窗口。在左侧选择"外观"，然后在右侧先选择"竖排显示"单选按钮，再勾选"重设字体"复选框，在"大小"组合框中选择较大的数字，最大可以选择 48，这个大小，相信大多数低视力者都足够用了。设置好以后不要忘记点击"确定"按钮。

5. 浏览器显示大字体的设置

随着互联网的日益普及，浏览网页已经成为电脑用户必不可少的用途之一。其实，好好地利用 Internet Explorer 的辅助功能，也会给低视力者带来很多方便。设置方法如下：

在桌面上的 IE 图标上右键单击，选择"属性"，而后在弹出的"Internet 属性"对话框中点击"辅助功能"按钮，在弹出的对话框中勾选"不使用网页中指定的字体大小"复选框，点击"确定"按钮，然后关闭"Internet 属性"对话框。再打开 IE 后，用户就可以自己控制网页上的文字大小了，在 IE 窗口中，依次选择"查看"菜单，"文字大小"，"最大"就可以了。

现在最新流行的浏览器 Firefox（火狐）的放大功能更加完美，它可以放大整个网页，而且操作方便。用户只需按下快捷键"Ctrl＋加号"，就可以放大整个网页视图，相对的，

"Ctrl+减号"的功能就是缩小网页视图。这样可以根据个人需要,方便地调节适合的大小。

6. 读屏软件的设置

现在很多读屏软件都为低视者开发了一些辅助功能,下面以阳光软件为例,介绍如何设置读屏软件才能让它更好地为低视者工作:在启动阳光软件以后,按下 Ctrl+Alt+Shift+F2,可以弹出"阳光软件选项"对话框,这里我们勾选以下三个复选框:"是否显示高亮矩形""是否显示高亮光标""是否读鼠标"。其中"高亮矩形"是指具有焦点的控件(如按钮,文本框等)周围会显示一个红色的矩形,从而很方便低视者寻找要操作的对象;"高亮光标"是在光标处显示一个绿色的三角形标志,也是为了方便低视者寻找光标而设置的辅助功能;而读鼠标功能则尤为重要,打开这个功能后,鼠标指针指向的内容会自动朗读出来,对低视者操作电脑很有帮助。

(三)常用的低视力软件——Windows 系统的放大镜

1. 放大镜的功能

放大镜是使视力不好的用户更容易阅读屏幕的显示的实用工具。"放大镜"创建了一个独立的窗口,在其中显示放大了的部分屏幕。也可更改放大镜窗口的颜色方案以增加可视性。可以移动或重新设置"放大镜"窗口,或拖拽它到屏幕边缘并锁定它的位置。"放大镜"为有轻度视觉障碍的用户提供最低级别的功能。

使用"放大镜"可以:更改放大等级;更改放大窗口的大小;更改放大窗口在桌面上的位置;使屏幕反色。

放大程序还有许多跟踪选项,包括:跟随在屏幕上移动的鼠标指针;跟随位于光标中心的键盘焦点;跟随文本编辑。

2. 打开放大镜

打开放大镜有三种方法:

方法一:请单击"开始",依次指向"所有程序"→"附件"→"辅助工具",然后单击"放大镜"。

方法二:用键盘打开"放大镜"。按 Ctrl+Esc,按 R,键入 magnify,然后按 Enter。

方法三:工具管理器可以让用户检查辅助功能程序的状态,启动或停止辅助功能程序。具有管理员级别访问权限的用户在工具管理器启动时可以指定启动程序。当 Windows 启动时在出现的"欢迎使用 Windows"对话框中,用户通过按 Windows 徽标键(⊞)①+U 的组合键,也可在登录到计算机之前启动辅助程序。

3. 放大镜的操作

◇ 设置放大倍数:打开放大镜,在"放大镜设置"对话框中,选择一个放大倍数。默认放大倍数为 2。

◇ 设置"放大镜"跟踪选项:打开放大镜,选中所需跟踪选项旁的复选框。

---

① Windows 徽标键 ⊞ 后面将简写成 WIN 键。

- 要放大在屏幕中移动的鼠标指针周围的区域,请选择"跟随鼠标指针"。
- 要放大插入点的区域,请选择"跟随键盘焦点"。当按 Tab 键或使用箭头键时,焦点将会移动以反映当前的屏幕位置。
- 要显示键入时插入点周围已放大的区域,请选择"跟随文字编辑"。

◇ 改"放大镜"窗口的大小:在放大窗口的边缘移动鼠标指针,光标将变成双头箭头。拖动放大窗口的边界线缩放窗口。

◇ 更改"放大镜"窗口的位置:将鼠标指针置于放大窗口内,光标变为手形,将窗口拖动到桌面上的适当区域。

◇ 反色显示"放大镜"窗口:在"放大镜设置"对话框,选中"反色"复选框。

注意:

1. 要使用键盘移动"放大镜",请按 Alt+Tab 键直到出现"放大镜设置"对话框,按 Alt+F6 键,然后按 Alt+空格键,按 M 键,并使用箭头键移动"放大镜"窗口,在将放大镜窗口放置在想要的位置之后按 Enter 键。

2. 可以将放大窗口置于显示器的顶部、底部或边上,或者将该窗口置于桌面区域内的任意位置。

3. 打开"放大镜"时,可以右键单击放大窗口来设置"放大镜"选项,进行隐藏或退出"放大镜"。

4. 放大镜的快捷键

对于上述的功能,可以使用快捷键完成,如表 5-4-5。

表 5-4-5 放大镜的快捷键

功能	操作
将屏幕内容复制到"剪贴板"(包括鼠标光标)	WIN +Print Screen
将屏幕内容复制到"剪贴板"(不包括鼠标光标)	WIN +Scroll Lock
反色显示放大程序窗口	WIN +Page Up
仿鼠标光标方式划定放大区域	WIN +Page Down
增加放大率	WIN +向上箭头
减小放大率	WIN +向下箭头

四、全盲生操作计算机

视障生无法使用鼠标,所以视障者操作计算机完全依靠键盘。一方面,系统设置要适于盲人操作。如任务栏开始菜单设置"一直显示""不显示快速启动"和"不隐藏活动图标";开始菜单使用"经典"模式;文件夹设置为"资源管理器"。另一方面,视障者依靠快捷键操作计算机。键盘快捷键是两个或多个键的组合,可用于执行通常需要鼠标或其他指针设备才能执行的任务。视障生能依靠键盘的快捷键无障碍操作计算机。键盘上除了有字母键、数字、符号键以外,还有一些功能,如表 5-4-6。

表 5-4-6 计算机部分功能键介绍

键	主要功能
Shift	换挡键,主要用于一个键上下字的录入,也用于快捷键。
Alt	访问键,用于菜单。如菜单"文件(F)",其访问键为 Alt+F
Ctrl	控制键,主要用于快捷键,如保存的快捷键 Ctrl+S
F1~F12	功能键
Page Up	使光标向上移动若干行(向上翻页)
Page Down	使光标向下移动若干行(向下翻页)
Home	通常用于把光标移动到开始位置,如文档的起始位置或一行的开始处
End	一般是把光标移动到行末

下面分类分组介绍快捷键,使用这些快捷键就可以使用键盘操作计算机。以 WIN8 为例,其他版本的操作系统类似。

1. 常规键盘快捷方式

按键	操作
F1	显示帮助
F2	重命名选定项目
F3	搜索文件或文件夹
F4	在文件资源管理器中显示地址栏列表
F5	刷新活动窗口
F10	激活活动应用中的菜单栏
Alt+F4	关闭活动项目或者退出活动应用
Alt+Esc	以项目打开的顺序循环切换项目
Alt+	带下划线的字母执行该字母对应的命令
Alt+Enter	显示选定项目的属性
Alt+空格键	为活动窗口打开快捷方式菜单
Alt+向左键	后退
Alt+向右键	前进
Alt+Page Up	向上移动一个屏幕
Alt+Page Down	向下移动一个屏幕
Alt+Tab	在打开的应用之间切换(桌面应用除外)
Ctrl+F4	关闭活动文档(在允许同时打开多个文档的应用中)
Ctrl+A	选择文档或窗口中的所有项目
Ctrl+C(或 Ctrl+Insert)	复制选定的项目
Ctrl+D(或 Delete)	删除所选项目并将其移动到"回收站"

按键	操作
Ctrl+R(或 F5)	刷新活动窗口
Ctrl+V(或 Shift+Insert)	粘贴选定的项目
Ctrl+X	剪切选定的项目
Ctrl+Y	重做操作
Ctrl+Z	撤消操作
Ctrl+向右键	将光标移动到下一个字词的起始处
Ctrl+向左键	将光标移动到上一个字词的起始处
Ctrl+向下键	将光标移动到下一个段落的起始处
Ctrl+向上键	将光标移动到上一个段落的起始处
Ctrl+Alt+Tab	使用箭头键在所有打开的应用之间切换
Ctrl+Shift 加某个箭头键	选择一块文本
Ctrl+Esc	打开"开始"菜单
Ctrl+Shift+Esc	打开任务管理器
Ctrl+Shift	在系统提供了多个键盘布局时切换键盘布局
Ctrl+空格键	启用或关闭中文输入法编辑器(IME)
Shift+F10	显示选定项目的快捷菜单
Shift 加任意箭头键	在窗口中或桌面上选择多个项目,或者在文档中选择文本
Shift+Delete	不先将所选项目移动到"回收站"而直接将其删除
向右键	打开右侧的下一个菜单或者打开子菜单
向左键	打开左侧的下一个菜单或者关闭子菜单
Esc	停止或退出当前的任务

2. 对话框键盘快捷方式,使用如下快捷方式在对话框中导航

按键	操作
Ctrl+Tab	在选项卡上向前移动
Ctrl+Shift+Tab	在选项卡上向后移动
Ctrl+数字(数字 1~9)	移动到第 n 个选项卡
空格键	如果活动选项是复选框,则选中或清除该复选框
Backspace	如果在"另存为"或"打开"对话框中选中了某个文件夹,则打开上一级文件夹
箭头键	如果活动选项是一组选项按钮,则选择某个按钮

3. 文件资源管理器键盘快捷方式,对文件夹的操作快捷方式

按键	操作
Alt+D	选择地址栏
Ctrl+E	选择搜索框
Ctrl+F	选择搜索框
Ctrl+N	打开新窗口
Ctrl+W	关闭当前窗口

Ctrl+Shift+E	显示所选文件夹上面的所有文件夹
Ctrl+Shift+N	新建文件夹
Num Lock+星号(*)	显示选定文件夹下的所有子文件夹
Num Lock+加号(+)	显示选定文件夹的内容
Num Lock+减号(-)	折叠选定的文件夹
Alt+Enter	打开所选项目的"属性"对话框
Alt+向右键	查看下一个文件夹
Alt+向上键	查看上一级文件夹
Alt+向左键	查看上一个文件夹
Backspace	查看上一个文件夹
向右键	展开文件夹,或者选择第一个子文件夹
向左键	折叠文件夹,或者选择其父文件夹
F11	最大化或最小化活动窗口

4. WIN键 ⊞ 快捷方式(仅仅列出重要的,具体参见 Windows 的帮助文件)

按键	操作
WIN键 ⊞	显示或隐藏"开始"屏幕
WIN键 ⊞ +D	显示和隐藏桌面
WIN键 ⊞ +E	打开"我的电脑"
WIN键 ⊞ +F	打开"搜索"超级按钮并搜索文件
WIN键 ⊞ +M	最小化所有窗口
WIN键 ⊞ +R	打开"运行"对话框
WIN键 ⊞ +T	在任务栏上循环切换应用
WIN键 ⊞ +Shift+M	将最小化的窗口还原到桌面
WIN键 ⊞ +数字	启动被固定到任务栏的位于该数字所表示位置的桌面应用。如果该应用已在运行,则切换到该应用
WIN键 ⊞ +Tab	循环切换打开的应用(桌面应用除外)
应用程序键 ▤	相当于鼠标右键
WIN键 ⊞ +Enter	打开"讲述人",WIN8 有
WIN键 ⊞ +加号(+)或减号(-)	使用"放大镜"放大或缩小
WIN键 ⊞ +U	启动辅助工具(放大镜和屏幕键盘)
WIN键 ⊞ +Esc	退出放大镜

5. "讲述人"键盘快捷方式，WIN8 的"讲述人"基本实现读屏操作

按键	操作
Ctrl	停止朗读
Caps Lock＋D	朗读项目
Caps Lock＋M	开始朗读
Caps Lock＋H	朗读文档
Caps Lock＋V	重复词组
Caps Lock＋W	朗读窗口
Caps Lock＋Page Up 或 Page Down	增大或减小音量
Caps Lock＋加号（＋）或减号（－）	加快或减慢语速
Caps Lock＋空格键	执行默认操作
Caps＋Esc	退出"讲述人"

6. 盲用计算机实操

（1）打开计算机，在计算机的 D 盘，建立文件夹"作业"，在该文件夹下建立一个 word 文档，文档内容是"请假条，因生病，向张老师请一天假。"保存文档，文件名为"请假条"，关闭计算机。

参考操作步骤（非唯一步骤）：

开机→WIN＋D（打开"我的电脑"）→上下方向键选择"资源管理器"，找到 D 盘→右方向键展开 D 盘→Tab 键切换到 D 盘主窗口→Alt＋F，在 D 盘新建文件夹→F2 重命名为"作业"→Enter 键，打开文件夹→Alt＋F，打开"新建文件"菜单→向下方向键找到"word 文档"→新建 word 文档→F2 重命名为"请假条"→Enter 键，打开文件→输入文字"请假条，因生病，向张老师请一天假。"→Ctrl＋S 保存→Alt＋F4，关闭文件→Alt＋F4，关闭文件夹→WIN＋D 回到桌面→Alt＋F4→U（关机）。

（2）打开计算机，利用查找功能，找到上一题的文件，打开文档，对"请假条"排版。

第一行标题："请假条"，黑体，三号字；

第二行正文："因生病，向张老师请一天假。"宋体，小三号；

第三行：　　签名，宋体，小三号；

第四行：　　日期，宋体，小三号。

保存文件，将其作为电子邮件的附件发给教师指定的邮箱。

参考操作步骤（非唯一步骤）：

开机→WIN＋F，打开搜索文件窗口→向下键，找到搜索"所有文件和文件夹"，Enter→输入搜索"请假条"→Tab 键切换选择到搜索主窗口→向右键找到"请假条"文件→Enter，打开"请假条"文件→通过读屏软件，将文件内容分段（Enter 键）→Ctrl＋Home，回到文件开头→Shift＋向右键，选择标题"请假条"→Alt＋O，打开"格式"菜单→按下 F 键，打开"字体"对话框→Tab 键，找到字体字号选项，设置→再向下键，进入下一行正文→Shift＋向右键，选择正文"因生病，向张老师请一天假。"→按下 ▤ 键，打开快捷菜单→F 键，打开"字体"对话框→Tab 键，找到字体字号选项，设置→同样方法，输入姓名、日期并

设置字体字号→Ctrl+S 保存→Alt+F4,关闭文件。

发送电子邮件步骤(以 163 邮箱为例):

打开 IE 浏览器→URL 输入地址打开 163 网站→Tab 键切换,找到"登录邮箱"按钮→Enter,进入登录窗口→输入用户名和密码→登录后,进入邮箱→Tab 键切换,找到写邮件按钮→Enter,进入写邮件窗口→写收件人,主题→添加附件→Ctrl+Enter 发送邮件。注意添加"附件"的操作需要使用读屏软件的模拟鼠标功能,否则无法实现。

(3) 读屏软件的实操——上网。请同学们自己试试使用争渡读屏软件上网,由于很多网站的无障碍做得不好,建议大家试试上中国残疾人联合会的网站,使用读屏软件听听新闻。

上网过程中涉及图片验证码,可以使用邦邦听图、争渡识图等软件。

(4) 读屏软件的实操——使用 QQ。注意 QQ 软件的版本要选择读屏软件支持的。

五、读屏环境下的信息技术教学建议

(一)盲的信息技术教学中的难题

(1) 计算机中的术语理解困难。例如桌面、最大化、最小化、工具栏、路径等这些概念,普通人看一眼就能够理解,但是对于视障生来说,理解起来十分困难。所以直观教学方法显得尤为重要,在教学过程中,老师可以结合自己的理解,多举例,多比喻,帮助视障生尽可能理解这些概念。

(2) 键盘空间布局的记忆。视障生对于键盘的布局完全依靠记忆,所以在教学过程中,视障生遇到找不到相应的键,教师不能帮助,将其手指直接定位到该键上,而是应该教会学生定位键盘。教视障生学习键盘(如以笔记本键盘为例),教会学生定位四个角的键是什么键,然后定位 F 和 J 键,因为这两个键是键盘中心的定位键,再加上一些特殊形状的键,如回车、空格、上下左右方向键等,记忆整个键盘。教学时,如学生找不到 T 键,教师应该这样指导:告诉他是第三行的第六个键,或者告诉他是 F 键上面往右一个键。

(3) 操作缓慢,容易遗忘。操作的过程中,视障生经常忘记自己操作到哪一步了,所以经常会从头开始。在教学过程中,对于具体的操作,要减少步骤,明确目标。

(4) 网页中的验证码问题。这个问题是目前视障生上网的最大障碍。目前我国的法律不健全,网站无障碍设计不到位,使得很多政府、银行等网站也达不到无障碍的要求。据统计,国内 20 家银行中只有兴业银行不需要验证码,其他 19 家都需要,会用电脑的盲人普遍都是用网购的,都用网银,如果网银没法操作的话,受限制非常大。火车售票系统也有验证码。这些网站均没有语音验证码。而国外的网站一般做得都比较好,比如 google 提供语音验证码。中央电视台的新闻联播已经多次关注这个问题,2012 年 8 月实施《无障碍环境建设条例》后,希望这个问题得到解决,更多的网站能够增加语音验证码。目前解决方法是使用邦邦听图[①]、争渡识图[②]等软件。这两款软件均是将验证码的图片

---

① 中国残疾人联合会推荐,http://www.cdpsn.org.cn/static/yzmdownload20120517/yzmdownload.html。

② 争渡识图下载,http://www.zdsr.net。

发送到识别中心（一般由肢体残疾的志愿者组成），由他们识别后，发送文字，盲人使用读屏软件读出来。

（二）读屏环境下的信息技术教学建议

所有的教学软件均要兼容读屏软件，也就是说只有兼容读屏软件才是最适合的。比如方正畅听，部分操作没有快捷键，无法使用键盘操作，所以这款软件虽然在电子文档的文语转换方面效果很好，但是学生无法有效使用。

在教学过程中，不仅仅学习某个具体操作，还要学习这个操作可以做什么。如 Ctrl+C，在学习文字编辑功能时会讲到该操作，但是扩展到文件、文件夹等操作都是可以的。

因为视障生很多是要靠记忆去操作的，越简单的操作对于视障生就越有效。比如关闭计算机的操作，可以是点击"WIN"键→点击"↑"键→选择"关闭计算机"→依靠读屏软件听出"关闭"按钮，回车。比较简单的方法是按快捷键 WIN+D 回到桌面，Alt+F4 后，再按一下 U 键，即可关闭。

教会视障生处理不出声的方法。如失去焦点、耳机问题、退出读屏、死机等情况，关键是要指导学生处理这些情况的步骤。读屏软件是视障生的"眼睛"，所有的操作都依靠它，若没有声音，视障生将什么操作也完成不了。比如耳机没有声音，视障生要会自己解决。第一步：除了读屏软件没有声音外，听听系统有没有声音。如可以 WIN+E，然后按回车键，听一听有没有警告声，有则转向第二步，没有则转向第三步。第二步：可以判断系统和声音正常，就是读屏软件的问题，可以重新启动读屏软件，如阳光软件，同时按 O+F12 键退出阳光读屏，然后再 Ctrl+Alt+X，重新启动。若还是不行，直接关闭计算机，重新开机再试，如果还是不行，可以重新安装读屏软件。第三步：系统也没有声音，首先检查音量是不是最小或者静音；再检查耳机是否接正确，重新拔插一下耳机，尤其注意耳机接口与麦克风的接口；最后更换耳机试一试。

不断地引导视障生养成良好的操作习惯，比如编辑文字的时候，先按下退格键，再左右方向键，确保文字框里是空的。

（三）针对视障生的课件制作注意点

用于视障生的课件，其制作上有所不同。

（1）在制作软件的选择上，尽量使用 word 或者网页类（如 Frongtpage 等）做课件，PPT 不太适合用于盲校制作课件，因为其对读屏软件支持不好。

（2）使用 Word 制作的课件，要能方便调整字体（大小、宋体加粗），背景（蓝白、绿黄）等，网页类要便于增加超链接。

（3）在课件中避免使用特殊序号，避免使用多余格式。如编号使用数字（也不要用①等），不要使用项目编号。

（4）课件要进行窗体保护，防止视障生在使用课件时，不小心误操作。

（5）当课件内容较多，文字过长，多使用超链接、目录。这样方便视障生定位，使得他们阅读课件时不必从头一直开始听。

（6）因为读屏软件不读格式，所以填空处最好使用括号，避免使用虚线。

(7) 课件制作追求无障碍,内容丰富,制作应尽量简单,减少使用动画。
(8) 低视力学生可以通过颜色或者动画突出显示需要学生观察的内容,但注意访问障碍,字体、颜色、图片清晰度等方面都要注意。

第五节　常用的科技辅具介绍

一、科技辅具概述

1. 科技辅具的定义

"科技辅具"是对于"辅助性科技"中相关设备设施的简称。所谓"辅助性科技"是指任何概念、想法或产品、零件、设施,无论是商业化、经改造或特殊设计的产物,其目的在于提升、维持或增强身心障碍者的功能者。如电动行走工具、特殊坐椅及坐垫、变换型或扩大型沟通辅助设施、特殊开关及控制接口、计算机及环境控制系统。

2. 科技辅具的分类

从科技辅具应用的领域分类,可分为日常生活辅具、沟通辅具、计算机辅具、环境控制辅具、家庭或职场建筑或设备改善、义肢和支架、摆位辅具、视障或听障辅具、轮椅或行动辅具、交通工具改善。

随着科技的发展,视障者的辅具也越来越多元。对视障者而言,辅具不仅只是"辅助",相对也减少了对他人的依赖,大大提升个人的自主性与自由度。依据不同用途,视障辅具共有生活类、学习类、软件类、点字触摸显示器、盲用计算机、打字机刻录机、光学辅具类,以及扩视机等八大类。

生活类的辅具主要是以导航类为主。定向行动是指由于视觉障碍学生的行动受到限制,在教育上必须有定向与行动训练的需要,所谓行动是视障生应用其他的感觉和辅助的工具,如向导员、手杖、导盲犬等,从一处走到另一处。定向则是指在行动中运用其他感官知觉以及线索和路标以决定其所在的位置。近年来有些语音行动导向系统可供选择,如马可波罗语音行动导向系统。该系统包含活动式控制器和固定式红外线感应器。该产品尺寸小,可轻易携带,可扩大行动的范围。使用时自行预录位置,安装红外线感应器于固定位置,使用者在目前所在位置上,仅须按下控制器上的发音按钮,控制器便会由红外线感应后,立刻告知使用者。若觉得音量太大或太小,可调整控制器上的音量调整钮。另外,盲用说话指南针是一个掌上型指南针,中英文两用,其主要指示点为东、西、南、北,次要指示点为东北、西北、东南、西南等八个方位。使用者对准任何方位按下按钮,就可以听到方位名称。

学习类的辅具主要是以学习点字的"点字板"为主,除了各式各样的材质外,点字板的样貌与学习方式也各不同。另外,盲用的世界地图、地球仪、工程计算器、数学学习教材等,也方便视障者学习各类知识;生活类辅具则是在日常生活上能够帮助视障者的辅具,例如语音温度计、语音血压计、语音电子计算器等。

放大镜、扩视机也是视障者常用的辅具。对部分视力退化、辨色能力弱、低视力的人来说，阅读时除了须放大字体，有时字体颜色也须经过强化，而"扩视机"便包含了以上两种功能。扩视机分为携带型及桌上型两种，跟普通放大镜相比，除了倍率较大，在颜色对比上也提供多种模式，例如彩色、黑白、反白、蓝底黄字等。对于需要长时间阅读的视障学童，以及负责文书处理的低视力者来说，"扩视机"是必备的。

此外，盲用计算机引进校园，让视障生的学习教材从人工的报读，改为效率提升数十倍的计算机化制作；视障生交的作业也可透过盲用计算机的转译，让明眼老师可以直接阅读与批改。在盲文书籍出版领域，刻印机应用也越来越广泛。

在科技设备的辅助下，视障生能做的事情不再因身体障碍而有局限。视障者可以借助相关软件，完全像明眼人一般操作计算机，也能和常人一样有着网络上的社交生活，包括网络聊天、购物，甚至从事相关IT工作，如编程工作。通过扩充各类计算机辅助工具或软件，如语音扩视软件、手写输入、语音输入、扫描仪、自动阅读机、窗口语音软件、光学辨识系统……可以说视障者的阅读与文字表达效率与一般明眼人零距离了。

二、学校常用的科技辅具介绍

我国在中央推进特殊教育现代化、信息化和"十三五"纲要方针指导下，将高科技技术手段和信息技术纳入特教学校现代化的目标之中，开展实践教学与创新教育，构建学校信息化教育模式，在素质教育的全面实施进程中努力探索基于信息化、网络化环境下的教学模式，补偿学生的缺陷，开发学生的潜能，培养视障学生的社会适应能力和创新能力。

针对全盲和低视力学生教学要求，为满足日常教学、备课需要，提高巩固教学效果，同时提高学生掌握课堂知识的水平，列出了在盲校配备的科技辅具清单。包括计算机（学校自行购买的普通电脑即可）、盲文点显器、盲用读书机、盲文刻印机、弱视学生用CCTV屏幕助视器（扩视机）、盲用屏幕朗读软件、汉盲翻译转换排版软件等硬软件。可以在多媒体教室、弱视教育、电子阅览室等相互配合使用。

1. 盲文点显器

盲文点显器，即盲文点字显示器。它能够将机器中的ASCII码以盲文点字的方式凸显在触摸屏幕上。作为盲文显示的终端设备，它提供盲人操作电脑除语音以外的又一个途径。显示单元由一些可以升降

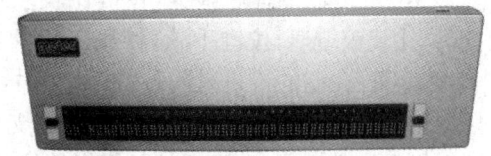

图 5-5-1　METEC 盲文点显器

的小杆组成。小杆下面是压电陶瓷材料，这种材料通电后可伸缩弯曲，从而推动小杆升降，以此来显示盲文。通过USB接口与电脑连接后，可以将电脑中储存的文字逐个地用盲文的6个凸点形式显示出来。盲人只需用手轻轻触摸阅读面板就可以轻松阅读电脑中相应的所有文字。

盲文点显器具体品牌型号有：Power Braille 40、Power Braille 6580、德国点显器（METEC）、金点触摸显示器（40方）、金点触摸显示器（45方）、Super Braille 1、Alva ABT3 series、Alva Delphi series、Alva Satellite series、Focus 44 Cells、Focus 70 Cells、Focus 84 Cells、Tieman Braille Voyager 44、Tieman Braille Voyager 70 等。

目前市面上比较多的是德国产METEC点显器（图5-5-1 METEC盲文点显器），该

点显器能显示40方盲文点字,可以将电脑上的文字信息通过读屏软件翻译成盲文后,自动显示出来,两边的功能键可以实现文件的翻行或翻页功能,传输端口为USB接口,无需外部电源,设有光标定位键。

2. 盲用读书机

盲用读书机,又称盲人听书机,它可以将书面文字直接转换成语音,适合于视障生"听"读。系统是由一个台式扫描器和电脑相连,有相应汉字识别软件,对扫描的文字进行识别,将识别结果存入编辑器中再读出声来。盲用读书机一般每一步骤都有语音提示,视障生稍加学习就能掌握使用方法,无须别人的帮助就能独立进行操作,阅读更轻松,特别适合于视障者使用。

目前市面上听书机很多,如博朗、瑞德、艾曼、听宝、台电和阳光听书郎等。下面介绍一款博朗听书机。博朗EV1000采用科大讯飞的语音技术,也是国内最好的语音发声软件。(TTS)TextTospeech从文本到语音,可以把文档格式的文字内容转化成语音朗读出来,达到听书的效果。

特点:① 拥有完美音质、朗读流畅自然、达真人发音效果。② 支持多种语音发音、普通话、粤语、英文朗读文本内容,适应多种需求。③ 可选朗读角色,支持男声、女声、回声、混响、阴阳怪气等多种音效。朗读语速、语调可设置到自己满意的效果。④ 书签记录:在退出的时候,设置好书签方便下次快速查找到。快速翻页、10~100等份设置,大大地节约时间。⑤ 逐句复读、重温经典段落,细细品味。断点记忆,在突然断电没来得及设置书签时帮助记住上回最后一次阅读的章节。⑥ 支持电子文档格式:TXT、HTM、HTML、DOC、EBD、EBK、DAISY,兼容简体、繁体、英文、cgb、big5、unicode等文字编码。⑦ 辅助功能:FM收音机、MP3、录音机、复读机、计算机、计时器、万年历、一键报时、定时关机、按摩计时计费软件等。

下面对主流听书机(博朗1000+,瑞德指南针板,听宝,台电)进行对比①:

① 外观:博朗的体积最大,按键比较多,有屏幕;台电体积最小,1寸液晶屏,手感很好;瑞德外观很普通,按键手感(使用工程塑料);听宝为金属外壳,体积很小,造型时尚。② 待机时间:台电的待机时间标称70小时,瑞德也能坚持8小时左右的播放时长,其他型号均稍短。③ 功能性:对电子书格式的支持无明显差异,而瑞德具有独特的万年历、老黄历和指南针等功能;台电支持的多媒体格式最多,瑞德和听宝有快捷键,符合盲人操作特点。④ 多媒体播放:台电多媒体的播放效果最好,支持格式最多;瑞德的播放效果较差。⑤ 内存:听宝和台电自带4G内存,瑞德自带2G,博朗没有机身内存。台电不支持插卡功能,其他三款机器均支持最大32G的扩展卡。⑥ 整体反应速度:瑞德和听宝都没有屏幕,因此反应速度非常快,台电最慢。⑦ 录音效果:听宝的效果最好,其次为瑞德。

3. 盲文刻印机

盲文刻印机,也称盲文打印机,是一种特殊的电脑硬件。刻印机能够将计算机上的文件在纸上刻印成凸起的盲文文件。它可以将电脑中转换为盲文点位的文件打印出来,供视障生阅读,刻印机主要分为单面刻印和双面刻印两种。价格大约2 000至4 000美元。

---

① 参考 http://wenku.baidu.com/view/9ab31f22ccbff121dd368319.html。

(1) 单面刻印机

只能在盲文纸的一面刻印。Basic-S(图 5-5-2)是经典的单面刻印机。Basic-S 是由墨盒和盲文标示的面板控制。它有语音提示功能,盲人和低视力者安装和操作起来都很容易。

图 5-5-2　Index Basic-S 刻印机

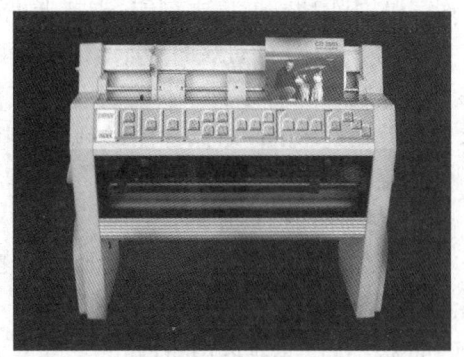

图 5-5-3　瑞典 Index Everest(70010)刻印机

(2) 双面刻印机

目前主流机型都是双面刻印,如瑞典 Index Basic D 刻印机(双面连续刻印)、瑞典 Index Everest(70010)双面单张刻印、瑞典 Index 4×4 Pro 专业刻印机(双面单张刻印)、全能盲文刻印机 PRO 60 和老虎刻印机等。

Basic D 是速度和质量相结合的双面盲文打印机,可以连续单张纸刻印。Basic D 具备低价格、高速刻印、优良性能、实用、体积小等的优点,适用于家庭、学校、办公室和盲文印刷厂。盲人和低视力客户也可安装和操作。

瑞典 Index Everest(70010)双面单张刻印机是一种双面盲文打印机(如图 5-5-3),单张刻印。新一代 Index Everest 有了更多改进,降低噪音水平,提高了刻印速度,更高质量的刻印字符和语音提示。刻印速度是每秒钟 100 字符,刻印机的尺寸:长 56 厘米×宽 18 厘米×45 厘米。

瑞典 Index 4×4 Pro 专业刻印机(双面单张刻印)是用于大容量的盲文刻印,例如制作单页纸杂志或教材。4×4 PRO 使刻印盲文过程更简单,成本更节约。自动操作包括刻印、装订、折叠、排序全过程。刻印速度:每秒钟 100 字符,能够刻印盲纸版面 1 张 A3 纸大小或 4 张 A4 纸大小(如图 5-5-4)。

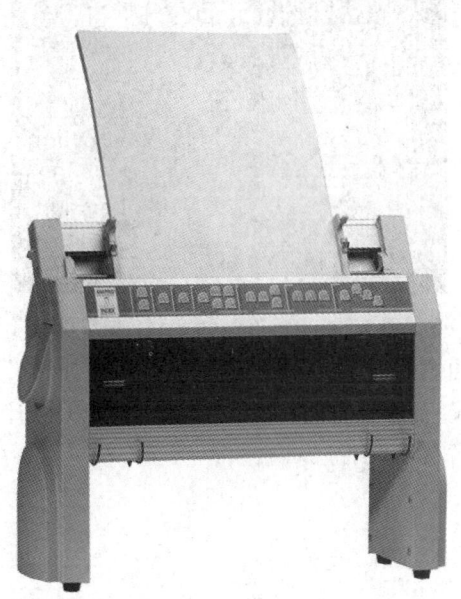

图 5-5-4　瑞典 Index 4×4 Pro 专业刻印机

美国老虎 Premier 80、100① 专业刻印机（如图 5-5-5）是 2010 年最新一代产品。产品包括老虎盲文翻译软件套装、图形设计软件等，另外也支持 Duxbury 和其他盲文图形软件。它是一种高速盲文刻印，支持老虎机高分辨率图形刻印；自动双面刻印、不用翻动纸张；刻印速度高达每秒钟 80/100 字符，支持双面刻印并在刻印的同时添加图形刻印；刻印盲点

图 5-5-5　老虎 Premier 100 专业刻印机

的力度（重、一般、轻）可调；适用纸张多，包括信息纸、盲文书写纸、普通电脑复印纸、超大纸张、标签纸、塑料等。

其他双面刻印机还有全能 Pro60、老虎 Tiger Max 台式刻印机（这是一款性价比很高的台式刻印机，每秒刻印 60 字符）等。

（3）生产型盲文刻印机

生产型盲文刻印机可以连续进行高速刻印。如瑞典产 4 Waves PRO 专业刻印机、美国 Tiger ® Elite 150 和 Elite 200 高速刻印机等。

4 Waves PRO 大型连续盲文刻印机用于生产型的盲文刻印，突出特点是连续进纸方式和极高的刻印速度。4Waves PRO 专业刻印机使用 4 个独立的模块，可以每小时 1 000 张的速度连续工作 24 小时。集成多个刻印头的特点使它更容易操作和维护。

图 5-5-6　Braillo 400 SWSF 刻印机

挪威产的 Braillo 400 SWSF 极速滚筒纸全自动制书刻印机（如图 5-5-6）专为生产盲文书设计，能连续双面高速刻印（440 字符/S）。刻印效果高质量，能自动切纸，直接堆成垛，加上封面，装订，折叠后直接做成书。使用直径为 1 米的标准滚筒纸。

属于生产型盲文刻印机还有全能 BookMaker 刻印机、美国 Tiger ® Elite 150 和 Elite 200 高速刻印机等。

（4）喷墨打印与盲文刻印同步机

老虎 Emprint SpotDot 彩色喷墨盲文刻印机（如图 5-5-7）是世界上唯一支持盲文和彩色油墨的刻印机，每秒刻印 50 字符（加汉文打印每秒 40 字符）。能够刻印盲文和打印普通汉字在同一页盲文纸上，支持 Word 和 Excel 格式文件，自动转换为盲文。支持 A4 纸或盲文单页纸。

---

① ViewPlus 公司的所有刻印机全部使用 Tiger ® 软件，所以也叫威普勒刻印机。

图 5-5-7　Emprint SpotDot 彩色喷墨盲文刻印机

4. 屏幕助视器(扩视机)

助视器是能够改善或提高低视力患者视觉能力的任何一种装置或设备,可以使低视力患者能看清楚他本来看不到或看不清的东西。所以,凡是能提高视力残疾患者视力的任何装置或设备均称为助视器。助视器主要分为光学助视器(凸透镜、棱镜、平面镜、望远镜);非光学助视器(大字印刷品、屏幕助视器等)。助视器有便携式和台式等多种产品可以选择,弥补低视力学生由于视物模糊、不清晰而影响感知事物的缺陷,使低视力学生的教育更接近于普通学校的教育,给特殊教育带来革命性的变化。

屏幕助视器(图 5-5-8)是指通过摄像机将所需看的资料传送到显示屏上,并加以放大的一套系统,配有读物架、照明灯具等。系统放大倍数高,视野大,可有正常阅读距离,可选择底色,对比度可以改变,可控制光线明暗,有高亮条单行显示等,易于双眼同时使用,可用于教学。屏幕助视器使用人群非常广泛,利用它可以阅读、书写、画图,与电脑相连,配合各种特殊软件可以进行各种电脑操作,随着多媒体信息技术的进步,各种信息都可以放大后显示出来,从而使视障者的活动空间得到极大的扩展。由于其放大率可达 40~60 倍,且放大后的字体无畸变,因此对于视力低于 0.02 的视障者来说,这可能是目前可以帮助他们实现阅读需求的唯一选择。

图 5-5-8　远近两用多功能视频助视器 Acrobat LCD

目前市面上常见的助视器有台式电子助视器和手持式电子助视器。下面介绍两款。第一款是 Prodigi 朗读型台式电子助视器(图 5-5-9):属于台式朗读型电子助视器,将放大字看书和听书完美结合;触摸屏控制,无需滑动台就可实现上下左右移动,模式转换;能存储 100 张文本图像;20 英寸液晶显示屏,支持 1 920 * 1 080p 等高清分辨率;放大倍率 1 倍~80 倍;可以实现的模式具有真彩色、黑底白字、白底黑字、蓝底白字、黑底黄字、蓝底黄字、黑底绿字等 16 种。

图 5-5-9　朗读型台式电子助视器　　　图 5-5-10　4.3 寸手持式电子助视器

另外一款是 Pocket 01 的 4.3 寸手持式电子助视器(图 5-5-10)。主要性能指标:4.3 寸 TFT 彩色宽屏液晶屏;色彩显示模式多(精简模式 6 种,完整模式 20 种);放大倍数范围 3.5 到 16 倍(扩展模式 1.5 到 45 倍);具有手写支架;无级变倍,可选择合适的放大倍数;图片冻结功能,冻屏下可进一步缩放、变色,且可以上下左右浏览放大后的图像;工作距离 0 mm(平放阅读物表面)到 120 mm 等。

5. 盲用屏幕朗读软件

读屏软件是一种可以帮助盲人上网的工具。目前国内有阳光读屏、永德读屏、晨光读屏、争渡读屏、布莱叶读屏等软件。读屏软件是专为盲人或视力有障碍的人设计的屏幕朗读软件。通过数字键盘的切换操作,以及大键盘上的几个功能键的切换,用户就能够随心所欲地进行查找和处理文件,对网页进行导航浏览、编辑和收发电子邮件。前面已经详细介绍,此处就不赘述了。

6. 汉盲翻译转换排版软件

能将汉字文章直接翻译为盲文,将电子版的汉文翻译为盲文。可以输出纯盲文文本或盲汉对照文本两种版式,配合盲文刻印机在盲文纸上刻印盲文。

例如阳光软件专业版。"阳光专业版"是适合自动化盲文出版特点的字处理和排版软件。该软件不仅能完成汉语到现行盲文(部分带调或全部带调)的转换,还能完成汉语到双拼盲文的转换。解决了多种盲文编辑、盲文校对、盲/汉文编码转换等问题。主要有汉/盲编辑功能、盲文显示、汉/盲互译、对盲文刻印及制版的支持等功能。

汉盲翻译软件还有永德的明盲翻译软件、Duxbury 盲文翻译家和 MegaDots。

7. 热敏制图机

热敏制图机(图 5-5-11)通过简单的操作过程制作出色的触觉图。无论是图形、符号、地图或者是任何写在热敏纸上的内容,通过热敏机都可以变成触觉图。热敏机自动识别有色彩的部位,通过热敏膨胀原理使其膨胀,制作出触觉效果。该机器能够简单快速地制成可触摸的图(城市地图、公交线路等)。

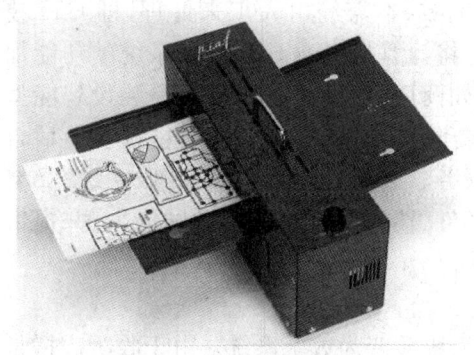
图 5-5-11　热敏制图机 PIAF

图 5-5-12　触觉热敏软纸

热敏制图机使用的纸主要有普通热敏纸和触觉软纸（图 5-5-12）。普通热敏纸为 A4 大小，热敏机专用纸，每包 100 张，约 10 元/张。触觉软纸适用于制图机和制图笔，非常耐用，可以折叠甚至揉搓成球状也不会使触觉图像失真。外包装为 22×28 厘米大小，100 张一包，约 11 元/张。

三、其他类型的科技辅具

1. 导航定位系统

全球导航卫星定位系统包括美国发展的 GPS（Global Positioning System）和俄国发展的 GLONASS（Global Navigation Satellites System）。GPS 卫星系统普遍应用于导航定位、精密测量等方面，任何人都可以不受地点、时间及天候等限制，轻易地得到正确的位置。应用在视障领域，类似于汽车卫星定位系统。视障者身上带有传感器，在中央控制系统的管理下，确定自己的方位、周围环境，帮助视障者定位和行走。目前百度地图、SoSo 地图等都具备语音导航。

除此以外，还有盲道信息引导系统（在盲道上安装不同编码的磁感应传感器，向盲人指示前方的道路方向和周边环境）；公交车辆语音提示系统（站台或站牌上安装有信息发布系统，视障者随身携带用耳机收取信息的接受系统，当视障者位于距站台一定范围区域内时，可接收到以下信息：站台名称、停靠此站台及目前已进站车辆的车辆编号、开行时间、行车线路等）；电子指南针多语音定向播报系统（帮助盲人定向行走，基本设计包括传感器、微处理器、连接微处理器的信号装置、语音播报电路、信号放大电路等）；发声交通灯（交通灯绿灯或红灯亮起时，能发出不同频率的声音，分别提示视障者可以过马路或不能过马路）。

2. 计算机电话整合系统 CTI

由于视障者外出行动不便，电话成为其与外界联系最主要的工具。随着电信市场的开放，信息与通信的整合将是未来的趋势。所谓计算机电话整合系统 CTI（Computer Telephony Integration）是利用功能强大且价格日渐便宜的计算机来控制电话系统，进而提升电话系统的功能。计算机电话整合系统一般运用于客户接触度最高的各种电话客户服务中心（Call center）。当拨通一个电话号码，对方是由一般语音来引导转接、查询、预约、告知、传真、留言等，这些动作皆由计算机来完成，不需经由人工来处理，即CTI技术，如视障者在陌生地区较难寻找到目标物。可将计算机电话CTI整合系统的功能加以扩大应用，并将产品小型化。例如在目标物，如商店、医院、学校、邮局等装设智能型芯片，手机持有者拨打电话客户语音服务中心查询，智能型芯片即能透过行动电话告知其方位与距离，再配合无线电网络语音拨接服务。未来"因特网实时客服系统"具有整合通信服务中心功能，结合网页、电话、电子邮件、传真等与客户互动的能力，并提供个人化网页功能。

3. 数字广播

随着数字时代的来临，电视广播已渐由模拟系统转变为数字系统。由于收听广播是视障者最常使用的信息接收方式，因此视障方面相关应用将充分发挥数字广播中信息传送的特色。所谓数字广播技术是将所要传送的信号予以数字化，后经压缩，再用进步的传输技术传达给大街小巷上每一台数字接收机。由于音讯与信息并存，随着声音的传送，在收听节目的同时，使用者亦可接收到需要的信息，这些信息可能是交通路况、实时新闻、股票市场涨跌报道。通过数字接收机上的显示器，使用者可充分掌握广播业者所提供的信息服务。数字广播系统具备高速之数据传输功能且不受限地形地物及高速行动之优点，多媒体广播系统能提供无障碍、实时、便捷之无线网络通信之服务。数字广播系统技术之提升，对视障者可谓一大福音。

4. 口述影像

视障者观赏舞台剧、电影和电视剧时，对于非口语之场景、服装、人物造型、表情动作等影像，只能凭空揣摩。所谓"口述影像"是指在节目内容播送静默片段时，提供一些有关视觉细部的口述描绘说明。其工作模式是由视障人士和明眼工作人员合作，先取得剧团彩排的录像带，将剧情内容、动作、眼神、表情、舞台背景、服装写成脚本，然后录在计算机的硬盘，用语言或语字方式播出，让视障朋友和明眼人同步欣赏舞台剧、电影和电视剧。除了戏剧之外，诸如科学展览、美术展览、虚拟商场等亦可以口述影像的方式协助视障者导览。因为戏剧、电影、美术等反映现代人的生活，透过口述影像的导览，视障朋友可以更了解明眼人的世界，缩小和明眼人的差距，拓展生活领域。口述影像的制作技术与呈现方式应再结合计算机与多媒体予以提升。

5. 语音导览——虚拟实境

在虚拟实境（Virtual Reality, VR）的研究领域中，研究者不断努力去探索如何运用计算机声光、影像的技术去营造出一个相片拟真的效果，使使用者沉浸于整个环境，有身临其境的感觉，此技术广泛应用在教育、科学研究、娱乐、医学等方面。如健身者可在网络上与好友联机，一起进入虚拟实境的场景中并肩同游或比赛，配合轻快音乐，自由自在，这对缺乏运动休闲的视障者正是最需要的。加上语音导览和触、听、嗅等多感官媒介，使视障者也能感受到虚拟实境身临其境的感觉，也能应用到实际生活，如虚拟百货公司、超级市场、动物园、博物馆等。

6. 电子导盲装置

其基本原理是利用能量波发生器（它们可以是超声波、激光、红外线、微波等）定向发射能量波，当遇有障碍物时，将回波反射到接收换能器，通过处理系统使盲人通过声音或机械振动感觉到障碍物的方向和距离。如英国超声波导盲杖,其内安装一个防水型压电陶瓷超声波发生器和接收器,以及相应的电路板和扬声器。当超声波测到盲杖使用者前方或头部上方有障碍物时,会自动发出语音提示,告知在前方或头部上方多少距离处(测量单位是 cm 或 m)探测到障碍物,提醒盲人注意绕行,避免在行走时撞着行道树或者其他障碍物。报警范围通常 4 m 左右。又如激光导盲杖,能发出 3 种光束,并根据物体的位置发出 3 种警示声音。当检测到上方的物体时发出高音警示,检测到正前方物体时发出中音警示,遇到例如路边这种路面垂直或突然下降的情况,如楼梯和下水道时,系统会发出低沉的音调警示。除声音警示外,激光导盲杖还拥有振动警示功能,当正前方出现障碍物时,触觉刺激器就会给食指发出警示信号。报警范围为前方 4 m 的信息。

此外,值得一提的是导盲犬,尽管它不属于辅助器具,但在发达国家应用非常普遍,是用经过特殊训练的狗引导盲人和低视力者外出行走。视障者和导盲犬之间的沟通交流非常重要,必须经过严格的训练。

7. 盲表、钟

通过声音提示钟表上显示的时间,还有通过触摸的表。

8. 各种计算机软件

国内已出现了许多帮助低视力者和盲人进行计算机操作的专业软件,如展文软件、永德读屏软件、阳光读屏软件;有语音或音效提示的盲人游戏软件、盲人计算机考试系统、盲人按摩医师实用工具软件及按摩保健企业管理系统软件等。下面介绍几个:

(1) TGD 制图软件是盲人专用图形软件,可通过认读 JPEG,BMP,GIF,WMF 或自己建立的任何图形在运行 TGD 软件下转化为盲文点形图。方便盲人和低视力者通过触摸了解图形。TGD 软件运用最多的是配合热敏机使用,在热敏纸上刻印出盲文点形图。在 TGD 软件下建立的任何图形只要通过连接的热敏机或者盲文刻印机就可以直接打印出来。盲人和低视力者可以通过软件显示阴影部分,加重图形密度,从而达到显示地图的效果。高级版本甚至可以制作数学符号、几何符号,实现照片刻印、重叠阴影刻印等。

(2) 由烟台朱葛软件科技有限公司制作的多个软件是盲用软件中的代表。如清毅盲校考试系统就是帮助视障人士通过语音系统获取计算机屏幕上的试卷信息,并通过非常简捷的键盘操作完成整个考试过程,而且实现不同年级、不同专业的学生同时进行考试,该系统使盲人考试过程完全实现无纸化考试,不但适合盲人使用而且还适合明眼人使用,这样也可以使盲人与明眼人同时进行考试,为盲人平等参与社会奠定了基础。该系统以其方便与快捷的操作特点深受广大教育工作者与视障学生的青睐。

(3) 清毅音乐软件主要用于视障生学习音乐。在软件的教师管理平台,教师可以任意设置节奏节拍的类型、难度及不同的规则,在学生操作平台中,可以借助读屏软件随机练习相应的节奏节拍,也可以注册相应的用户名,以保存进度,方便下次用相应的用户名进入系统继续闯关;在学生操作平台中学生可以听到 128 种乐器的声音,可以通过声音帮助学生认识不同的乐器;软件把学习与游戏完美结合起来,把原本非常枯燥的节奏节拍训练过程变得更加轻松,使学生能轻松掌握节奏节拍知识。

9. 盲文打字机

盲文打字机是视障生用于打盲文的教学设备。其中美国帕金斯盲校生产的帕金斯盲文打字机因其比例匀称，造型美观，体积小，铝质外壳表面涂有灰色搪瓷层，防腐，防锈，坚固耐用，操作简便等优点，在我国的盲校教学中发挥了重要作用，是一种常见的打字机。

盲文打字机使用方法[①]：

(1) 装纸：将卷纸旋钮向远离自己身体的方向旋到底即不能旋为止，使机内夹纸钳处于接纳纸张的状态；将左边限栓和打字机头分别固定于机器最左端，旋开左锁纸栓螺丝将其移到所需位置后再旋紧固定左锁纸栓；朝自己身体的方向扳起松纸杆并放置到位；拿起盲文纸，将其下端插入打字机头与点子模板的空隙中，使纸的左边缘靠在左锁纸栓上，纸的下边缘抵住纸底边栓的平面；用一只手的指端将纸轻压贴在撑纸板上使其水平，另一只手轻轻向远离自己身体方向推动松纸杆，使其回复到位，压住纸张；用双手同时分别将左右两个卷纸旋钮向自己的身体方向旋，一直到旋不动为止；纸卷入打字机内以后，根据纸的宽度或格式要求调整左、右边限栓并固定好；向下按动换行键，调整好纸的顶边和第一行的位置后即可开始打字。

(2) 打字过程：盲文打字机有 9 个键，打字时，与点符中点子相对应的字码键要同时按下；需按键的手指用力下按，其余手指不要高高抬起，只轻轻搭在键上并且不能施加一点儿压力，以免打出不需要的点子造成错误；按键时注意用力均匀，力度适当；在再次按键之前，要先让键恢复到正常状态；打字过程中尽量不要来回旋动纸张。

(3) 出现打错现象时的改正方法：每打一行读一行，并且一边打一边改正。在不动卷纸旋钮的前提下，可以用眼睛看，可以用手摸。发现需消去的地方，可用指端把纸压在点子模板两端的空余平板上（也可称为消除盘）擦去即可；如需加入点子，则运用倒方键退回打字机头，重新按键打上。也可以打完一整页，把错误留在最后解决。此处就不赘述了。

10. Audition

Adobe Audition（最新版本 CC 2018）是专业级音频录制、混合、编辑和控制软件，是盲校常见的一款音频处理软件。借助 Adobe Audition 软件能够创建音乐，录制和混合项目，编辑音频，给视频配音等。

这款软件的快捷键方式做得非常好，读屏软件都能读出，便于视障生操作。

11. 中文语音合成标记语言

中文语音合成标记语言 CSSML 规范是针对中文语音合成标记规范，从 InterPhonic 2.1 以后的合成系统都把 CSSML 规范作为中文语音合成系统的支持标准，用户可以通过 CSSML 标记文本来指定文本的合成方式，这种方法能够规范文本的合成方式、解决一些语音合成系统难以智能处理的问题。简单来说，CSSML 规范能够将文本制作成自然语言的语音。

[①] 宋春秋，马冬梅. 如何使用盲文打字机[J]. 现代特殊教育，1994(4)：32 - 33.

【思考与练习】

1. 盲校的信息技术专业老师应该具备哪些能力？
2. 要增强无障碍网站的可用性，可使用哪些技术或者方法？
3. 将 Android 平台上输入的盲文发送到 iOS 平台上能不能显示？为什么？
4. 分别在 Windows 平台、iOS 平台、Android 平台上使用不同的读屏软件，简要说明它们之间的不同点。

【参考文献】

［1］张昆.信息无障碍：提升用户体验的另一种视角［M］.北京：清华大学出版社，2018.
［2］朱图陵.残疾人辅助器具基础与应用［M］.北京：求真出版社，2010.
［3］北京市教育委员会.特殊教育学校教师基本功培训手册［M］.北京：中国轻工业出版社，2013.
［4］中华人民共和国残疾人评残标准.
［5］李平毅,李庆忠,杨世峰等.教育辅助技术在盲校教学中的应用［J］.中国视障教育，2009(1).
［6］苹果 iOS 使用手册，https://help.apple.com/iphone/11/? lang=zh-cn.
［7］争渡读屏软件使用手册，http://www.zd.hk/forum-index-fid-3.htm.
［8］点明读屏软件使用手册，http://www.dmrjkj.com/my2016.do.

第六章 培智学校教育技术

◆ 学习目标

1. 了解智力障碍的概念和特点。
2. 了解智力障碍学生的心理特征。
3. 掌握培智学校信息技术教学原则及方法。
4. 掌握培智学校信息技术教师应该具备的能力。
5. 掌握培智学校特色教学媒体的主要功能以及特点。

◆ 思维导图

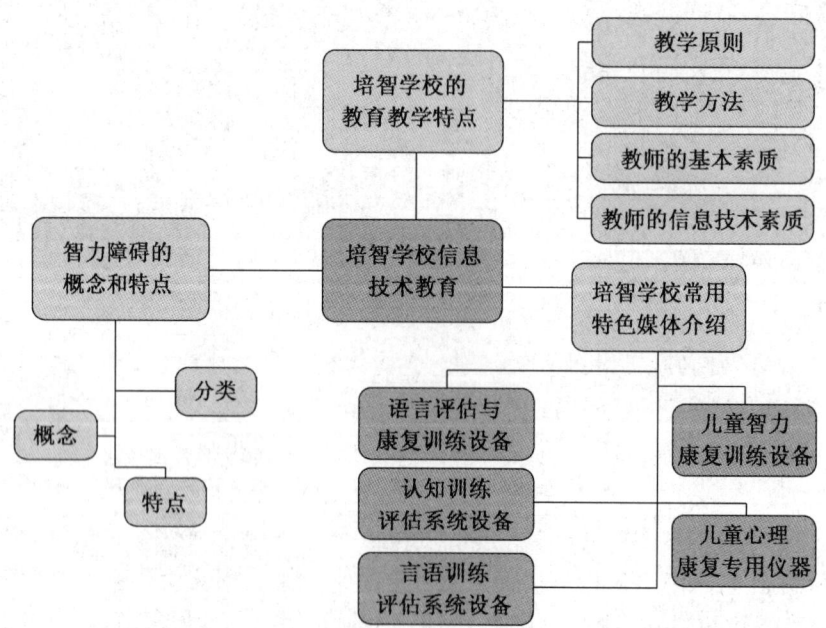

培智教育是特殊教育的一个重要组成部分,培智教育的教育对象——智力障碍儿童,也是生活在社会中的一分子,他们的发展水平是特殊教育发展水平的一个重要衡量指标。本章从智力障碍的概念和特点、培智学校的教育教学原则和培智学校常用的特色教学媒体三个方面详细剖析培智学校的教育对象和教学特点,介绍常用特色教学媒体的系统组成和使用方法,以提高师范生对培智学校的直观感性认识,为后面的工作打下坚实的基础。

第一节 智力障碍的概念和特点

一、智力障碍的概念

（一）智力落后的定义

对智力落后的定义,在经过了 2500 年以后,已经有了 11 版。不同领域的专家以及专业组织基于各自专业视角和理论体系给智力落后下了不同的定义,导致智力落后的诠释各异。为了了解智力落后定义演变过程,清晰地把握它的未来发展方向,我们简单地探寻一下智力落后定义的演变史。

1959 年之前,是智力落后的早期定义时期。1908 年,Tredgrod 将智力落后定义为:智力落后是一种由于大脑不完全发育而在个体自出生或幼年期产生的智力缺陷状况,致使其无法履行作为社会成员所应尽的各种职责。在 1941 年,Doll 认为智力落后是缺少他人的监督、控制与外部支持时,个体不能适应其同伴环境和维持生活的一种不完全的智力发育状态。

1959 年至 1992 年,是智力落后的过渡期定义时期。这时不得不提到一个组织——美国智力与发展障碍协会(AAIDD),这是一个致力于智力落后研究历史最长、权威性最高的专业组织。1959 年首次尝试并提出鉴定智力落后的双重标准,即鉴定智力落后须满足智力功能缺陷、社会适应能力的损伤双重条件;1961 年首次提出适应性行为(adaptive behavior)概念,并沿用至今;1992 年提出智力落后者通过支持、教育可以得到发展,智力落后并非终身缺陷的观点。

1992 年以后,是智力落后的新定义时期。2002 年提出定义智力落后的第三个重要标准:智力落后表现于发展时期,即 18 岁以前。2002 年,AAIDD 提出智力落后是一种以智力功能和适应性行为具有显著性限制为特征的障碍。适应性行为表现为概念的、社会的和应用性的适应性技能,智力落后发生于 18 岁以前。

（二）智力障碍的概念

2010 年,AAIDD 组织来自医学、精神病学、法律以及特殊教育等领域的 18 名知名专家历经 7 年多研究,推出了第 11 版的智力障碍定义分类与支持体系手册,也就是以往所说的智力落后。这也是首次提出的智力障碍的官方定义。智力障碍是指智力功能和适应行为两方面明显受限而表现出来的一种障碍,适应性行为表现为概念性、社会性和应用性技能;智力障碍出现在 18 岁以前。

我国常用的智力障碍的定义来自全国残疾人抽样调查五类《障碍标准》:智力障碍是指智力显著低于一般人的水平,并显示出适应行为的障碍,包括在智力发育期间(18 岁以前),由于各种有害因素导致的精神发育不全或智力迟缓;智力发育成熟以后,由于各种有害因素导致的智力损害或老年期的智力明显衰退。本书所指的智力障碍是指本概念的前部分。

二、智力残疾的分级

2006年第二次全国残疾人抽样调查智力残疾分级标准如表6-1-1。

表6-1-1 智力残疾分级标准

级别	分级标准			
	发展商(DQ) 0~6岁	智商(IQ) 7岁以上	适应性行为 (AB)	WHO-DAS 分值
一级	≤25	<20	极重度	≥116分
二级	26~39	20~34	重度	106~115分
三级	40~54	35~49	中度	96~105分
四级	55~75	50~69	轻度	52~95分

一级智力残疾:适应行为极差,面容明显呆滞;终生生活需全部由他人照料;运动感觉功能极差,通过训练,只在下肢、手及颌的运动方面有所反应。

二级智力残疾:适应力差,生活能力即使经过训练也很难达到自理,仍需要他人照顾;运动、语言发育差,与人交往能力差。

三级智力残疾:适应性行为不完全,实用技能不完全,如生活能部分自理,能做简单的家务劳动,具有初步的卫生和安全常识,能以简单方式与人交往,阅读和计算能力差,对周围环境辨别能力很差。

四级智力残疾:适应行为低于一般人水平,具有相当的实用技能,如能自理生活,能承担一般的家务劳动或工作,但缺乏技巧和创造性;一般在指导下能适应社会;经过特殊教育,可获得一定的阅读和计算能力,对周围环境有较好的辨别能力,能比较恰当地与人交往。

三、智力障碍儿童身心发展的特点

(一)智力障碍儿童发展遵循儿童身心发展的一般规律

智力障碍儿童也生活在社会中,是发展中的个体。他们是儿童的一部分,与正常儿童有许多的共性,同样有大脑和感觉器官等机体结构;有感知、思维、情绪、意志等心理活动。

在生理上,绝大多数智力障碍儿童,尤其是轻度智力障碍儿童的身体发育与正常儿童基本上是一致的,例如在体重和身高方面相差不大,而且都是随着年龄的增长而增长的。

在心理上,智力障碍儿童仍遵循正常儿童的一般发展规律。主要表现在发展的顺序性(从出生到成熟,发展各阶段的顺序大体是相同的)、发展的阶段性、发展的差异性和发展的不均衡性上面。

智力障碍儿童认知的发展和个性的形成与普通正常儿童一样,也遵循由简单到复杂、由低级到高级、由不完善到完善的基本发展规律。智力障碍儿童和正常儿童一样有心理上的需要,如需要长辈的爱抚、得到表扬和奖励、容易被新鲜的事物吸引等。

（二）智力障碍儿童在发展过程中出现身心发展脱节的现象

智力障碍儿童虽然在身心发展上有很多与正常儿童相同的规律，但是也有自己的特点，主要表现在身心发展脱节。根据有关资料显示，成年的中、重度智力障碍患者，虽然身高和体重可能和正常人一样，但其心理成熟的程度却只有儿童的水平，这就是身心发展脱节现象。这种现象主要体现在三个方面：

（1）智力障碍儿童心理发展的起始比正常儿童要迟，也就是说智力障碍儿童的许多心理特性开始出现的年龄比一般正常儿童要晚一些。

（2）智力障碍儿童心理发展的速度慢。

（3）智力障碍儿童心理发展达到的水平比一般正常儿童低，这表现为智力障碍儿童心理发展最终难以达到一般正常儿童的最高水平。

（三）智力障碍儿童的发展存在第一性缺陷和第二性缺陷

苏联著名心理学家维果茨基对智力障碍儿童全部心理特征（或缺陷）的划分，认为这些特征与基因的联系多样而复杂，不能全归咎于儿童大脑损伤的结果，不能等量齐观，应区分为第一性缺陷和派生的第二性缺陷。把对事物的感受性差、缺少求知欲视为智力障碍的第一性缺陷或核心特征，而把记忆、思维、性格等高级心理功能发展不够视为在核心特征基础上派生出来的第二性缺陷。最不容易受到教育和医疗影响而发生变化的是第一性缺陷，离开第一性原因越远的症状，越容易受教育和医疗的影响而发生变化，从而对智力障碍儿童的心理发展提出了极有价值的乐观主义观点。

四、智力障碍儿童的心理特点

（一）智力障碍儿童感知活动的特点

智力障碍儿童一方面有与正常儿童一样的感知觉能力，另一方面也表现出某些特点，特别是中重度智力障碍儿童在感知觉发展方面与正常儿童相比有明显的区别，甚至影响高级心理机能的发展。主要表现在以下几个方面：

1. 感觉器官的感觉能力较弱

感觉能力是指分析器对刺激物的感受能力，智力障碍儿童的感受性较差，比如区分同一色系的颜色、区分音调等方面。

2. 主动选择功能薄弱

智力障碍儿童缺乏感知的积极性，没有认识世界、探索世界的主动性和浓厚的兴趣，学习和生活没有明确的目标，甚至不加选择地拒绝。

3. 感知觉范围狭窄、感知速度缓慢、信息量小

比如智力障碍儿童不太喜欢看动画片，原因就是画面的活动速度太快，呈现时间太短。

4. 区分能力弱

正常人感知事物首先会将感知的对象从背景中区分出来，把相异和相似的对象区分

开来,把对象的本质属性和非本质属性区分开来,智力障碍儿童在这几方面的区分能力都比较薄弱。

5. 知觉的恒常性差

知觉的恒常性是指当知觉的条件发生变化时,知觉映像仍然保持相对不变,智力障碍儿童在这方面是比较差的。这种缺陷使其不能正确感知物体的空间位置。

6. 空间知觉和时间知觉发展落后

有一些中、重度智力障碍儿童到七八岁时还不理解长短、大小、高矮、宽窄等的含义。对平面和立体的认识更晚些。对近处声音的定向,大致五六岁可达到,但是对远处声音的定向就比较难,他们不会利用参照中介物、数概念差,所以发展较晚。自身和空间定向,如前、后、左、右等,甚至到10岁也弄不清楚,所以常常容易丢失。因此在他们刚入校时就应对他们进行定向训练。

针对智力障碍学生感知活动的特点,在教育教学中要重视利用现代教学设备,充分调动智力障碍儿童的多感官参与,遵循缺陷补充原则,最大限度地弥补他们感知觉的缺陷,促进其智力的发展。

(二)智力障碍儿童注意力的特点

智力障碍儿童由于存在大脑器质性病变,导致中枢神经系统功能不健全,机能不完善,在注意力方面常表现为各种注意障碍:

1. 注意广度

注意广度又称注意范围,指在同一时间内能清楚地知觉到对象的数量。智力障碍儿童的注意广度明显低于普通儿童。研究发现,注意广度与智力之间存在显著的正相关。智力障碍儿童注意范围狭窄,可接受的信息量少。

2. 注意减退

主动及被动注意兴奋性减弱,注意的广度缩小,注意的稳定性也显著下降。研究发现,智力障碍儿童通常很难将注意力持续维持在某一特定学习任务上。

3. 注意分配与转移

智力障碍儿童注意的分配与转移也比正常儿童差,他们很难根据任务的改变把注意从一个对象转移到另一个对象,但却容易根据自己的兴趣及外部刺激的变化转移注意对象,即很容易分心。智力障碍儿童注意分配的能力也比较差,对于较复杂的注意分配就更为困难,因此,常常表现出顾此失彼,像正常儿童那样,一边听一边写,他们会感到困难。

(三)智力障碍儿童记忆力的特点

大部分智力障碍儿童识记不牢固、回忆不准确、遗忘快。他们的记忆力特点主要体现在以下几个方面:识记的容量小,不完善;记忆的目的性差,选择功能薄弱;记忆编码不够深刻、不系统、不全面;记忆的联想功能薄弱;语词逻辑记忆能力差;记忆中的"高原现象"。

(四)智力障碍儿童思维的特点

在思维方面,智力障碍儿童的思维多停留在具体形象思维阶段,缺乏分析、综合、抽象和概括的能力,表现为他们完全受事物的单个特征或直观形象支配,不能理解隐藏在事物中的共同的、本质的东西。因此,他们很难掌握概念和规则,经常是能把概念和规则背下来,但不了解这些规则的含义,也不懂得在什么情况下使用这些规则。刻板性是智力障碍儿童思维的又一特征,他们的思维缺乏灵活性,很难做到根据条件的变化来调整自己的思维定向和方式,表现在他们总是力图用类似的思维方法来解决每一个新问题。此外,智力障碍儿童缺乏思维的独立性和批判性,很难提出与众不同的见解。

(五)智力障碍儿童言语的特点

智力障碍儿童言语的发展规律与正常儿童是一致的。但是由于其大脑发育功能受阻,或者听说功能差以及受不良社会因素的影响,其言语和语言的发展要比正常儿童发生得晚,而且言语的发展速度缓慢,水平低于同龄正常儿童。词汇贫乏,理解能力差,语法结构不完善,运用语言困难,多数有言语障碍。

(六)智力障碍儿童在情感、意志、性格等方面的特点

智力障碍儿童因为认识发展落后和肤浅、生活经验缺乏等原因,导致意志薄弱,缺乏主动性,易受暗示,固执。智力障碍儿童在学习和从事其他活动时,难以遵循较为长远的行动目标,常常缺乏主动精神。另外,智力障碍儿童高级情感发展迟缓,情绪不稳定且调节能力差。有研究表明,智力障碍儿童的情感体验长期处于低级阶段,高级情感如义务感、集体责任感等产生晚并且发展慢。智力障碍儿童由于认识活动的缺陷,在学习和生活中遭受的挫折和失败较常人要多,失败期望高于成功期望,情绪比较消极。他们逐渐地就会丧失自信,对从事的工作缺乏成功的期望,甚至事情尚未开始,就觉得无法成功,放弃自己的努力。

第二节 培智学校教育教学特点

随着智障教育的快速发展,现阶段国内外特殊教育大力提倡"教育一体化""融合教育"或者"全纳教育",大多数轻度智障儿童进入普通学校随班就读,使得目前培智学校的生源发生了很多变化,招收的对象已从过去的轻、中度转向中、重度智障儿童。由于中、重度智障儿童大脑受损较重,使得他们的认知、情感、沟通能力以及自我服务、社会适应能力明显落后于轻度智障儿童,而中、重度智障儿童是少年儿童的一部分,他们将来也要走向社会、适应社会,成为自食其力的劳动者。因此,中、重度智障儿童的特殊性决定了培智学校的首要任务就是教会他们认识社会、适应社会,培养他们生活适应能力和社会生存能力,以及一些简单的技能,并且在可能的情况下服务于社会。

因此,培智学校的教师在教学过程中,应切实根据学生的特殊性,创造性地利用和发展普通学校的教学原则,进一步提出具有自己特色的特殊的教学原则和教学方法。

一、培智学校教学原则

智障儿童与正常儿童在生理、心理发展上有共性,也有差异性。教学中除根据他们的特点坚持贯彻普通学校的教学原则外,还应遵循以下原则:缺陷补偿原则、激励性原则、个别化教育原则、家校结合原则、实用性原则和适应性原则等。

1. 缺陷补偿原则

缺陷补偿原则是指在智障儿童的教学过程中,教师应该最大限度地补偿智障儿童身体的、心理的缺陷,促使其身体和心理机能获得协调的发展。比如,针对不同儿童的思维缺陷、言语缺陷、行为缺陷等,老师每一堂课都要和学生的某一矫正缺陷的目的紧密联系在一起。

2. 激励性原则

在生活中智障儿童常常充当"残疾者""落后者""失败者"的角色,长期的角色使他们对自己失去信心。因此,在教学中教师可以运用激励理论,鼓励他们去尝试体验成功的喜悦和快乐,让他们在生理、心理上得到满足,从而激发其参与的欲望,形成巨大的内在动力。特别是当学生取得一点成绩时,教师一定要抓住这一时机给予鼓励,哪怕是一个手势,一个眼神,使他们得到精神上的满足,达到激励情感的作用。

3. 个别化教育原则

智障儿童个别差异很大,他们的接受能力、爱好、兴趣都存在明显差异。因此,教师在训练学生生活技能前,要充分估计每个学生的特点,制定不同的目标,选择的内容和训练强度要适合每个智障学生的能力水平和个性特点。对于接受能力较强,体力较好,有良好生活习惯的学生,目标制定得就要高一些,让他们做一些有难度的训练。对于体力差,有明显动作障碍,手脚不灵便,理解较慢的学生,目标制定得就要低一些,让他们做些容易的事情,对于个别掌握不好的学生还可加强课外辅导,从而提高他们的生活自理能力和社会适应能力,为他们进入社会参加力所能及的劳动打下基础。

4. 家校结合原则

在对智障学生进行生活自理技能、家务劳动技能和简单的生产劳动技能的培养过程中,如果单靠学校单方努力肯定是收获甚微的。因此,培养中、重度智障儿童生活适应能力需要家长的配合与支持,才能取得事半功倍的效果。学校要积极做好家长的思想工作,随时与他们取得联系进行沟通,让家长明白提高孩子生活能力的重要性,配合学校给孩子创设实践的机会,督促鼓励子女完成老师布置的任务,并给予恰当的指导,使家庭和学校形成合力,提高他们的生活能力,补偿其缺陷,开发其潜能。

5. 实用性、实践性、适应性原则

中、重度智障儿童生活适应课除了体现以上几个原则外,还应突出实用性、实践性、适应性的原则。即教学内容要与学生所生存的生态环境相适应,体现实用性;教学方法要以学生学得会,做得好为标准,体现实践性;教学效果要以学生会用,用得好为标准,体现适应性。只有遵循了这些原则,中、重度智障儿童所学内容才能学以致用,才能指导生活,提高生活质量。

二、培智学校的教学方法

普通学校的教学方法都可以在培智学校教学中使用，比如讲授法、演示法、练习法、观察法等，除此以外，在培智学校还有一些针对智力障碍学生实际情况而采用的特殊的教学方法，比如循序渐进练习法、角色扮演法、情境教学法、分层教学法等。

1. 循序渐进练习法

智障儿童由于接受能力的局限性，他们对任何稍复杂的技能的学习和掌握都会遇到许多困难，为了便于学习、理解和训练，对于复杂的教学内容可以采用"分步综合训练法"。其实也就是程序教学法，即把一项学习任务分成几个组成环节和步骤，按照从简单到复杂的顺序排列，然后再把各环节、步骤综合起来进行训练，形成统一的整体。

2. 角色扮演法

由于智障儿童理解能力差，为了帮助他们理解知识、学习知识、运用知识，让学生根据教学内容直接扮演相关角色是最有效的方法。比如，在教授童话故事时，可以让学生扮演文中的不同角色，用对话、动作、表情等进行符合课文内容的表演，既可以加深对课文内容的理解，又可以锻炼学生的语言表达能力。

3. 情境教学法

兴趣是最好的老师。智障儿童因身心缺陷，他们的活动范围狭小，对新事物的兴趣是不同于常人的，尤其是中、重度智障儿童对任何事物都处于一种被动状态。因此，在选择内容时要求新求变，从兴趣入手，激发学生的学习欲望，调动内驱，变被动为主动，参与到教学活动中去，参与是提高智障儿童生活能力的生长点，是补偿缺陷的有效途径。只有参与，才能有收获。另外，情境是激发智障儿童学习兴趣和参与的有效方法。陶行知先生的生活教育就是强调日常生活是对人最生动、形象、有效的教育。人在情境中学到的东西最多、最真实。教育也只有植根在生活当中才有生命，才可成长。在诸多教学法中情境教学法为首选，它既是一种教学法，也是一种教育意识。

4. 分层教学法

在培智学校分层教学法已经成为主导的教学模式，具体实施过程包括教学对象分层、教学目标分层、教学过程分层和教学评价分层。教学对象分层是指通过了解教学对象的智力情况、学习基础、学习动机特点，对学生进行分组。因个人能力表现的多面性，同一个体在不同的学科教学中，分组可能不同。在对教学对象分层的基础上，教师应当为不同能力水平的学生制定合适的教学目标，即教学目标分层。分层教学法的实施，不仅能发挥学生的主体作用，还有利于发挥学生的特长和能力，使学生能够更好地进行学习，更有效地掌握知识，同时极大地激发不同层次学生的学习兴趣，调动不同层次学生奋发向上的学习积极性，使每一名学生都能体会到学习的成功，享受学习的乐趣，极大地促进学生学习成绩的提高和学习自信心的增强。

三、培智学校教师的基本素质

（一）热爱智力障碍儿童教育事业

强烈的事业心是教师前进的动力。智力障碍儿童教育是一项艰巨的事业。由于传统观念和社会偏见的影响，社会上有许多人看不起特教老师，特教老师可能不会像普教老师那样桃李满天下，且兢兢业业、不辞劳苦的工作也不一定能换来"硕果累累"，甚至可能毫无效果。因此，特教老师更要拥有"五心"：爱心、耐心、细心、恒心和信心，一定要树立坚定的信心和必胜的信念，从心底里热爱自己的教育事业，热爱自己的教育对象，全身心投入到自己的工作中去。

（二）要掌握普通教育和特殊教育的理论知识

智力障碍儿童的身心发展规律和健全儿童基本是一致的，但由于智力以及其他的缺陷，其发展又表现出自身的规律和特点，而且，不同的智力障碍儿童之间的表现也是千差万别的。这就要求老师既要通晓普通教育的规律，又要熟悉智力障碍儿童教育的规律，掌握智力障碍儿童教育学、心理学和各学科教材教法等知识，只有这样，才能按照他们的身心发展规律和特点进行有效的教学。

（三）要会使用现代教学设备和特殊教学设备

随着社会的发展和科技的进步，现代化的教学手段如电影、电视、计算机等日益走进特殊教育领域，这就要求教师必须具备正确使用这些现代化教学手段的知识，适应特殊教育的发展需要。除此之外，教师还要具备操作、管理和简单维护为智力障碍儿童专门购置的特殊康复设备，如健身车、多功能训练器等。

（四）要具备一般的医学和护理知识

作为智力障碍儿童的教师，对医生的诊断要能正确理解，对儿童日常的康复计划以及表现情况，要能从医学角度予以考虑，及时向家长或有关人员反映。另外，智力障碍儿童通常还会伴有各种并发症，如癫痫等，还需要经常进行医学护理，因此，教师必须具备一定的医学护理知识，以正确对待在教学过程中出现的各种意外情况。

四、培智学校教师需要具备的信息技术技能

信息时代对教育人才的基本要求就是具备信息素养，因而，教育部在《关于推进教师教育信息化建设的意见》中指出："教师教育必须加快信息化进程，加大信息化建设力度，为全面提高中小学教师的信息素养奠定坚实的基础。"同时，我国政府也非常重视特殊教育信息化工作，在教育部公布的《全国特殊教育"十一五"发展规划》中明确提出："要全面普及信息技术教育，加快信息化进程，实现特殊教育跨越式发展，以信息技术推进特殊教育的现代化。"在教育部等七部门关于印发《第二期特殊教育提升计划（2017—2020年）》的通知中也明确指出，提高特殊教育质量，关键是提升特殊教育教师的专业化水平。加强特殊教育信息化建设和应用，重视教具、学具和康复辅助器具的开发和应用。培智学校老师由于其职业的特殊性要求，不仅应具备基本的信息素养，还必须具有从事培智学校教育教学工作所必需的相关辅助教具的使用方法技能。

近年来，计算机、科技辅具等信息技术在培智学校中被广泛应用，不仅改变了传统的教学理念和教学模式，更重要的是给教育教学工作带来了很大的便利和生命力，使智力障碍学生的学习活动变得更加形象与生动。

当前,培智学校的主要教育对象是智力残疾或伴有智力残疾的脑性瘫痪、自闭症、语言发育迟缓等类型的特殊学生。对这类学生,培智学校应该加强综合康复,要以医学康复、教育康复、心理康复、社区康复以及职业康复为手段,来满足社会与学生生存的需要。在进行这些康复训练时,要求教师熟练掌握各种康复辅具的作用和使用方法,针对学生智力残疾的成因,进行有针对性的康复训练和辅导,促进学生健康发展。

培智学校教师的主要信息技术技能是应用以计算机和网络技术为核心的现代信息技术进行辅助课堂教学和智力障碍学生的学习、各种辅助教育学具的作用和使用方法、简单维护方法等。例如:

(1) 会使用学校的各种多媒体教学资源及专业设施、专用设备等。如现代教学媒体的使用方法:投影机、录音机、电视机、视频展示台、快拍仪、电子白板、一体机以及多媒体计算机的使用。会使用专业康复辅具,如启音、启智等教学软件系统的使用。

(2) 能够制作针对不同智力障碍学生特点的多媒体课件和教学微视频,注重信息技术与学科课程的整合研究。

(3) 能够充分利用并合理使用网络资源查找辅助教学的各种信息,处理、加工并存储图片、音频、视频等信息,能够在小范围内建立自己的网络资源库。

第三节 培智学校常用特色媒体介绍

因为培智学校大部分常用教学媒体和普通学校的都一样,有一些在前面也有所介绍,如投影机、电子白板等,本节就不再赘述。本节主要介绍针对智力障碍学生的言语—语言康复训练、认知训练和感觉统合训练评估系统的主要作用和使用方法。

目前市面上有很多专门开发各种康复训练系统的专业公司,也有很多公司代理一些语言认知训练评估系统产品,比较著名的有广州市百优电子科技有限公司独家代理的 SOT 语言认知训练评估系统,渡康公司代理的语言评估与康复训练系统,COGNI 公司开发的一系列言语认知训练和智力训练产品,华东师范大学特殊教育学院黄绍鸣教授团队开发的启音、启智、启聪博士等。

一、语言评估与康复训练设备

(一) 语言认知训练评估系统 SOT 介绍

基本介绍:广州市百优电子科技有限公司独家代理的 SOT 语言认知训练评估系统是利用多媒体电脑提供声音影像来刺激引发兴趣、提升注意力、参与能力,提高学习效率,让患者重新获得生活能力的康复系统,本系统提供大量的训练及评估测试方案,同时也把其功能扩大,治疗师可以根据患者个别差异编辑有针对性的训练、评估内容,让训练过程更加多样化。克服以往训练中内容单一和与患者生活环境不相关等难点,本系统可以通过编辑让一个实际生活中的人物、周边环境、场景过程等展现给患者训练,内容可由浅到深、由易到难自由编辑。该系统采用循序渐进、强化训练的方法来给患者训练,既能有效提高患者的语言认知能力,也大大减少治疗师的工作量,提高工作效率,是语言认知治疗师一个强有力的工作平台。

适用症: 适用于智力不足、唐氏症、自闭症、脑性瘫痪、脑外伤、中风失语、注意力缺失、语言发育障碍、沟通表达困难、精神疾患等各种认知语言学习障碍者。

(二) DK-YYZ 计算机语言评估与康复训练系统

基本介绍: DK-YYZ 计算机语言评估与康复训练系统设备主要针对语言障碍患者进行语言认知能力的训练,训练内容全面丰富,可根据患者的不同情况选择训练内容,并可通过计算机双屏使患者与医生进行互动交流。具有全程语言支持功能、训练作业精确控制功能、单双屏自动支持功能、训练再现功能、病例管理功能、辅助功能、训练库扩展功能。如图 6-3-1 所示:

图 6-3-1　DK-YYZ 计算机语言评估与康复训练系统设备

主要功能: 有筛选 19 种语言障碍能力的智能诊断题;对汉语 19 种语言障碍进行诊断和康复功能;对应于 19 种语言障碍的个体化康复处方;实行对各种语言参数的模糊识别计算;智能测量患者语速,评估被试者的语言流利程度;实现治疗师自行设计,录制方言语音等有互动功能的康复平台。

系统组成: 病历系统、评测系统、训练系统、分析系统(包括 AQ 得分表、失语分型、CQ 得分表、成绩分位图)、数据导出(生成的统计数据,可直接供 SPSS 在内的各种软件调用进行分析)。

系统特色:
(1) 训练内容的专业化设计与管理。
(2) 人性化设计的治疗师操作界面。
(3) 不信赖训练类型的治疗师标准操作界面。

适用单位:
(1) 适用于所有有语言交流障碍患者的单位及家庭;综合医院的康复科、神经内科、神经外科、耳鼻喉科、口腔科、心理科、儿科、老年科或内科。

(2) 聋哑学校、康复医院、伤残疾病医院、老人院、老年福利机构、培智学校、儿童福利康复机构等。

适应症：失语症、构音障碍、智能障碍、听觉障碍、儿童语言障碍等。

（三）COGNI 语言康复训练系统 LRT V7.5

当然，在提到语言康复与言语训练系统时，我们不得不提到 COGNI，它是基于证据的言语认知训练的领导者。1981 年 COGNI 在瑞典诞生后，立即引起言语认知训练的一场革命。2005 年总部迁至美国，目前其主要市场为美国和欧洲，分点遍布世界各地。在进入中国台湾和香港后，如今以绝对的优势迅速占领中国大陆市场。COGNI 是一种突破性研究的独特组合，它结合了多年的研究成果，经过科学验证，临床实用表明 COGNI 是市场上最有效的言语认知训练产品。COGNI 具有无限用户许可特性，是一套极具成本效益的系统。

该系统由三大功能模块组成，如图 6-3-2 所示：

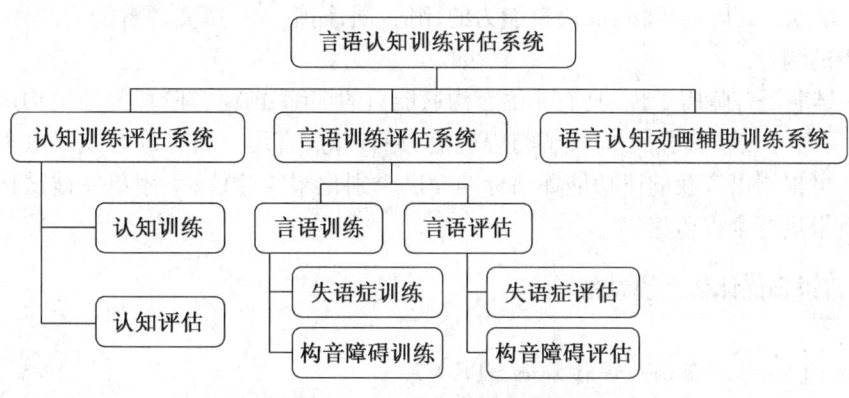

图 6-3-2 COGNI 系统功能模块

本系统开创性地综合计算机科学、语言学、心理学、听觉学、统计学、病理学、解剖学和生理学等多种学科，利用多媒体电脑提供声音和影像，通过生动有趣的游戏和练习，从而引发兴趣，提高注意力和参与能力，从而达到训练语言功能的目的。本系统解决传统语言训练中治疗室氛围沉重、气氛压抑的弊端，让患者在轻松、生动的环境下进行语言康复。如图 6-3-3 所示：

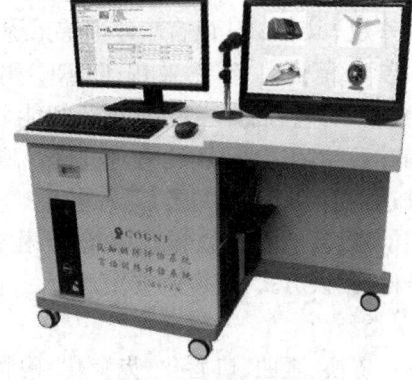

图 6-3-3 COGNI 系统

系统特点：

（1）本系统克服了国内同类系统训练中，内容单一无变化和与患者生活环境无关的难点，为患者创造了新鲜的、形象的和多样化的训练环境。

（2）训练内容涵盖生活的方方面面，贴近实际生活，内容难易程度跨度大，系统具有无限用户许可特性，即使以后用户剧增，也无需扩展，是一套极具成本效益的系统。

（3）评估报告能导出 Word、Excel、PDF 等多种格式，报告内含带标记的平滑折线图、百分比堆积面积图、二维表格、治疗师评语模板等内容，具有直观丰富的表现形式。

（四）启智博士早期语言评估与干预仪

"启智博士"是国内早期语言评估与康复训练设备的著名品牌，本仪器通过选取核心词语、词组、句子、短文，采用循序渐进的方式，对早期语言的理解、表达、认知、韵律能力进行评估与训练，并可以帮助言语治疗师制定康复方案和监控康复效果。

系统功能：

（1）早期语言障碍评估：前语言能力的评估，词、词组、句、短文理解能力的评估，语言韵律能力的测量。

（2）早期语言障碍干预：具有非语言沟通能力的训练、前语言阶段的辅助沟通能力训练功能；词语、词组、句子、短文理解与表达能力的训练；言语—语言综合及其电声门图发声训练。可根据语言及韵律功能评估标准提供个别化康复建议；采用单一被试技术对言语康复效果进行全程监控。

二、言语训练评估系统设备

（一）COGNI 言语训练评估系统 STE V7.5

这个评估系统包括构音障碍评估系统、失语障碍评估系统和构音障碍训练系统以及失语障碍训练系统几个方面。

1. 言语训练评估系统之构音障碍评估系统

构音障碍：构音障碍是指由支配言语运动的神经系统的损害和肌肉病变造成的发音器官的肌肉无力、瘫痪、肌张力异常和运动不协调等而出现的发声、发音、共鸣、韵律等异常，表现为发声困难、发音不准、咬字不清、音量、音调及速度、节律等异常和鼻音过重等言语听觉特征的改变。其设备外观与 COGNI 语言康复训练系统相似，见图 6-3-3。

系统功能： COGNI 构音障碍评估系统采用 CRRC 构音障碍检查量表，结合 reCOGNIzer 智能语音识别技术，对患者的发音特征进行智能分析识别，通过 5 种不同的测试项目，全方位评估患者的构音障碍水平，得出客观的构音障碍评估结果。

构音障碍评估系统参数：

评估项目：单词检查、字检查、音节复述检查、文章检查、构音类似运动检查。

评估结果：错音、错音条件、错误方式、发声一贯性、错发一贯性、被刺激性、被刺激音、构音类似运动完成情况、错误类型。

评估构音障碍类型：省略、置换、歪曲、口唇化、齿背化、硬腭化、齿龈化、边音化、鼻音化、软颚化、无声音化、送气音化、摩擦不充分、不送气化。

2. 言语训练评估系统之失语障碍评估系统

失语障碍是指大脑功能受损所引起的语言功能丧失或受损。

系统功能：COGNI 失语障碍评估系统采用 CRRC 失语症检查量表，结合多点触摸技术和 reCOGNIzer 智能语音识别技术，实现对患者全自动智能评估，分析出患者 9 大类共 30 项的语言功能水平特征，并得出语言功能水平曲线、失语类型、后期治疗建议等。

3. 言语训练评估系统之构音障碍训练系统

系统功能：COGNI 构音障碍训练系统利用数字音频复读技术和智能语音识别技术 reCOGNIzer，实时分析患者的发音特征，对训练材料进行实时微调，从而达到最优化的训练效果，内置 129 大类，总共超过 1 000 个治疗方案，提供最全面的、最细化的构音障碍训练解决方案。

4. 言语训练评估系统之失语障碍训练系统

系统功能：COGNI 失语障碍训练系统采用多点触摸技术和智能语音识别技术 reCOGNIzer，利用多媒体电脑的声光电刺激，实现对失语障碍患者全自动智能康复训练。系统从训练题库中随机抽取素材对失语症患者进行训练，患者每次的训练题目均不相同，加上 COGNI 的开放式平台设计，即可生成千变万化的训练题目，完全满足失语障碍患者长期训练的需要。

（二）启音博士

启音博士系列产品包括：言语测量仪（图 6-3-4）、言语矫治仪（图 6-3-5）、构音测量与训练仪（图 6-3-6）、语音评估与训练仪（图 6-3-7）、鼻音测量与训练仪（图 6-3-8）和言语重读干预仪（图 6-3-9）等。

主要特点：

（1）先进理念和现代化手段相结合，在先进的言语康复理念指导下，融入传统的言语矫治优秀经验，充分利用现代化科学技术手段，提高言语障碍患者的康复效果，缩短康复时间。

（2）言语评估与康复训练相结合，集体教学与个别化康复相结合。

（3）言语与听觉、语言相结合。

主要功能：针对言语呼吸障碍、言语发声障碍、言语共鸣障碍、言语构音障碍和言语语音障碍等内容，以上设备可以做到：

（1）提供呼吸障碍的实时测量与评估。

（2）提供发声障碍的实时测量与评估，声带动态显示及振动功能测量、声门波动态显示及测量。

（3）提供共鸣障碍的实时测量与评估，提供构音运动能力、构音语音能力评估，提供下颌距、舌距、舌域距、口腔轮替运动速率、浊音起始时间、语音类型、构音清晰度、鼻流量、声道形状等测量。

（4）提供超音段音位和音段音位评估，音调变化率、发音部位比率、发音方式比率、音征、送气时间比率、清浊音比率、口鼻能量与功率谱比率等测量。

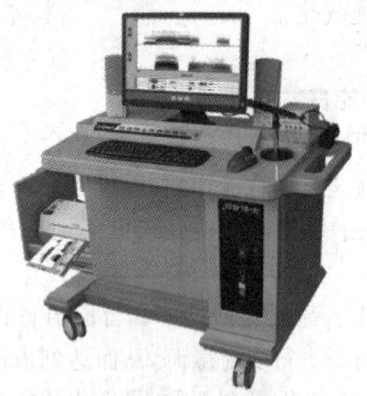
图 6-3-4　言语测量仪

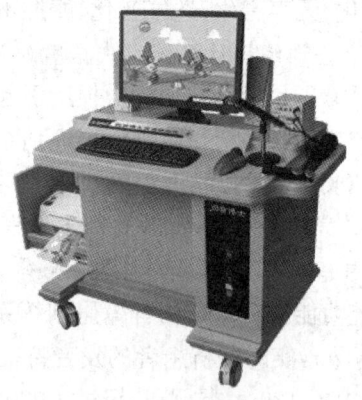
图 6-3-5　言语矫治仪

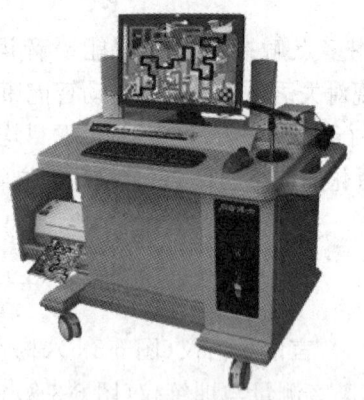
图 6-3-6　构音测量与训练仪

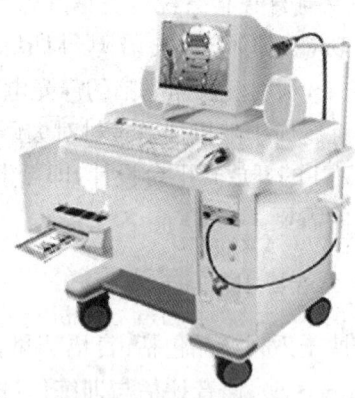
图 6-3-7　语音评估与训练仪

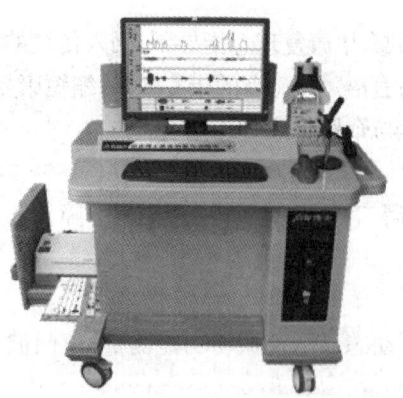
图 6-3-8　鼻音测量与训练仪

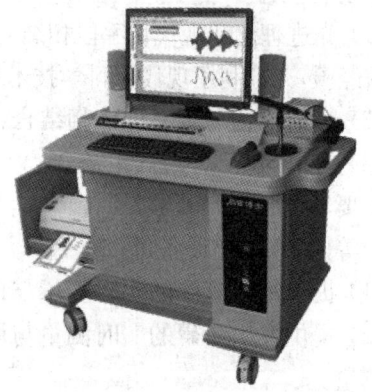
图 6-3-9　言语重读干预仪

三、认知训练评估系统设备

（一）COGNI 认知评估系统 CTE V7.5（如图 6-3-10）

认知障碍：认知是人脑接受外界信息，经过加工处理，转换成内在的心理活动，从而获取知识或应用知识的过程。它包括记忆、语言、视空间、执行、计算和理解判断等方面。认知障碍是指上述几项认知功能中的一项或多项受损，并影响个体的日常或社会能力。

系统功能简介：认知评估系统是采用国际通用认知评估量表对认知障碍患者进行认知评估的系统，它由 MMSE、NCSE(Cognistat)、PACA、BIT 等知名认知评定量表组成，评估过程采用"全自动—患者人机对话—治疗师监控微调"模式，评估量表里的指令声音、文字、图片等均由系统发出及显示，有效

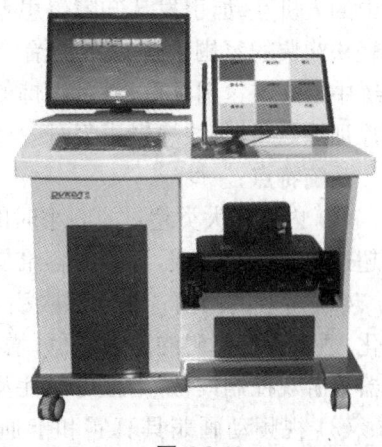

图 6-3-10

解决传统评估过程中评估用具繁多难以整理，评估过程用具切换繁琐的弊病。患者的反应均由系统自动记录，最后进行分析统计，并生成图文并茂的评估报告，显著降低治疗师的工作量，提高认知评定工作的效率。

认知评估系统参数：

（1）采用多屏幕、多光标、多触点操作模式，系统实时分析出患者的认知情况，治疗师实时监控患者，辅助提醒患者评估。

（2）评估报告提供丰富的、客观的、直观的图文并茂的评估数据。

（3）用户开机版面和评估报告题目可按使用单位设计，保证产品的唯一性和安全性。

（4）可配合各种文字、表格、图像、声音处理软件进行导入导出操作，可通过 API 和其他系统进行无缝连接。

（二）COGNI 认知训练系统

系统功能简介：认知训练系统是利用多媒体电脑提供声音和影像，通过生动有趣的游戏和练习，从而引发兴趣、提高注意力、参与能力、增进学习效率，从而达到训练言语认知功能的目的，让患者重新获得生活能力的康复系统。本系统克服了国内同类系统中训练中内容单一、无变化和与患者生活环境无关的难点，为患者创造一个新鲜的、形象的和多样化的训练环境。通过采用 4-Multi 技术，让认知训练达到最优的效果。

认知训练系统参数：

• 17 大类超过 2 000 小时训练方案，治疗师可依患者不同的病情、不同的状况和个体的差异，自行设计出难易各异的训练，提供变化无穷的训练内容。

• 训练内容涵盖生活的方方面面，内容难易程度跨度大，适合 2 到 95 岁之间任何年龄层次的患者，评估提供客观的、直观的、丰富的评估数据。

- 内置超过 8 000 个声音库、4 000 张图像库和 1 500 个影音库供治疗师调用。

(三) COGNI 语言认知动画游戏辅助训练系统 CVAT V7.5(如图 6-3-11)

系统功能简介：通过视频动画的声光刺激和益智游戏中的人机互动，引发认知障碍患者的学习兴趣，让患者在轻松欢快的氛围中进行康复治疗，完全消除传统认知训练中治疗室氛围沉重、气氛压抑的弊端，从而提高康复治疗训练效果，加快患者康复，提高治疗师的工作效率。

系统特点：

(1) 内置 7 大类超过 600 小时的视频动画，内置 4 大类超过 400 个小游戏，训练内容难易程度差别大。

(2) 游戏的画面音乐动感吸引人，参与感强，全触摸优化，适合各种障碍的患者，更可增加专业手柄及体感控制器等游戏控制设备，增强可玩性及兼容特殊患者。

图 6-3-11　CVAT V7.5

(3) 视频动画兼具真实和卡通两种表达形式，分别传达现实和抽象两种思维模式，治疗师可根据患者喜好、治疗需求灵活运用。

以上所有 COGNI 训练系统的标准配置，如表 6-3-1 所示。

表 6-3-1　COGNI 训练系统的标准配置

序号	名称	数量	序号	名称	数量
1	COGNI 软件系统安装光盘及硬件加密狗	1 套	5	广播级音频回放设备	1 套
2	COGNI 专用电脑主机	1 台	6	患者专用监控摄像头	1 个
3	22 英寸液晶显示器	1 台	7	喷墨打印机	1 台
4	22 英寸患者专用触摸显示器	1 台	8	简体中文说明书	1 本

(四) 启慧博士认知能力训练与测试仪

系统主要特点：先进理念和现代化手段相结合；认知评估和训练相结合，集体教学和个别化康复相结合；认知与语言相结合。

系统主要功能：提供注意力的评估和训练；提供观察力的评估和训练；提供记忆力的评估；提供推理能力的评估；提供元认知能力的评估。

四、儿童智力康复训练评估系统设备 CITE V5.7

系统功能介绍：利用先进的多媒体技术，客观地评估儿童智力发展状况，将易用性和标准化完美结合，极大地简化儿童智力训练评估的繁琐流程。如图 6-3-12 所示。

系统特点：

（1）内置 19 套国内外标准的智力评估量表，对儿童进行全方位的评估。

（2）双屏幕设计，治疗师和儿童分屏独立操作，避免儿童误操作造成训练评估无法进行。

（3）采用儿童专用触摸屏，可提高儿童治疗的积极性和配合性。

（4）采用标准评估报告，可进行打印、储存、导出等各种操作。

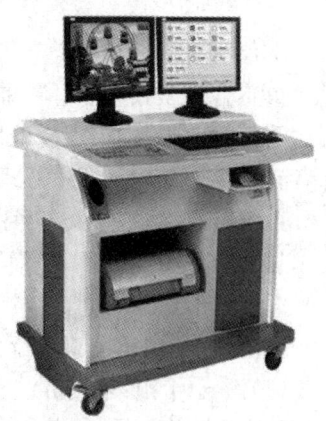

图 6-3-12　CITE V5.7

（5）声音图像卡通化，保证儿童专注力，提高训练效果，确保评估准确性。

（6）专用监控摄像头，对儿童进行实时拍照录影，可进行存档及效果对比，帮助医护人员进行科研取证。

（7）内置 13 大类超过 2 000 小时的训练题库供治疗师灵活调用，全方法训练儿童智力。

（8）开放式训练平台，治疗师可自由设计出最适用的训练计划，达到最好的训练效果。

系统的标准配置：如表 6-3-2 所示：

表 6-3-2　CITE V5.7 系统的标准配置

序号	名称	数量	序号	名称	数量
1	COGNI 软件系统安装光盘及硬件加密狗	1 套	5	广播级音频回放设备	1 套
2	COGNI 专用电脑主机	1 台	6	儿童专用监控摄像头	1 个
3	22 英寸儿童专用触摸显示屏	1 台	7	喷墨打印机	1 台
4	22 英寸治疗师专用显示屏	1 台	8	简体中文说明书	1 本

适用范围：心理水平相当于 4～16 岁的人群；患有心理不足、自闭症、多动症、癫痫、唐氏症、脑性瘫痪、脑外伤、中风、失语、语言发育障碍、沟通表达困难、注意力缺失等各种认知语言学习障碍者；医院、教育、康复机构及科研机构等需要进行心理评估的单位。

五、儿童心理康复专用仪器设备

儿童情绪行为评估与康复训练适用对象：发展障碍、行为障碍、情绪困扰、自闭症、肢体障碍、多重障碍、言语损伤、听觉损伤、视觉损伤、神经损伤。

(一)音乐博士可视音乐干预仪

本仪器将听觉和视觉有机结合,使音色、旋律、节奏、色彩、形状的变幻融为一体。通过多重感官刺激,起到唤醒、催进、激励、抚慰、宣泄等精神心理作用,可获得药物和人际交流达不到的效果,最大限度地发掘大脑潜能。音乐治疗的同时加入画面和灯光效,能帮助患者改善生理功能和调适心理状态。

系统特点: 虚拟现实迁移技术实现左右大脑的协调和整合;视交叉原理和脑电波诱导技术相结合;视觉和音乐要素的有机结合;针对性治疗处方与渐进性干预技术;有序多样的画面可延长注意时间。

系统功能: 用于情绪与行为障碍、自闭症、注意力缺陷与多动障碍的治疗,具体如下:

(1)音乐干预:采用屏左实物画面,屏右效果画面的双显示技术进行训练。

(2)音乐治疗评估:选用正性、中性、负性音乐,嵌入α波与速写、镜像、卡通、虚幻、镜像和速写、三基色、滚屏、浮雕、龟裂、彩笔等画面效果相配合。

(3)脑电波干预:通过音乐、灯光、图像、童趣动画等多重刺激方式诱导出期望的脑电波状态。

(4)采用单一被试技术对康复效果进行全程监控。

(二)心语博士自闭与多动障碍干预仪

多感官视听功能检测处理系统(功能模块:心语博士自闭与多动障碍干预仪软件)如图 6-3-13 所示:

本仪器是针对自闭与多动障碍患者的注意力缺陷、语言发育迟缓、语言沟通障碍、情绪与行为障碍等问题而开发设计的一种现代化康复设备,采用多媒体手段进行情绪的干预,以期整合脑神经系统的运动,影响其行为方式。

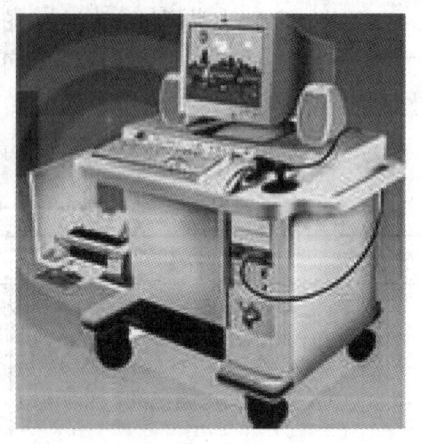

系统特点: 视听结合,强化刺激;多重手段,对症干预;注重沟通,改善行为;循序渐进,逐步显效。

图 6-3-13 多感官视听功能检测处理系统

系统功能: 用于情绪与行为障碍、自闭症、注意力缺陷与多动障碍的治疗,主要功能与音乐博士可视音乐干预仪相似。

六、体感游戏设备

体感游戏是建立在体感和计算机网络信息科学技术基础上的一种实践应用,它是指用身体去感受的电子游戏,通常采用先进的计算机识别技术,捕捉用户动作,模拟情景感受,得到逼真的环境模拟效果,产生身临其境的感受,进而完成现实中无法实现的虚实结合、难易搭档的境界体验。随着体感技术的发展,体感游戏广泛应用到了教育和训练等方面,使用户寓教于乐,体验非凡。它可用于中度、中重度智力障碍、自闭症和脑瘫患儿的康复训练,提高智力障碍儿童学习的趣味性、互动性、真实性,改善智力障碍儿童的动作、感知、思维、语言沟通能力。

(一) 安全自护演练系统

1. 系统功能简介

模拟社会及险情场景，构建安全的代入式学习环境，由学生自主探究，以对应动作驱动虚拟场景发展及动作因果反馈，实现体感交互模拟演练。通过生命教育，培养学生生存技能，强化逃生及安全自护意识(如图6-3-14)。具体内容包含学校、家庭和商场等各类公共场所火警和地震险情逃生等社会安全自护演练。

图 6-3-14 "火场逃生"活动

2. 技术参数

(1) 体感检测技术指标：检测空间范围不小于3×4平方米(纵深4米，横向3米)；支持1~6人同时体感交互操作；在检测空间内，操作者面对体感摄像头动作，软件识别操作者的25个骨骼点，以及手势动作(单手左右平挥、前后推拉、手掌握拳松开等)、上肢动作(单双臂侧平举、上举、前平举、双臂前举旋转、单臂上前抛掷、单臂下前抛掷)、下肢动作(单腿前置/后退、双腿原地踏步、单腿前踢)、身体动作(移动、下蹲、举手上跳、立定上跳、前后跳跃等)。

(2) 数据检测功能：定量测量动作指标(计次、计时等)，存储及统计动作指标数据，具备1 080p高清彩色图像拍照或短视频功能。

(3) 多模式交互操作：软件兼容体感、键盘鼠标和触摸屏等操作方式。

(二) 智障儿童个别化训练系统

1. 系统功能简介

结合人与器械、人与电脑的多重交互，辅助脑瘫、唐氏综合症、孤独症等感统及官能康复训练，提供测评数据(如图6-3-15)。

图 6-3-15 "三只小猪"活动

2. 技术参数

与安全自护演练系统参数一致。

【思考与练习】

培智学校老师应该具有怎样的信息技术技能？针对这些技能，结合自己的实际情况，谈谈你在大学时还应该在哪些方面充实自己？

【参考文献】

[1] 朱图陵. 残疾人辅助器具基础与应用[M]. 北京：求真出版社，2010.

[2] 马小丽. 培智教学中信息技术的运用[J]. 新课程，2012(10).

[3] 中华人民共和国残疾人评残标准.

[4] 冬雪. 美国智力障碍定义的演变及其启示[J]. 中国特殊教育，2011(5).

[5] 侯冬梅. 培智学校教师专业发展现状及需求研究[D]. 辽宁师范大学硕士研究生学位论文，2009.

[6] http://www.dukon.cn/product/2013-4-26/99.html.

[7] http://www.gz-sk.cn/yyrzspdhpgxlxt.html.

[8] http://www.gz-sk.cn/yykfxlxt.html.

[9] http://www.tigerdrs.com/P-8.aspx.

第七章 特殊教育新兴技术及运用

◆ 学习目标

1. 了解 3D 打印、虚拟现实、人工智能等特殊教育新兴技术的起源与发展。
2. 了解 3D 打印的工艺流程和 3D 打印技术的特点,理解 3D 打印的教育特性及 3D 打印在特殊教育领域的应用。
3. 了解虚拟现实系统的组成,理解虚拟现实技术的特征,理解虚拟现实技术在特殊教育领域的应用。
4. 理解人工智能教育的内涵,理解人工智能在特殊教育领域的应用。

◆ 思维导图

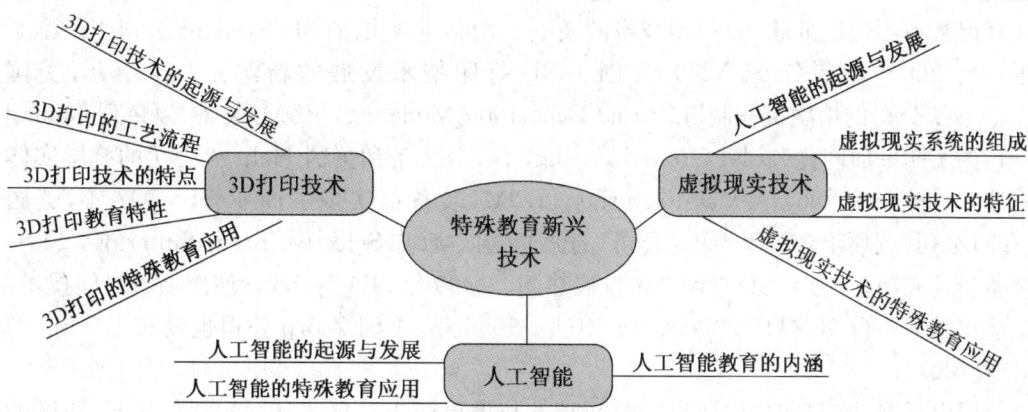

特殊教育群体因其固有的特性,受身体、心理等方面的局限和困扰,在智力、能力、行动等方面与传统教育群体有所差异。随着现代科学技术的迅猛发展与应用领域的扩大,越来越多的新兴技术逐渐应用于特殊教育领域。3D 打印、人工智能与虚拟现实技术等新兴技术在特殊教育教学中的应用,为其提供了全新的应用手段,将推进特殊教育的快速发展。

第一节 3D 打印技术

一、3D 打印技术的起源与发展

3D 打印技术(Three Dimensional Printing Technology，3DPT)，学术界又称为"增材制造"(Additive Manufacturing，AM)技术，也称为添加制造或增量制造。2009 年，美国材料与试验协会(American Society for Testing and Materials，ASTM)成立了 3D 打印技术委员会(F42 委员会)，明确给出了 3D 打印的定义："Process of joining materials to make objects from 3D model data, usually layer upon layer, as opposed to subtractive manufacturing methodologies."据此，我们可以认为，3D 打印是一种与传统的机械加工方法截然相反，基于三维 CAD 模型数据，通过增加材料逐层制造的方式，直接制造与相应数学模型完全一致的三维物理实体模型的制造方法。

3D 打印技术发展于 20 世纪 80 年代，Charles Chuck Hull 提出了第一种 3D 打印概念，称为立体光刻(Stereolithography，SLA)。随着激光技术的进步以及所使用材料和工艺的创新，Chuck Hull 首先把这个概念变成了现实。3D 打印技术在美国发展迅速，其发展状况基本可代表全球 3D 打印技术的发展。1988 年美国的 3D Systems 公司生产出了第一台 3D 打印装备 SLA250，开创了 3D 打印技术发展的新纪元。1991 年，美国 Stratasys 公司的熔融沉积制造(Fused Deposition Modeling，FDM)装备、以色列 Cubital 公司的实体平面固化(Solid Ground Curing，SGC)装备和美国 Helisys 公司的叠层实体制造(Laminated Object Manufacturing，LOM)装备都实现了商业化。1992 年，美国 DTM 公司(现属于 3D Systems 公司)的激光选区烧结(Selective Laser Sintering，SLS)装备研发成功，开启了 3D 打印技术发展热潮。1996 年，3D Systems 使用喷墨打印技术，制造出其第一台 3D 打印装备 Actua 2100。1996 年，美国 Zcorp 公司也发布了 Z402 型 3D 打印装备。

国内开展 3D 打印技术研究的时间基本与世界同步。自 20 世纪 90 年代起，我国的科研机构也已经开始研发自主知识产权的 3D 打印机，清华大学、北京航空航天大学、华中科技大学、西安交通大学等高校都取得了不俗成绩，基本与西方发达国家处于同一水平，研制出了多种类型的 3D 打印装备和材料。其中，北京航空航天大学率先研发出飞机钛合金大型复杂整体构件激光成形技术，这是国际上 3D 打印领域内的重大突破。华中科技大学研发的大型 3D 打印机，可通过激光将原材料制造成复杂的工业零部件或生活用品。2012 年底，工信部宣布加强顶层设计和统筹规划，以推动 3D 打印产业化，并组织制定发展路线和中长期发展战略，完善 3D 打印的技术规范与标准。

二、3D 打印的工艺流程

3D 打印为用户提供了新的设计、创作和制作方法。3D 打印使用特制的设备将材料一层层地喷涂或熔结到三维空间中，最后形成所需的对象，所用设备即 3D 打印机，如图

7-1-1 所示。3D 打印机的精确度相当高,即便是低档廉价的型号,也可以打印出模型中的大量细节,而且它比起铸造、冲压、蚀刻等传统方法能更快速地创建原型,特别是传统方法难以制作的特殊结构模型。3D 打印成形的通用化过程为:由设计者首先在计算机上利用三维软件建立 3D 模型,再用切片软件将 3D 模型逐层分解成多个截面,打印机逐层打印 2D 轮廓,堆叠形成三维实体。一般来说,通过 3D 打印获得一件物品需要经历三维建模、分层切割、打印喷涂和后期处理四个主要阶段。

图 7-1-1　ORDbot Quantum 三维打印机

1. 三维建模

通过 GoSCAN 之类的专业 3D 扫描仪或 Kinect 之类的 DIY 扫描设备获取对象的三维数据,并且以数字化方式生成三维模型。也可以使用 Blender、SketchUp、AutoCAD 等三维建模软件从零开始建立三维数字化模型,或直接使用其他人已做好的 3D 模型。

2. 分层切割

由于描述方式的差异,3D 打印机并不能直接操作 3D 模型。当 3D 模型输入电脑后,需要通过打印机配备的专业软件来进一步处理,即将模型切合成一层层的薄片,每个薄片的厚度由喷涂材料的属性和打印机的规格决定。

3. 打印喷涂

由打印机将打印耗材逐层喷涂或熔结到三维空间中,根据工作原理的不同,有多种实现方式。比较流行的做法是先喷一层胶水,然后在上面撒一层粉末,如此反复;或是通过高能激光融化合金材料,一层一层地熔结成模型。整个过程根据模型大小、复杂程度、打印材质和工艺耗时几分钟到数天不等。

4. 后期处理

模型打印完成后一般都会有毛刺或是粗糙的截面。这时需要对模型进行后期加工,如固化处理、剥离、修整、上色等,如此才能最终完成所需要的模型的制作。目前,3D 打印领域在具体实现打印的关键技术方面处于百花齐放的状态,各种技术相互竞争,它们之间的差异主要体现在打印机分层创建部件和应用材料方式上。例如,选择性激光烧结技术

(SLS)和混合沉积建模技术(FDM)可以归为一类，它们是利用熔点较低的可塑性材料作为打印的"墨水"，通过热熔的方法来制造物品的；还有一类打印技术是直接用液体材料作为打印耗材，包括立体平版印刷技术(SLA)和分层实体制造技术(LOM)，通过光敏等方法使材料固化。以上的这些技术各自都有优势和不足，其适用领域有所不同，在实际应用中应该综合考虑打印的速度、成本、打印机价格等因素选择合适的解决方案。

三、3D打印技术的特点

3D打印技术带来了世界性的制造业革命，被称为最有前景的新型生产方式，促进了传统制造业的转型升级。传统的制造设计完全依赖于生产工艺能否实现，而3D打印技术的出现颠覆了这一生产思路，使得在制造设计时不需要考虑生产工艺的问题，通过3D打印机可以成形任何复杂的结构。

3D打印具有如下特点：

（1）数字制造：借助CAD等软件将产品结构数字化，驱动机器设备加工制造出零件。数字化文件还可借助网络进行传递，从而实现异地分散化制造的生产模式。

（2）降维制造（分层制造）：即把三维结构的物体先分解成二维层状结构，逐层打印并累加形成三维实体。因此，原理上通过3D打印技术可以制造出任何复杂的结构，而且制造过程更柔性化。

（3）堆积制造："从下而上"的堆积方式对于实现功能梯度、非匀质材料的产品更有优势。

（4）直接制造：任何高性能、难成形的部件均可通过3D打印方式一次性直接制造出来，不需要通过组装、拼接等复杂过程来实现。

（5）快速制造：3D打印制造工艺流程短、全自动，可实现现场制造，因此，制造更快速、更高效。

四、3D打印的应用

（一）3D打印技术的应用领域

3D打印技术作为第三次工业革命的代表性技术之一，目前已在工业设计、文化艺术、机械制造（汽车、摩托车）、航空航天、军事、建筑、影视、家电、轻工、医学、考古、雕刻、首饰等领域都得到了应用。

3D打印最初应用于模具制造、工业设计等领域。在汽车和飞机等制造领域，3D打印技术可以实现大型复杂异形关键零件的快速整体制造，以加速关键零件的开发与制造。图7-1-2所示为3D打印的汽车，整车仅50个零件（常规制造仅仪表盘就有上千个零件），减重50%，该车可以用37.85 L燃气，以112.65 km/h的速度横穿美国东西部。图7-1-3所示为英国南安普顿大学研发的世界上第一架3D打印飞机，该机翼展1.98 m，最高时速可达160.93 km/h，不需要任何螺丝连接，组装简单。

图 7-1-2　3D 打印汽车

图 7-1-3　3D 打印飞机

相较于传统制造技术,3D 打印在小批次、设计复杂的物件制造上具有成本和效率优势,这也使得 3D 打印技术在医学领域中的应用很广,主要包括四个方面的应用:辅助外科手术,如打印 3D 模型辅助医生进行术前规划,打印手术导板等;打印个性化医疗器械,如打印助听器、义肢、义齿、新型给药系统和个性化内植入物等;应用于组织工程,如打印组织工程支架以及生物 3D 打印技术等;应用于医学教育和基础科研,如打印 3D 模型用于临床教学或者解剖教学,打印 3D 实体模型用于生物力学研究以及 3D 打印人工组织器官用于药物测试和肿瘤研究等。

随着打印材料的研发和控制技术的完善,3D 打印在教育领域中的应用也逐步受到研究者的关注,一些国家和组织也开始对 3D 打印的教育应用进行探索。

英国教育部开展了一项为期一年的试验项目(2012.10—2013.9),以 21 个学校为试点,将 3D 打印技术应用到数学、物理、计算机科学、工程和设计等课程中,探索 3D 打印的教学应用,推动教学创新。美国国防高级研究计划局(DARPA)制作实验和拓展(MENTOR)项目计划在美国高中推广 3D 打印机。MENTOR 项目旨在培养高中生的工程技术,培养学生一系列的技能,并激发他们对工程、设计、制造和科学相关课程的兴趣,促进高中学龄的学生协作完成一系列的设计和制作方案,以帮助他们解决在未来设计和工程方面的挑战。3D 打印机在动手和动脑的学习中发挥着重要作用,将有助于 MENTOR 计划培养目标的实现。

在我国,上海市将 3D 打印引入基础教育领域,静安区青少年活动中心创意梦工厂配置了 3D 打印机及配套的 3D 扫描仪,定期开设相关课程,免费供有兴趣的学生学习三维设计和计算机辅助制造,打印自己设计的产品。有媒体统计,2014 年北京几十所中小学已配备 3D 打印机;2015 年云南 6 000 所中小学配置 3D 扫描仪和打印机;2016 年,几乎大城市的中小学都配置了 3D 打印机。

3D 打印厂商也关注和重视在教育领域的应用和推广。Stratasys 公司为教育行业推出了一款面向高等教育机构的 3D 打印机教育包——Object30 睿智(Scholar)。该教育包具有超高分辨率和精确度,可以制造出具有光滑表面、移动部件、细节完善的模型,适用于小空间、办公室和桌面操作,能够兼容所有类别的 3D CAD 软件。3D 打印教育包将使学生有机会开发 3D 打印项目,为高校带来快速成形模具制造体验,帮助跨学科,尤其是理工科的师生们快速实现创新与设计理念。

(二) 3D 打印教育特性

基于 3D 打印显著特征和多样化创新应用,3D 打印体现出相应的教育特性:

1. 塑造可重用的多态教育对象

3D 打印作为 3D 数字制造技术,体现出的最大特征是精准、全息地快速成形。结合数字扫描,3D 打印能快速精准地打印出自然物体和人造物体的可重用制品。由真实的生活经验、技术以及工具整合形成的创意,不仅可以设计蓝图呈现,更可以通过 3D 打印塑造为多态教育对象。珍贵的标本、化石和历史文物等作为教具和学具受购置、安全和维护成本制约,3D 打印重塑可重用的教育制品,可以保证在信息不失真的条件下,传播珍贵历史人文遗产。

2. 蕴含"设计思维"的个性化创造工具

3D 打印将个性化定制关键的影响因素如技能、成本、时间都降低到最低点,不需要增加额外的成本,不需要掌握专业的工艺,就可以打印出复杂、多样化的构造体;不仅实现独立的零部件成形,更能将所有装配部件作为整体一次性打印成形。在差异化教育模式探索中,3D 打印能使不同教育层次的个人以专业水平实现从想象到产品的个性化创造,满足学习者对个性化创意设计进阶的不同需求。这样,3D 打印最大限度地促成了学习者从教育消费者到创造者的转变。

3. 打造虚实结合的教育创新应用平台

紧凑、便携的 3D 打印作为改变时空限制的制造技术,拓展了制造即服务的新模式。基于网络的 3D 打印服务支持协同制造,作为一种新型数字技术,教育工作者和学习者能够在 3D 打印制造平台上开展课堂或自主研发项目。许多中小学的科学创新实验室、大学的学术性创客空间以及博物馆的制造空间,都是围绕培育和激励这项技术应用创新而开展的主要形式。

(三) 3D 打印技术在特殊教育领域中的应用

一些特殊学校已开展关于 3D 打印的实践活动。如在 3D 打印机技术实践工坊里,深圳元平特殊教育学校的几十名聋哑学生在技术人员的指导下认真地完成 3D 打印机技术创作;重庆市残疾人联合会、重庆市教育委员会主办的"3D 打印科普与民间手工技能知识活动"走进特殊学校。

3D 打印技术能够将抽象的专业知识转换为具象的实物模型,增强信息的可视化和可读性,符合听障学生"以目代耳"接收信息的特点。一些高等院校也在尝试将 3D 打印技术应用于听障学生专业课程的教学中。如在教学设计环节融入 3D 打印技术将虚拟三维模型转化为实物模型,便于听障学生理解空间关系、透视原理等抽象的知识,以逆向教学设计开展教学,使学生在充分动手实践后,探索研究得出建模的方法和优化设计方案。

随着 3D 打印从象牙塔里的高科技发展成为融入学校、家庭和社会教育常态的具有革命性影响的技术,这或许将成为智慧教育时代推动教育变革的重要利器,进而有效促进教育创新和变革。

第二节 虚拟现实技术

一、虚拟现实技术的起源与发展

虚拟现实（Virtual Reality，简称 VR）是一种可以创建和体验虚拟世界的计算机仿真系统，它是一种综合计算机图形技术、多媒体技术、传感器技术、人机交互技术、网络技术、立体显示技术以及仿真技术等多种科学技术而发展起来的计算机领域的新技术。它利用计算机生成一种模拟环境，向使用者提供视觉、听觉、触觉等多种感官刺激，使用者通过头盔式显示器、手势（数据手套）、体势（数据衣服）和自然语言等方式与这一环境（以及其中的虚拟物体、人物）进行实时交互，带来一种身临其境的感受。

VR 技术最早在 20 世纪中期由美国 VPL 探索公司和它的创始人拉尼尔（Jaron Lanier）提出。后来美国宇航局（NASA）的艾姆斯空间中心利用流行的液晶显示电视和其他设备开始研制低成本的虚拟现实系统，推动了其硬件的进步。

1965 年，美国计算机图形学之父 Ivan Sutherland 在论文 *The Ultimate Display* 中，提出了虚拟现实概念的基本思想和经典描述，并在 1968 年组织开发了第一个头盔显示器（Head-Mounted Display，HMD）和头部位置追踪系统，这是虚拟现实技术的萌芽阶段。20 世纪 80 年代，陆续出现了一些比较典型的虚拟现实系统。例如，NASA 虚拟行星探测实验室完成的 VIEW 虚拟现实系统，涵盖了数据手套、头部追踪器等设备，提供手势、语言等交互手段，可以称得上是第一个"完整"的虚拟现实系统。1987 年，James. D. Foley 在论文 *Interfaces for Advanced Computing* 中，对虚拟现实的含义、接口硬件、人机交互界面、应用和未来前景做了全面的论述，虚拟现实的概念和理论开始初步形成。1989 年，VPL 公司的 Jaron Lanier 提出用"Virtual Reality"来表示"虚拟现实"一词，并且把虚拟现实技术开发为商品，推动了虚拟现实技术的发展和应用。

20 世纪 90 年代开始，随着各类技术的不断发展成熟，虚拟现实逐步从实验室研究转向更广泛的应用，包括军事、科学与工程环境的模拟与仿真、教育与训练、医学、商业、艺术与娱乐等多个领域。2016 年被称为虚拟现实技术元年，各大巨头公司纷纷将目光转向虚拟现实技术的开发和推广，虚拟现实技术进入全面发展阶段。

二、虚拟现实技术的特征

虚拟现实系统为用户提供人机交互的接口，通过接口为用户提供视觉、听觉和触觉等全方位的体验，让用户最直观地感知交互的方法，方便用户操作。

美国科学家 G. Burdea 和 P. Coiffet 提出了使用三个"I"来定义虚拟现实技术的基本特征：沉浸性（Immersion）、交互性（Interaction）、想象性（Imagination），也称为 3I 特征。

1. 沉浸性

沉浸性是指利用计算机产生的三维立体图像使人置身于一种虚拟环境中，就像在真实的客观世界中一样，带给人一种身临其境的感觉。沉浸性主要源于虚拟世界中存在的多重表征和感官刺激,除了常见的视觉感知之外,还有听觉感知、触觉感知、运动感知、嗅觉感知等。

2. 交互性

交互性是指虚拟现实系统能够随时探测使用者的输入信号,并且做出及时回应。在虚拟环境下,人们可以利用一些传感设备以更自然的方式与其中的物体进行交互,感觉就像在真实世界中一样。比如可以用手直接"操纵"虚拟物体,并且得到触觉反馈和力量反馈。后来的研究者进一步将"交互性"的概念从使用者和环境(及环境中的物体)互动拓展到不同使用者之间的交互行为上,比如虚拟世界中通常具有"代替真实用户出现的虚拟化身(Avatar)"和"方便沟通、互动的聊天工具"等社会性元素。

3. 想象性

想象性是指虚拟现实技术为人们认识世界提供了一种全新的方法和手段,能够帮助人们思考和想象现实世界中不存在的事物,提高感性和理性认识,从而深化概念以及引发新的联想。用户自己可以在场景中随意漫游,由于虚拟作品观看时间不受限制,可以长时间浏览;观察角度不受限制,可以更换多个观察点,按路线游览,也可以借助虚拟环境发挥其想象力和创造力。

虚拟现实技术的 3I 特征为用户提供了可以在虚拟世界任其操作的环境,并以其高度的沉浸感和丰富的想象性,使用户产生身临其境的感觉及畅想的空间。

三、虚拟现实系统的组成

一个典型的虚拟现实系统由用户、用户界面、传感器模块、输入设备、专业图形处理计算机、专业应用软件、数据库、输出设备组成,如图 7-2-1 所示。

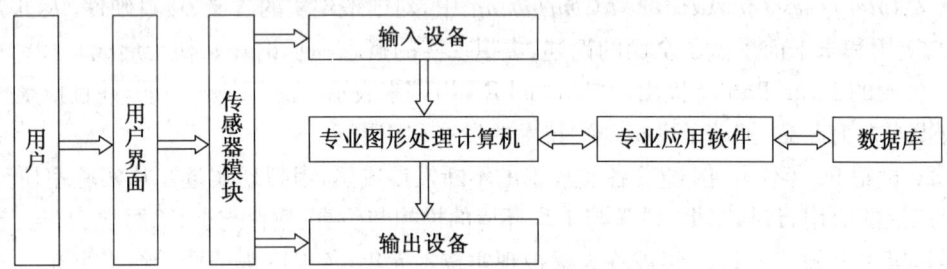

图 7-2-1 典型的虚拟现实系统

其中,用户是虚拟现实系统的使用者和需求者。

用户界面(User Interface, UI)是指对软件的人机交互、操作逻辑、界面美观的整体设计。好的 UI 设计不仅让软件变得有个性、有品位,还要让软件的操作变得舒适、简单、自由,充分体现软件的定位和特点。用户界面是系统和用户之间进行交互和信息交换的媒介,它实现信息的内部形式与人类可以接受形式之间的转换。用户界面是介于用户与硬件而设计彼此之间交互沟通的相关软件,目的是使得用户能够方便有效率地去操作硬件以达成双向交互,完成所希望借助硬件完成的工作。用户界面定义广泛,包含了人机交互与图形用户接口,凡参与人类与机械的信息交流的领域都存在着用户界面。

传感器模块是测量系统中的一种前置部件,它将输入变量转换成可供测量的信号,是传感系统的一个组成部分,它是被测量信号输入的第一道关口。

输入设备是虚拟现实系统的入口,功能是检测用户的输入信号,通过传感器输入计算机。

专业图形处理计算机主要负责从输入设备中读取数据,访问与任务相关的数据库,执行任务要求的实时计算,从而实时更新虚拟世界的状态,并把结果反馈给输出显示设备。

专业应用软件包括 Unity3D、Quest3D、Virtools、VRP(国内)等。

数据库是存储数据的,可以用来提供查询服务。如 SQL、MySQL、Access 等。

输出设备是虚拟现实系统的出口,功能是由计算机产生的信息,通过传感器传递给输出设备,如屏幕、立体声耳机、力反馈的数据手套以及大屏幕立体显示系统。

四、虚拟现实技术的应用

(一)虚拟现实技术的应用领域

虚拟现实技术最早源于军事领域的需要。随着其技术的不断发展与完善,虚拟现实技术的应用正逐步渗透到航天、军事、通信、医疗、教育、艺术、娱乐、建筑和商业等各个领域。

虚拟现实技术应用于教育领域的研究最早出现在美国,之后是澳大利亚、英国、西班牙等,我国在这方面的研究相对较晚。20世纪90年代,美国研究人员在科学空间(Science Space)将虚拟现实技术引入基础教育和高等教育,研究项目包括细胞生物学(Cell Biology)、全球变化(Global Change)、虚拟大猩猩展览(Virtual Gorilla Exhibit)等。我国也高度重视虚拟现实技术的教育应用,截至2016年教育部已批准成立300个国家级虚拟仿真实验教学中心。

虚拟现实技术在教育教学领域的应用,促进了教育教学改革质的飞跃。它扩展了学校教育空间和规模,为学生自主学习创造了良好的环境。在虚拟现实技术所提供的生动、逼真学习环境中,学生是真正的参与者,而不是被动的接受者。传统的以教促学的学习方式被学习者通过自身与信息环境交互作用获得知识、技能的新型学习方式所取代。除了学生的学习方面,VR技术在学校科研、虚拟仿真校园、虚拟实训基地等方面都得到了广泛应用。在教学中,VR也发挥了其重要作用,它弥补了远程教学条件的不足,避免了真实实验或操作带来的危险,打破了时间、空间的限制,虚拟了各种人物形象等。

基于虚拟现实本身的技术特点,VR可以为教学提供新的方式,如在具体的课堂中,虚拟现实技术为学习者提供了可视化的模型或模拟器,这些作为教育教学的辅助工具促进了学生对教学内容的理解。同时,通过虚拟现实技术可以构建沉浸式虚拟现实环境系统,为学习者提供视觉、听觉、触觉等多感官体验的互动方式,既可以培养学生的学习兴趣与热情,又能使教育教学达到事半功倍的效果。

(二)虚拟现实技术在特殊教育领域中的应用

虚拟现实技术为特殊教育提供全新的应用手段、优化的实训环境、良好的教育教学平台以及优质的学习情境。

1. 虚拟现实技术为特殊教育提供全新的应用手段

通过虚拟现实技术创建虚拟的三维真实情景,能使特殊教育群体以直观的方式进行学习和观察,突破身体及心理造成的局限,使其学习更直观而现实。另外,在虚拟的学习环境中,特殊教育群体的学习比依靠文字交流的形式更生动具体,在提高特殊教育群体学习兴趣的同时,避免了学习带来的枯燥感,进而激起特殊教育群体对学习的兴趣。

2. 虚拟现实技术为特殊教育提供优化的实训环境

虚拟现实技术的沉浸性和交互性,可以使特殊教育群体能够在虚拟的环境中充分扮演角色,不受任何身体、心理的缺陷影响。运用虚拟现实技术仿真浓厚的学习氛围、厚重的学校文化底蕴,帮助特殊教育群体在良好的校园环境中健康成长。

3. 虚拟现实技术为特殊教育提供良好的教育教学平台

利用虚拟现实技术,能够打破时间和空间的限制,创设出可供特殊教育群体足不出户进行学习、交流的情境,能获得与在真实的环境中相同的体会,从而丰富其感性认识。此外,还可以避免真实教学活动和实验带来的各种危险。

4. 虚拟现实技术为特殊教育提供优质的学习情境

运用虚拟现实技术可以再现实际学习、生活中无法观察到的自然现象或事物的变化发展过程,为特殊教育群体提供生动、逼真的感性材料,帮助学生解决学习、生活中的各种重点和难点。还能够对特殊教育群体学习过程中的各种假设进行虚拟,直观地观察到假设产生的结果或效果,可以有效激发学生的创造性思维,培养学生的创新能力。

在虚拟现实技术创设的仿真与即时反馈环境中,特殊儿童可以充分调动视觉、听觉、触觉等感觉器官进行学习和训练,不仅弥补了传统教学方式和康复治疗的不足,更提高了相关操作的安全性和实效性。国内已有研究阐述了虚拟现实技术在肢体障碍、听力障碍、视力障碍及其他类型特殊儿童教学、治疗与训练中的应用,并对如何解决存在的问题提出了建议。

对于视力残疾者,其听觉及触觉一般会得到加强。在虚拟现实系统中强化学习内容在听觉和触觉方面的反馈,使视力残疾者通过除了视觉之外的感觉,感受学习对象,理解学习内容,加深学习的印象,提高学习的效率。

对于听力残疾者,其视觉一般会得到加强。因此可以在虚拟现实系统中强化视觉方面的反馈,给予视觉更多的刺激,加深听力残疾者对学习内容的理解和印象,提高学习的效果。使用虚拟现实技术模拟手语姿势,可以实现从语音或者文字到手语之间的相互转换,方便健听者与听障者的交流,使听障者可以更好地使用健听者的学习资源。

对于智力残疾者,可以利用虚拟现实场景的真实性、虚幻性,丰富的色彩和形象的动画形式,将繁琐复杂的学习内容简单化,提高学习者学习的专注度和兴趣。

将虚拟现实技术和远程教育相结合,建立虚拟校园、虚拟课堂,有利于身处特殊教育资源不发达地区及行动不便的残疾人享受身临其境的学习环境,共享良好的特殊教育资源。在特殊学校的职业教育中,可以通过虚拟现实技术构建技能训练或者职业实训的虚拟环境,使学生切实感受到真实的工作环境,更好地掌握职业技能,增强就业的自信心。

自闭症儿童的社会交往障碍具体体现在社会交流、情感表达、自我认知等方面。有研究表明,使用虚拟现实技术对自闭症学习者进行教学干预,会取得一定的成效。基于虚拟现实技术的体感游戏是自闭症教育康复中的一大创新应用。体感游戏(Motion Sensing Game)是一种通过肢体动作变化来进行(操作)的新型交互式电子游戏。体感游戏是自 2006 年任天堂公司发布 Wii Mote 开始正式面向全世界的游戏。Kinect 体感游戏是目前在自闭症儿童教育康复训练中运用最成功的体感游戏设备之一。

目前,虚拟现实技术因其技术的先进性、特征的鲜明性广泛应用于各领域,但远远未达到普及的程度。随着其技术的不断成熟和发展,虚拟现实技术以其自身的先进性和优越性,在不久的将来定会被广泛应用于特殊教育。

第三节 人工智能

一、人工智能的起源与发展

人工智能(Artificial Intelligence,英文缩写为 AI)是一门综合了计算机科学、控制论、信息论、神经生理学、心理学、语言学、哲学等多种学科互相渗透而发展起来的一门交叉学科。美国斯坦福大学人工智能研究中心尼尔逊(J. Nilsson)教授下过这样一个定义:"人工智能是关于知识的学科——怎样表示知识以及怎样获得知识并使用知识的科学。"而麻省理工学院的温斯顿(P. Winston)教授认为:"人工智能就是研究如何使计算机去做过去只有人才能做的智能工作。"

目前对于人工智能的定义还存在一定的争论,在学术界通常还将它区分为"强人工智能"和"弱人工智能"两个定义。其中,弱人工智能是基于数学进行问题求解的机器学习算法,程序设计者预测会出现的情况,然后做出应对方案,由机器判断符合条件与否并加以执行。而强人工智能要求程序有自己的思维,能够理解外部事物并自发做出决策甚至行动,其表现就像一个"人"一样,甚至很可能比人的反应更杰出、更可靠。但是不管分类和定义如何,人工智能作为 20 世纪的三大尖端技术(空间技术、能源技术和人工智能),同时也被认为是 21 世纪的三大尖端技术(基因工程、纳米科学和人工智能)正在蓬勃发展。

人工智能的概念自提出以来,已经过 60 多年的发展,积累了巨大的潜能。目前人们大致将人工智能的发展划分成了五个阶段。

第一阶段:萌芽期(1956 年之前)。自古以来,人类一直在寻找能够提高工作效率、减轻工作强度的工具。只是受限于当时的科学技术水平,人们只能制作一些简单的物品来满足自身的需求。我国最早的记载是在公元前 900 多年,出现了能歌能舞的机器人。这一时期出现了各种大家:法国 17 世纪的物理学家、数学家 B. Pascal,德国 18 世纪数学家、哲学家 Leibnitz 以及 20 世纪的图灵、冯·诺伊曼等。他们为人工智能的发展做出了十分重要的贡献。

第二阶段:第一次高潮期(1956 年—1966 年)。1956 年夏季,以麦卡赛、明斯基、罗切斯特和申农等为首的一批有远见卓识的年轻科学家在 Dartmouth 学会上引发了一场历史性事件———人工智能学科的诞生。Dartmouth 会议结束后,人工智能进入了一个全新的时代。会议上诞生了几个著名的项目组:Carnegie-RAND 协作组、IBM 公司工程课题研究组和 MIT 研究组。在众多科学家的努力下,人工智能取得了喜人的成果:1956年,Newell 和 Simon 等人在定理证明工作中首先取得突破,开启了以计算机程序来模拟人类思维的道路;1960 年,McCarthy 建立了人工智能程序设计语言 LISP。此时出现的大量专家系统直到现在仍然被使用,人工智能学科在这样的氛围下正在茁壮地成长。

第三阶段:低谷发展期(1967 年—80 年代初期)。1967 年之后,人工智能的研究与发展遇到了很大的阻碍。这一时期人们低估了人工智能学科的发展难度,一时之间人工智能受到了各种责难,人工智能的发展进入瓶颈期。尽管如此,众多的人工智能科学家并没有灰心,仍在为下一个时期的到来积极准备。

第四阶段:第二次高潮期(80 年代中期—90 年代初期)。随着其他学科的发展以及第五代计算机的研制成功,人工智能获得了进一步的发展。人工智能开始进入市场,它在市场中的优秀表现使得人们意识到了人工智能的广阔前景。由此人工智能进入第二次高潮期,并且进入发展的黄金期。

第五阶段:平稳发展期(90 年代之后)。国际互联网的迅速发展使得人工智能的开发研究由之前的个体人工智能转换为网络环境下的分布式人工智能。Hopfield 多层神经网络模型的提出,使人工神经网络研究与应用再度出现了欣欣向荣的景象。人工智能已经渗入我们生活的方方面面。

从技术发展的角度看,人工智能的发展可分为计算智能、感知智能、认知智能三个阶段,见表 7-3-1。其中,计算智能是人工智能的初步形态,也是其不断发展的基础;感知智能是当前国内外人工智能发展集中所处的阶段;认知智能是人工智能的高级形态,是未来人工智能发展的突破口。随着时间的推移、技术的进步,人工智能还在不断发展。世界各国、各企业也日益意识到人工智能所蕴含的巨大潜能,积极推进人工智能的研究与应用。

表 7-3-1 人工智能发展的三个阶段(技术维度)

发展阶段	特征	教育应用案例
计算智能	能存会算	存储与传递海量学习资源、智能学生信息管理系统
感知智能	能听会说、能看会认	语言教学、口语测评、图像搜题
认知智能	能理解、会思考	个性化学习、自主学习

与国际上人工智能的发展情况相比,国内的人工智能研究起步较晚。1981 年 9 月建立了全国性的人工智能组织——中国人工智能学会(CAAI),标志着中国人工智能学科的诞生。近年来,中国的人工智能已发展成为国家战略,中国已有数以 10 万计的科技人员和大学师生从事不同层次的人工智能相关领域研究、学习、开发与应用,人工智能研究与应用已在中国空前开展,硕果累累,这一切为我国"人工智能+教育"的发展提供了良好的基础。

二、人工智能的应用

(一)人工智能的应用领域

人工智能作为信息科学领域最前沿的学科之一,经历 60 余年的发展之后,对医疗、交通、商业、航天、农业等领域产生重大影响。智能机器的诞生,改变了传统的工业和农业生产方式,代替人类做单调重复性工作,帮助人类将节省的时间和精力投入到创造性工作中去,极大地提高了生产和工作效率,这也必将影响到我国未来的人才培养和就业。因此,人工智能的突破性进展是人类发展史上的一个重大转折,人类的思维方式和工作方式将发生重大转变,将推动信息时代进入人工智能时代,信息社会向智能化社会转型。目前,人工智能的研究是与具体领域相结合进行的。

1. 专家系统

专家系统是依靠人类专家已有的知识建立起来的知识系统,是一种具有特定领域内大量知识与经验的程序系统。它应用人工智能技术、模拟人类专家求解问题的思维过程求解领域内的各种问题,其水平可以达到甚至超过人类专家的水平。目前专家系统是人工智能研究中开展较早、最活跃、成效最多的领域,广泛应用于医疗诊断、地质勘探、文化教育等各方面。

2. 机器学习

机器学习就是机器自己获取知识。机器学习的研究,主要是研究人类学习的机理、人脑思维的过程;机器学习的方法;建立针对具体任务的学习系统。此外,机器人学这个领域所研究的问题,包括从机器人手臂的最佳移动到实现机器人的目标动作序列的规划方法等。因此开发高智能机器人是一个重要研究方面。

3. 模式识别

模式识别是研究如何使机器具有感知能力,主要研究视觉模式和听觉模式的识别,如识别物体、地形、图像、字体(如签字)等。在日常生活各方面以及军事上都有广大的用途。近年来迅速发展起来的模糊数学模式、人工神经网络模式的方法逐渐取代传统的用统计模式和结构模式的识别方法,特别是神经网络方法在模式识别中取得了较大进展。

4. 人工神经网络

人工神经网络是在研究人脑的奥秘中得到启发,试图用大量的处理单元(人工神经元、处理元件、电子元件等)模仿人脑神经系统工程结构和工作机理,通过范例学习,修改知识库和推理机的结构,达到实现人工智能的目的。

5. 智能决策支持系统

决策支持系统属于管理科学的范畴,它与"知识—智能"有着极其密切的关系。自20世纪80年代以来专家系统在许多方面取得成功,将人工智能中特别是智能和知识处理技术应用于决策支持系统,扩大了决策支持系统的应用范围,提高了系统解决问题的能力,这就成为智能决策支持系统。

6. 自动定理证明

自动定理证明是指利用计算机证明非数值性的结果,即确定真假值。早期研究数学系统的机器是1926年由美国加州大学伯里克分校制作的。如不断开发能够对某些问题或事物进行推理证明的程序,这些程序能够借助于对事实数据库的操作来证明和做推理判断。

7. 自然语言理解及自动程序设计

自然语言理解方面已经开发出能够从内部数据库回答英语提出问题的程序。此外,这些程序通过阅读文本材料,还能够把其中的句子从一种语言翻译为另一种语言,执行用英语给出的指令和获取知识等。自动程序方面的目的在于使计算机自身能够根据各种不同的目的和要求来自动编写计算机程序,既可用高级语言编程,又可用英语描述算法。目前已经可以自动编写出一些简单的程序。

（二）人工智能在教育领域的应用

在人工智能浪潮的影响和渗透下,教育领域也有越来越多的人工智能技术和应用出现。在课堂教学方面,虚拟助教 Jill Watson 被用在 300 多人的课堂上,代替助教回答学生们的问题;在自适应学习方面,自适应教学平台 Knewton 能够采集学习者学习过程中的行为数据,并对学生的学习兴趣、知识水平、学习风格、学习进度等做出分析和预测,以提供个性化的学习服务;在教育机器人方面,乐高推出的最新一代可编程智能机器人产品 Mindstorms EV3 增强了与智能设备的互动,添加了 WiFi 模块,可以和 iOS、Android 设备连接,通过 APP 进行控制。通过改进的麦克和扬声器设备,可以支持人机交互。此外,在考试测评与评价诊断、校园管理及教学管理、教育决策与教育治理等教育场景中,人工智能技术也得到了广泛的应用。人工智能涉及教育教学活动的诸多环节,具体集中在以下几个方面:

1. 智能教学系统

智能教学系统(ITS)是人工智能技术在教育中的重要应用之一,是对计算机辅助教学(CAI)相关研究的进一步发展。它能够模拟人类专家,根据学生自身的特点,对其实施个性化教学,主要包括领域知识模块、学生模型、教学策略模块和自然语言接口四个部分。

2. 智能代理(Agent)技术的教育应用

智能代理是一种以主动服务方式自动完成一组操作的机动计算机程序,具有自主性、主动适应性和迁移性等特点,目前已广泛应用于教育教学当中。比较典型的教育应用有智能教师代理、智能学生代理、智能信息资源代理等。

3. 智能答疑系统开发

智能答疑系统是将人工智能技术应用于答疑系统,克服以往答疑系统中存在的缺乏个性化交互的问题,从而能够更加有效地解决学生的疑难问题,消除学生的学习障碍。

4. 智能化教育决策支持系统开发

智能决策支持系统(IDSS)是人工智能的重要应用之一,是人工智能(AI)和决策支持系统(DSS)相结合,应用专家系统,使决策支持系统能够更充分地应用人类的知识,如关于决策问题的描述性知识、决策过程中的过程性知识、求解问题的推理性知识,通过逻辑推理来帮助解决复杂的决策问题。

（三）人工智能教育的内涵

所谓"人工智能＋教育",是人工智能与教育的深度融合与发展。"人工智能＋教育"的研究如火如荼,产生了较多的研究成果。目前,主要应用形式为人工智能教育,通过将人工智能应用于教育领域,以提升教育的质量,可以实现大规模的定制化教育内容及精准服务,帮助老师批改作业、与学生交流、促进个性化学习等。

人工智能技术推动教育形态与教育模式进行改造与重构，成为教育信息化发展的必然趋势。我国政府于2017年发布的《新一代人工智能发展规划》，明确要求发展智能教育。"利用智能技术加快推动人才培养模式、教学方法改革，构建包含智能学习、交互式学习的新型教育体系。开展智能校园建设，推动人工智能在教学、管理、资源建设等全流程应用。开发立体综合教学场、基于大数据智能的在线学习教育平台。开发智能教育助理，建立智能、快速、全面的教育分析系统。建立以学习者为中心的教育环境，提供精准推送的教育服务，实现日常教育和终身教育定制化。"

（四）人工智能在特殊教育中的应用

国务院发布的《新一代人工智能发展规划》战略部署了人工智能产业，强调在智能教育的发展方面构建包含有助于残疾学生的智能学习、交互式学习的新型教育体系。目前，人工智能已经在重度残疾人集中学习、视听残疾者无障碍交流等方面实现突破。

在1995年丹麦奥迪康推出世界第一台数字助听器后，2004年又一次的技术革新，即世界第一台AI人工智能助听器诞生，将助听器行业带入一个更加全新的发展理念，AI人工智能科技大大提升了在变化及复杂的高噪音环境中的"无佩带感"的自由聆听。2005年奥迪康AI人工智能助听器在欧洲及中国同步上市，助听器的智能化让许多苛求完美聆听效果的人获得了极高的满意度。

英国学者K.Dautenhahn教授带领他的科研团队于1998年开始进行一项利用人性化机器人作为媒介和手段，发展孤独症儿童社会交往能力的专门研究，称为"曙光计划"（The AURORA Project），其目标是研究机器人如何作为一种"玩具"发挥对孤独症儿童教育治疗的作用。研究表明机器人技术能够提供一个相对简化的社会交互环境并能够逐步增加社会交互的复杂性。通过与机器人的轮流游戏和模仿游戏，孤独症儿童能够习得基本的社会交往技能。

基于人工智能的文字转语音和目标识别技术已经改善了美国境内超过四千万有视觉和语言障碍的人的生活。2016年，Facebook基于人工智能开发了一款新型屏幕阅读工具，帮助盲人了解社交网络上的图片内容，能让盲人更好地了解信息并融入社交圈子。这款新型屏幕阅读工具可以将网页和文档转换成合成语音。用户在iOS设备上使用这款屏幕阅读器时，该工具可对照片进行自动文本处理，用户可以听到照片上的内容描述，从而为盲人和视觉障碍患者提供方便。2017年，微软发布了一种帮助盲人看世界、了解周围环境的人工智能技术——Seeing AI。Seeing AI通过使用神经网络技术，试图分析周围环境并通过语音为视力缺陷者带来帮助。Seeing AI不仅能识别出周边景象和人，甚至能判断与之交谈对象的年龄和情绪等，将信息转化为音频或传统盲文。

我们期待运用新时代的智能技术，让更多残障学生享受平等的教学环境，建立起学习的自信心，让他们为自己的未来创造奇迹！

【思考与练习】

一、填空

1. 虚拟现实技术的基本特征主要有：_____、_____、_____，也称为3I特征。

2. 一般来说,通过3D打印获得一件物品需要经历_____、_____、_____和_____四个主要阶段。

3. 从技术发展的角度看,人工智能的发展可分为:_____、_____、_____三个阶段。其中,_____是人工智能的高级形态,是未来人工智能发展的突破口。

二、简答

1. 目前应用于特殊教育领域的新兴技术有哪些?
2. 简述3D打印的特点。
3. 3D打印教育特性有哪些?
4. 简述一个典型虚拟现实系统的组成,并说出各部分的作用。
5. 人工智能涉及教育教学活动的诸多环节,具体集中在哪几个方面?
6. 举例说明3D打印技术在特殊领域中有哪些应用?
7. 举例说明虚拟现实技术在特殊领域中有哪些应用?
8. 举例说明人工智能在特殊领域中有哪些应用?

【参考文献】

[1] 朱红,陈森昌.3D打印技术基础[M].华中科技大学出版社,2017:1-8.

[2] [美]阿米特·班德亚帕德耶,萨斯米塔·博斯.3D打印技术与应用[M].机械工业出版社,2017:2-12.

[3] 李青,王青.3D打印:一种新兴的学习技术[J].远程教育杂志,2013(4):29-35.

[4] 史玉升,张李超,白宇,赵祖烨.3D打印技术的发展及其软件实现[J].中国科学:信息科学,2015,45(2):197-203.

[5] 李小丽,马剑雄,李萍,陈琪,周伟民.3D打印技术及应用趋势[J].自动化仪表,2014,35(1):1-5.

[6] 邓滨,欧阳汉斌,黄文华.3D打印在医学领域的应用进展[J].中国医学物理学杂志,2016,33(4):389-392.

[7] 王萍.3D打印及其教育应用初探[J].中国远程教育,2013(8):83-87.

[8] http://edu.people.com.cn/n1/2017/0710/c1053-29394933.html.

[9] 孙江山,吴永和,任友群.3D打印教育创新:创客空间、创新实验室和STEAM[J].现代远程教育研究,2015(4):96-103.

[10] http://www.yyxw.net/content/2018-05/11/content_4467779.htm.

[11] http://www.chinanews.com/shipin/cns/2016/10-14/news671565.shtml.

[12] 王冠.3D打印技术在高职听障生动漫逆向教学设计中的应用[J].长春大学学报:社会科学版,2016,26(5):120-124.

>>>>>>> **第三篇**

实 践 篇

第八章 多媒体课件的编制

◆ 学习目标

1. 掌握多媒体课件的概念及特点。
2. 了解多媒体课件的种类和各自的应用领域。
3. 掌握多媒体课件的制作流程和设计原则。
4. 掌握评价多媒体课件好坏的方法。
5. 掌握多媒体素材的种类,了解各类素材的获取方法。
6. 掌握应用型多媒体课件教学时应该注意的问题。

◆ 思维导图

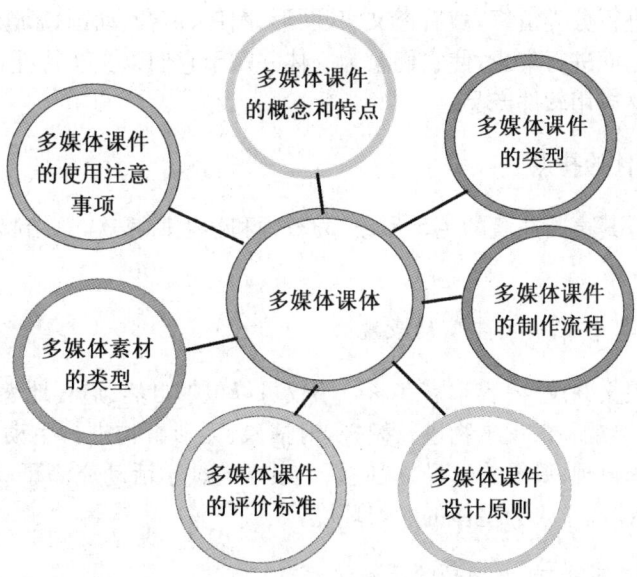

随着现代信息技术的发展,计算机在教育领域的应用引起了人们的高度重视,作为计算机在教育领域的应用形式之一,计算机辅助教学则代表了一种新的教学思想和教学方式。而计算机辅助教学的主要载体之一——多媒体课件,以其丰富的视听信息,高科技表现手段,加上虚拟现实技术和图形、图像、三维动画等使教学内容化繁为简,化微观为宏观,形象生动,使学生变被动学习为主动学习,大大地提高了特殊学校的课堂教学效率,达到了更好的教学效果,受到特殊教育老师和学生的普遍赞赏。

第一节　多媒体课件的概述

一、多媒体课件的概念

关于到底什么是多媒体课件？教育技术界有很多不同的声音。

比如华南师范大学李克东教授提出多媒体课件是以现代教学思想为指导，以计算机、多媒体和通信技术为支撑，具备一定教学功能的，以学生为中心的多媒体计算机辅助教学软件。

北京师范大学何克抗教授在《教学系统设计》一书中提到多媒体课件是根据教学目标设计、表现特定的教学内容，反映特定教学策略的计算机教学程序。

原西北师范大学的南国农先生也提到多媒体课件是根据教学大纲的培养目标，用文本、图形/图像、音频、视频、动画等多媒体与超文本结构去展现教学内容，并用计算机技术进行记录、存储与运行的一种教学软件。

从概念可以看出，虽然表述上面有些不同，但是各位专家共同的一点就是都认为多媒体课件是一种教学软件，是教师用来辅助教学用的。

多媒体课件，简单来说就是教师用来辅助教学的工具，创作人员根据自己的创意，先从总体上对信息进行分类组织，然后把文字、图形、图像、声音、动画、影像等多种媒体素材在时间和空间两方面进行集成，使它们融为一体并赋予它们以交互特性，从而制作出各种精彩纷呈的多媒体应用软件产品。

二、多媒体课件的特点

多媒体课件以其声画并茂的生动形象，为教师和学生所喜欢，总结起来具有以下几个特点：

（一）图文声像并茂，具有丰富的表现力

多媒体课件图文并茂，内容丰富多彩。不仅可以更加自然、逼真地表现多姿多彩的视听世界，还可以对宏观和微观事物进行模拟，对抽象、无形事物进行生动、直观的表现；对复杂过程进行简化再现；等等。这样，就使原本艰难的教学活动充满了魅力，更能激发学生的学习兴趣，构建以学生为主体的学习环境。

（二）良好的交互性，可以调动学生积极参与

多媒体课件一般采用超文本的方式组织信息，这种组织形式非常符合人类的认知规律，便于学生进行联想思维。另外，由于超文本信息结构的动态性和交互性，学生可以按照自己的学习目的和认知特点重新组织学习内容，能够调动学生的学习积极性。

（三）丰富的信息资源，提高教学效率

多媒体课件提供大量的多媒体信息和资料，创设了丰富有效的教学情境，不仅利于学

生对知识的获取和保持,而且极大地扩充了学生的知识面,同时节省了很多教师板书的时间,大大提高了教学效率。

(四)极大的共享性

网络技术的发展,多媒体信息的自由传输,使得教育在全世界交换、共享成为可能。以网络为载林的多媒体课件,提供了教学资源的共享。多媒体课件在教学中的使用,改善了教学媒体的表现力和交互性,促进了课堂教学内容、教学方法、教学过程的全面优化,提高了教学效果。

三、多媒体课件的类型

随着硬件的普及,很多学校都具备了用多媒体课件进行教学的条件。广大教师、学生和商家开发出了大量的多媒体课件,种类繁多,根据不同的分类标准可以分成不同的类型。本书从多媒体课件的内容和作用来分类,可以分成以下几个类型:

(一)课堂演示型

目前一线教师所用的课件多属于这一类型。一般来说,这类课件是为了解决某一学科的教学重点和难点而开发的,主要用于呈现教学内容(如教师上课的提纲、教学内容、课后习题等),通常是在多媒体教室通过投影屏幕展示给学生的,直观、清晰,而且和教学思路一致,方便逐步深入地展开教学内容。这类课件一般由任课教师本人完成。

(二)自主学习型

这类多媒体课件通常具有完整的知识结构,能反映一定的教学过程和教学策略,提供相应的形成性练习并提供评价标准,设计友好的交互界面让学生进行人机交互活动。

(三)训练复习型

这类课件主要是通过提出问题的方式,训练、强化学生某方面的知识和能力。课件的内容在安排上,一般是由简单到复杂,逐级上升。通常应用在习题测试、英语单词记忆等方面。

(四)虚拟现实型

这类多媒体课件主要借助计算机仿真技术,模拟某种真实的场景,提供可供更改参数的指标,当学生输入不同的参数时,及时给出相应的实验结果。比如现在开发的很多网络基础仿真软件、建筑仿真软件等多属于这一类。

(五)教学游戏型

这类课件主要是基于学科的知识内容,寓教于乐,通过游戏的方式,教会学生掌握学科的知识并提高学习能力,提高学生的学习兴趣。比如华师大开发的启智软件就属于这一类。

第二节　多媒体课件的制作原则

多媒体课件是为了解决某一学科的教学重点和教学难点而开发的,注重对学生的启发和提示,反映问题解决的全过程,主要用于课堂演示教学。这种类型的多媒体课件一般要求画面直观,能按教学思路逐步深入地呈现内容。演示型多媒体课件的制作要遵循以下原则:

一、教学性原则

多媒体课件应用的目的是优化课堂教学结构,提高课堂教学效率,既要有利于教师的教,又要有利于学生的学。所以首先要关心课件的教学性强不强,在设计的时候注意以下几个问题:① 选取那些常规方法不容易演示或演示观察不清的内容。② 解决教学重点、难点问题。③ 能通过提供与教学相关的媒体信息,创造良好的教学情景、资源环境,扩大学生的知识面、信息源。

二、可控性原则

课堂的教学时间是有限的,不能把教师宝贵的时间浪费在课件的调试和控制上,也不能把课件变成电影片,一放到底。因此课件的操作要简便、灵活、便于教师控制,课件应具备以下特点:① 课件安装要方便,可以自由拷贝到硬盘上。② 良好的操作界面。在课件的操作界面上设置寓意明确的按钮和图标,避免层次太多的交互菜单。要设置好各部分内容之间的转移控制,可以方便地跳跃。③ 误操作处理。如果教师执行了误操作,可以方便退出,或重新切入,提高课件的可靠性。

三、简约性原则

演示型课件的展示主要是通过计算机屏幕、大屏幕电视或大屏幕投影实现的,学生接收信息的主要渠道是视觉刺激,因此投影的画面应符合学生的视觉心理。画面的布局要突出重点,避免或减少引起学生注意的无意义干扰。注意动与静的色彩对比,前景与背景的色彩对比,线条的粗细,字符的大小,以保证全班的学生都能充分感知对象。内容的切入和退出最好采用淡入和淡出,避免花哨的动作。我们可以把以上特点概括为简约性,要注意以下几点:① 画面布局突出主体,同一画面对象不能太多,运动的对象一般不要超过两个,对象的图形要简约化,避免单纯的"求真实"倾向。② 同一画面色彩数量不能太多,以不超过四种为宜。避免对表现内容无益的花边、彩框等。③ 减少文字数量,过多的文字阅读不但容易使人疲劳,而且干扰学生对物理过程的感知。同一画面上文字不能太多,过多的文字可以分成两个以上画面显示。④ 不必制作华丽的片头(相当于电影的序幕),内容的跳入转出采用淡入淡出,避免多余动作(如文字一个一个地蹦到屏幕上,对象转几圈再定位等)。

四、科学性原则

无论何种类型的课件,科学性无疑是课件评价的重要指标之一。科学性的基本要求是不出现知识性的错误,模拟符合原理。具体应考虑以下几点:① 模拟原理要正确,要反映主要的机制,细节可以淡化。② 描述概念要科学,要尊重事实,允许必要夸张。③ 显示的文字、符号、公式、图表及概念、规律的表述力求准确无误,语言配音要准确,表述符合学生的认知逻辑,引用资料也要正确。

第三节　多媒体课件的制作流程

通常来说,对一篇课文或者一个知识点做课件,只要把前因后果讲清楚就可以了,美国把这样的课件叫作"堂课",也就是"lessonware"。但是如果对一个项目做课件,则要复杂得多,需要经历选题、教学设计、脚本设计、搜集素材、合成课件到调试完成等多个环节。下面,我们以数学《角的初步认识》为例,来讲解"堂课"类的多媒体课件的制作流程:

一、确定课程的教学目标

《角的初步认识》是苏教版三年级上学期的内容,这个内容安排三个课时讲完,分别是:① 认识角和角各部分的名称(主要是让学生能认出生活中的角,能够在图形中找出哪些是角,角有什么特点,角各部分的名称是什么)。② 掌握角的分类(主要是让学生掌握角的分类,能够分辨锐角、钝角和直角)。③ 掌握角的画法(主要是让学生掌握用三角板和量角器画角的方法)。

二、进行课件的教学设计和课件结构设计

《角的初步认识》要用三个课时完成,每个课时都采取由直观到抽象,从简单到复杂的教学顺序,比如第一课时的主要过程:

(1) 从现实生活中随处可见的场景中找出学生认为的"角"。比如操场上、国旗上、衣服上或者文具上,等等。

(2) 通过刚才找出来的角,让学生总结角的样子,然后教师给出科学规范的答案。由此可以得出第一课时的结构,如图 8-3-1 所示:

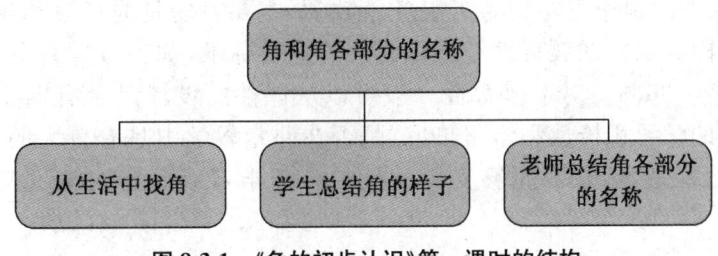

图 8-3-1　《角的初步认识》第一课时的结构

通过同样的方法设计整个课件的结构。

三、课件的屏幕设计

通过分析《角的初步认识》的教学目标、教学对象和教学的重难点，设计课件的主要屏幕构成、色彩等。

四、搜集素材

多媒体素材一般包括文本、图形、图像、声音、动画和视频。在本课件中主要是一些图片，比如操场、红旗的图片等，当然还需要搜集合适的背景音乐等，能够自己制作的素材就自己制作，不能制作的，搜集来的素材一定要在后面的参考资料里面标注。

五、合成多媒体课件

这也是多媒体课件制作的最核心环节。主要的任务就是根据结构设计和屏幕设计，围绕教学过程，将各种多媒体素材编辑起来，制作成交互性强、操作灵活、视听效果好的多媒体课件。现在常用的多媒体编辑软件有 Authorware、PowerPoint、几何画板、Flash 等，大多操作简单，使用方便，为教师自己制作课件创造了便利的条件。本书在后面的章节会详细介绍几款多媒体制作软件。

六、修改调试运行

课件制作完成后，要经过多次调试、试用、修改、完善，才能趋于成熟，这也是非常重要的一个环节，通过调试要确保设置的超级链接、按钮等是否正确，有无文字上的错误或者一些科学性错误，这也是确保课件质量的最后一关。

第四节 多媒体课件评价标准

多媒体课件制作和评价标准的表述有很多，各机构根据不同的侧重点提出了很多具体的要求，综合来看，主要从以下几个方面来衡量：

一、教育性

多媒体课件的制作主要是为了服务于教学，主要目的是为了改革教学手段和提高教学质量，因此课件的教育性是课件评价的主要标准，如果按照百分制来算，一般可以占到25%~30%。对于教育性一般可以从课件的设计是否有助于学生理解知识，调动学生的学习积极性和学习热情；是否在课堂教学中具有较大的启发性；课件的教学内容是否完整；是否能够支持学生的合作学习或探究式学习模式等方面来考虑。

二、科学性

这一点看似是很小的一点,但却是不可触碰的高压线。由于课件是为了辅助教师传授知识,因此哪怕很小的错误都会影响到学生对知识的获取。科学性可以从描述概念是否科学、问题表述是否准确、引用资料是否正确、认知逻辑是否合理等方面考虑。如果按照百分制来算,一般可以占到10%~15%。

三、技术性

技术性可以从课件的交互性和操作性是否简便、课件的多媒体效果是否使用恰当、课件在调试和使用上是否方便等方面来考虑。如果按照百分制来算,一般可以占到25%~30%。

四、艺术性

多媒体课件的最大特点就是声画并茂,画面生动活泼。艺术性是体现课件特点的一个重要方面。衡量一个课件的艺术性可以从界面是否美观、大方,语言文字是否规范简洁,课件里面的声音是否清晰并对课件有充实作用等方面来考虑。如果按照百分制来算,一般可以占到15%~25%。

第五节 多媒体素材的类型和获取方式

多媒体素材的呈现形式有文本、图形/图像、声音、动画以及视频等。比如文本类信息,它的逻辑表现能力强,制作方便,是传递教学信息内容的主要媒体形式;图形/图像、音频、数字视频及动画类素材,可以使课件制作得丰富多彩,有声有色。

一、文本的类型和获取方式

多媒体课件中最主要的素材就是文本了,它是课件制作的最基本元素之一。

(一)文本的类型

通常使用的文本文件的格式有.doc,.txt,.pdf等。

(1).doc格式一般是word文档的默认格式,可以设置文字的字体、字号、字型、颜色等。

(2).txt格式是Windows操作系统中记事本程序的默认文件格式,只包括文本的字体和字号大小。

(3).rtf格式是Windows操作系统中写字板程序的默认文件格式,它的格式很丰富,如图8-5-1所示。

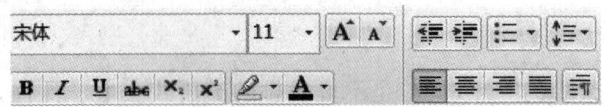

图 8-5-1　写字板程序的快捷工具栏

（4）.pdf 格式是（Portable Document Format 的简称,意为"便携式文件格式"）是由 Adobe Systems 在 1993 年用于文件交换所发展出的文件格式。它的优点在于跨平台、能保留文件原有格式（Layout）、开放标准,能免版税（Royalty-free）自由开发 PDF 相容软件。这种文件一般要用专门的文本阅读器才可以读,比如 Acrobat Reader。

（二）文本的获取方式

文本的获取方式包括键盘输入、手写板输入、语音输入、网上下载等。

二、图形、图像素材的类型和获取方式

图像是人类视觉所感受到的一种形象化的信息,也是信息化教学资源中常见的一种媒体类型。图像所传递的信息直观、生动、易于理解,它不仅能使用户界面赏心悦目,还增强了多媒体作品内容的表现力,在某些场合可以表达文字、声音等媒体无法表达的含义。

（一）图像的基础知识

在计算机中,图有两种类型,一种是矢量图,另一种是位图,也称为点阵图,它们各有优缺点,各有适用的领域和场合。

（1）矢量图是指从点、线、面到三维空间的黑白或彩色几何图形,由一些用数学方式描述的曲线组成,基本组成单位是锚点和路径。它的优点是无论如何缩放,其图像质量都不会受到影响,边缘都是平滑清晰的,而且占据的存储空间较小。它的缺点是不适于表现复杂、色彩逼真的图画。

（2）位图是由描述图像中各个像素点的强度与颜色的数位集合组成的,是用二进制来定义图中各个像素的颜色、亮度和属性。它的优点是表现的图像色彩丰富、层次细致,色彩逼真,显示速度快。它的缺点是占用的存储空间较大,而且放大后会影响图片质量,边缘和内部会有马赛克现象出现。

（二）常见的图像类型及其特点

我们可以在画图软件里随意画一个图,然后存储为不同的文件格式,看看文件的大小和其他特点。

打开画图软件,任意画一个小房子,如图 8-5-2 所示：

图 8-5-2　画图软件

把这个图保存成不同格式的文件：1.bmp，1.jpg，1.png，1.tiff，1.gif，保存成 1.gif 格式的文件后会弹出一个对话框，如图 8-5-3 所示。

单击确定后，发现图片的质量明显下降了许多，如图 8-5-4 所示。

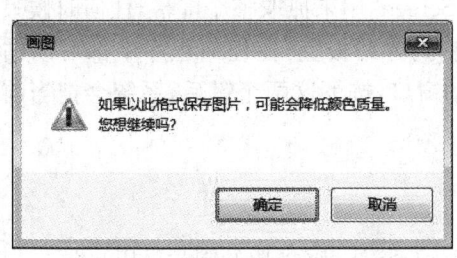

图 8-5-3　保存为 gif 格式

图 8-5-4　保存后的图片质量

最后看一下保存成的文件大小,如图 8-5-5 所示。

名称	日期	类型	大小
1.bmp	2013/4/26 11:06	Kankan BMP 图像	195 KB
1.gif	2013/4/26 11:07	Kankan GIF 图像	67 KB
1.jpg	2013/4/26 11:06	Kankan JPEG 图像	16 KB
1.png	2013/4/26 11:06	Kankan PNG 图像	8 KB
1.tif	2013/4/26 11:07	Kankan TIFF 图像	153 KB

图 8-5-5 保存为各格式的文件大小

因此,不同的图片格式和各自特点可参照表 8-5-1。

表 8-5-1 不同图片格式及特点

格式	特点
.bmp	是一种与硬件设备无关的图像文件格式,图像色彩丰富,细腻,不采用任何压缩,但是文件占用空间很大,是图片文件的最基本格式。
.jpg	(Joint Photographic Experts Group)是"连续色调静态图像的数字压缩和编码",压缩比比较高,而图像质量基本没什么变化,是使用最多的一个图片文件格式。
.png	可移植网络图形格式,采用无损压缩算法,生成的文件容量小,一般用在 java 程序或网页中。
.tiff	(Tag Image File Format)是为扫描仪和桌上出版系统研制开发的较为通用的图像文件格式。
.gif	经过压缩,文件很小,适合在网上传输,支持透明,支持动画,缺点是只能处理 256 种颜色,不能存储真彩色的图像文件。

(三)图像素材的获取途径

(1)利用专业的搜索引擎从网上下载图片。

(2)截取电脑屏幕。Windows 操作系统为我们提供了两个用来抓取屏幕的快捷键:"Print Screen"和 Alt+"Print Screen"。"Print Screen"用来抓取整个屏幕,任何时候只要一按这个键,Windows 就会把当前电脑屏幕复制到剪贴板上,在任何程序中都可以粘贴使用。Alt+"Print Screen"是用来抓取当前活动窗口,按下这两个键后,系统会把当前活动窗口的内容复制到剪贴板上。

(3)通过数码相机拍摄得到图片。

(4)通过扫描仪扫描图片。

(5)通过专业的抓屏软件抓取图片,比如 HyperSnap,感兴趣的同学可以自学。

三、音频素材的类型和获取方式

声音是多媒体课件中一种重要的表现手段,在多媒体课件中恰当地使用声音,可以增强课件的生动性、可观赏性和实用性,激发学习者的学习主动性和兴趣。

(一) 音频素材的类型

多媒体课件中可用的声音类型有很多,比较常用的有以下几种:

(1) WAV 格式。波形音频文件(.wav)是由 Microsoft 公司开发的标准音频格式,它对声音模拟波形采样,并以不同的量化位数将采样值转换成二进制码,形成文件,缺点是所占的存储空间很大。

(2) MIDI 格式。数字音频文件(.midi)是数字音乐的国际标准。所占磁盘空间较小,一般可以用于较长的音乐,为多媒体设计和制定播放时间带来很大的灵活性。

(3) MP3 格式。MP3 是一种音频压缩技术,其全称是动态影像专家压缩标准音频层面 3(Moving Picture Experts Group Audio Layer Ⅲ),简称为 MP3。它被设计用来大幅度地降低音频数据量。将音乐以 1∶10 甚至 1∶12 的压缩率,压缩成容量较小的文件,而对于大多数用户来说重放的音质与最初的不压缩音频相比没有明显的下降。用 MP3 形式存储的音乐就叫作 MP3 音乐。

(4) SWA 格式。SWA 格式被称为"超级音频格式文件",它是一种高压缩率的音频文件,与波形文件的压缩比例一般为 24∶1,是 Authorware 附属的音效压缩程序所压缩的声音档案格式,可以减少声音的存储空间。

(5) RA 格式。RA 的全称是 RealAudio,是 RealNetworks 公司成熟的音频格式,它是一种可以在网络上实时传送和播放的音乐文件,是目前网络上比较流行的流媒体技术。此类文件格式有以下几个主要形式:RA(RealAudio),RM(RealMedia,RealAudio G2),RMX(RealAudio Secured),这些格式统称为"Real"。

(6) WMA 格式。WMA(Windows Media Audio),它是微软公司推出的与 MP3 格式齐名的一种音频格式。由于 WMA 在压缩比和音质方面都超过了 MP3,更是远胜于 RA(Real Audio),即使在较低的采样频率下也能产生较好的音质。

(7) APE 格式。APE 是 Monkey's Audio 提供的一种无损压缩格式。APE 既可以保持音乐信号的无损,又可以比 WAV 高得多的压缩率(接近 2∶1)压缩 WAV 文件,而且可以无须解压而直接播放。

(8) AAC 格式。AAC(Advanced Audio Coding),中文称为"高级音频编码",出现于 1997 年,基于 MPEG-2 的音频编码技术。由 Fraunhofer IIS、杜比实验室、AT&T、Sony(索尼)等公司共同开发,目的是取代 MP3 格式。它适合移动通信、网络电话和在线广播等领域。

(二) 音频素材的获取方式

获取音频素材的方法和途径很多,比较常用的有以下几种:

(1) 从网上下载音频素材。其一,如果已经知道了歌曲或乐曲的名称,则在百度和谷歌中利用关键词来进行搜索。例如,在百度(mp3.baidu.com)中,选择"MP3"标签,输入要查找的关键词,可以搜索到"歌词""全部音乐""MP3""RM"等多种声音文件。在找到需要的文件后,右键单击选择"目标另存为"即可。其二,通过网上专门的声音素材库搜索。如闪吧网站上提供各种片头音乐和音效素材。

（2）抓取 CD、VCD 中的音频，这些音频可以使用专门的工具软件截取下来，比如可以用豪杰超级解霸。

（3）使用声音编辑软件自己录制。下面介绍 Windows 操作系统自带的录音机的常用功能：

在确保硬件设备都连接好后，为了使声卡能正常工作还要进行软件的调试。在 Windows 系统的控制面板上，双击"声音和音频设备"选项，在弹出的"声音和音频设备属性"对话框中，选择"音频"选项卡。

单击"录音"项下的"音量"按钮，弹出"录音控制"对话框（如图 8-5-6 所示），在该对话框中，首先要选中录音的音源，如 CD 唱机、线路输入、麦克风，如果同时录制多个音源信号，则可以选择 Mono Mix（单声道混合）或者 Stereo Mix（立体声道混合）。然后拖动选中音源的音量滑块，根据需要选择适当的音量。

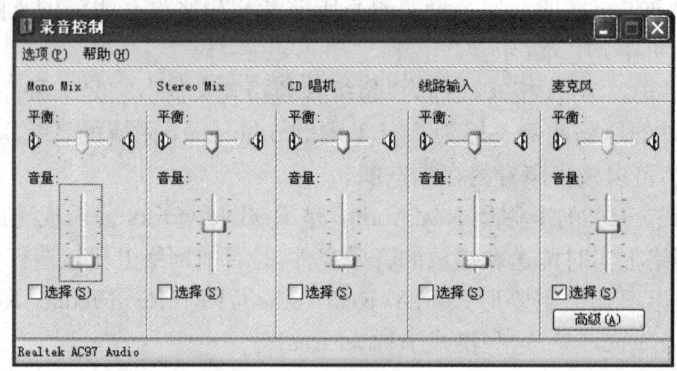

图 8-5-6　"录音控制"对话框

连接好相关设备并且进行了相应的录音控制设置后，就可以进行声音的录制了。

首先打开附件中的录音机程序，如图 8-5-7 所示。打开麦克风，单击录音按钮，对着麦克风说话，屏幕上显示如图 8-5-8 所示声音的波形，表示正在录制声音。

图 8-5-7　"录音机"窗口

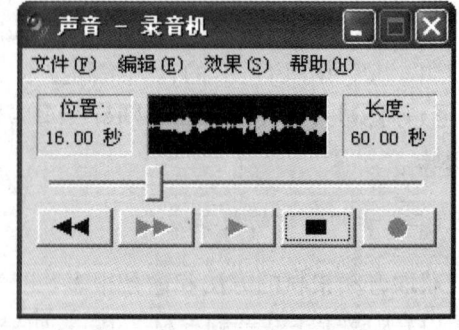

图 8-5-8　录音过程显示窗口

录音结束后，单击停止按钮。录制文件的长度会显示在"长度"显示框中。默认情况下，录音机只能录制 60 秒的声音，如果没有录制完毕，可以继续点击"录音按钮"，时间自动延长 60 秒。使用"效果"菜单可以进一步设置声音的效果。单击播放按钮 ▶ 可以试听录制的效果。

录制结束后,单击"文件"菜单选择"保存"项,将录制的声音文件保存到计算机硬盘上。

四、动画素材的类型和获取方式

利用人眼视觉暂留特性,在一幅图像还没有完全消失时播放下一幅图像,就可以让人产生动态画面的感觉,这就是动画产生的原理。每一幅图像都必须有机地、无缝地和相邻图像融合在一起,这样才能随着时间的变化,产生平滑的、连续的运动。

(一) 动画素材的类型

随着计算机技术的发展,计算机动画越来越普遍。可以将计算机动画分为二维动画和三维动画。① 二维动画又叫平面动画,是指在二维平面上对象的运动。② 三维动画是采用计算机模拟真实的三维空间,画中的景物有正面、侧面和反面,调整三维空间的视点,能够看到不同的内容。三维动画的表现力很强,但是三维动画的制作难度以及对计算机性能的要求远远高于二维动画和其他类型的素材。

在多媒体课件制作中,常用的动画素材有以下几种:

(1) GIF 格式(Graphics Interchange Format):特点是压缩比高、可以存多幅彩色图像,在网络上得到广泛应用。如果把存于一个文件中的多幅图像数据逐幅读出并显示到屏幕上,就可构成一种最简单的动画。目前几乎所有相关软件都支持 GIF 格式。

(2) SWF 格式(Shock Wave Flash):Flash 软件的专用格式,也被称为 Flash 动画。该格式动画支持矢量图形,能用比较小的体积来表现丰富的多媒体形式,与 HTML 文件实现较好的融合,被广泛应用于网页设计、动画制作。

(3) FLIC(FLI/FLC)格式:是 Autodesk Animator、Animator Pro、3D Studio 等 2D、3D 动画制作软件中采用的彩色动画文件格式,采用高效的数据压缩技术,被广泛用于计算机辅助设计和计算机游戏等实践中。

(二) 动画素材的获取方式

1. 利用网络搜索相关动画素材

在搜索引擎中输入需要查找的动画素材信息的关键词、格式等信息即可搜索相关素材,常用动画素材网址:中国素材网(www.sucai.com/flashbg);素材中国(www.sccnn.com);素材精品屋(www.sucaiw.com);三联素材 GIF 动画(www.3lian.com/gif/more/24);Flash 第一站(www.flash88.net)。

2. 利用动画制作软件创作

动画素材的制作是多媒体作品创作中不可缺少的环节,尤其是通过网络搜索不到满意的动画素材时,我们就需要通过动画制作软件自己制作。常见的动画制作工具:Adobe 公司的矢量动画制作软件 Flash CS;Autodesk 公司开发的三维动画制作软件 3D Studio Max;Autodesk 公司开发的面向高端三维影视市场的动画制作软件 Maya;Ulead 公司推出的 Ulead GIF Animator。

五、视频素材的类型和获取方式

　　随着计算机、DV 和手机的逐渐普及，视频已经成为人们日常生活中获取、记录信息的重要途径之一。视频可分为模拟视频和数字视频两大类。

　　模拟视频是一种传输图像和声音的连续的变动电信号，其每一帧图像都是实时获取的自然景物的真实图像信号，视频画面往往会给人一种身临其境的感觉。模拟视频信号具有成本低和还原性好等优点。但它的最大缺点是经过长时间的存放之后，画面的质量将大大地降低，经过多次复制之后，画面的失真会很明显。

　　如果通过计算机编辑模拟视频，则必须首先对模拟进行数字化。数字视频是计算机能处理的视频，数字视频的具有以下特点：可以不失真地进行无数次复制；数字视频便于长时间的存放；数字视频数据量大，在存储与传输的过程中必须进行压缩编码；数字视频可以进行非线性编辑，实时捕捉和录制，增加特技效果，不会导致质量损失。

　　（一）数字视频素材的类型

　　（1）MPEG 格式：MPEG 文件格式是运动图像压缩算法的国际标准，它采用有损压缩方法从而减少运动图像中的冗余信息。MPEG 目前包括 MPEG－1、MPEG－2、MPEG－4、MPEG－7 和 MPEG－21 等。VCD、SVCD、DVD 中都采用此种格式。

　　（2）AVI 格式：AVI 文件采用音频视频交错格式，将视频和音频交织在一起进行同步播放，读取视频数据流时能更有效地从存储媒介得到连续的信息。AVI 采用的压缩标准不统一，需要相应的解压缩软件才能识别和回放该 AVI 文件。

　　（3）DivX 格式：使用 DivX 压缩技术对 DVD 盘片的视频图像进行高质量压缩，同时用 MP3 或 AC3 标准对音频进行压缩，然后再将视频与音频合成并加上相应的外挂字幕文件而形成的视频格式。DivX 格式文件的画质接近 DVD，但是体积却比对应的 DVD 文件小很多。

　　（4）MOV 格式：美国 Apple 公司开发的一种视频格式，默认的播放器是苹果的 QuickTime Player。

　　（5）ASF 格式：微软开发的串流多媒体文件格式，是包含音频、视频、图像以及控制命令脚本的数据格式，使用了 MPEG－4 的压缩算法，支持普通文件和编码设备实时生成的连续数据流。

　　（6）WMV 格式：微软开发的一种流媒体格式，是一种采用独立编码方式并且可以直接在网上实时观看视频节目的文件压缩格式。

　　（7）RM 格式：Networks 公司制定的音频/视频压缩规范，使用 RealPlayer 或 RealOne Player 进行实时播放。

　　（8）RMVB 格式：由 RM 视频格式升级延伸出的新视频格式，采用非平均压缩采样的方式，静止和动作场面少的画面场景采用较低的编码速率，大幅提高运动图像的画面质量。

（二）数字视频素材的获取方式

（1）利用网络搜索相关视频素材。

（2）自己制作视频资料。视频数字化的过程通常以模拟摄像机、录像机、电视机等设备作为模拟视频信号的输入源，计算机通过视频采集卡，对模拟视频信号进行采样、量化，使其转化为数字信号，然后压缩编码成数字视频。

视频采集的质量在很大程度上取决于视频采集卡的性能以及模拟视频信号源的质量。目前不同规格的视频采集卡很多，各种采集卡各有特色，适用的场合也不同。不同的视频采集卡，其采集的视频格式、输入接口的形式、采集分辨率等参数各不相同。

在计算机上安装视频采集卡，然后将视频源外设的视频输出、音频输出与采集卡对应端口相连后，就可以进行视频素材的采集了。

第六节 使用多媒体课件教学应该注意的问题

随着计算机技术的发展，多媒体课件应用于教学已经越来越普及，的确，多媒体课件以其集图形/图像、声音、动画和视频的生动表现形式受到老师和学生的青睐，但是过多依赖课件而忽视师生之间的情感交流，也是多媒体课件使用中普遍存在的问题，本节主要讨论多媒体课件的教学环境下，如何增强师生之间的情感体验。

在传统的课堂教学中，教师通过自己的肢体语言、形象又生动的面部表情和学生视觉上的交流等各种方法与学生进行情感交流，学生通过这种方式感受着教师对自己的关注，就算有人想偷个懒，一看到教师殷切的目光常常作罢，而在多媒体教学环境下，形成了"教师—计算机—学生"三者交流的新模式。教师的板书、语言等变成了计算机课件，这就使一部分教师在课堂上更多的是关注多媒体计算机的操作，学生关注的是屏幕上显示的内容，看课件里五彩缤纷的画面等。这样，老师和学生少有视觉上的交流，连语言上的交流都少了很多，学生之间互相协作、共同探讨的学习活动，以及师生之间直接的知识研究探讨活动和情感交流，都被冷冰冰的"人机交往"所取代。那么在这种环境下如何增强师生之间的情感体验呢？本文认为可以从以下几个方面做起：

一、更新观念，适度地使用计算机

在课堂教学中，有些环节确实可以用计算机部分地代替教师的劳动，为教师解决一些教学问题。但也促使部分教师把课堂想象成：教师只需轻点鼠标，课件便能按照预设的顺序播放下去，学生就能按部就班地完成学习过程。在这种课堂中，教师不仅失去了教学方法的独特性、创造性，没有了自己的教学特色，也严重忽视了学生学习的独特性与创造性，忽视了和学生的情感交流。因此，教师在使用计算机时应讲究一个"度"，尽量避免整堂课使用，尽量避免让物化的计算机代替教师。教师应充分分析教材，根据教学目的与学生特点，正确把握多媒体计算机在课堂中的最佳作用点，将它用在刀刃上。特别是对于一些感觉可用可不用的地方，坚决不用。课堂中适度使用多媒体计算机后，教师可以用更多的时间去关注来自学生的知识掌握、技能培养和学习过程方面的反馈信息,从而能根据学生的学习状态及时因势利导地调整组织课堂活动的策略,灵活组织课堂教学。

二、有意识地在课件设计上留一些空白

多媒体课件以其图文声像并茂以及友好的交互环境和丰富的信息资源受到很多教师的青睐,是计算机技术应用于教学的一种方式,但是如果上课的过程中只是给学生演示课件,那么整个课堂就变成了以"电脑"为中心,教师只是一个熟练的电脑操作员,而忽略了课堂教学的组织。教师为了按预先设定的播放顺序演示所准备的内容,想方设法地将学生的思路引到既定的流程上来。教师不断地轻点鼠标,屏幕上呈现出整个讲解过程,这一部分的教学就这样"顺利"完成了。如果在设计课件时在每一幅图片后面留个空白页,看过这幅图后,出示空白页,让学生思考刚刚的画面可以用什么样的语言来描述,书上是怎么描述的,这样不仅有利于教学内容的学习,锻炼学生的口语表达能力,还增强了师生之间的情感交流,收到良好的效果。

三、更新认识,拓展计算机辅助教学的模式

很多人认为"CAI课件在课堂教学中的应用就是计算机辅助教学",按照这一理论推断,CAI课件是计算机辅助教学的唯一要素,CAI课件数量的多少、质量的好坏,决定着计算机辅助教学活动的开展,事实上这一认识是有失偏颇和错误的。计算机辅助教学是指用计算机帮助或代替教师执行部分教学任务,向学生传授知识和提供技能训练,直接为学生服务。用于执行教学任务的计算机程序称为教学软件或课程软件,简称为"课件"。如果我们从使用工具的意义上理解计算机辅助教学,不难发现,计算机辅助教学的形式是灵活多样的,而CAI课件的演示仅仅是一个小小的方面。作文课上利用WPS 2000写作文,修改作文;利用语音朗读软件帮助学生纠正普通话和英语语音;音乐课上利用Midi软件进行音乐创作;英语课上利用"金山词霸"查单词;课堂教学中多媒体图片、音像资料的展示;互联网上教育教学信息的收集都是计算机技术在教学中的灵活运用。而这些形式的计算机辅助教学使得教师和学生之间的交流明显比只使用课件进行教学要多得多。

四、教师要有意识地改变自己的教学方法

教学是一门艺术,教师既是导演,又是演员。教学中,以教师的人格魅力和富有情趣的讲解,通过师生间情绪的相互感染,来调动学生积极参与教学,产生的良好教学效果及对学生心理产生的正面效应,是任何形式的电子媒体所不能替代的。因此,切忌整个教学过程都在单纯地操纵机器。应携带随身麦克风、电子教鞭,适当走动,尽量用身体语言来提示、交流教学信息,调动课堂气氛。教学课件只是一种教学工具,教师才是教学活动的主导。教师倾注的殷切期待,会作用于学生的内心世界,使学生产生美好的情感体验,学生从中获得力量,进而形成诱发学习的内驱力,于是老师的"期待"才能转化为学生的"自信"。

五、教师要充分调动课堂气氛

课堂是师生情感交流的地方,建构主义认为,课堂教学是以情义为动力,由学习者主动构建,是情感与认知的融合。课堂上学生参与学习的程度与学生产生的情感因素密切相关,没有情感因素的参与,学习活动既不能发生,也不能维持,因此,教师要把情感态度有意识地、自觉地贯穿于教学过程之中,使其成为教学过程的灵魂。要利用课件中的空白页或留给学生思考的时间,给学生以充分的提示,鼓励大家互相讨论,活跃课堂气氛,激发学生的学习兴趣。

总之,计算机辅助教学作为一种新的教学模式确实有它强大的功能和优势,但在实验和推广过程中也存在一些问题,我们要转变教师的教学观念,牢固地确立素质教育的质量观、以人为本的学生主体观、民主平等和谐合作的教学观,不能让机器取代人的活动,以构建良好的师生关系从而优化教学效果。

【思考与练习】
1. 什么是多媒体课件?多媒体课件有哪些特点?
2. 用自己的话阐述如何评价一个多媒体课件的好坏?
3. 用演示型多媒体课件进行教学时应该如何增强师生之间的情感交流?
4. 多媒体素材的类型有哪些?不同格式的图片素材各自有哪些特点?

【参考文献】
[1] 葛修娟. 演示型 CAI 课件的设计原则[J]. 才智,2007(10).
[2] 葛修娟. 计算机辅助教学环境下如何增强师生之间的情感体验[J]. 教育现代化,2006(4).
[3] 李兆君. 现代教育技术[M]. 高等教育出版社,2004.
[4] 黄映玲,江朝进. 现代教育技术技能训练教程[M]. 华南理工大学出版社,2005.
[5] 王建华等. 计算机辅助教学实用教程[M]. 高等教育出版社,2004.
[6] 王天镪. 课堂教学用 CAI 课件的设计方法[J]. 中国电化教育,2000(5).
[7] 祝智庭. 现代教育技术——走向信息化教育[M]. 北京:高等教育出版社,2001.

第九章　多媒体制作工具

◆ 学习目标

1. 了解 PowerPoint 2016 的功能特点,掌握基本的操作方法。
2. 掌握 PowerPoint 2016 中文字、图片、音频及视频等各类素材的基本处理方法。
3. 掌握动画效果的设计技巧。
4. 掌握演示文稿的放映与输出操作。
5. 熟悉完整课件制作的流程,能够独立制作一个 PPT 教学课件或多媒体创意课件。
6. 了解 Flash CS 的新增功能,掌握其基本操作。
7. 掌握 Photoshop CC 的基础操作及应用特点。

◆ 思维导图

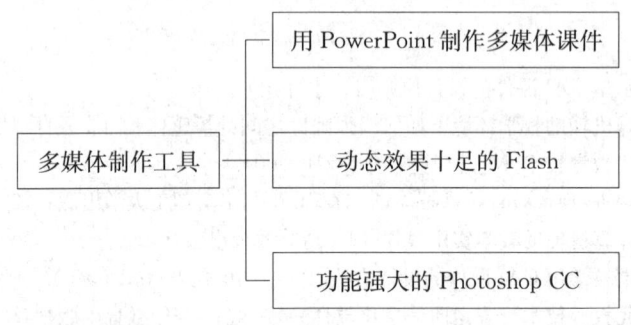

第一节　用 PowerPoint 制作多媒体课件

　　Microsoft Office PowerPoint(本书简称 PowerPoint)是微软公司的演示文稿软件,用户可以在投影仪或者计算机上进行演示,也可以将演示文稿打印出来,制作成胶片,以便应用到更广泛的领域中。利用 PowerPoint 不仅可以创建演示文稿,还可以在互联网上召开面对面会议、远程会议或在网上给观众展示演示文稿。PowerPoint 可以创建融文本、图形、图表、声音、动画、视频于一体的演示文稿,可将辅助教学、产品演示、学术交流、广告宣传等信息以更轻松、更高效的方式表达出来。由于 PowerPoint 界面友好、简单易学,因此成为教师制作多媒体课件时最好的入门软件。

一、PowerPoint 简介

（一）PowerPoint 功能特点

（1）PowerPoint 和 Word、Excel 等应用软件都属于 Microsoft 公司推出的 Office 系列产品，它们之间具有良好的信息交互性和相似的界面。

（2）利用 PowerPoint 软件不仅可以设计制作广告宣传、产品演示、电子教案、学术交流、工作汇报等，还可以制作贺卡、电子相册等。PowerPoint 软件被广泛运用于课堂教学、各种会议、讲座、演讲等场合，它已成为人们在各种场合进行信息交流的重要工具，也是计算机办公软件的重要组成部分。

（3）利用 PowerPoint 软件制成的演示文稿可以通过不同的方式播放，如可以直接在计算机和大屏幕投影机上播放使用或借助互联网进行展示。用户可以在演示文稿中设置各种引人入胜的视觉和听觉效果，比如在幻灯片中插入图片、声音、视频以及图像等。

（4）PowerPoint 具有超强的链接和调用其他程序的功能。借助超链接功能还可以创建高度交互式的多媒体演示文稿，可在网络上"虚拟"演示。

（二）PowerPoint 2016 新增功能

1. 创建、管理并与他人协作处理演示文稿

PowerPoint 2016 引入了一些新工具，用户可以使用这些工具有效地创建、管理并与他人协作处理演示文稿。

（1）用户可以通过新增的 Microsoft Office Backstage 视图快速访问与管理文件相关的常见任务，例如，查看文档属性、设置权限以及打开、保存、打印和共享演示文稿。

（2）用户可与他人共同创作演示文稿。通过共同创作，用户单独执行操作即可与其他协作者同时更改演示文稿。

（3）自动保存演示文稿的多个版本。使用 Office 自动修订功能，可以自动保存演示文稿的不同渐进版本，以便用户可以检索部分或所有早期版本。

（4）将幻灯片组织成节的形式。用户可以使用多个节来组织大型幻灯片版面，以简化其管理和导航。此外，通过对幻灯片进行标记并将其分为多个节，用户可以实现与他人协作创建演示文稿。

（5）合并和比较演示文稿。用户可以使用 PowerPoint 2016 中的合并和比较功能来比较当前演示文稿和其他演示文稿，并可以立即将其合并。用户也可以管理和选择要融入最终演示文稿中的更改或编辑内容。该功能最大限度地减少了用户同步同一演示文稿的多个版本中的编辑内容所花费的时间。

（6）用户可以在不同窗口中使用单独的 PowerPoint 演示文稿文件。演示文稿不再受主窗口或父窗口的限制。此外，在幻灯片放映中，还可以使用新的阅读视图在单独管理的窗口中同时显示两个演示文稿，并具有完整的动画效果和媒体支持。

2. 使用视频、图片和动画丰富演示文稿

（1）强大的视频处理功能

PowerPoint 2016 提供了强大的视频处理功能，用户不仅可以将视频嵌入 PowerPoint 文档中，还可以控制视频的播放，对视频进行裁剪和编辑，PowerPoint 演示文稿也可以保存为视频格式。除此之外，PowerPoint 2016 还提供了视频样式功能，帮助用户创建更加多样化的多媒体演示程序。

用户还可以添加书签来指示视频或音频剪辑中关注的时间点。使用书签可触发动画或跳转至视频中的特定位置。

（2）改进的图像编辑工具

PowerPoint 2016 提供了全新的图像编辑工具，加强了文件美工设计方面的功能，允许用户为图像添加各种艺术效果，并进行高级更正、颜色调整和裁剪，可微调多媒体演示程序中的各种图像，以增强多媒体演示程序的感染力。使用新增和改进的图片编辑工具（包括通用的着色和添加纹理等艺术效果和高级更正、颜色以及裁剪工具）可以微调演示文稿中的各个图片，如可以将图片套用滤镜特效，如笔触效果、水波效果，或是直接为文字添加边框、阴影、光晕等效果。PowerPoint 2016 包含的另一个高级图片编辑选项是自动删除不需要的图片部分（如背景），以强调或突出显示图片主题或删除杂乱的细节。

（3）动态三维切换效果

PowerPoint 2016 添加了全新的动态三维幻灯片切换效果以及更多逼真的动画效果。用户通过 PowerPoint 2016 中的动画刷，在两个对象（文本或形状）之间复制和粘贴动画效果，用户还可以无需离开 PowerPoint，而快速向 PowerPoint 2016 演示文稿中添加屏幕截图。

3. 更有效地提供和共享演示文稿

（1）PowerPoint 2016 提供了广播幻灯片的功能

PowerPoint 2016 允许用户将已创建的演示文稿通过局域网、广域网等网络广播给远程观众，而这些用户无需安装 PowerPoint 软件或播放器。

（2）轻松携带演示文稿以实现共享

用户还可将演示文稿创建为包含切换效果、动画、旁白和计时程序的视频，以便在实况广播后与他人分享。除此之外，用户也可以注册一个免费的 Windows Live 账户，将多媒体演示上传到免费的 Windows Live SkyDrive 网盘中，以实现演示设计的网络化，在任意一个地点，只需登录 Windows Live 账户，用户即可继续之前进行的工作。PowerPoint 2016 允许用户对已创建的基于 PowerPoint 2016 的多媒体演示文稿进行压缩，降低演示文稿所占用的磁盘空间，增强演示文稿在互联网中传输时的效率。

（3）允许用户设置演示文稿的权限级别

PowerPoint 2016 允许用户对演示文稿进行加密、设置读写权限等，甚至还支持对演示文稿添加数字签名，提高演示文稿的安全性。

（三）PowerPoint 2016 的操作界面

在普通视图中，PowerPoint 2016 的操作界面如图 9-1-1 所示。从图中可以看到，

PowerPoint 2016 工作界面是由标题栏、【文件】菜单、功能选项卡、快速访问工具栏、功能区、"幻灯片/大纲"窗格、幻灯片编辑区、备注窗格和状态栏等部分组成。

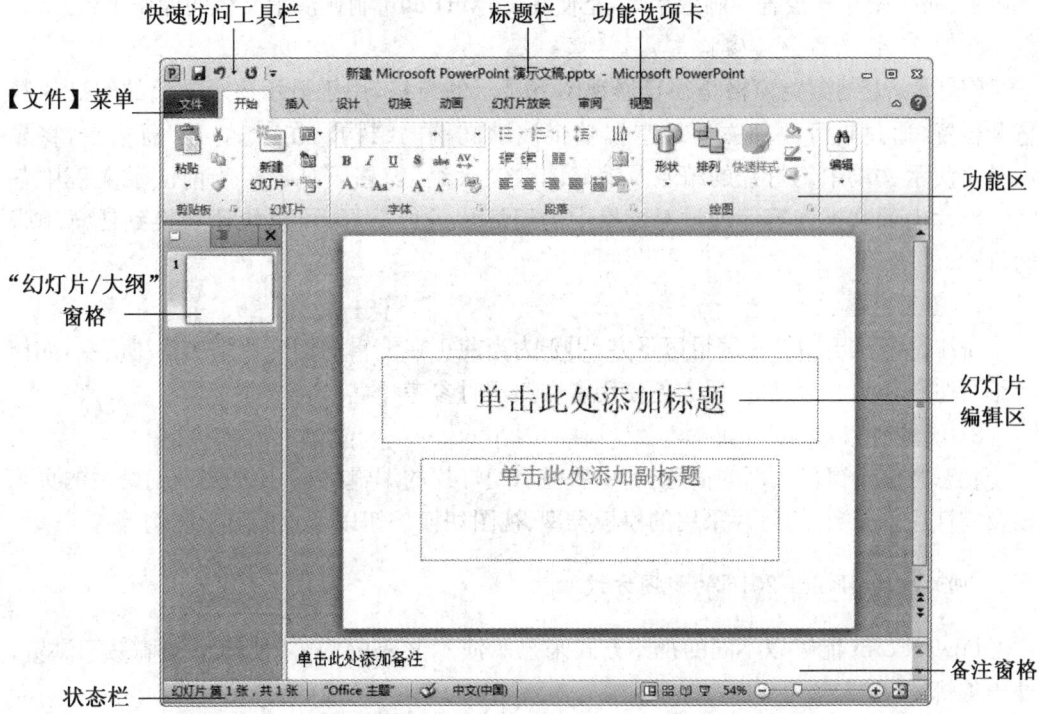

图 9-1-1　PowerPoint 2016 工作界面

1. 标题栏

标题栏位于 PowerPoint 工作界面的最上方，用来显示所使用的程序名称和当前演示文稿的文件名，并在右侧有最小化、最大化和关闭三个窗口控制按钮。

2. 快速访问工具栏

快速访问工具栏上提供了最常用的【保存】按钮 、【撤销】按钮 和【恢复】按钮 ，单击对应的按钮可执行相应的操作。如果需要在快速访问工具栏中添加其他按钮，可单击其后的 按钮，在弹出的菜单中选择所需的命令即可。

3. 【文件】菜单

【文件】菜单用于执行 PowerPoint 演示文稿的新建、打开、保存和退出等基本操作；该菜单右侧列出了用户经常使用的演示文档名称。

4. 功能区

在 PowerPoint 2016 中，一个较宽的带形区域横跨主程序窗口顶部是功能区，它替代了旧版本中的菜单和工具栏。功能区上的每个"功能选项卡"都具有不同的按钮和命令，这些按钮和命令又细分为功能区组。【功能选项卡】相当于菜单命令，它将 PowerPoint 2016 的所有命令集成在【开始】【插入】【设计】等几个功能选项卡中，选择某个功能选项卡可切换到相应的功能区。

5. 幻灯片编辑区

幻灯片编辑区是整个工作界面的核心区域,用于显示和编辑幻灯片,在其中可输入文字内容、插入图片和设置动画效果等,是使用 PowerPoint 制作演示文稿的操作平台。

6. 幻灯片/大纲浏览窗格

幻灯片/大纲浏览窗格是在普通视图下显示的窗格,用于显示演示文稿的幻灯片数量及位置,通过它可更加方便地掌握整个演示文稿的结构。在"幻灯片"窗格下,将显示整个演示文稿中幻灯片的编号及缩略图;在"大纲"窗格下列出了当前演示文稿中各张幻灯片中的文本内容。通过对窗格中的幻灯片进行选择,可以快速切换到任意一张幻灯片。

7. 备注窗格

备注窗格位于幻灯片编辑区下方,用于为当前正在编辑的幻灯片添加备注信息,如作者编写注释与参考信息等,以方便使用者在演示时参考。

8. 状态栏

状态栏位于窗口底部的信息栏,主要显示幻灯片的编辑状态,比如当前幻灯片的页码以及幻灯片总张数、幻灯片采用的模板类型、视图切换按钮以及页面显示比例等。

(四) PowerPoint 2016 的视图方式

PowerPoint 能够以不同的视图方式来显示演示文稿的内容,使演示文稿易于浏览、便于编辑。

1. 普通视图

普通视图是 PowerPoint 2016 创建新演示文稿默认的视图,在该视图中,提供了工具选项卡、功能区等工具栏,以及幻灯片选项卡、幻灯片和备注等窗格,允许用户编辑幻灯片的内容,并对幻灯片的内容进行简单的浏览。

2. 幻灯片浏览视图

幻灯片浏览视图相比普通视图隐藏了幻灯片和备注等窗格,其他则与普通视图保持一致。用户可使用幻灯片浏览视图查看缩略图形式的幻灯片,并选择相应的幻灯片。通过此视图,用户在创建演示文稿以及准备打印演示文稿时,可以轻松地对演示文稿的顺序进行排列和组织。

3. 阅读视图

阅读视图将 PowerPoint 的各种工具和功能进行了大幅精简,是一种简洁的 PowerPoint 视图。在阅读视图中,隐藏了用于幻灯片编辑的各种视图,仅保留了【标题栏】和【状态栏】两个工具栏和幻灯片窗格,其通常用于在幻灯片制作完成后对幻灯片进行简单的预览。

4. 幻灯片放映视图

幻灯片放映视图是一种仅可应用于全屏的视图。在该视图中,用户可以通过全屏的方式浏览整个幻灯片的演示效果,用户可以看到图形、计时、电影、动画效果和切换效果在实际演示中的具体效果。按【Esc】键可退出幻灯片放映视图。

5. 备注页视图

如果要以整页格式查看和使用备注,用户可通过单击【视图】选项卡的【演示文稿视图】组中的【备注页】进入备注页视图方式。备注页视图显示当前选择的幻灯片及其备注信息。在备注页视图中,用户可以通过单击幻灯片缩略图下方的备注页方框来输入备注信息,也可以在普通视图中的备注窗格中输入备注信息。

6. 母版视图

【母版】视图包括幻灯片母版视图、讲义母版视图和备注母版视图三种。【母版】视图是存储有关演示文稿信息的主幻灯片,其中包括背景、颜色、字体、效果、占位符大小和位置。使用母版视图的一个主要优点在于,在幻灯片母版、备注母版或讲义母版上,可以对与演示文稿关联的每个幻灯片、备注页或讲义的样式进行全局更改。

二、实例1——奇妙的数学森林

(一)知识点

◆ 设置幻灯片背景;
◆ 文本框、艺术字以及图片的插入方法;
◆ 利用绘图工具绘制矩形、圆形、椭圆形、圆柱形等形状;
◆ 为对象添加动画效果,如动作路径、强调等;
◆ 图片、对象等格式的设置,包括颜色、线条和尺寸等;
◆ 音频文件的插入方法。

> ▶知识卡片
>
> 1. 演示文稿与幻灯片
>
> 在 PowerPoint 中,演示文稿和幻灯片这两个概念还是有些差别的,利用 PowerPoint 做出来的东西就叫演示文稿,它是一个文件。而演示文稿中的每一页就叫幻灯片,每张幻灯片都是演示文稿中既相互独立又相互联系的内容。
>
> 2. 占位符与文本框
>
> 文本占位符与文本框虽然外在形式相似,但是有区别:(1)文本占位符由幻灯片的版式和模板确定,文本框是通过绘图工具或插入菜单确定的。(2)占位符的文本可以在大纲视图中显示出来,而文本框的文本不会在大纲视图中显示。(3)当其中的文本太多或太少时,占位符可以自动调整文本的字号,使之与占位符的大小相适应,文本框则不可以。

(二)培智学校课堂课件制作

与其他各类残疾学生相比,智障学生最为突出的心理特点是大脑功能发育障碍。由于大脑功能方面的不完善,在情感的表达上,智障学生的掩饰性、隐忍性、自我克制性都比较低,会表现出更多的依赖性,情感的表达更直接、更简单。几乎所有的智障学生都会有不同程度的交往困难，并伴随语言发育迟缓或语言障碍。同语言障碍基本一致，他们在运动发育、运动技能的掌握和实际运动水平等方面都存在一定的困难。在培智学校课堂教学中，教师有效利用多媒体课件辅助教学是补偿智障学生的智力和适应行为缺陷的手段之一。

1. 多媒体课件可以激发智障学生的兴趣，帮助其理解教学内容

智障学生通常缺乏感知事物的主动性和积极性，注意力差，对事物的兴趣不能持久。教师合理利用多媒体课件辅助教学可以使学生身临其境，感受教学内容本身的乐趣，吸引学生的注意力。

2. 多媒体课件可以促进智障学生思维的发展

智障学生在思维上存在一定的障碍，分析、综合能力发展比较差，思维能力通常停留在直观形象阶段，对理性知识的接受和理解困难。苏霍姆林斯基说："儿童是用形象、色彩、声音来思维的。"教师运用多媒体课件有助于培养学生正确的思维方法，引导学生打破单一的习惯思维，充分发展联想，进而增强创造的能力。

3. 利用多媒体课件可增大课堂教学的容量，拓展智障学生的视野

研究表明，学习者在学习知识的同时动用身体的多种感官，能收到更好的学习效果。在教学中，通过多媒体课件辅助课堂教学，使智障学生置身于图像、语音、文字的环境中，集中他们的注意力，从而增加了课堂的信息量，提高了课堂效率。

教师要从一切有利于智障学生学习和发展的角度出发，科学合理地运用多媒体课件辅助教学，在制作课件时应特别注意两个方面：① 交互界面不能繁琐、花哨，力求简洁明了、美观实用。过分花哨的交互界面会分散学生的注意力而使其忽视所要学习的实质问题。② 把抽象的语言描述转换为形象生动的视觉、听觉信息，充分调动智障学生的各感觉器官，使其有更为完整具体的概念和过程认识。

以全日制培智学校第三册数学课《认识钟面》为例，在导入新课环节中，教师运用课件《奇妙的数学森林》以讲故事的形式将学生引到钟面的学习中来。该课件将故事的意境和内容结合在一起，配以教师的讲解，图文并茂，形象生动，让学生身临其境，不仅能激发学生们学习的兴趣，而且还能提高他们的思维能力、想象力和创新能力。

（三）课件《奇妙的数学森林》制作步骤

1. 新建文件，制作第一张幻灯片

（1）新建一个 PPT 文件

启动 PowerPoint 2016 后，选择【文件】|【新建】命令，在【可用的模板和主题】栏中选择【空白演示文稿】图标后，在其右侧单击【创建】按钮，创建一个空白演示文稿。

（2）设置幻灯片背景

选择【设计】选项卡，单击【背景】选项组中右下角的黑色箭头按钮，弹出"设置背景格式"对话框，如图 9-1-2 所示，在【填充】选项栏中设置"纯色填充"，填充颜色为黑色，然后依次单击【全部应用】【关闭】按钮。此时文档幻灯片的背景以及之后新建幻灯片的背景都为黑色。

第九章 多媒体制作工具

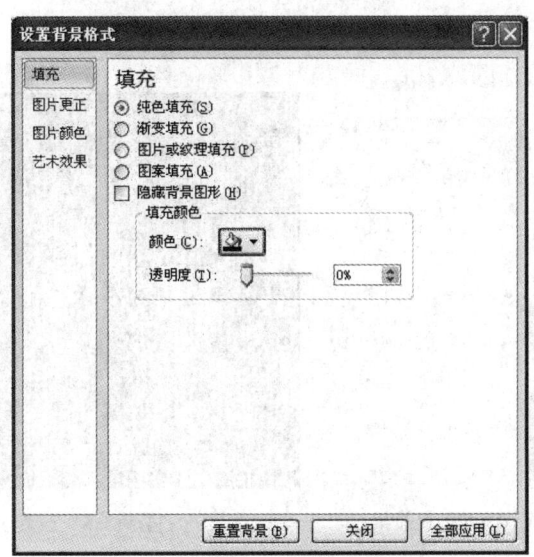

图 9-1-2 "设置背景格式"对话框

(3) 输入标题

首先,选择【插入】选项卡,在【文本】选项组中单击【艺术字】按钮,在弹出的下拉列表中选择样式,如图 9-1-3 所示。单击该样式后,在幻灯片上出现艺术字编辑框,在编辑框中输入文本"奇妙的数学森林",设置其字体为"仿宋",字号为"54",颜色为"白色"。

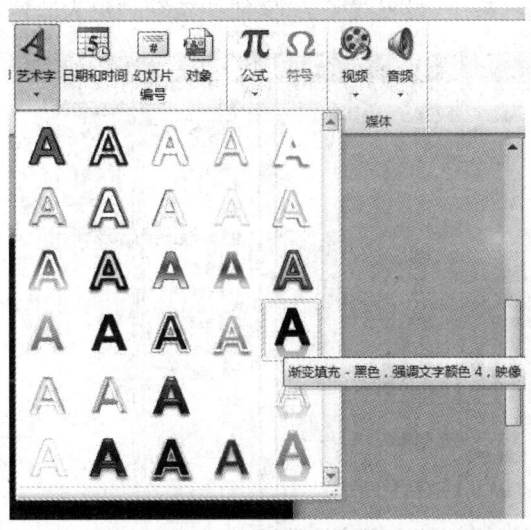

图 9-1-3 艺术字样式

选择艺术字,在功能区的"格式"临时选项卡中,单击【艺术字样式】选项组中的【文本效果】按钮,在其下拉列表中单击【转换】中的"朝鲜鼓"样式,如图 9-1-4 所示。完成之后,拖动艺术字编辑框的控点改变其形状,形成如图 9-1-5 所示效果。

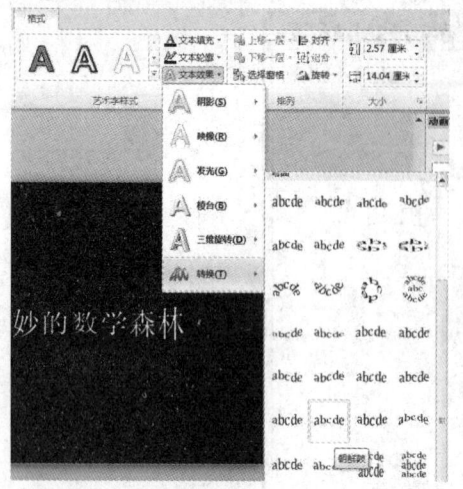
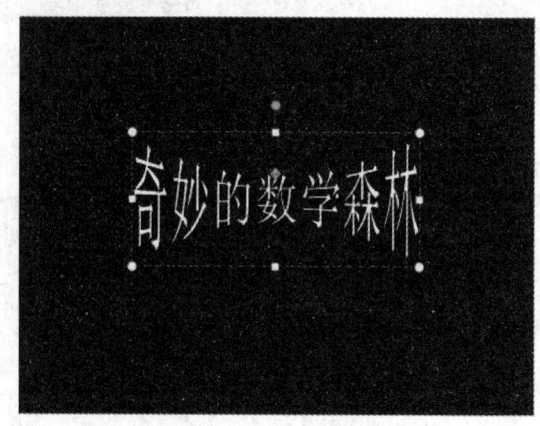

图 9-1-4 "艺术字样式"中的文本效果　　　　图 9-1-5 改变文本形状

（4）绘制正圆

选择【开始】选项卡，单击【绘图】选项组中的 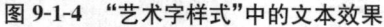 按钮，打开绘图工具窗口，选中【椭圆】工具，按住 Shift 键的同时在幻灯片中拖拽鼠标，绘制出一个正圆形。

选中该"正圆"，单击鼠标右键，执行快捷菜单中的【设置形状格式】命令，打开"设置形状格式"对话框。在对话框中的【填充】选项栏中，设置"纯色填充"，填充颜色如图 9-1-6 所示，在【线条颜色】选项栏中，设置线条为"实线线条"、颜色为黑色，如图 9-1-7 所示。

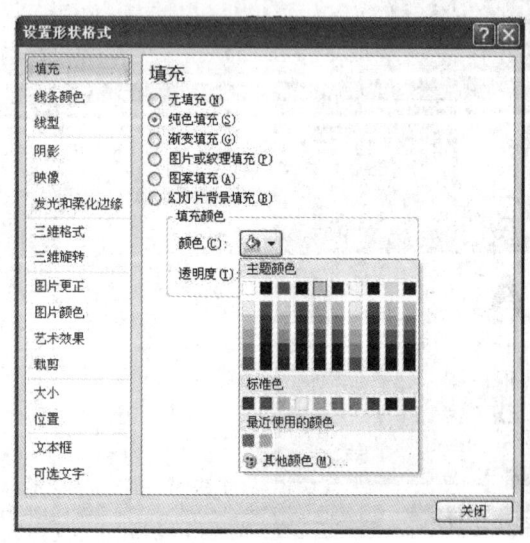
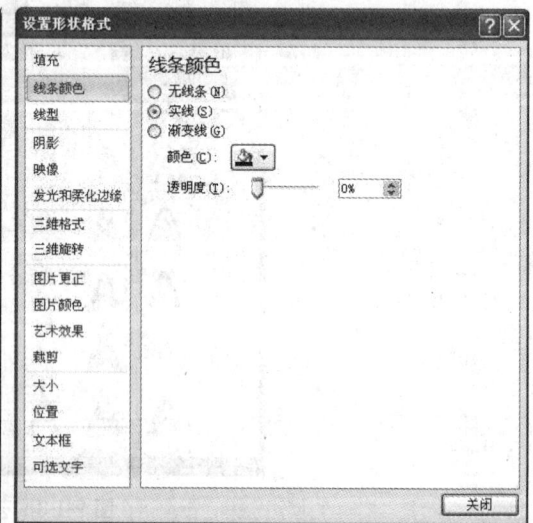

图 9-1-6　填充颜色　　　　图 9-1-7　线条颜色

（5）调整正圆的叠放层次

选中正圆形，在【开始】选项卡中的【绘图】选项组中的【排列】下拉列表中，执行【下移一层】命令。

（6）为正圆形添加"动作路径"动画效果

选中正圆形，选择【动画】选项卡，单击【高级动画】选项组中的【添加动画】按钮，在弹出的下拉列表中单击【其他动作路径】命令，此时会打开"添加动作路径"对话框，如图 9-1-8 所示，鼠标拖动滚动条，找到【向右】命令将其选中后，单击【确定】按钮，此时幻灯片如图 9-1-9 所示。

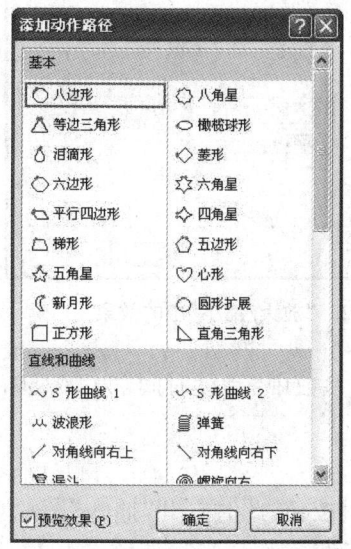

图 9-1-8　添加动作路径

图 9-1-9　"向右"命令效果

在【计时】选项组中设置参数值，如图 9-1-10 所示。

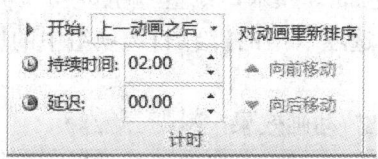

图 9-1-10　计时

为正圆形继续添加"动作路径"效果。单击【其他动作路径】命令，在"添加动作路径"对话框中选择【向左】命令后，单击【确定】按钮。在幻灯片中设置此次路径的起点和终点分别与上次路径的终点和起点重合，【计时】选项组中的参数值同图 9-1-10。

再次添加【向右】"动作路径"效果，将此次路径的起点和终点往右拖至文本"林"的右侧，【计时】选项组中的参数值仍同上图 9-1-10。

（7）为正圆形添加"放大/缩小"动画效果

选中正圆形，单击"高级动画"选项组中的【添加动画】按钮，在下拉列表中选择【强调】|【放大/缩小】命令，在【计时】选项组中设置参数如图 9-1-11 所示。

单击【高级动画】选项组中的【动画窗格】按钮，在弹出的"动画窗格"中，双击刚刚添加的【放大/缩小】动画效果，此时会打开"放大/缩小"对话框，在对话框中的【效果】选项栏中，设置尺寸为 50%，如图 9-1-12 所示。

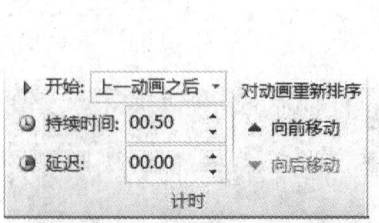

图 9-1-11 "放大/缩小"中的计时

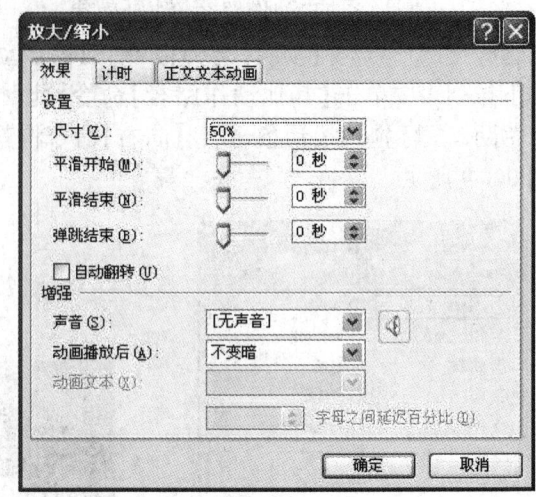

图 9-1-12 "放大/缩小"中的效果

为正圆形再次添加"放大/缩小"效果,设置"计时"参数中"持续时间"为 00.50,"效果"参数中尺寸为 200%。

(8) 插入"图片 1.jpg"

选择【插入】选项卡,单击"图像"选项组中的【图片】按钮,此时打开"插入"图片对话框,选择本例素材文件夹中的"图片 1"后,单击【插入】按钮。

选中该图片,单击鼠标右键执行【设置图片格式】命令,打开"设置图片格式"对话框。在对话框中的【线条颜色】【线型】【大小】选项中分别设置"线条颜色"为黑色实线,"大小"设置为高度 17.86 厘米,宽度 23.3 厘米,"线型"宽度为 5.5 磅。

选中"图片 1",在【开始】选项卡中的【绘图】选项组中的【排列】下拉列表中,执行【置于顶层】命令。

(9) 为"图片 1"添加"淡出"动画效果

选择【动画】选项卡,单击【高级动画】选项组中的【添加动画】按钮,在下拉列表中,单击【进入】|【淡出】命令,之后在【计时】选项组中设置"开始"为"上一动画之后","持续时间"为 02.00。

(10) 为幻灯片添加文本

为本张幻灯片添加文本,操作方法是:

选中【插入】选项卡,单击【文本】选项组中的【文本框】按钮,执行【横排文本框】命令,在"幻灯片编辑区"中拖动出一个横排文本框输入相应的文字。

选中该文本框,单击鼠标右键执行【设置图片格式】命令,填充"花束"纹理,其效果如图 9-1-13 所示。

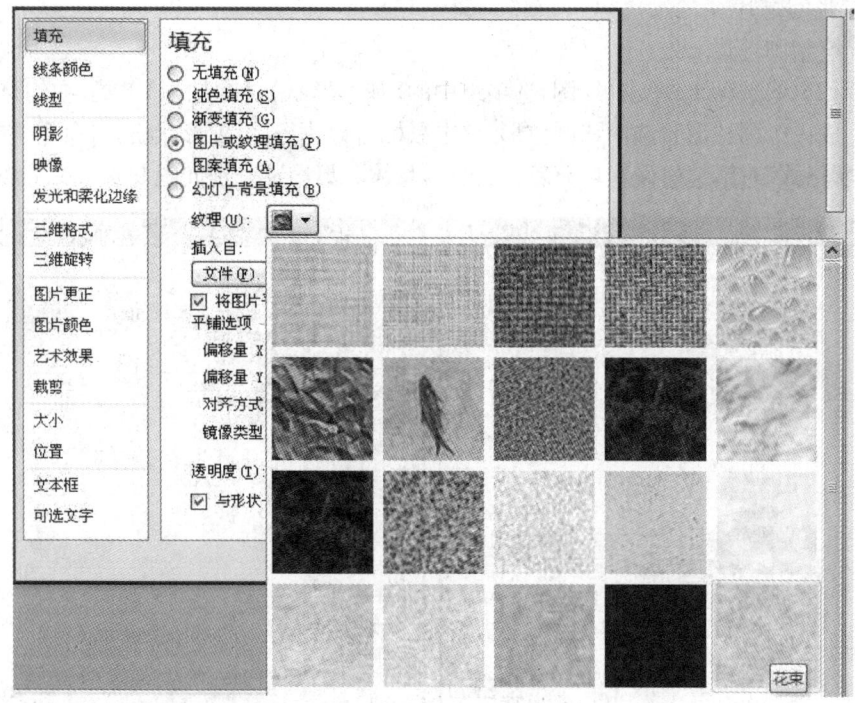

图 9-1-13　纹理

单击【关闭】按钮后,调整文本框位置至幻灯片的右下角,见图 9-1-14。

图 9-1-14

选中该文本框,选择【动画】选项卡,为其设置【进入】|【淡出效果】,【计时】选项组参数设置"开始"为"上一动画之后","持续时间"为 02.00。

2. 制作第二张幻灯片

(1) 创建第二张幻灯片

在幻灯片编辑区左侧的"幻灯片窗格"中选中第一张幻灯片,按【Enter】键,这样就创建了第二张幻灯片。

(2) 绘制圆柱形

选择【开始】选项卡,单击【绘图】选项组中的【基本形状】|【圆柱形】工具,在幻灯片中拖拽鼠标生成一个圆柱形。选中该圆柱形,单击鼠标右键执行【设置形状格式】命令,在弹出的"设置形状格式"对话框中设置填充颜色、大小,具体参数设置分别如图 9-1-15、9-1-16 所示。

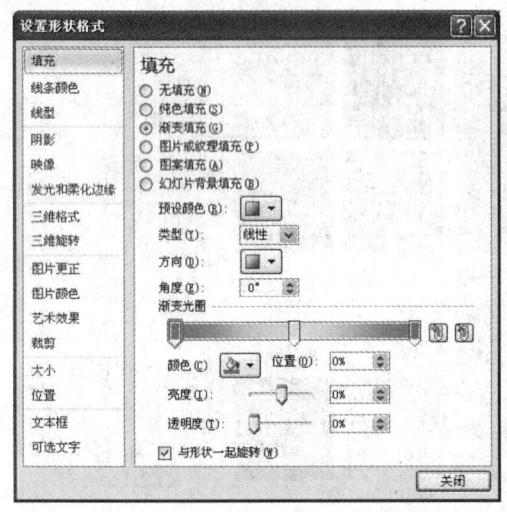

图 9-1-15 圆柱形的填充参数设置

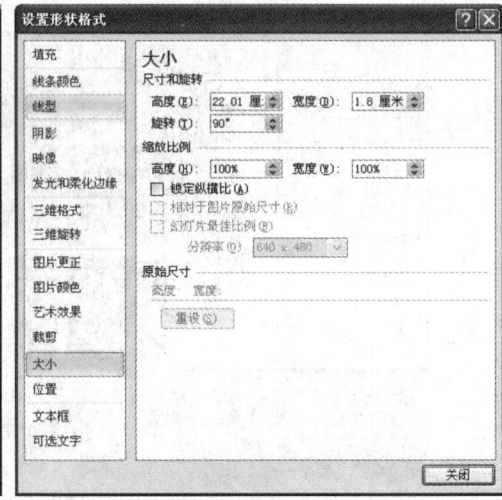

图 9-1-16 圆柱形的大小参数设置

参数设置好之后,选中它,调节黄色的控点来调整圆柱形横截面的立体效果。

为了使得效果更加逼真,提高其质感,绘制一个长长的、扁扁的椭圆形,如图 9-1-17 所示。设置该椭圆形无线条颜色,其填充参数值如图 9-1-18 所示。设置完成后将其移至圆柱形相应的位置,效果如图 9-1-19 所示。

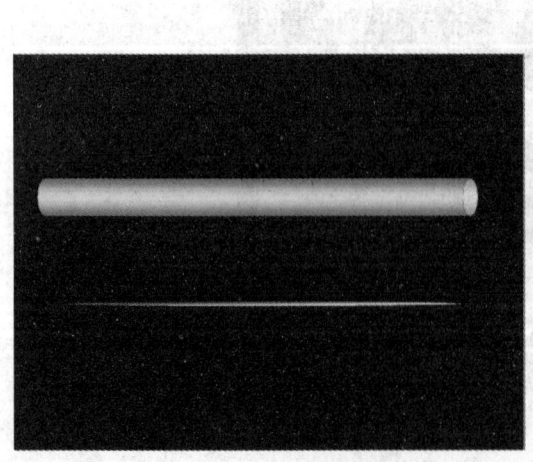

图 9-1-17 长扁状的椭圆形

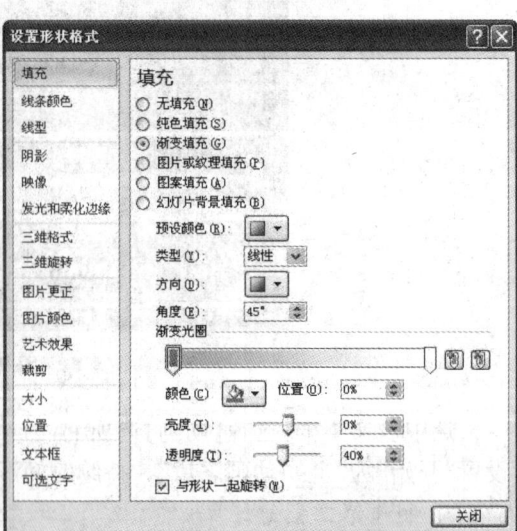

图 9-1-18 椭圆形的填充参数设置

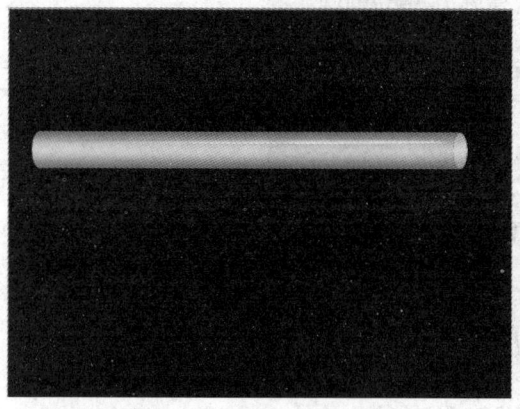 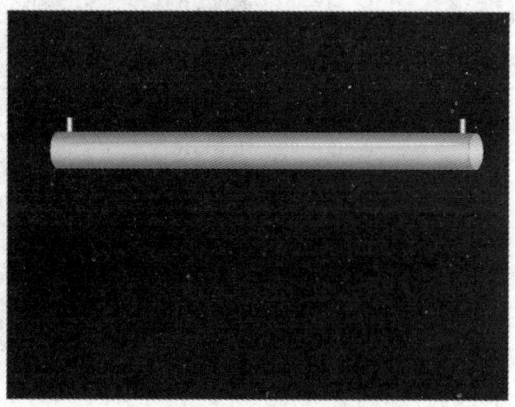

图 9-1-19　移动椭圆形位置　　　　　　图 9-1-20　调整圆柱形和小矩形的位置

(3) 绘制矩形

绘制一个矩形并设置好参数后再复制出一个矩形,然后调整圆柱形和两个小矩形的位置,效果如图 9-1-20 所示。矩形填充颜色、大小等参数的设置分别如图 9-1-21、9-1-22 所示。

 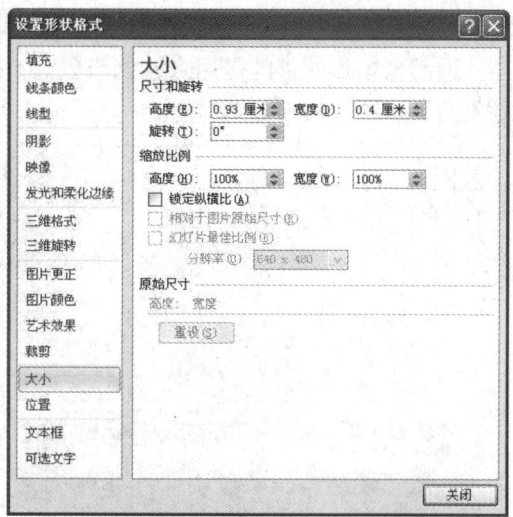

图 9-1-21　矩形的填充参数设置　　　　　图 9-1-22　矩形的大小参数设置

将圆柱形和两个小矩形组合成一个对象。操作方法是:将它们全部选中,单击【绘图】选项组中的【排序】|【组合】命令。

(4) 绘制一个直径较细的圆柱形

此圆柱形的效果如图 9-1-23 所示,其填充效果与大小的参数设置分别为:渐变效果中的线性填充,选择合适的颜色,"大小"中高度 20.05 厘米,宽度 0.5 厘米,旋转 90°。参数设置完成之后,通过【绘图】选项卡中的【排序】|【下移一层】命令将该圆柱形下移一层。

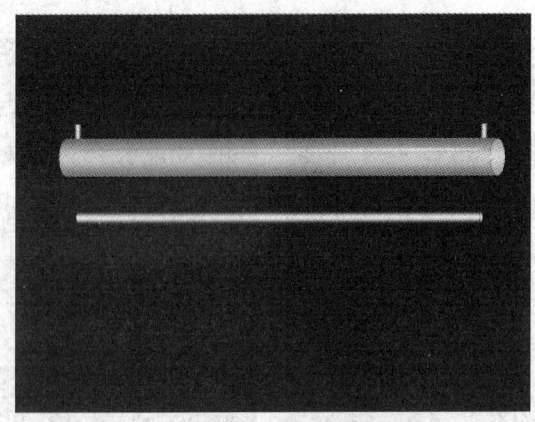

图 9-1-23　绘制直径较细的圆柱形

(5) 再绘制一个大的矩形

该矩形的填充效果为渐变填充,"类型"为线性,选择合适的颜色,"尺寸"设置为高度 17.73 厘米,宽度 19.6 厘米,旋转 0°。将其与步骤(4)绘制的圆柱形组合成一个对象,并置于底层。

(6) 调整各个对象的位置,效果如图 9-1-24 所示。

(7) 绘制一个黑色的矩形

绘制该矩形的目的是用来遮挡步骤(5)创建的蓝色矩形,并置于步骤(3)创建的组合对象的下一层。效果如图 9-1-25。

图 9-1-24　调整各对象的位置

图 9-1-25　绘制黑色矩形

(8) 为各对象添加动画效果

打开"动画窗格",为步骤(3)创建的组合对象添加【出现】动画效果。"开始"设置为

"上一动画之后","持续时间"为 02.00。

为步骤(7)创建的对象添加【向下】动作路径效果,设置"开始"为"上一动画之后","持续时间"为 02.00。

参数设置完成后,当前幻灯片编辑区如图 9-1-26 所示。

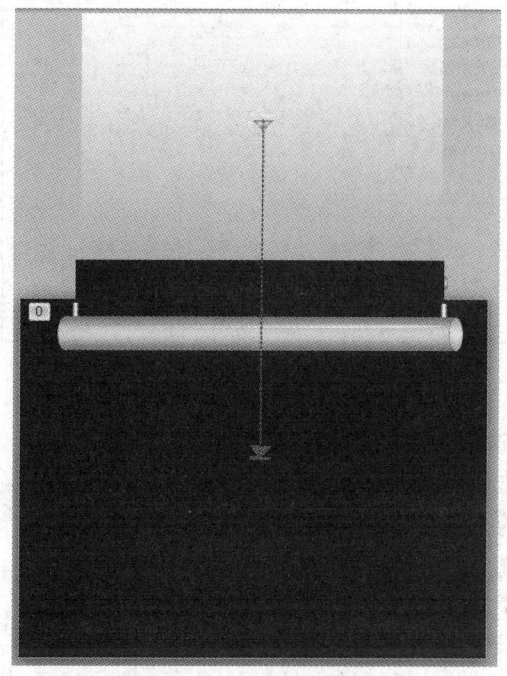

图 9-1-26　编辑区效果

(9) 插入图片"图片 2.jpg"

选择【插入】选项卡,单击"图像"选项组中的【图片】按钮,在打开的"插入"图片对话框中选择本例素材文件夹中的"图片 2"后,单击【插入】按钮。然后对其进行线型、大小、位置等设置,参数设置分别如图 9-1-27、9-1-28 和图 9-1-29。设置完成后,将该图片"下移一层"。

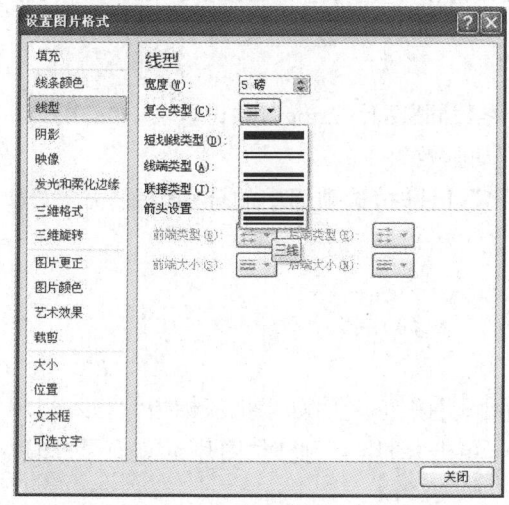 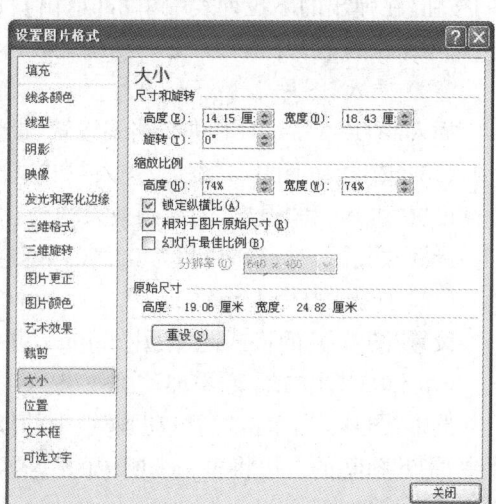

图 9-1-27　"图片 2"的线型参数设置　　图 9-1-28　"图片 2"的"大小"参数设置

图 9-1-29 "图片 2"的"位置"参数设置

(10) 为"图片 2"添加"进入"动画效果

选中"图片 2",单击【高级动画】选项组中的【添加动画】按钮,在弹出的下拉列表中单击【更多进入效果】,打开"添加进入效果"对话框,选择【基本型】|【切入】命令,单击【确定】按钮。此时,在右侧的"动画窗格"列表中添加了这一动画效果,双击它将会弹出"切入"对话框,在对话框中设置切入的方向"自顶部",如图 9-1-30 所示。在【计时】选项组中设置"开始"为"上一动画之后","持续时间"为 03.00。

(11) 为"图片 2"添加"退出"动画效果

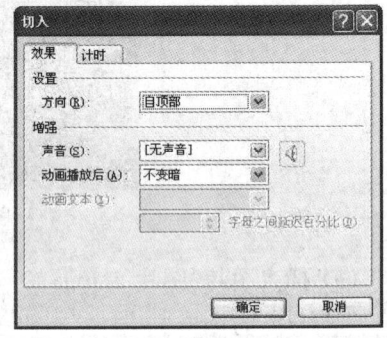

图 9-1-30 "图片 2"的"切入"参数设置

选中图片,单击【高级动画】选项组中的【添加动画】按钮,在弹出的下拉列表中单击【退出】|【淡出】命令,单击【确定】按钮,接下来在【计时】选项组中设置"开始"为"上一动画之后","持续时间"为 02.00,"延迟"为 07.00。

(12) 插入"图片 3.jpg"

插入"图片 3"后,对其进行格式设置,设置参数同"图片 2.jpg",并设置"下移一层"。

(13) 依次为"图片 3"添加"进入"和"退出"动画效果

设置"进入"和"退出"的动画效果均为"淡出",【计时】选项组中的分别设置"开始"为"上一动画之后","持续时间"为 02.00,"延迟"为 07.00。

(14) 插入"图片 4.jpg"

设置"图片 4"的格式同"图片 2.jpg",并设置"下移一层"

(15) 为"图片 4.jpg"添加动画效果

选中"图片 3",单击"高级动画"组中的【动画刷】按钮,此时如果把鼠标指针移入幻灯片中,指针图案的右边将多一个刷子的图案,单击"图片 4",此时"图片 4"就有了"图片 3"的动画效果。

> 知识卡片

　　PowerPoint2016 新增了"动画刷"工具。对于多个动画效果一样或者相似的对象，用户只需做好其中一个对象的动画，就可通过"动画刷"工具把现有动画复制到其他对象上。"动画刷"工具也可以复制不同页面甚至不同文件中的动画效果。灵活运用"动画刷"可以省去大量重复的工作，提高动画课件的制作效率。

　　(16) 参照步骤(14)、(15)，依次插入"图片 5.jpg"～"图片 13.jpg"，并设置与"图片 3"相同的动画效果。

3. 制作第三张幻灯片

(1) 创建第三张幻灯片

单击开始面板中的新建幻灯片按钮，创建第三张幻灯片。

(2) 插入文本

选择【插入】选项卡，单击【文本】选项组中的【艺术字】按钮后，在弹出的下拉列表中选择样式，如图 9-1-31 所示，此时在幻灯片中出现艺术字编辑框，输入文本"完"。

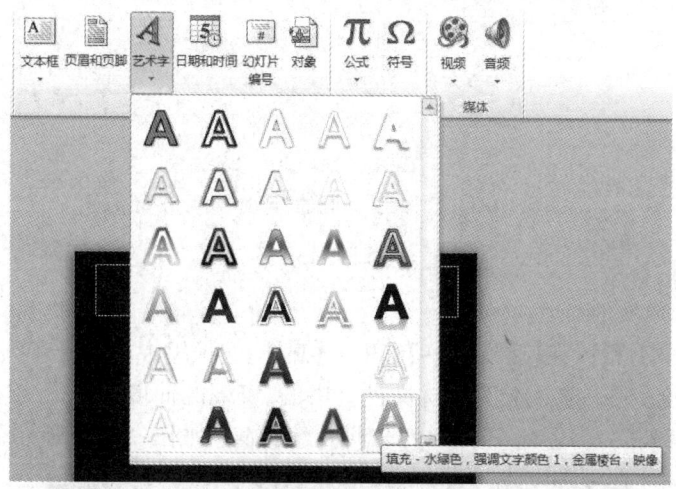

图 9-1-31　艺术字样式

(3) 设置文本格式

双击文本"完"，出现文字格式编辑工具栏，设置文本字体格式为："宋体""96 号""加粗""橙色"，效果如图 9-1-32 所示。

图 9-1-32　设置文本字体格式

(4) 为文本"完"添加动画效果

选中文本"完",选择【动画】选项卡,在【动画】选项组中的动画选项效果列表中单击【进入】|【弹跳】命令。在右侧"动画窗格"的列表中选中该文本后,设置【计时】选项组中的参数,如图 9-1-33 所示。

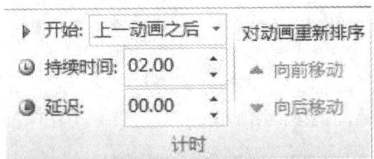

图 9-1-33　"弹跳"动画的"计时"参数设置

4．插入背景音乐

(1) 插入音频文件

选中第一张幻灯片,在【插入】选项卡中的【媒体】选项组中,单击【音频】|【文件中的音频】,在打开的对话框中选择本例素材文件夹中的"安妮的仙境.mp3",单击【插入】按钮,此时音频文件就被插入 PowerPoint 中,幻灯片编辑窗口如图 9-1-34 所示。

图 9-1-34　插入音频文件

(2) 设置音频文件播放效果

在"动画窗格"中调整其顺序为第一,双击它,弹出"播放音频"对话框,【效果】选项栏和【计时】选项栏中的设置分别如图 9-1-35、9-1-36 所示。

至此,课件《奇妙的数学森林》就制作完成了。

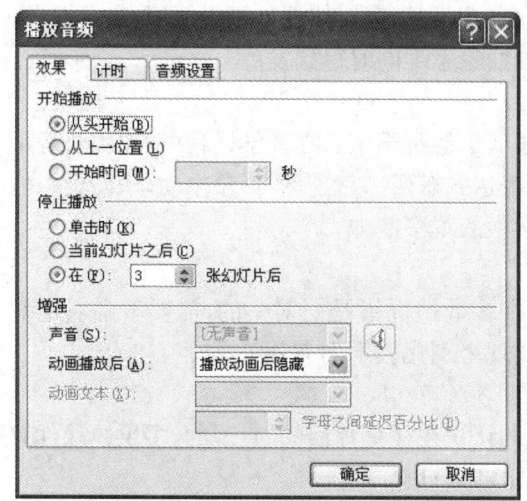

图 9-1-35 "播放音频"中"效果"参数设置

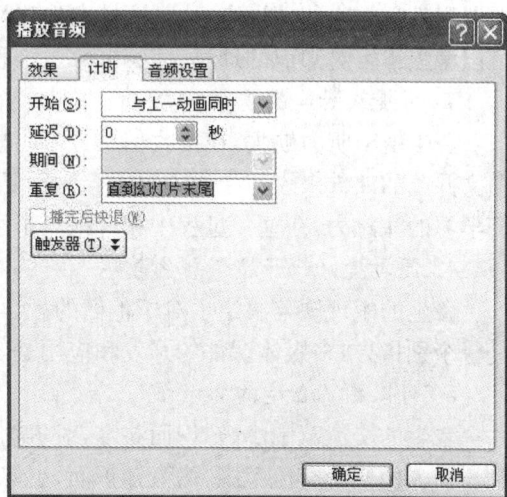

图 9-1-36 "播放音频"中"计时"参数设置

> ▶知识卡片
>
> PowerPoint 2007 或者 PowerPoint 2003 只支持 WAV 格式文件的嵌入,其他格式的音频文件均是链接,必须一起打包音频文件。而对于 PowerPoint 2016 来说,能够完全嵌入音频格式,用户不必担心音频文件丢失问题。在 PowerPoint 2016 中,也可以随意剪裁音频文件,可以设置为淡入淡出,听音频时不会感到突兀。

三、实例2——《古诗欣赏》

（一）知识点

设置幻灯片背景；插入文本框；利用绘图工具绘制菱形；对齐与分布；添加动画效果；设置图片、文本框等格式；视频文件的插入方法；创建导航按钮；设置超链接。

（二）培智学校课堂课件制作

随着现代教育技术的发展,多媒体课件在聋校教学中得到了很好的应用。在聋校课堂教学中,教师运用多媒体课件辅助教学除了可以激发学生的学习兴趣,促进学生对知识的理解,突破重点难点以提高课堂教学效果之外,一个好的多媒体课件还会起到以下作用：

1. 可以创设情境,丰富聋生的情感体验

多媒体课件通过色彩、音响、动画、图像/图形等营造出一个图文并茂、生动逼真的学习情境,对聋生的手、眼、耳等各种感官进行综合调动,为聋生提供了丰富多彩的视听情境。

2. 可促进聋生思维能力的提高

聋生一个突出的特点就是形象思维的能力较强,而抽象思维发展的能力则较差。根据课程教学内容的知识点,从新颖性和趣味性出发,利用多媒体课件创设情境,启发思考,可以增强聋生对知识的理解,使其形象思维和抽象思维同时得到发展。

3. 可提高聋生的观察能力

聋生由于听力缺失,在接收信息方面明显低于健听学生。在教学过程中,教师若运用图文并茂的课件来表达授课内容则会使所要表达的东西一目了然,形象生动,从而集中他们学习的注意力,在这一过程中相应提高了学生的观察能力。

4. 便于更好地开展个别化教学

聋生的生理缺陷决定了对于他们的教学在多数情况下是一对一的,需要教师对他们进行个别指导,多媒体课件的开发和应用是实现个别化教学的有效工具。

5. 可以拓宽聋生的知识面

聋生的交流范围小,知识面狭窄,对事物的认识往往是片面的、直观的,多媒体课件有利于扩大他们的交流范围,增大知识面,更好地融入社会。

教师在设计制作多媒体课件时要注重教学内容的选择和设计、画面设计、听觉效果设计、交互设计等诸多方面,制作出一个符合聋生认知特点、满足实际课堂需要的、优秀的多媒体课件。① 教学内容的设计要注意从已知命题和概念入手,确保教学内容由浅入深、由易到难、从已知到未知、从具体到抽象、从简单到复杂的顺序排列,最终设计成一个前后关联的系统,以促进聋生融会贯通地去学习。② 画面设计尽量做到简洁、友好、生动,较好地利用聋生良好的视觉感知能力。由于聋生的形象思维优于抽象思维,因此可利用与教学内容相关的图像、动画来创设情境,在辅以文字的基础上发展他们的形象思维和抽象思维能力。

下面以聋生语文课堂为例,介绍课件《古诗欣赏》的制作步骤。

(三)制作步骤

1. 新建文件,制作第一张幻灯片

(1)新建文件

新建一个 PPT 文件。启动 PowerPoint 2016 后,选择【文件】|【新建】命令,在【可用的模板和主题】栏中选择【空白演示文稿】图标后,在其右侧单击【创建】按钮,创建一个空白演示文稿。

(2)设置幻灯片的背景

选择【设计】选项卡,单击【背景】选项组中右下角的黑色箭头按钮,弹出"设置背景格式"对话框,在【填充】选项中,选择"图片或纹理填充",如图 9-1-37 所示。单击"纹理"栏中的黑色小三角按钮,在弹出的纹理样式中选择"纸莎草纸"纹理,然后依次单击【全部应用】【关闭】按钮。

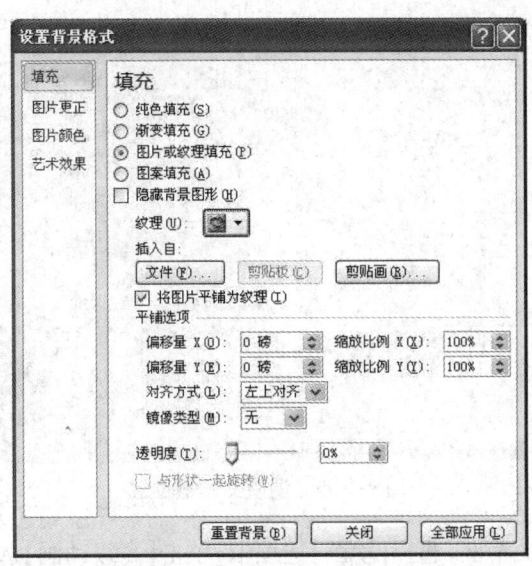

图 9-1-37 选择"图片或纹理填充"

(3) 添加文本

选择【插入】选项卡,单击【文本】选项组中的【垂直文本框】按钮,在"幻灯片编辑区"中拖动出一个垂直文本框,并输入文字"古诗欣赏",设置其文本格式为"华文行楷""字号54""黑色"。设置完成之后,将文本复制出另外两个,文字分别被修改为"静夜思""春晓",修改字号为44。如图9-1-38所示。

图 9-1-38 文本效果

(4) 为文本添加"动作路径"动画效果

首先调整三个文本框的位置,如图9-1-39所示。

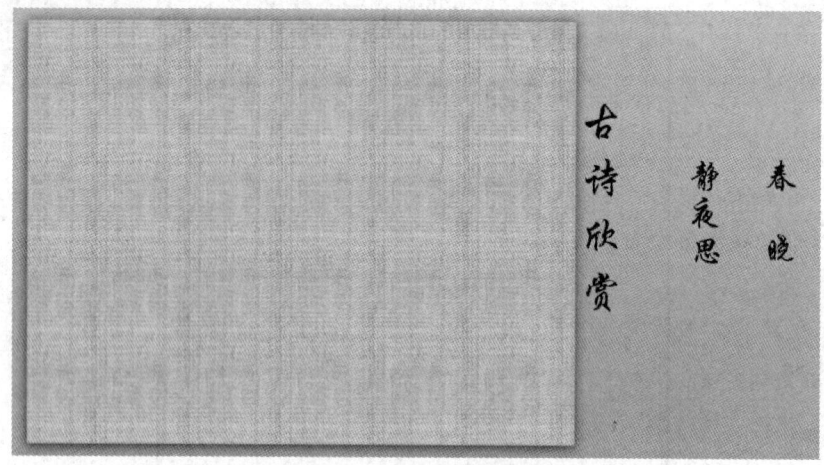

图 9-1-39　调整文本框位置

选中"古诗欣赏"文本框,选择【动画】选项卡,单击【高级动画】选项组中的【添加动画】黑色小按钮,在其下拉列表中单击【其他动作路径】,此时会弹出"添加动作路径"对话框,如图9-1-40所示。

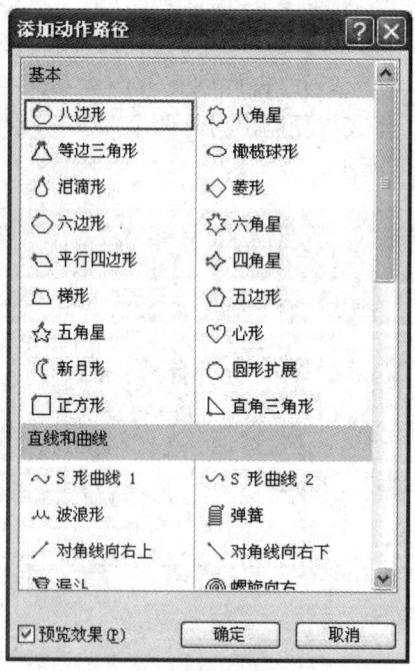

图 9-1-40　添加动作路径

在"添加路径对话框"中,选择【向左】路径效果后,单击【确定】按钮,此时幻灯片编辑区如图 9-1-41 所示。

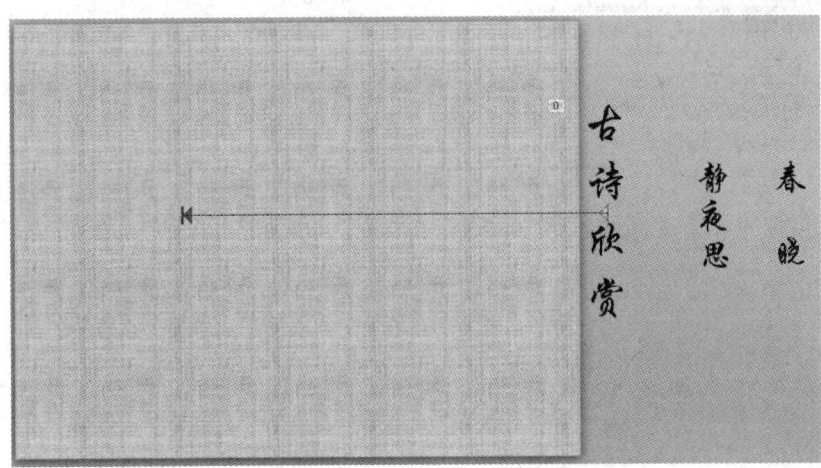

图 9-1-41　选择"向左"路径效果

同时选中"静夜思""春晓"文本框,用同样的方法为这两个文本框添加【向左】动作路径,并设置路径的终点,设置完成后如图 9-1-42 所示。

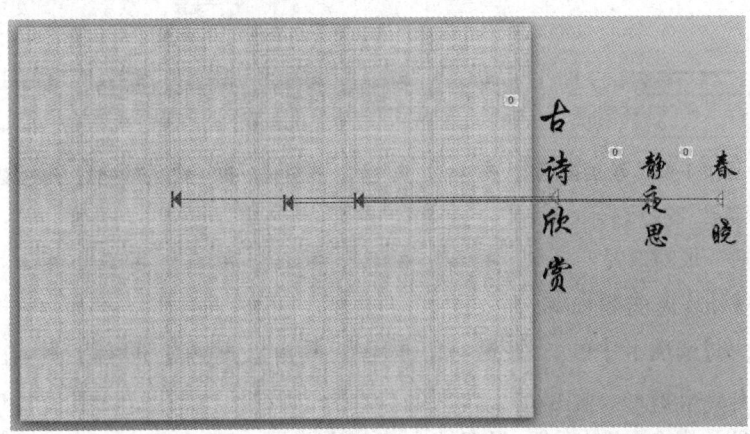

图 9-1-42　文本动作路径效果

单击【动画】选项卡中【高级动画】选项组中的【动画窗格】按钮,在窗口的右侧弹出"动画窗格",如图 9-1-43 所示。

在"动画窗格"中,依次选中这三个文本动画,在相应的【计时】选项组中分别设置参数值,将"开始"分别设置为"上一动画同时""上一动画之后""与上一动画同时",将"持续时间"均设置为 05.00,"延迟"为 0。如图 9-1-44 所示。

图 9-1-43 动画窗格

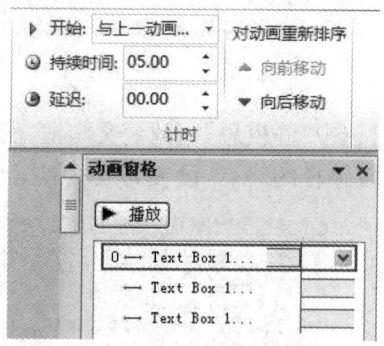

图 9-1-44 文本"计时"参数设置

2. 制作第二张幻灯片

（1）新建一张幻灯片

（2）在幻灯片上绘制矩形

单击【绘图】选项卡中的 ▼ 按钮，打开绘图工具窗口，选中【矩形】工具，在幻灯片中拖动鼠标绘制出一个矩形。在矩形上单击鼠标右键，执行快捷菜单中的【设置形状格式】命令，打开"设置形状格式"对话框，设置填充颜色为白色，无线条颜色。

（3）绘制菱形

在绘图工具窗口中选中【菱形】工具，按住【Shift】键拖动鼠标画出一个菱形，选中该菱形，单击鼠标右键执行【设置形状格式】命令，在打开的"设置形状格式"对话框中的【填充】选项中设置"纯色填充"，颜色为白色；在【线条颜色】选项中设置线条颜色为黑色；在【线型】选项中，设置线型宽度为 4.5 磅，类型为实线。

选中菱形，按住 Ctrl 键，拖动鼠标复制出另外三个，然后选中这四个菱形，单击【绘图】选项组中的【排序】命令，执行【对齐】菜单中的相关命令调整它们的位置。

（4）输入"古诗原文"文本

选中【插入】选项卡，单击【文本】选项组中的【横排文本框】按钮，在幻灯片中拖动出一个横排文本框，并输入文字"古"，在"字体"选项组中设置文本格式："隶书""字号 44""黑色"。完成之后，将文本复制出另外三个，文字分别被修改为"诗""原""文"，再分别将文字移到各菱形上（如图 9-1-45 所示）。

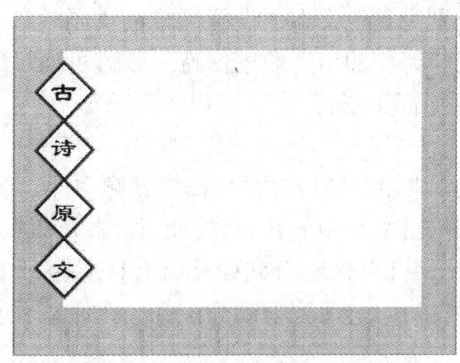

图 9-1-45　插入"古诗原文"文本

（5）将四个菱形和四个文字组合成一个对象

组合的方法是拖动鼠标框选这八个对象，或者按住 Shift 键分别单击选中这些对象，然后单击鼠标右键执行【组合】|【组合】命令。

（6）添加古诗原文

插入垂直文本框，输入"春晓"，设置字体为华文新魏，字号为 40，在文本"春"与"晓"之间通过按空格键增加距离。

复制出五个文本"春晓"，分别修改文本内容，并调整到合适的位置，效果如图 9-1-46 所示。其中"唐孟浩然"文本框参数设置为：字体为楷体，字号为 24，其余文本框中的文本参数设置不变。

图 9-1-46　添加古诗文本

（7）为古诗原文添加动画效果

选中"春晓"文本框，选择【动画】选项卡，在【动画】选项组中单击【进入】|【擦除】按钮，并在【计时】选项组中设置参数如图 9-1-47 所示。

图 9-1-47　"春晓"动画计时参数设置

接下来按同样方法分别为其他文本框设置同样的动画效果。注意：设置其他文本框自定义动画的先后顺序要与诗句的出现顺序保持一致。可通过"动画窗格"下方的【重新排序】按钮调整各对象动画出现的先后顺序。

(8) 插入音频文件

对于 PowerPoint 2016 来说，可直接内嵌 MP3 音频文件。首先，选择"插入"选项卡，单击"媒体"选项组中【音频】|【文件中的音频】按钮，如图 9-1-48 所示，打开"插入音频"对话框，选择音频文件"春晓.MP3"，选定后，单击【插入】按钮。此时，在幻灯片编辑窗口会出现音频图标，在"动画窗格"中，会看到自动为该音频文件添加了一个"播放"触发器。

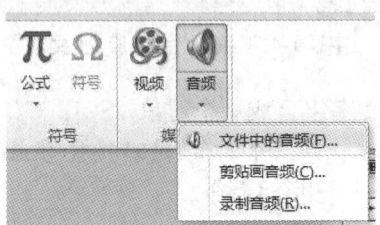

图 9-1-48　插入音频文件

将幻灯片编辑窗口中的音频图标拖到幻灯片编辑窗口外。

接下来为音频文件添加"播放"按钮。

第一步，选择【插入】选项卡，单击【插图】选项组中的形状按钮，在其下拉列表中的【动作按钮】选项中单击【动作按钮：自定义】按钮，回到幻灯片编辑窗口，拖动鼠标绘制一个按钮，按钮绘制完毕会自动弹出"动作设置"窗口，切换到【单击鼠标】选项，并将【单击鼠标时的动作】设置为"无动作"，如图 9-1-49 所示，单击【确定】按钮退出。

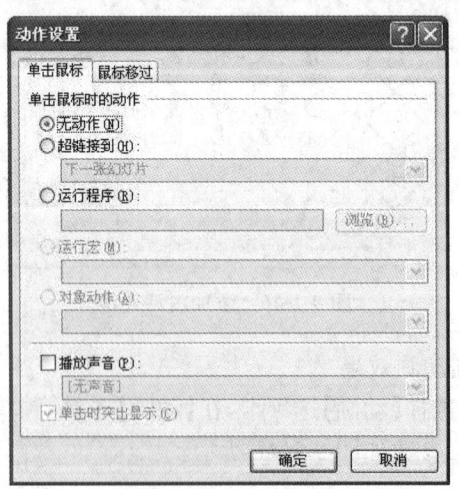

图 9-1-49　动作设置

第二步，在添加的按钮上单击鼠标右键，执行【编辑文字】命令，此时按钮处于可编辑状态，输入"播放"字样。

第三步，双击"动画窗格"列表中的"春晓.MP3"打开"播放音频"窗口，在【效果】选项栏中设置参数如图 9-1-50 所示;在【计时】选项栏中单击【触发器】按钮,选中"单击下列对象时启动效果",并在下拉列表中选择前面添加的"播放",如图 9-1-51 所示,这样"播放"按钮就打造完成了。

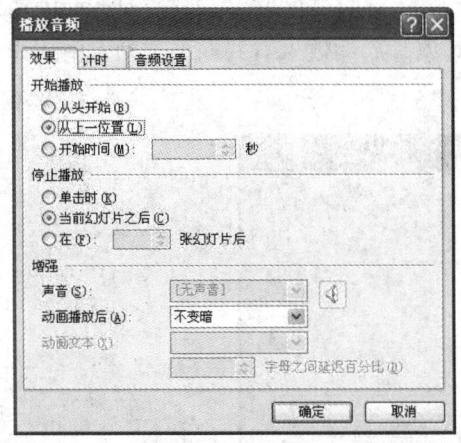

图 9-1-50 "播放音频"中的"效果"参数设置

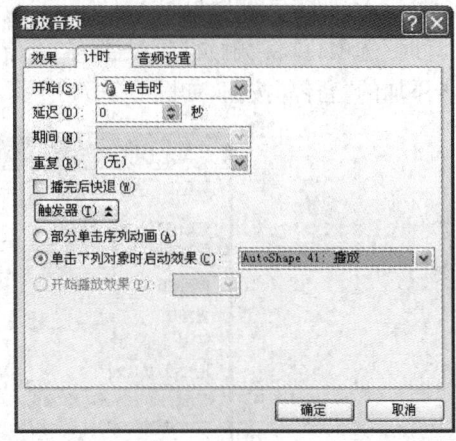

图 9-1-51 "播放音频"中的"触发器"参数设置

下面为音频文件添加"暂停"按钮。

第一步,在幻灯片编辑窗口中选中插入的音频文件"春晓.MP3",然后单击【高级动画】选项组中的【添加动画】按钮,在打开的列表中,单击【媒体】|【暂停】按钮,这时我们会在"动画窗格"中的动画列表中看到"暂停"触发器,如图 9-1-52 所示。

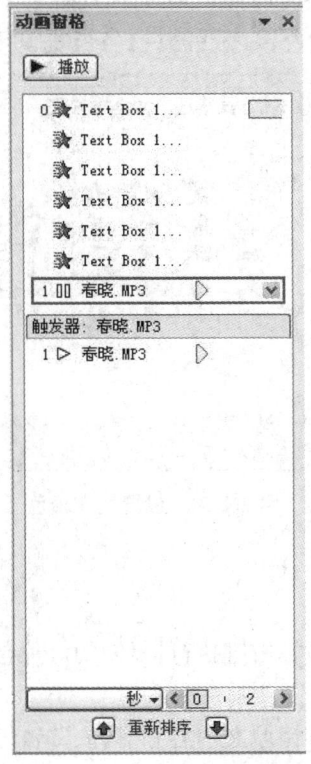

图 9-1-52 "暂停"触发器

第二步，添加了触发器后，还需要添加一个"暂停"控制按钮用来控制声音的播放，此时复制"播放"按钮，并重新编辑文本为"暂停"，也可以参照添加"播放"按钮的方法，在幻灯片编辑窗口中绘制一个按钮，并命名为"暂停"。

第三步，双击右侧"动画窗格"中的"暂停"触发器，在打开的"暂停音频"对话框中切换到"计时"选项栏，将"触发器"设置为"单击下列对象时启动效果"，并在下拉列表中选择上一步添加的"暂停"按钮，如图 9-1-53 所示。

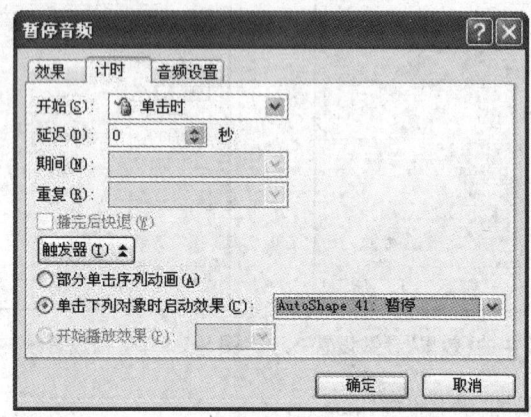

图 9-1-53　"暂停音频"中的"触发器"参数设置

（9）调整"播放"和"暂停"两个按钮的位置并设置格式

设置按钮颜色的方法是：选中按钮后单击鼠标右键，执行【设置图片格式】命令，在打开的"设置图片格式"对话框中，设置填充颜色，效果如图 9-1-54 所示。

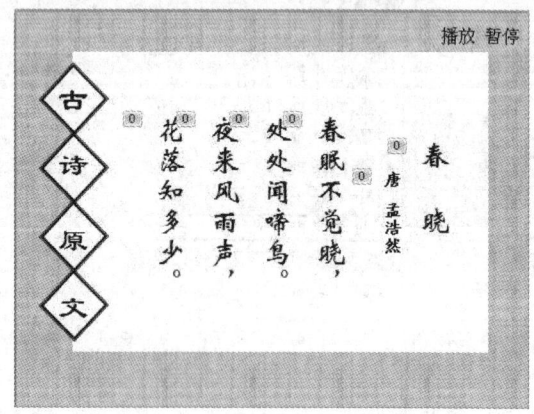

图 9-1-54　设置按钮颜色

3. 制作第三张幻灯片

（1）新建一张幻灯片

选中第二张幻灯片，单击鼠标右键执行【复制幻灯片】命令，新建幻灯片 3。

（2）创建"作者简介"文本

选中第三张幻灯片，删除古诗原文内容和"播放""暂停"按钮，并修改菱形中的四个文本框的内容,分别为"作""者""简""介",如图 9-1-55 所示。

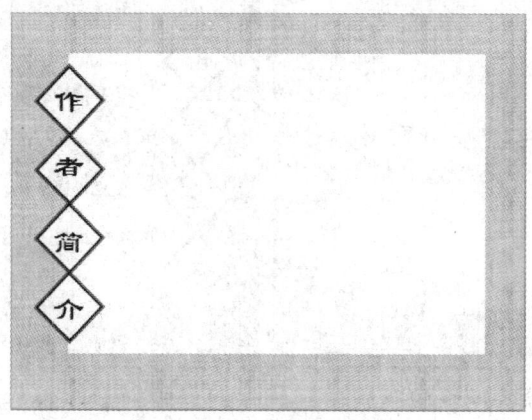

图 9-1-55　创建"作者简介"文本

(3) 添加作者简介

插入"横排文本框",输入作者简介内容,如图 9-1-56 所示。可通过【开始】选项卡中【段落】选项组中的【行距】按钮 调整文本框的行距。

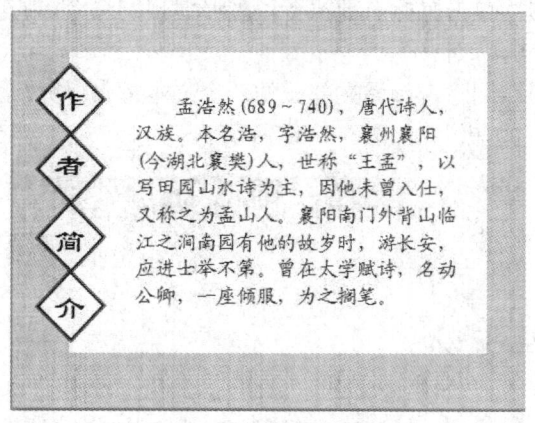

图 9-1-56　添加作者简介内容

(4) 为步骤 3 中创建的文本框添加"进入"动画效果

选中步骤 3 中创建的文本框,设置"进入"动画效果为"擦除",设置"计时"中的"开始"为"上一动画之后","持续时间"为 05.00,"延迟"为 01.50。

4. 制作第四、第五张幻灯片

参照步骤 3 制作第四、第五张幻灯片,如图 9-1-57、9-1-58 所示。

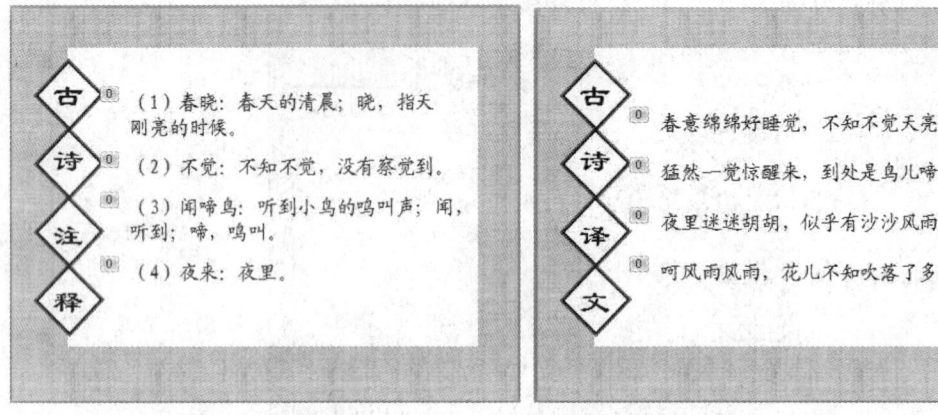

图 9-1-57　第四张幻灯片　　　　　　图 9-1-58　第五张幻灯片

在【计时】选项组中设置第四张幻灯片中注释内容的文本框动画效果和第五张幻灯片中译文内容的文本框动画效果均为"出现""上一动画之后",延迟 2 秒。

5. 制作第六张幻灯片

(1) 新建一张幻灯片

选中第五张幻灯片,单击鼠标右键执行【复制幻灯片】命令,新建幻灯片 6。

(2) 创建"古诗赏析"文本

选中第六张幻灯片,删除古诗译文部分的四个文本框,并修改菱形中四个文本框的内容,分别为"古""诗""赏""析"。如图 9-1-59 所示。

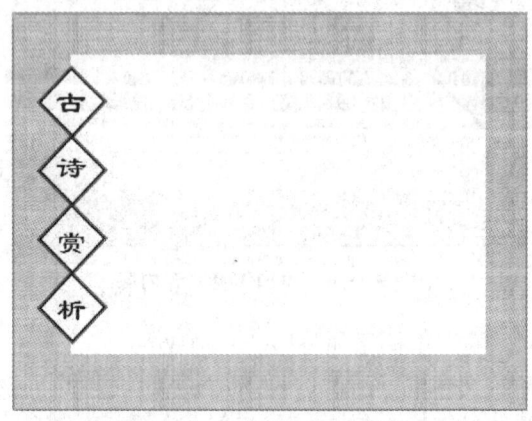

图 9-1-59　创建"古诗赏析"文本

(3) 插入 AVI 视频动画

> ▶知识卡片
>
> 在 PPT 中插入 MP4、AVI、WMV 格式的视频时,可以直接将这些格式的视频嵌入演示文稿中,但是要想播放这些视频还必须使用 PowerPoint 2016。

要将 RMVB 格式的视频插入 PowerPoint 演示文稿中，需要电脑安装 RMVB 解码器才能播放该格式的视频，如果安装能播放 RMVB 视频的播放器也可以。

SWF 格式的视频需要添加控件才能够在 PowerPoint 演示文稿中播放。

FLV 格式比较特殊，PowerPoint 2003—2016 不论是直接插入还是通过控件、插件都无法实现 FLV 格式在演示文稿上直接播放。PowerPoint 支持 Flash 播放，因此如果想实现 FLV 格式的视频播放，需要下载一个用 Flash 制作的 SWF 格式的播放器，然后用这个 Flash 制作的播放器播放 FLV 格式视频，从而间接在演示文稿上播放。

在 PowerPoint 2016 中插入 Flash 文件还有很多限制，如不能使用特殊效果（阴影、反射、发光效果、柔化边缘、棱台和三维旋转等）、淡出和剪裁功能以及压缩这些文件以更加轻松地进行共享和分发的功能。

接下来为演示文稿插入关于古诗"春晓"赏析的 AVI 视频动画。选择【插入】选项卡，单击【媒体】选项组中的【视频】按钮，选择【文件中的视频】并单击它，如图 9-1-60 所示，在弹出的"插入视频文件"窗口中选中素材中的视频文件"春晓.avi"，单击"插入"按钮，即完成了视频的插入。

此时，幻灯片编辑窗格如图 9-1-61 所示。鼠标拖拽视频窗口的八个控点，可以实现视频播放窗口的放大或缩小。在幻灯片放映状态下，双击视频开始播放，再单击视频就能暂停播放。如果想继续播放，再用鼠标单击一下即可。可以调节前后视频画面，也可以调节视频音量。

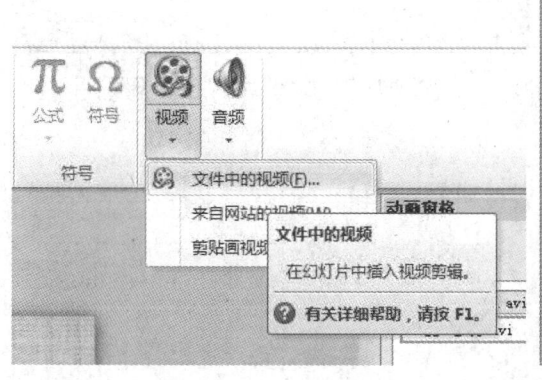

图 9-1-60　插入视频文件

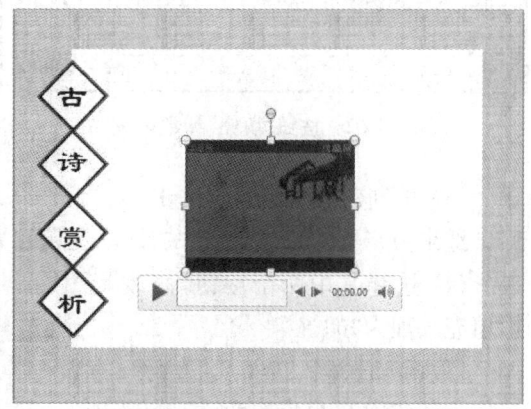

图 9-1-61　幻灯片编辑窗格

▶知识卡片

在 PowerPoint 2016 中，可以随心所欲地选择实际需要播放的视频片段。操作方法是：单击【播放】选项卡中的【剪裁视频】按钮，在"剪裁视频"窗口中重新设置视频文件的播放起始点和结束点。

6. 制作导航按钮

(1) 创建动作按钮

在"幻灯片窗格"中单击第二张幻灯片,选择【插入】选项卡,单击【插图】选项组中的【形状】按钮,在其下拉列表中的【动作按钮】选项中单击【动作按钮:自定义】按钮,回到幻灯片编辑窗口,拖动鼠标绘制一个矩形按钮,按钮绘制完毕后自动弹出"动作设置"窗口,单击【确定】按钮退出。

(2) 设置按钮格式

选中该按钮,单击鼠标右键执行【设置形状格式】命令,在打开的"设置形状格式"对话框中分别在"填充"和"大小"选项中设置相关参数,如图 9-1-62、9-1-63 所示。其中,纹理填充为"深色木质"。设置完成后,会发现对话框的标题栏已变为"设置图片格式"。

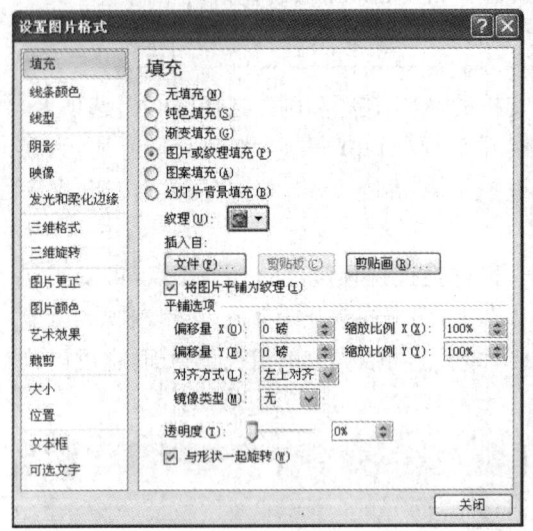

图 9-1-62　按钮"填充"参数设置

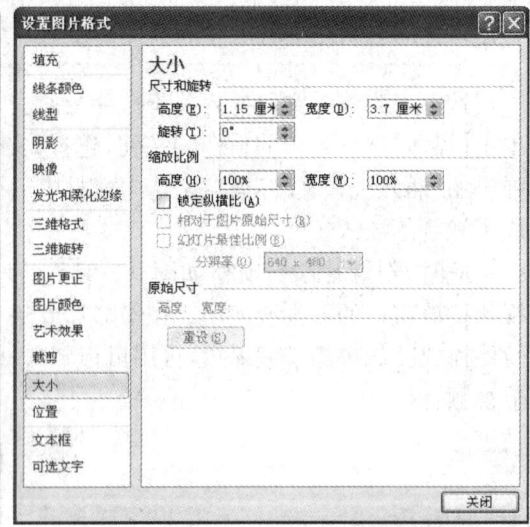

图 9-1-63　按钮"大小"参数设置

(3) 再创建六个相同的按钮

选中由步骤(2)、(3)创建的按钮,复制出六个相同的按钮。

(4) 选择其中两个按钮,修改其图形填充纹理为"胡桃"

(5) 排列按钮

全部选中这七个按钮,选择"开始"选项卡,应用【绘图】选项组中的【排列】|【对齐】菜单下的相关命令排列这七个按钮。效果如图 9-1-64 所示。

(6) 为按钮设置超链接

接下来依次选中这七个按钮,通过单击鼠标右键执行【编辑文字】命令输入相应文本,并通过单击鼠标右键执行【超

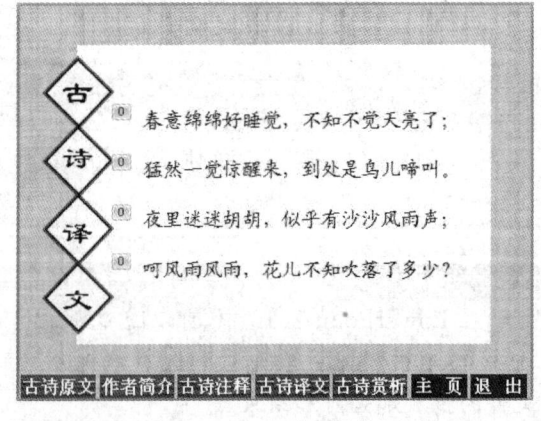

图 9-1-64　排列按钮

链接】命令来设置相应的链接对象。

(7) 为后面四张幻灯片添加导航按钮

框选七个导航按钮,依次通过【复制】【粘贴】命令复制到后面的四张幻灯片中。

步骤 2~6 制作完成的是古诗《春晓》的相关内容。接下来要制作古诗《静夜思》的相关内容。

7. 制作第七张至第十一张幻灯片

第七张至第十一张幻灯片是古诗《静夜思》的相关内容,制作方法参照步骤(二)~(六)。

8. 为片头制作超链接

选中第 1 张幻灯片,通过单击鼠标右键执行【超链接】命令分别为三个文本框设置相应的链接对象。至此,课件《古诗欣赏》就制作完成了。

四、演示文稿的放映与输出

PowerPoint 2016 为用户提供了多种保存、输出演示文稿的方法,用户可以将 PowerPoint 制作出来的演示文稿输出为多种形式,以满足用户在不同环境及不同目的情况下的需要。下面将对演示文稿的放映、输出和打印的有关知识做介绍。

(一) 幻灯片的放映

在 PowerPoint 2016 中可通过单击【幻灯片放映】选项卡中【开始放映幻灯片】选项组中的【从头开始】或【从当前幻灯片开始】按钮进行幻灯片的放映。在幻灯片放映之前,我们可以进行幻灯片放映设置,主要包括放映方式、排练计时、添加旁白等设置。

1. 设置放映方式

在制作好的演示文稿界面中,选择【幻灯片放映】选项卡,单击【设置】选项组中的【设置幻灯片放映】按钮打开"设置放映方式"对话框,如图 9-1-65 所示,在对话框中可对放映类型、放映选项、放映幻灯片以及换片方式等进行设置。

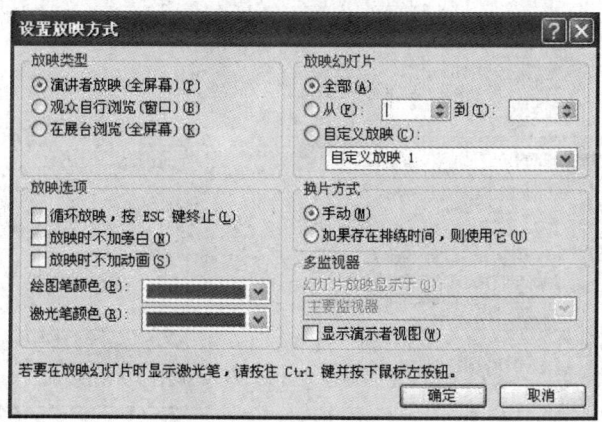

图 9-1-65　设置放映方式

放映类型有演讲者放映、观众自行浏览和在展台浏览三种,它们的区别在于:

(1)演讲者放映(全屏幕)方式是默认的放映方式,用户对幻灯片的放映过程有完全的控制权。

(2)观众自行浏览(窗口)方式是带有导航菜单或按钮的标准窗口,可以通过滚动条、方向键或按钮自行控制浏览的演示内容。

(3)在展台浏览(全屏幕)方式是用户通过手动切换或通过设置好的排练时间自动切换幻灯片,此时只能通过鼠标选择屏幕对象,不能对演示文稿进行修改,并且循环放映。

2. 设置幻灯片播放时隐藏

在普通视图模式下,选择某张幻灯片后单击【幻灯片放映】选项卡,然后单击【设置】选项组中的【隐藏幻灯片】按钮,如图 9-1-66 所示,则该张幻灯片在放映时不会被放映。

3. 使用排练计时放映

让幻灯片按照事先计划好的时间进行自动播放,需要先通过排练计时来记录真实播放过程中每张幻灯片的播放时间,然后在"设置放映方式"中的"换片方式"中设为按照记录的排练时间来进行幻灯片的放映。其操作方法是:

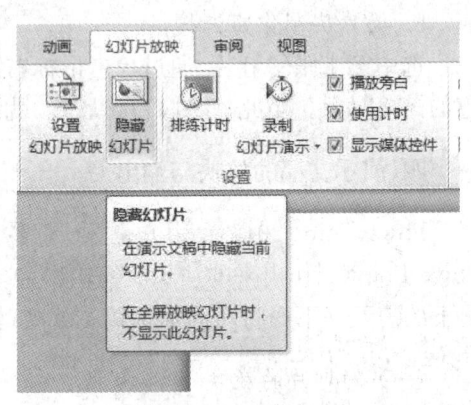

图 9-1-66　隐藏幻灯片

选择【幻灯片放映】选项卡,单击【设置】选项组中的【排练计时】按钮,如图 9-1-67 所示,则幻灯片进入放映状态,在其左上角出现一个"录制"浮动工具条,如图 9-1-68 所示,其中显示当前放映时间和总放映时间,按照操作需要来切换幻灯片,切换到新幻灯片时,工具栏重新开始计时,但总放映时间继续计时。中间可以暂停,可以单击【循环】按钮重新记录幻灯片当前放映时间,然后继续录制。

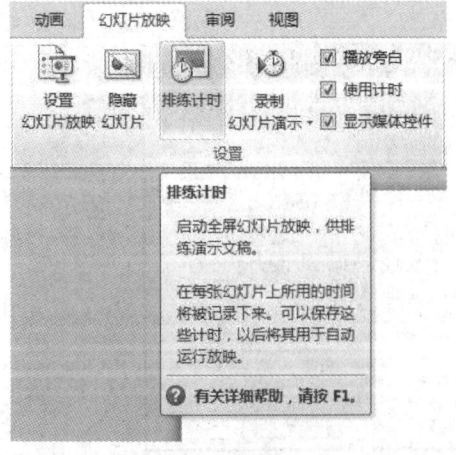

图 9-1-67　排练计时

图 9-1-68　录制

逐个完成后,退出放映状态,在如图 9-1-69 提示中,单击【是】按钮保存排练时间,这时切换到幻灯片浏览视图,每张幻灯片下出现了播放所需要的时间。

图 9-1-69　保存排练时间

单击【设置】选项组中的【设置幻灯片放映】按钮,在弹出的"设置放映方式"对话框中的【换片方式】选项中选择"如果存在排练时间,则使用它",如图 9-1-70 所示,在【放映类型】中选择"演讲者放映(全屏幕)"按钮,则放映时既可以手动控制放映,且排练时间也可以发挥作用(这也是默认的选项)。

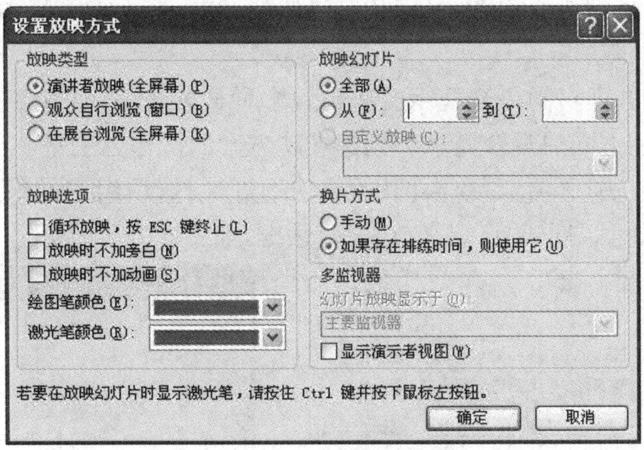

图 9-1-70　设置放映方式

除了可以通过排练计时来确定幻灯片的放映、切换时间之外,如果知道每张幻灯片的切换时间或对切换时间有明确要求,可以直接在【切换】选项卡【计时】下的【设置自动换片时间】选项中设置换片时间值,在【持续时间】选项中设置每张片的放映时间,如果所有的幻灯片的放映、切换时间都相同,则在设置完第一张的时间值后,单击【全部应用】即可。

4. 录制幻灯片

如果要对每张幻灯片添加讲解,可以使用录制旁白功能,录制旁白常用于自动放映的演示文稿,需要插入录音设备,并进行正确设置后进行。录制幻灯片的操作方法是:

选择【幻灯片放映】选项卡,单击【设置】选项组中的【录制幻灯片演示】按钮,在其下拉列表中选择【从头开始录制……】或【从当前幻灯片开始录制……】,如图 9-1-71 所示。之后会弹出"录制幻灯片演示"的对话框,如图 9-1-72 所示,设置好两个复选框后单击【录制】按钮。

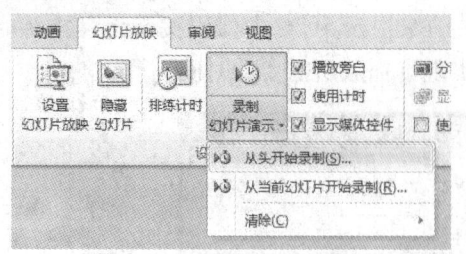
图 9-1-71　设置幻灯片录制

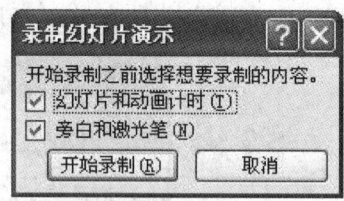
图 9-1-72　录制幻灯片演示

幻灯片进入全屏状态开始放映,通过话筒读出旁白内容,完成一张的录制后,切换到下一张继续录制。

录制完成后,按【Esc】键退出录制,幻灯片进入浏览视图。在幻灯片中将出现音频图标。

将演示文稿切换到普通视图,可以预览录制的旁白,在不需要旁白时可以删除。

5. 创建放映方案

通过设置放映方案对同一套演示文稿设置多种放映方案,使用不同的方案放映特定的演示内容,以满足不同的观众需求。创建放映方案的操作方法是:

选择【幻灯片放映】选项卡,单击【开始放映幻灯片】选项组中的【自定义幻灯片放映】按钮,如图 9-1-73 所示,打开"自定义放映"对话框,如图 9-1-74 所示。

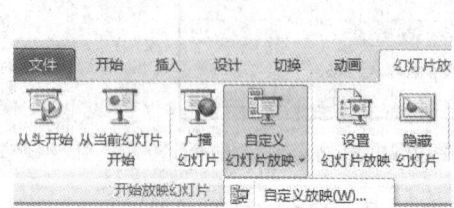
图 9-1-73　自定义幻灯片放映

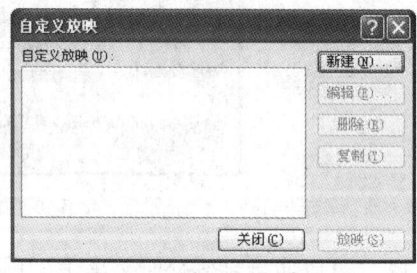
图 9-1-74　设置自定义放映

在"自定义放映"对话框中单击【新建】按钮,打开"定义自定义放映"对话框,如图 9-1-75 所示。在"在演示文稿中的幻灯片"列表中选择需要的某些张幻灯片作为这一方案

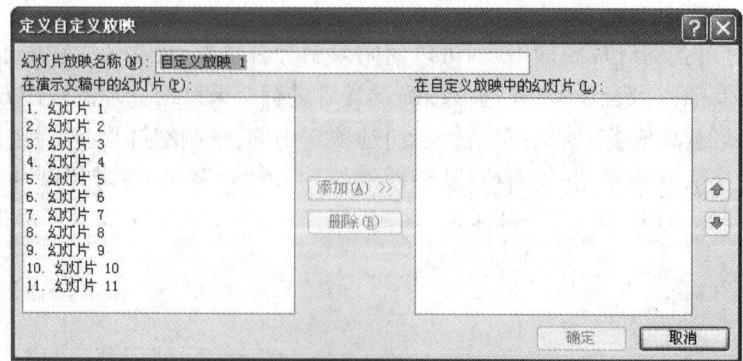
图 9-1-75　定义自定义放映

的放映内容,然后单击【添加】按钮,此时,这些被选中的幻灯片按原顺序被添加到右侧"在自定义放映中的幻灯片"的列表中。可以通过最右侧的两个箭头按钮调整放映顺序,对于"在自定义放映中的幻灯片"列表中的某些幻灯片也可以通过【删除】按钮将其删除,最后单击【确定】按钮保存。使用相同的方法可以创建若干个方案。

完成方案定义后,关闭对话框。此时【设置放映方式】中的【自定义放映】选项可用。可以随时单击"自定义放映"下拉箭头选择需要的自定义方案放映,而不必改变总放映设置。

6. 对幻灯片的放映控制

进行幻灯片放映时,可以对放映进行适当的控制,如切换、快速定位、使用笔触勾画重点等操作。

(1) 控制幻灯片的切换

在放映时,有多种方法可以实现幻灯片的切换,如单击、空格、Enter 建、Page up (down)等,实际上,放映时还可以使用一些针对所有文稿都可以实现的放映控制方法。

◆ 放映时,按 F1 键使用帮助菜单。
◆ 放映时屏幕左下角的一排透明控制按钮。
◆ 放映时右击鼠标的快捷菜单中的上一张、下一张,定位至幻灯片等选项。
◆ 放映时右击菜单的"屏幕"——"黑屏"或"白屏"命令,隐藏当前内容,再点击恢复显示。

(2) 在幻灯片上勾画重点

PowerPoint 2016 在放映时的画笔功能可以实现这一点,而且笔尖的大小、颜色、形状可以设置,勾画的内容可以擦除或保存。放映时单击鼠标右键执行菜单的【指针选项】进行选择,保存过的痕迹是擦不掉的。

(二) 演示文稿发布

完成演示文稿的制作后,可以根据需要发布演示文稿。如:为了使演示文稿能够脱离 PowerPoint 软件运行,可以把演示文稿打包,使其内含播放器;为了方便以后的调用,还可以将演示文稿中的幻灯片发布为单个幻灯片保存在幻灯片库中。

1. 输出为自动放映文件

自动放映演示文稿是一种扩展名为".ppsx"的文件,双击该文件将自动进入幻灯片的放映状态,而无需启动 PowerPoint 界面。操作方法是:执行【文件】选项卡中的【另存为】命令,在打开的"另存为"对话框中的"保存类型"选项中选择"PowerPoint 放映 (.ppsx)"即可。

要注意的是,在将演示文稿复制到其他计算机上进行放映时,即使计算机上安装了 PowerPoint 软件,也应该注意与演示文稿链接到一起的文件,如将声音、视频文件等一起复制过去,并与演示文稿保存在同一文件夹下,否则这些内容可能无法正常显示。

2. 打包演示文稿

为了解决演示文稿在没有安装 PowerPoint 软件的电脑上播放的问题,还可以将演示文稿打包,这样与演示文稿有关的所有文件被集中在一个文件夹中,进行文档复制时,复

制整个文件夹就能在其他计算机上进行放映。在 PowerPoint 2016 中打包演示文稿的具体步骤是:

(1) 选择【文件】选项卡,单击【保存并发送】命令,在弹出的右侧界面中,单击【将演示文稿打包成 CD】命令,单击右侧窗口中【打包成 CD】按钮,如图 9-1-76 所示,打开"打包成 CD"对话框,如图 9-1-77 所示。

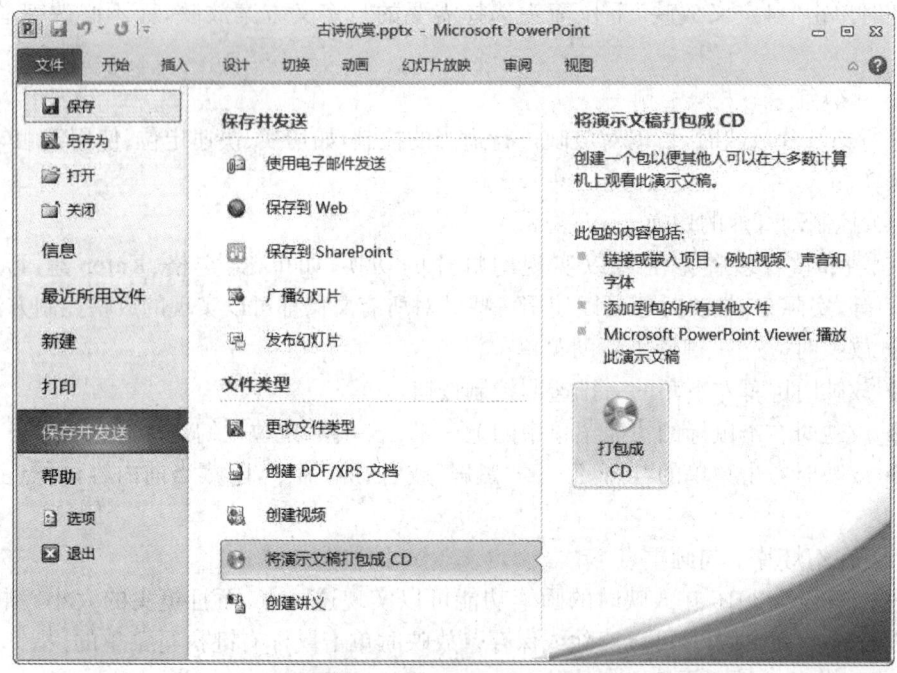

图 9-1-76　将演示文稿打包成 CD

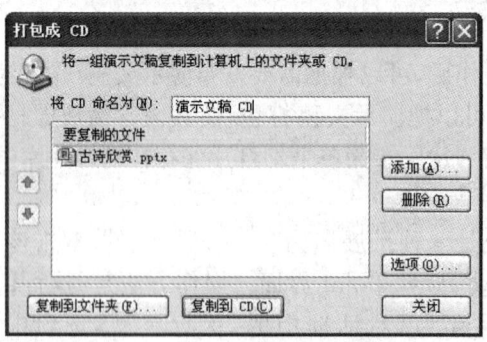

图 9-1-77　"打包成 CD"对话框

(2) 在对话框中显示了需要打包的文件。如需添加文件,单击【添加】按钮;也可以单击【选项】按钮,在弹出的"选项"对话框中进行适当设置,如勾选链接文件、字体等,如图 9-1-78 所示。

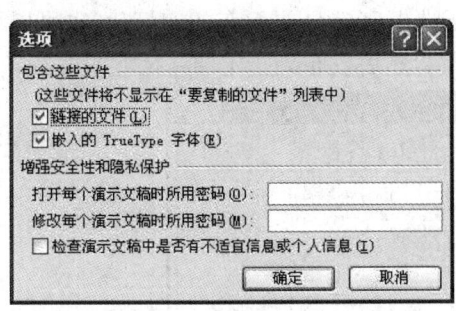
图 9-1-78 "打包成 CD"中的选项设置

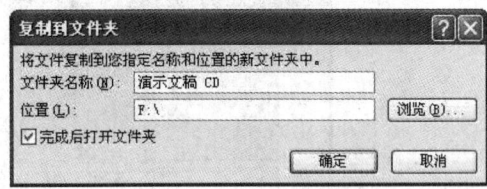
图 9-1-79 复制到文件夹

（3）单击【复制到文件夹】按钮，在弹出的对话框中设置存放的位置路径和演示文稿打包后的文件夹名称，如图 9-1-79 所示。路径系统默认有"完成后打开文件夹"的功能，不需要可以取消掉前面的勾，最后单击【确定】按钮。之后系统会自动运行打包复制到文件夹程序，完成之后在自动弹出打包好的 PPT 文件夹中会看到一个 AUTORUN.INF 自动运行文件。

（4）如果用户是打包到 CD 光盘上的话，可以选择【复制到 CD】按钮。它是具备自动播放功能的。

3. 将幻灯片放入幻灯片库

幻灯片库，可以是 SharePoint 网站，也可以是电脑上的文件夹，这样能够方便重复使用这些幻灯片。

操作方法是：选择【文件】选项卡，单击【保存并发送】命令，在右侧界面中单击【发布幻灯片】命令，单击右侧的【发布幻灯片】按钮，如图 9-1-80 所示。

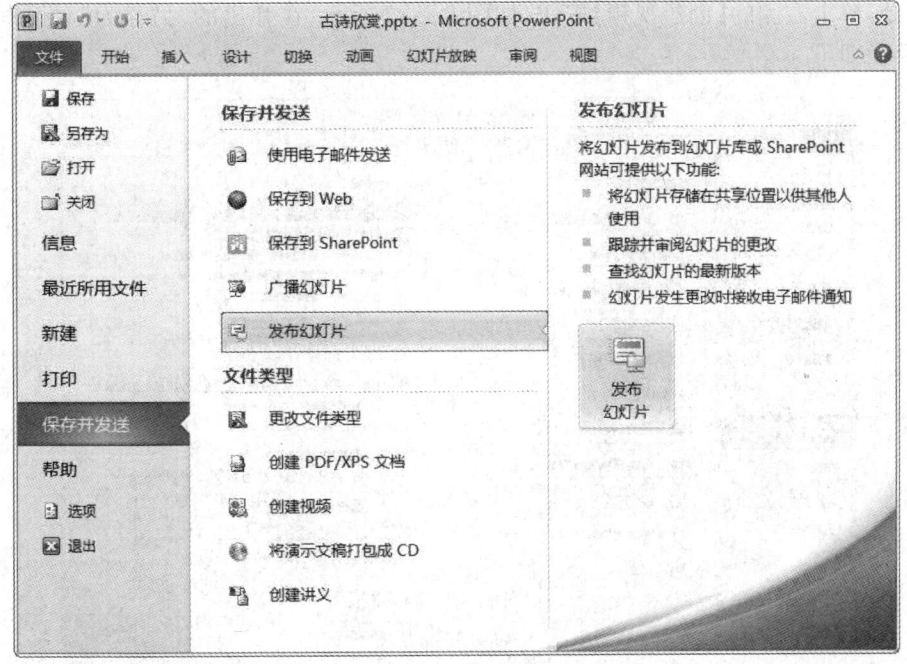

图 9-1-80 发布幻灯片

在打开的"发布幻灯片"对话框中通过勾选复选框来选择要发布的幻灯片,也可以单击【全选】按钮选中所有的幻灯片,如图 9-1-81 所示,然后发布到指定的路径下即可。

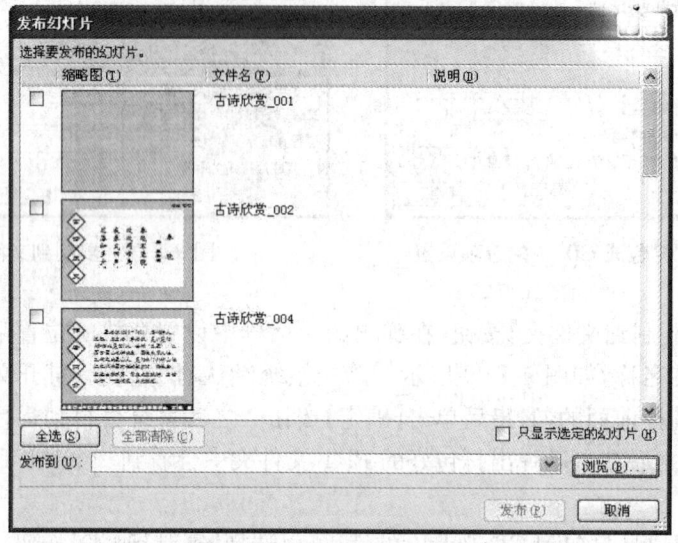

图 9-1-81　选择要发布的幻灯片

4. 创建视频

PowerPoint 2016 允许将演示文稿保存为 WMV 格式的视频文件,这种视频文件能够方便地使用光盘和电子邮件等方式进行传播。同时只要安装了 Windows Media Player 或其他播放软件,均能在计算机上观看,而无需 PowerPoint 软件。

操作方法是:选择【文件】选项卡,单击【保存并发送】命令,在右侧界面中单击【创建视频】命令,单击右侧的【创建视频】按钮,如图 9-1-82 所示,在弹出的"另存为"对话框设置保存路径即可。

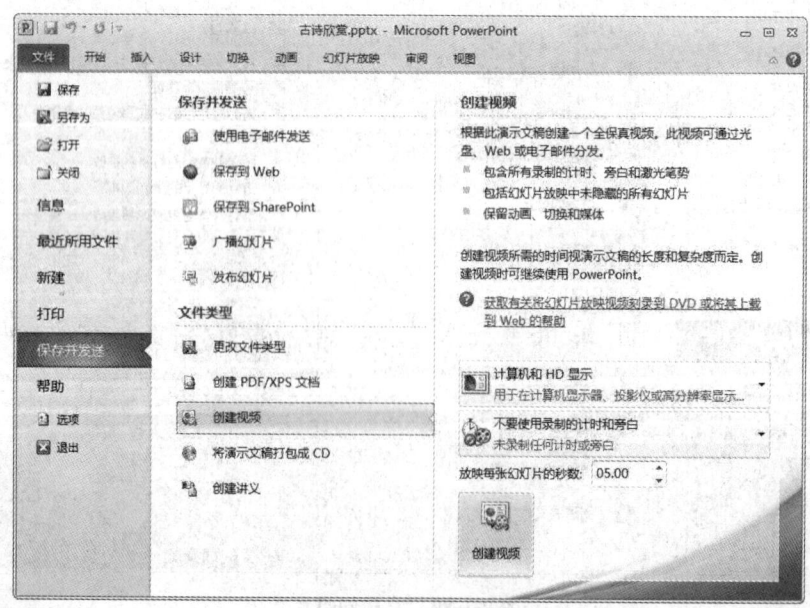

图 9-1-82　创建视频

（三）打印演示文稿

1. 页面设置

打印 PowerPoint 演示文稿的方法和 Word、Excel 基本相同，在打印演示文稿前，可以根据自己的需要进行页面设置，使打印的形式和效果更符号设计需要。页面设置的操作方法是：打开演示文稿文件后，单击【设计】选项卡中的【页面设置】按钮，打开"页面设置"对话框，如图 9-1-83 所示，根据需求设置好页面。

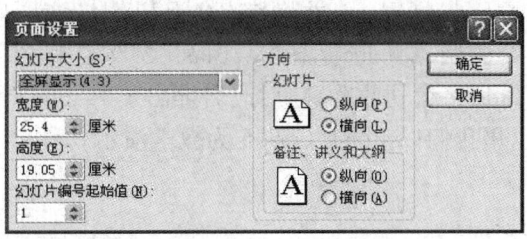

图 9-1-83　页面设置

在"幻灯片大小"栏的下拉按钮中设置幻灯片的尺寸。

在"幻灯片编号起始值"文本框中设置幻灯片编号的起始值。

在"方向"栏中设置幻灯片横向打印或纵向打印。由于有两种设置，因此即使在横向打印幻灯片时也可以纵向打印备注和讲义等。

2. 打印设置

用户完成页面设置后，在实际打印之前，可以利用"打印预览"功能先预览一下打印的效果，以避免不必要的损失，同时也可以对打印进行进一步设置。操作方法是：选择【文件】|【打印】右侧的界面，这里能够预览幻灯片、编辑页眉和页脚、是否彩色打印、打印范围和份数以及打印版式等。

◆ 单击"打印"对话框中的"打印机"栏的下拉按钮，在下拉列表中选择不同型号的打印机。

◆ 在"打印范围"栏中选择打印幻灯片的范围。

◆ 演示文稿打印形式有多种，根据不同的目的来选择，常用的打印稿形式有：以幻灯片形式进行打印；以演讲者备注形式打印；以听众讲义形式打印和以大纲形式打印。单击默认情况下的"整页幻灯片"栏的下拉按钮，从"备注页""讲义"或"大纲视图"中选择一项。

◆ "幻灯片加框"栏表示打印每一张幻灯片时，添加一个边框。

3. 打印输出

对当前的打印设置以及预览效果满意后，可以连接打印机开始打印演示文稿。

第二节 动态效果十足的 Flash

Flash 是由 Macromedia 公司推出的交互式矢量绘图和动画制作软件，后由 Adobe 公司收购。Flash 的前身是 Future Wave 公司的 Future Splash Animator，是世界上第一个商用的二维矢量动画制作软件，用于设计和编辑 Flash 文档。1996 年 11 月，美国 Macromedia 公司收购了 Future Wave，并将其改名为 Flash，也就是 Flash1.0 版本。在之后的 8 年时间里，Flash 的版本不断提高，从 Flash 2.0 一直到 Flash 8.0。2006 年，Macromedia 公司又被 Adobe 公司收购，随后改名推出了 Adobe Flash CS3，紧接着陆续推出了 CS4、CS5.5。这里我们以 Flash CS5.5 为教学演示软件，来讲解 Flash 在教育信息化中的主要作用。

一、认识 Flash CS 5.5

（一）Flash 的特点

Flash 最让人欣赏的地方就是文件容量小，上传和下载都非常方便，只有几十 K 的动画文件可以达到异常流畅的动画效果，让很多动画创作者神往。

Flash 的矢量图形系统和流式播放技术也非常让人难忘。使用 Flash 创作的对象都是用矢量来描述的，可以任意缩放尺寸而不影响图形的质量。流式播放技术可以使得动画可以边下载，边播放。

Flash 做出来的文件图文声画并茂，它支持 MP3 数据流式音频，可以将 MP3 音频压缩格式的文件直接导入 Flash 文件中，将音乐、动画、声效等融为一体。

Flash 文件具有较强的交互功能。Flash 使用 ActionScript 语句和按钮元件，增强了对于交互事件的动作控制，使用户可以更精确、更容易地控制动画的播放。

Flash 的兼容性强。任何安装有 Flash Player 插件的网页浏览器都可以观看 Flash 动画，根据 Macromedia 公司的官方统计资料显示，目前已有 95% 以上的浏览器安装了 Flash Player。

（二）Flash CS 5.5 的新增功能介绍

Adobe 收购 Macromedia 公司后，改变战略，对 Flash 每 24 个月就发布一次新版本，而这次是在中途发布了 Flash CS 5.5 版，该版本的更新更多的是一些小细节，不过有些还是比较实用的，比如：

1. 自动保存和自动恢复

在 Flash CS 5.5 中可以设置文件的自动保存和自动恢复。自动保存在文档属性中设置，自动恢复则在"编辑"→"首选参数"中设置，主要是用于在 Flashbengkui 的时候自动恢复文件，可以选择自动恢复的间隔时间，如果 Flash 中途崩溃，会在当前文件所在的文件夹下面自动生成一个以 Recovery 打头的文件，重新启动 Flash 时，会提示是否打开自动恢复文件,如图 9-2-1 所示。

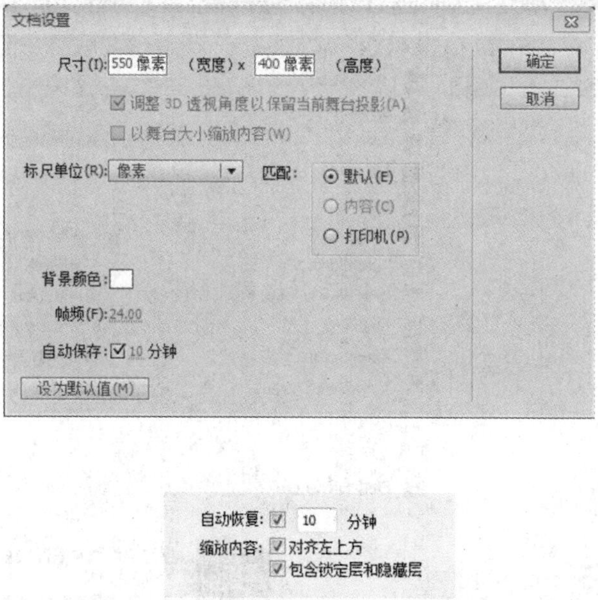

图 9-2-1 自动保存与自动恢复设置

2. 以舞台大小缩放内容

如果在修改舞台尺寸大小的时候勾选了这个选项,那么在舞台尺寸大小修改成功之后,会将舞台上原有的所有对象按照修改后的舞台大小等比例缩放,非常方便。

3. 转换为位图

如果矢量图为影片剪辑或者图形或者按钮元件,则可以将元件内的矢量图额外生成一张位图,保留原来的矢量图,如果矢量图不是元件,那么在转换为元件的菜单下面还有转换为位图的选项。

4. 其他新增功能

骨骼动画在 Flash CS4 版本中就已经有了,在 5.5 的版本中,主要是增加了骨骼的弹簧属性。除此之外,Flash CS 5.5 还增加了诸如舞台 FLVPlayback 视频实时预览、代码片段面板等许多强大的功能,还增加了诸如图层复制等贴心便捷的功能。

(三) Flash CS 5.5 的工作界面

同许多 Windows 应用软件程序一样,Flash CS 5.5 具有良好的用户界面。Flash CS 5.5 的启动、文件的打开和保存、退出这些基本的操作都和其他 Windows 应用软件程序的操作类似。下面对 Flash CS 5.5 特有的程序界面窗口和程序设计窗口进行简单的介绍。

1. 程序开始界面

启动 Flash CS 5.5,出现一个开始界面,里面显示最近打开的项目,新建 Flash 文件和从模板中创建新文件。其操作界面窗口,如图 9-2-2 所示。

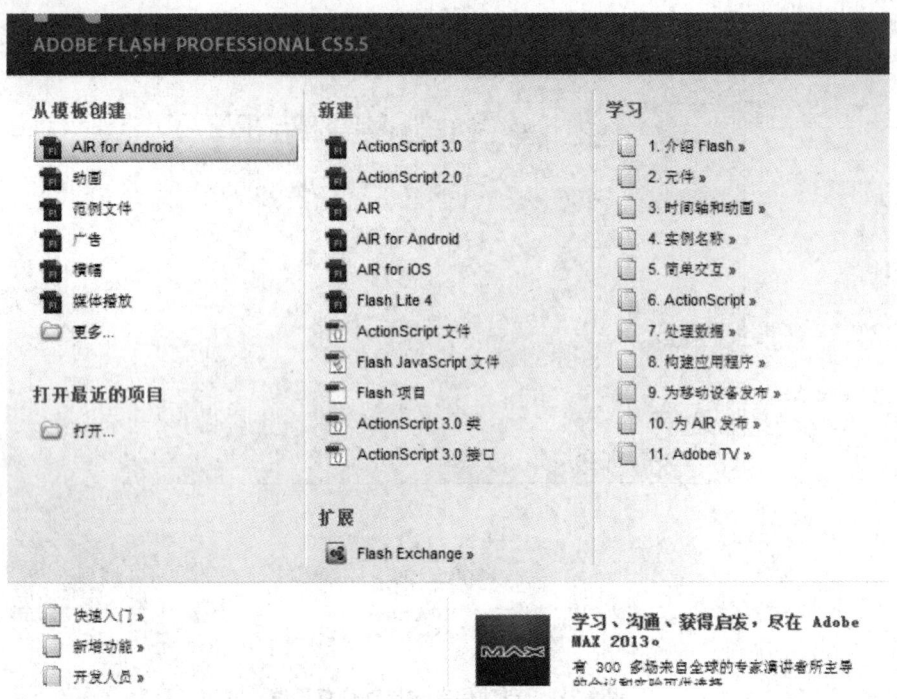

图 9-2-2　Flash CS 5.5 开始界面

2. Flash CS 5.5 的工作界面

Flash CS 5.5 的工作界面主要包括标题栏、菜单栏、工具栏、常用面板、舞台工作区、时间轴、属性和库面板等几个板块,如图 9-2-3 所示。

图 9-2-3　Flash CS 5.5 工作界面

时间轴是 Flash 进行动画创作和编辑的核心工具,位于舞台工作区与菜单栏之间,时间轴就好像是导演的剧本,所有的场景切换、演员的先后出场都是在时间轴上显示出顺序。Flash 把动画按时间分为帧,再把各个单独的帧图像画面连起来,形成动画。

舞台工作区是绘制、编辑图形图像的矩形区域,用于显示播放没有特殊效果的动画。最后生成的 SWF,播放的内容也只限于舞台工作区上出现的对象。

图层就像堆叠在一起的多张幻灯片,可以帮助我们组织文档中的对象。可以在一个图层上绘制和编辑对象,而不会影响到其他图层上的对象。在图层上没有内容的舞台工作区中,可以透过该图层看到下面的图层。Flash 中的图层包括常规图层、遮罩层、被遮罩层、引导层和被引导层,还有 Flash CS 5.5 新增的骨骼图层。

库和属性面板:库里面包括文档中所有的图形、图像、元件、声音和视频等,它就像一个大仓库,我们随时可以把需要的对象从库中拖到舞台工作区。属性面板显示的是在舞台工作区中选中对象的属性,不同对象的属性面板不同。

(四) Flash CS 5.5 的发布设置

Flash 动画制作完成后,可以将动画文件导出或发布。在 Flash CS 5.5 中,可以将动画发布为 SWF 格式文件,也可以发布为 QuickTime 等其他格式的文件,满足不同系统平台的需要。

1. 影片优化和测试

影片的流畅程度和下载回放时间取决于文件的大小,所以文件的大小就非常重要了。

(1) 优化 Flash 文件原则

① 影片中多次使用的对象尽量使用元件。

② 尽可能使用补间动画,而不是逐帧动画。

③ 避免使用位图图像制作动画,位图图像应作为静态元素或背景。

④ 尽量使用 MP3 格式的声音文件。

⑤ 优化文本、字体、线条的样式和数量。

⑥ 尽量少使用渐变填充和透明度设置。

(2) 测试 Flash 作品

打开准备发布的 Flash 影片的源文件,选择菜单栏控制——测试影片,进行影片的测试。添加了声音和视频的文件,数据容量比较大的文件所要消耗的读取时间也会比较久。

2. Flash 作品的发布

选择菜单【文件】|【发布设置】,打开【发布设置】对话框。如图 9-2-4 所示。

在【格式】选项卡选择要导出的文件类型,并且输入文件名及导出路径,然后单击发布按钮,进行文件的导出。

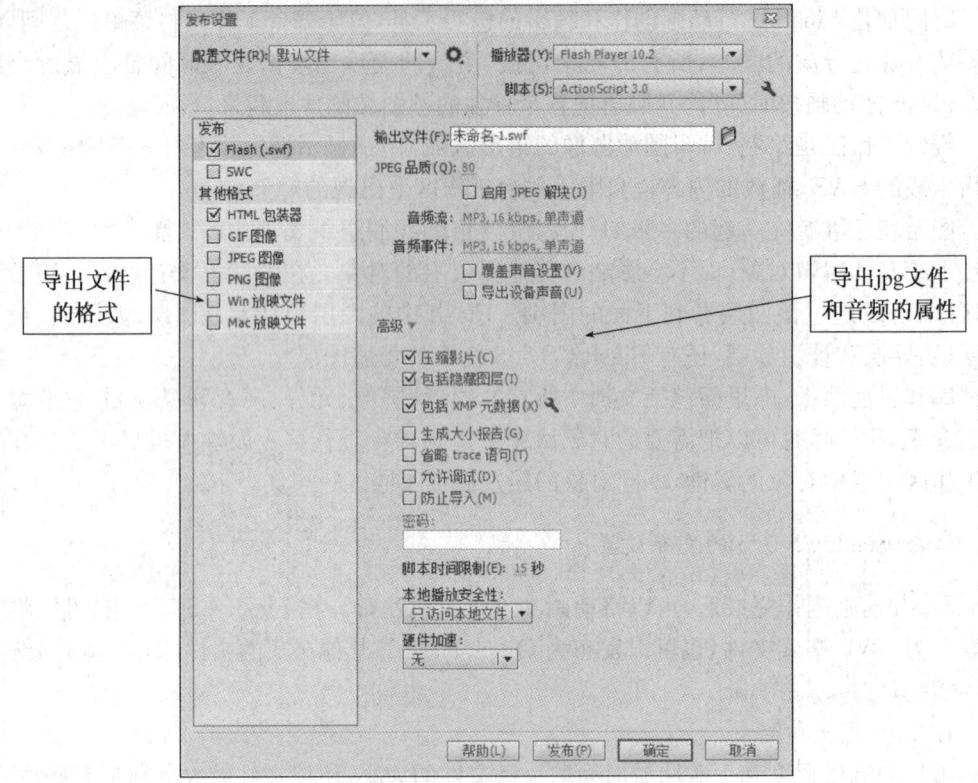

图 9-2-4　发布设置

二、Flash CS 5.5 实例——绘图"花朵"

绘图是最基本的功能,任何 Flash 作品都离不开舞台内生动形象的图形和图像对象,Flash 的特点之一就是生成矢量图形,放大缩小都不会影响图片的质量,而且在 Flash 中绘制的图形可以以各种图片格式导出,比如".jpg"".bmp"".gif"等。下面以绘制一朵花为例,讲解 Flash 绘图工具箱中各工具的使用方法。

绘图工具箱是 Flash 原创性的主要工具之一,使用绘图工具箱里面的工具可以按照我们自己的要求设计需要的图片、动画形象或者场景。本实例通过一朵鲜花的绘制方法讲解绘图工具箱中各工具的使用。实例效果,如图 9-2-5 所示。

图 9-2-5　"鲜花"实例效果

(一)绘图"花朵"——知识点

(1)帧和图层的概念;
(2)选择工具和部分选取工具的使用方法;
(3)绘图工具中"椭圆"工具、"直线"工具的使用方法;
(4)混色器面板和信息变形面板的使用;
(5)元件的类型和特点。

(二)知识点详解

1. 关键帧

关键帧是指在动画中定义的更改所在的帧,或包含修改文档的帧动作的帧。Flash可以在关键帧之间创建补间或填充帧,从而生成流畅的动画。可以通过在时间轴中拖动关键帧来更改补间动画的长度。帧和关键帧在时间轴中出现的顺序决定它们在 Flash 应用程序中显示的顺序。可以在时间轴中排列关键帧,以便编辑动画中事件的顺序。

帧的基本操作:

(1) 插入帧:F5。插入关键帧:F6。

(2) 选择多帧:连续拖动。(Shift+单击;Ctrl+单击)

(3) 选择所有帧:选择【编辑】|【时间轴】|【选择所有帧】。

(4) 删除帧:选中该帧,然后右键→删除帧命令。

(5) 移动帧:左键拖动。

(6) 延长关键帧的持续时间,请按住 Alt 键将该关键帧拖到新序列持续时间的最后一帧。

(7) 要将关键帧转换为帧,请选择该关键帧,右键→清除关键帧。

(8) 要更改补间序列的长度,请将开始关键帧或结束关键帧向左或向右拖动。

(9) 使用属性面板设置关键帧属性(帧名、补间、声音等)。

(10) 创建帧标签(帧标签:在动作脚本中起作用)。

(11) 使用命名锚记(在不同帧与不同场景中跳转,类似帧标签)。

2. 使用图层

图层就像透明的醋酸纤维薄片一样,一层层地向上叠加。层可以帮助用户组织文档中的插图。可以在层上绘制和编辑对象,而不会影响其他层上的对象。如果一个层上没有内容,那么就可以透过它看到下面的层。

要绘制、上色或者对图层做其他修改,需要选择该层以激活它。图层名称旁边的铅笔图标表示该层处于活动状态。一次只能有一个层处于活动状态(尽管一次可以选择多个层)。

当创建了一个新的 Flash 文档之后,它就包含一个图层。可以添加更多的图层,以便在文档中组织插图、动画和其他元素。可以创建的图层数只受计算机内存的限制,而且图层不会增加发布的 SWF 文件的文件大小。可以隐藏、锁定或重新排列层。

(1) 图层类型:一般图层、引导层、遮罩层。

(2) 要显示或隐藏图层,可以单击时间轴中图层名称右侧的"眼睛"列,可以隐藏该图层。再次单击它可以显示该图层。

(3) 要锁定或解除锁定图层,可以单击时间轴中图层名称右侧的"锁"列,可以锁定该图层。再次单击它可以解锁该图层,锁定以后就不能对该图层进行任何操作。

3. 选择工具

Flash CS 5.5 中的选择工具功能很强大,最直接的功能是选择舞台工作区的对象,任何对象在进行编辑或者移动之前都必须用鼠标在选择工具上单击一下,才可以继续改变相关属性。除此之外,选择工具还有另外一个功能,就是对绘制好的图形进行变形,方法是先选择【选择】工具,慢慢靠近舞台工作区中的对象,等到鼠标形状变成弯曲的曲线时,就可以调整对象的形状。这个功能非常实用。

4. 部分选取工具

部分选取工具可以通过图像对象上的锚点细致地对对象进行任意处理,可以结合钢笔工具的相关属性,进行"添加锚点""删除锚点"等操作。

5. 线条工具

使用线条工具,可以在舞台工作区绘制任意直线,按下 Shift 键的同时拖动线条工具,可以绘制沿 45 度角任意变化的直线,直线工具的相关属性包括线条颜色、笔触粗细、线的形状等。当然,我们也可以通过"把线条转换为填充"命令,像编辑填充对象一样编辑线条。操作步骤是先选中线条,然后单击【修改】|【形状】|【将线条转换为填充】。

6. 椭圆工具

使用椭圆工具,可以在舞台工作区绘制任意椭圆,按下 Shift 键的同时拖动椭圆工具,可以绘制正圆,椭圆的相关属性包括线条颜色、笔触粗细、填充色等。

7. 混色器面板和信息变形面板

使用"混色器"面板可以设置填充颜色和线条颜色的样式。共有四种模式:单色、线性渐变、径向渐变和使用位图填充,其中径向渐变最多只能拖 8 个颜色桶。信息变形面板主要是对舞台工作区中的对象进行精确的改变使用的。

绘图工具箱中各工具的作用,如图 9-2-6 所示。

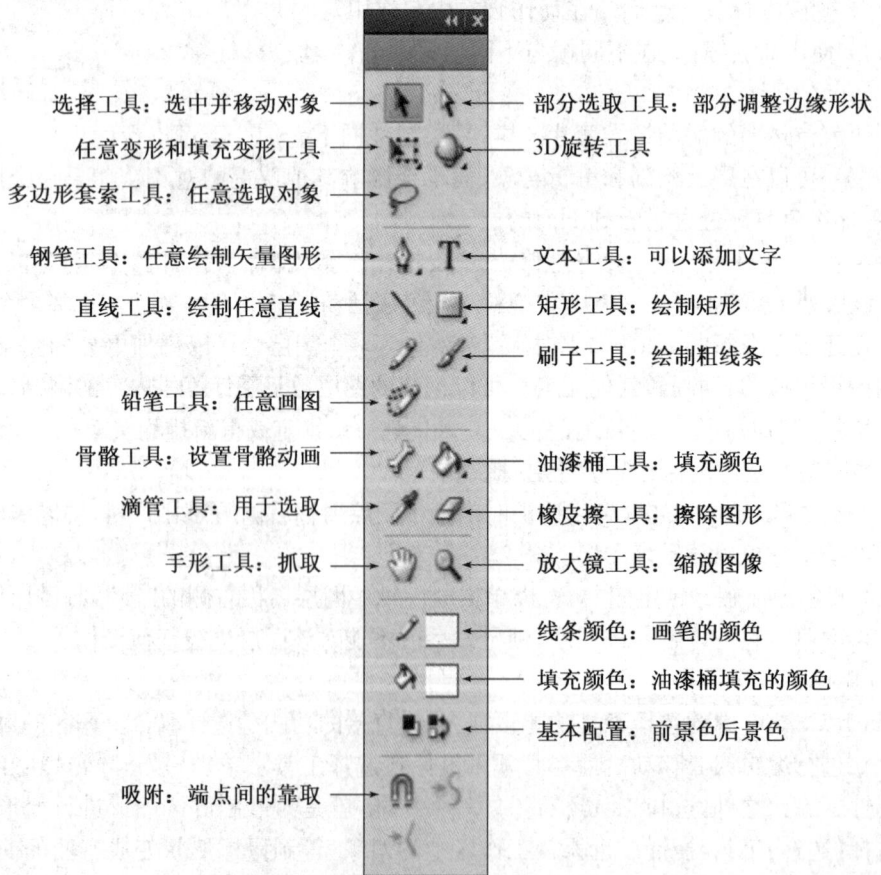

图 9-2-6 绘图工具箱中各工具的作用

8. 元件

元件是 Flash 中创建的可以重复使用的图形、影片剪辑或按钮,每一个元件都可以有自己的时间轴、场景和完整的图层。实例是元件在舞台上的具体应用,利用同一个元件可以创建出若干个不同颜色、大小和功能的实例。当元件被修改时,场景中的所有实例都被修改,但是实例被修改了,相应的元件不会改变。元件有三种类型:

(1) ▣ 图形元件可用于静态图像,并可用来创建连接到主时间轴的可重用动画片段。图形元件与主时间轴同步运行。没有自己独立的时间轴,交互式控件和声音在图形元件的动画序列中不起作用。

(2) ▣ 按钮元件可以创建响应鼠标点击、滑过或其他动作的交互式按钮。可以定义与各种按钮状态关联的图形,然后将动作指定给按钮实例。

(3) ▣ 影片剪辑元件可以创建可重用的动画片段。影片剪辑拥有它们自己的独立于主时间轴的多帧动画。可以将影片剪辑看作主时间轴内的嵌套时间轴,它们可以包含交互式控件、声音甚至其他影片剪辑实例;也可以将影片剪辑实例放在按钮元件的时间轴内,以创建动画按钮。

(三) 绘图"花朵"制作步骤

(1) 打开 Flash CS 5.5,设置舞台工作区大小为默认的 550 * 400,背景色设置为蓝色。

(2) 新建一个图形元件,命名为"花瓣",使用工具箱中的椭圆工具绘制一个椭圆,设置椭圆填充色为"径向渐变",颜色为红色到黄色,这个颜色大家可以根据自己的爱好和整个文件的色调来自由设计。

(3) 通过选择工具的变形功能,把椭圆变形为花瓣的形状,如图 9-2-7 所示。

(4) 新建一个图形元件,命名为"单瓣花",把刚刚建好的"花瓣"元件拖到舞台工作区,把花瓣的中心点调整到顶端(如图 9-2-8 所示),使用变形,设置旋转角度为 60 度,单击下面的重置选区和变形按钮六次,得到一个单瓣花的样子,如图 9-2-9 所示。

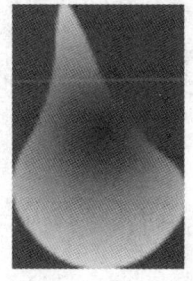
图 9-2-7　变形为花瓣
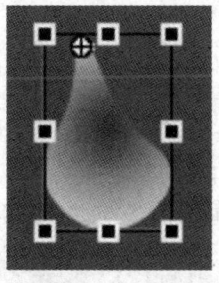
图 9-2-8　调整中心点

图 9-2-9　单瓣花

(5) 新建一个图形元件,命名为"花朵",从库中把"单瓣花"元件拖三个到舞台工作区,调整他们的大小和角度,形成一个层层叠叠的花朵的样子,如图 9-2-10 所示。

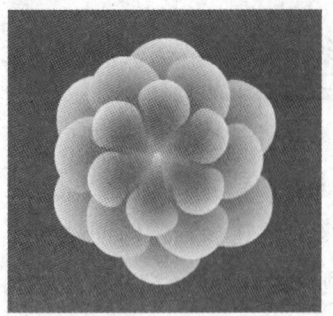
图 9-2-10　花朵元件

图 9-2-11　花枝元件

（6）新建一个图形元件，命名为"花枝"，使用工具箱中的矩形工具和椭圆工具绘制一个花枝的样子，如图 9-2-11 所示。

（7）最后，把花朵和花枝整合在一起，调整他们的大小组成"完整的花"图形元件，如图 9-2-12 所示。这样在舞台工作区就可以无数次地把"完整的花"的元件拖出来使用。可以在舞台工作区改变元件的"色彩效果"属性，得到不一样的花。可以单纯地调整亮度、色调、alpha 值，或者也可以按照自己的要求选择高级选项，手动调整颜色中的 R、G、B 值得到不同效果的花朵，如图 9-2-13 所示。

图 9-2-12　"完整的花"元件

图 9-2-13　设置色彩效果

三、Flash CS 5.5 实例——水漂文字

文字是一个课件中必不可少的要素，多媒体课件中的文字效果可以提升课件的生动程度，吸引学生的注意力，尤其对于听障学生来说，他们更喜欢动态十足的对象，这样可以吸引他们的注意力，激发他们的学习兴趣，从而提高教学质量。本实例就以文字飘动的效果为目的，来讲解 Flash 中文本工具和遮罩层动画的设置方法。实例效果，如图 9-2-14 所示。

图 9-2-14　"水漂文字"实例效果

(一)"水漂文字"——知识点

(1) 文本的类型和特点；
(2) 文本的分离打散；
(3) 动画的类型和特点；
(4) 遮罩层动画的制作方法。

(二) 知识点详解

1. 文本的类型和特点

在 Flash CS 5.5 中,我们可以创建三种类型的文本:静态文本、动态文本和输入文本。所有的文本都支持 Unicode。

(1) 静态文本显示不会动态更改字符的文本。
(2) 动态文本显示动态更新的文本,如体育得分、股票报价或天气报告。
(3) 输入文本使用户可以将文本输入到表单或调查表中。

我们可以在 Flash 中创建水平文本(从左到右流向)或静态垂直文本(从右到左流向或从左到右流向)。默认情况下,文本以水平方向创建。我们可以选择首选参数使垂直文本成为默认方向,以及设置垂直文本的其他选项。如果使用动态文本或者输入文本,一般都要设置动态文本框或者输入文本框的变量名称。

2. 文字的分离和打散

文字的分离:默认情况下,Flash 把文本看作一个完整的对象,可以设置文本的相关属性,如字体、字号、颜色、大小、对齐方式等。文本在 Flash 中还可以专门添加滤镜,Flash 虽然没有 Photoshop 的滤镜丰富,没有它的功能强大,但是滤镜功能还是大大丰富了 Flash 中文本的样式。

Flash 对文本的设置除了添加滤镜,设置相关属性外,还有一个更好的应用,就是分离。分离后的文本属性就已经不是文本,而是变成了填充图形,所有可以对图形进行操作的工具都可以对分离后的文本进行操作,步骤是选中文本,然后单击菜单【修改】|【分离】,如果是多个文字要分离两次。比如下图就是经过分离调整的文字效果,如图 9-2-15 所示。

图 9-2-15　文字分离效果

3. 动画的类型和特点

(1) 帧帧动画:帧帧动画的每一帧都由制作者确定,而不是由 Flash 通过计算得到的,然后连续一次播放这些画面,帧帧动画非常适于制作复杂的动画,GIF 格式的动画就属于这种。

(2) 传统补间动画：也叫作过渡动画，制作若干个关键帧画面，由 Flash 计算生成关键帧之间的各个帧，使画面从一个关键帧过渡到另一个关键帧，传统补间动画又分为动作动画和形状动画。

(3) 补间动画：Flash CS 5.5 的补间动画是一种在最大程度上减小文件大小又能创建动画的有效方法，是通过为不同帧中的对象指定不同的属性而创建的动画，是在属性关键帧之间进行的。如图 9-2-16 所示。

(4) 遮罩层动画：是基于图层性质创建的动画形式。遮罩层就像是蒙了一层布，里面有对象的地方才可以看到被遮罩层中的内容，没有对象的地方就看不到下面的内容。所以可以这样说：遮罩层决定的是舞台中看到的形状，被遮罩层决定的是舞台中的内容。

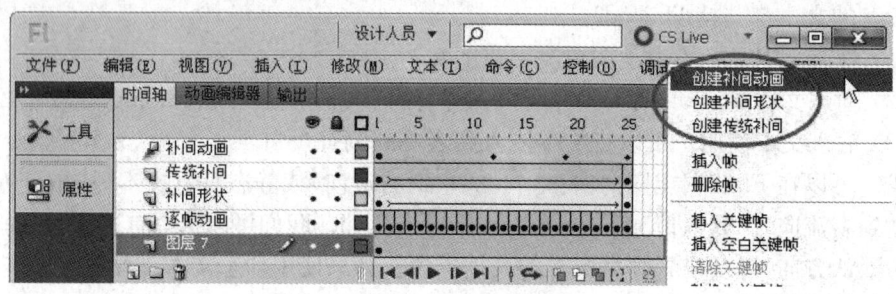

图 9-2-16 补间动画

(三)"水漂文字"制作步骤

(1) 打开 Flash CS 5.5，设置舞台工作区大小为默认的 550 * 400，背景色设置为黑色。

(2) 创建影片剪辑元件"遮罩条"，在影片剪辑元件的编辑窗口，用矩形工具绘制填充色是黑白黑的线性填充矩形，然后复制很多个设置成遮罩条，如图 9-2-17 所示。

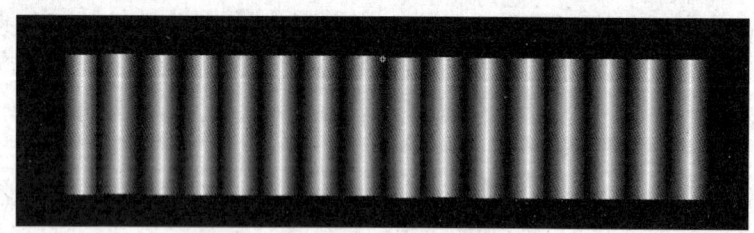

图 9-2-17 遮罩条

(3) 把图层 1 的名字改成"遮罩文字"，在舞台工作区用文本工具输入"水漂文字"几个字，设置文字为华文楷体，蓝色，90。

(4) 把图层 1 复制一个图层，命名为"文字"，这两个图层里的内容完全一样。

(5) 在图层 1 下面插入一个新的图层，命名为"遮罩条"，把刚才创建好的影片剪辑元件从库中拖到舞台工作区，左侧正好盖住文字的左侧。

(6) 对"遮罩条"设置传统补间动画，在 90 帧内完成从左侧移动到右侧的过程，但是不能移出文字的范围,在移动开始和整个过程中都一定要盖住文字。

(7) 设置"遮罩文字"图层为遮罩层,"遮罩条"为被遮罩层,按 Ctrl+回车键就可以看到效果。如果没有飘动的效果,就把"文字"图层里的字稍微移动一点位置就可以了。

最后的时间轴,如图 9-2-18 所示。

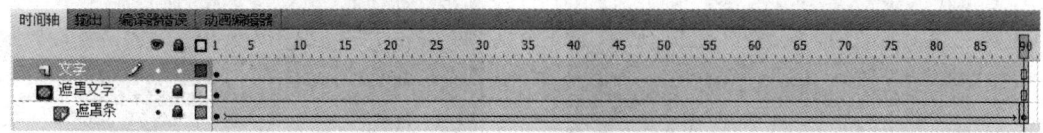

图 9-2-18 "水漂文字"时间轴

四、Flash CS 5.5 实例——快乐写字

在特殊小学的语文教学中,文字的书写是一个重要的内容,要求学生写得规范,老师首先就要书写得非常规范认真,在 Flash 中可以制作文字一笔一画出现的书空效果,免去了教师自己书写不规范的尴尬,也节省了重复书写的时间,大大提高了教学效率。

实例效果:动画的开头出现一个蓝色的"大"字,然后出现一笔一画描红写出"大"字的效果。字的笔画有多种做法,可以用遮罩层,可以用 CS 5.5 的补间动画,也可以用最传统的方法帧帧动画,本实例用到的方法就是帧帧动画。

(一)"快乐写字"——知识点

(1) 文本的输入、分离;
(2) 将线条转换为填充、扩展填充;
(3) 帧帧动画的制作方法;
(4) 线条、矩形、橡皮擦工具的使用方法。

(二)知识点详解

(1) 文字被分离后就变成了填充图形,可以把对填充图形操作的所有菜单都作用在分离后的文字上,可以通过【修改】|【形状】|【扩展填充】菜单,把文字的轮廓变得更加饱满。

(2) 橡皮擦工具可以擦除舞台工作区中的对象,它的属性包括橡皮擦的形状、橡皮擦的大小两个,我们可以根据需要擦除对象的形状来选择橡皮擦的形状和大小。

(3) 线条工具可以绘制直线,这个在前面已经讲过了,线条工具的选项卡里面可以设置线条的个性形状,每一个形状都有自己的参数,通过调整各个参数可以得出各种不同的线条形状。

(三)"快乐写字"制作步骤

(1) 打开 Flash CS 5.5,设置舞台工作区大小为默认的 550*400,背景色设置为浅蓝色。

(2) 把图层 1 的名称改为"田字格",使用工具箱里的矩形工具绘制一个矩形,没有填充色,线条色为黄色,笔触大小为 2,然后使用线条工具,绘制矩形内部的虚线,虚线的颜色为黄色,笔触大小为 2。延伸图层至 100 帧,锁定图层,如图 9-2-19 所示。

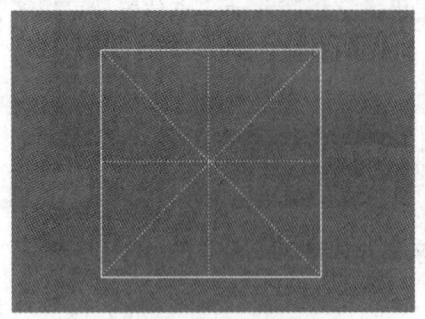
图 9-2-19　田字格

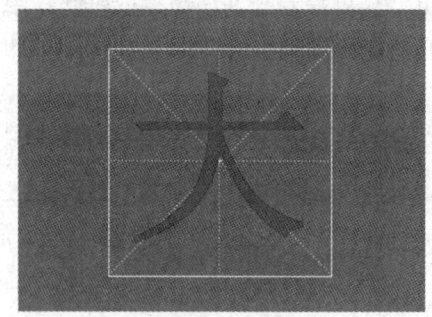
图 9-2-20　红色大

（3）新建图层,把图层的名称改为"红色大"字,在舞台工作区输入"大",调整属性为宋体,红色,然后使用任意变形工具,调整字的大小,让它正好放在田字格里面。选中文字,单击【修改】菜单下面的分离,把文字打散,单击【修改】|【形状】|【将线条转换为填充】,然后选择【扩展填充】把文字变得饱满一些,完成后的效果,如图 9-2-20 所示。

（4）复制图层"红色大",改名为"蓝色大",然后把文字的颜色改为蓝色,把"红色大"图层锁定。

（5）把"蓝色大"图层调整到"红色大"图层的下面,在"红色大"图层中,使用橡皮擦工具擦除"大"字,从最后面一笔开始擦,如图 9-2-21 所示。

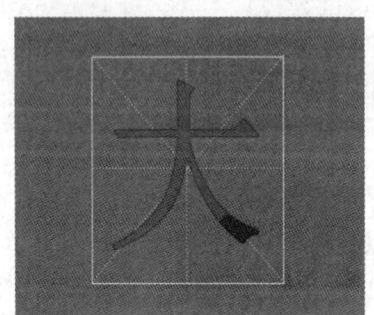
图 9-2-21　橡皮擦擦除

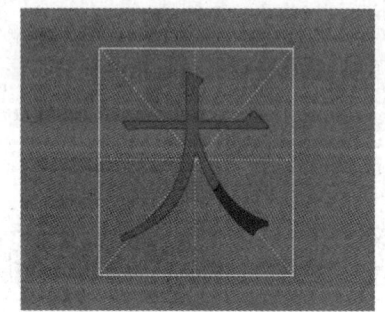
图 9-2-22　继续擦除

（6）擦掉一点后,在第 5 帧插入关键帧,继续擦掉一点,每次擦掉的越少,最后文字出现的效果就越流畅,如图 9-2-22 所示。

（7）按照同样的方法每隔 5 帧擦掉一点,每隔 5 帧擦掉一点,一直到最后只剩横的最后一点点。

（8）选中"红色大"图层中的所有帧,单击【修改】菜单下面的【时间轴】,选择【翻转帧】命令,把前面的所有帧翻转过来字的笔画就完成了。最终时间轴的样子如图 9-2-23 所示。

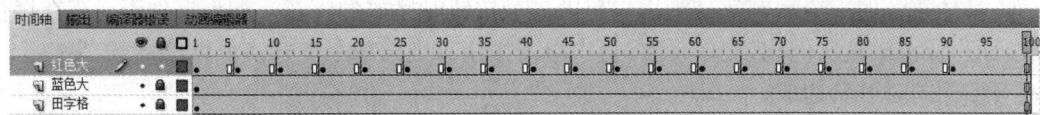

图 9-2-23 "快乐写字"时间轴

五、在 Flash 中使用声音

（一）在 Flash 中加入声音

Flash 中可以导入的声音文件类型有.wav,.mp3,.aiff 等格式。而且只能导入采样比率为 11kHz、22kHz 或 44kHz,8 位或 16 位的声音。当将声音放在时间轴上时,应将声音置于一个单独的图层上。如果想在 Flash 文档之间共享声音,则可以把声音包含在共享库中。通过在"元件链接属性"对话框中给声音文件分配一个标识字符串,可以在一个共享库中使用声音。标识符也可以用来访问动作脚本中作为对象的声音。导入声音文件的方法是【文件】|【导入】|【导入到库】,这样就可以把一个声音文件导入到 Flash 库中,使用的时候只要从库文件中把它拖到舞台工作区就可以了。

1. 为影片添加声音

（1）为声音创建一个单独的图层。

（2）选定新建的声音层后,将声音文件从"库"面板中拖到舞台中。将声音添加到当前层中。

（3）可以把多个声音放在同一层上,或放在包含其他对象的层上。但是,建议将每个声音放在一个独立的层上。每个层都作为一个独立的声音通道。当回放 SWF 文件时,所有层上的声音就混合在一起了。

2. 声音的属性设置

（1）在时间轴上,选择包含声音文件的第一个帧。

（2）选择"窗口"→"属性",并单击右下角的箭头以展开"属性"检查器。

（3）在"属性"检查器中,从"声音"弹出菜单中选择声音文件,从"效果"弹出菜单中选择效果选项:

"**无**"不对声音文件应用效果,选择此选项将删除以前应用过的效果。

"**左声道**"/"**右声道**"只在左或右声道中播放声音。

"**从左到右淡出**"/"**从右到左淡出**"会将声音从一个声道切换到另一个声道。

"**淡入**"会在声音的持续时间内逐渐增加其幅度。

"**淡出**"会在声音的持续时间内逐渐减小其幅度。

"**自定义**"使您可以通过使用"编辑封套"创建自己的声音淡入和淡出点。

从"同步"弹出菜单中选择"同步"选项:

"**事件**"选项会将声音和一个事件的发生过程同步起来。事件声音在它的起始关键帧开始显示时播放,并独立于时间轴播放完整声音,即使 SWF 文件停止也继续播放。当播放发布的 SWF 文件时,事件声音混合在一起。

事件声音的一个示例就是当用户单击一个按钮时播放的声音。如果事件声音正在播放，而声音再次被实例化（例如，用户再次单击按钮），则第一个声音实例继续播放，另一个声音实例同时开始播放。

"**开始**"与"**事件**"选项的功能相近，但如果声音正在播放，使用"开始"选项则不会播放新的声音实例。

"**停止**"选项将使指定的声音静音。

"**数据流**"选项将同步声音，以便在 Web 站点上播放。Flash 强制动画和音频流同步。如果 Flash 不能足够快地绘制动画的帧，就跳过帧。与事件声音不同，音频流随着 SWF 文件的停止而停止。而且，音频流的播放时间绝对不会比帧的播放时间长。当发布 SWF 文件时，音频流混合在一起。

音频流的一个示例就是动画中一个人物的声音在多个帧中播放。

注意：如果使用 MP3 声音作为音频流，则必须重新压缩声音，以便能够导出。可以将声音导出为 MP3 文件，所用的压缩设置与导入它时的设置相同。

为"重复"输入一个值，以指定声音应循环的次数，或者选择"循环"以连续重复声音。

要连续播放，请输入一个足够大的数，以便在扩展持续时间内播放声音。例如，要在 15 分钟内循环播放一段 15 秒的声音，输入 60。

注意：不建议循环播放音频流。如果将音频流设为循环播放，帧就会添加到文件中，文件的大小就会根据声音循环播放的次数而倍增。

3. 编辑声音

点击"属性"检查器右边的"编辑"按钮。

（1）要改变声音的起始点和终止点，请拖动"声音封套"中的"开始时间"和"停止时间"控件。

（2）要更改声音封套，请拖动封套手柄来改变声音中不同点处的级别。封套线显示声音播放时的音量。单击封套线可以创建其他封套手柄（总共可达 8 个）。要删除封套手柄，请将其拖出窗口。

（3）单击"放大"或"缩小"，可以改变窗口中显示声音的多少。

（4）要在秒和帧之间切换时间单位，请单击"秒"和"帧"按钮。

4. 为按钮添加声音

（1）导入声音。

（2）在按钮的时间轴上，添加一个声音层。在声音层中，创建一个常规或空白的关键帧，对应于想添加声音的按钮状态。

例如，要添加一段在单击按钮时播放的声音，可以在标签为"Down"的帧中创建一个关键帧。

（3）单击刚刚创建的关键帧。

（4）选择"窗口"→"属性"。

（5）从"属性"检查器的"声音"弹出菜单中选择一个声音文件。

（6）从"同步"弹出菜单中选择"事件"。

（二）导出时压缩声音

声音的压缩倍数越大，采样比率越低，声音文件就越小，声音品质也越差。应当通过实验找到声音品质和文件大小的最佳平衡。

1. 为单个声音设置输出属性

当导出 SWF 文件时，"默认"压缩选项使用"发布设置"对话框中的全局压缩设置。如果选择"默认"，则没有可用的附加导出设置。

2. 各种声音的压缩选项的特点

(1) ADPCM 压缩选项：

"转换立体声成单声"会将混合立体声转换为单声（非立体声）。（单声不受此选项影响）

对于"采样比率"，选择一个选项以控制声音的保真度和文件大小。较低的采样比率可以减小文件大小，但也降低声音品质。"比率"选项如下：对于语音来说，5 kHz 是最低的可接受标准。对于音乐短片断，11 kHz 是最低的建议声音品质，而这只是标准 CD 比率的四分之一。22 kHz 是用于 Web 回放的常用选择，这是标准 CD 比率的二分之一。44 kHz 是标准的 CD 音频比率。

ADPCM 位数：位数越小，文件越小，效果越差。

(2) MP3 压缩选项：

请选择一个"比特率"选项，以确定导出的声音文件中每秒播放的位数。Flash 支持 8Kbps 到 160KbpsCBR（恒定比特率）。当导出音乐时，需要将比特率设为 16Kbps 或更高，以获得最佳效果。

对于"预处理"，选择"转换立体声成单声"会将混合立体声转换为单声（非立体声）。（单声不受此选项影响）**注意**："预处理"选项只有在选择的比特率为 20 Kbps 或更高时才可用。

"品质"确定压缩速度和声音品质："**快速**"选项的压缩速度较快，但声音品质较低。"**中**"选项的压缩速度较慢，但声音品质较高。"**最佳**"选项的压缩速度最慢，但声音品质最高。

(3) "**原始**"**压缩选项**在导出声音时不进行压缩。

(4) **语音压缩选项**使用一个特别适合于语音的压缩方式导出声音。

3. 导出 flash 影片声音的一些技巧

除了采样比率和压缩外，还可以使用下面几种方法在文档中有效地使用声音并减小文件的大小：

设置切入和切出点，避免静音区域保存在 Flash 文件中，从而减小声音文件的大小。

通过在不同的关键帧上应用不同的声音效果（例如音量封套，循环播放和切入/切出点），从同一声音中获得更多的变化。只使用一个声音文件就可以得到许多声音效果。

循环播放短声音作为背景音乐。

不要将音频流设置为循环播放。

当从嵌入的视频剪辑中导出音频时，请记住音频是使用"发布设置"对话框中选择的全局流设置来导出的。

当在编辑器中预览动画时,使用数据流同步使动画和音轨保持同步。如果计算机不够快,绘制动画帧的速度跟不上音轨,那么 Flash 就会跳过帧。

当导出 QuickTime 影片时,可以根据需要使用任意数量的声音和声道,不必担心文件大小。当将声音导出为 QuickTime 文件时,将被混合在一个单音轨中。使用的声音数不会影响最终的文件大小。

第三节　功能强大的 Photoshop CC

一、了解 Photoshop CC

(一) Adobe Photoshop 简介

Adobe Photoshop:最受欢迎的强大图像处理软件之一。

Photoshop 是 Adobe 公司旗下最为出名的图像处理软件之一。多数人对于 Photoshop 的了解仅限于"一个很好的图像编辑软件",并不知道它的诸多应用,实际上,Photoshop 的应用领域很广泛,在图像、图形、文字、视频、出版各方面都有涉及。

平面图像设计的发展史,可以追溯到人类发展史的源头,人类祖先用来记事的简单符号、文字,那是人类最基础、最原始的平面图像设计实例。当初也许只在于表达某种具体的含义,而不包含艺术、美学的成分。伴随着人类文明的发展,人们对艺术、美的追求和探索逐渐成为发展的主流,当初记事的用途也逐渐淡化。传统的画家经过数十载的训练才掌握绘画这门技能,他们通过笔和纸的演绎描绘自己抽象的思维,表现自己对艺术、美的理解。除了艺术家之外每个人都有追求美的权利,都有一定的创作天赋和自己对生活、艺术、美的独特认识。需要长期的训练才能掌握的技能,对大多数人来说有些"可望不可及"。而电脑的出现使人们的梦想成为现实。

电脑在问世之初只是作为科研机构进行科学计算的工具,体积庞大、价格昂贵、使用复杂是其特点。到 20 世纪 50 至 70 年代,一些科学家像 Noll、Harman、Knowton 以及 Nake 等利用电脑程序语言从事电脑图形图像处理的研究,研究的主题多是图形形成原理的探索,例如,如何编程使得计算机的二进制代码能够表现为一条弧线或是一个三角形等简单的几何图形。70 年代,伴随着个人电脑 PC 的出现,使电脑的体积缩小许多,价格亦降低许多,平面图像技术也逐步成熟,使有兴趣从事电脑艺术创作的人有更多的机会,不用编写令人讨厌的代码程序就能随心所欲地进行艺术创作。在 80 年代的 10 年中,随着电脑的发展推广,电脑桌上排版(Desk Top Publishing,DTP)和数字印前行业(Prepress)得以迅速发展,使电脑的输出展现出新的面貌。通过专业的设备,图像自电脑直接输出的精度、准确和美观的程度,几乎可以同照片媲美,甚至在某些方面远远超出照片的效果。

(二) Adobe Photoshop 图像类型

在计算机领域中,所有的图像均分为矢量图和位图两种,接下来简单介绍这两种图像类型。

"矢量图"由线条和色块组成,以数据的形式记录,文件较小,无论放大、缩小或旋转图像均不会失真,但可用的色彩有限,绘制的图像不够逼真,而且需要用专用的软件处理这种格式的图像,代表软件有 Illustrator、CorelDRAW 和 AutoCAD 等。

"位图"由许多不同颜色的点组成,这些点被称为像素。在保存时需要记录每一个像素位置和色彩数据,因此,像素越多,文件越大,处理速度越慢。位图能够制作出颜色丰富的图像,可以达到逼真的效果,但对图像进行缩放和旋转操作时会失真。这种文件兼容性好,可以在不同的软件中操作,代表软件有 Photoshop、Painter 等。

(三) Adobe Photoshop 系统要求

Windows 系统要求如下:

(1) Intel® Core 2 或 AMD Athlon® 64 处理器;2 GHz 或更快处理器。

(2) Microsoft Windows 7 Service Pack 1、Windows 8.1 或 Windows 10(版本 1607 或更高版本)。

(3) Photoshop CC 19.0 和 19.0.1 版本支持 Windows 10 1511 及更高版本,但不支持 1507 及更低版本。

(4) Photoshop CC 19.1(及更高)版本支持 Windows 10 1607 及更高版本,但不支持 1511 或更低版本。

(5) 2 GB 或更大 RAM(推荐使用 8 GB)。

(6) 32 位安装需要 2.6 GB 或更大可用硬盘空间;64 位安装需要 3.1 GB 或更大可用硬盘空间;安装过程中会需要更多可用空间(无法在使用区分大小写的文件系统的卷上安装)。

(7) 1 024×768 显示器(推荐使用 1 280x800),带有 16 位颜色和 512 MB 或更大的专用 VRAM;推荐使用 2 GB。

(8) 支持 OpenGL 2.0 的系统。

(9) 必须具备 Internet 连接并完成注册,才能激活软件、验证订阅和访问在线服务。

macOS 系统要求如下:

(1) 具有 64 位支持的多核 Intel 处理器。

(2) macOS 版本 10.13(High Sierra)、macOS 版本 10.12(Sierra)或 Mac OS X 版本 10.11(El Capitan)。

(3) 2 GB 或更大 RAM(推荐使用 8 GB)。

(4) 安装需要 4 GB 或更大的可用硬盘空间;安装过程中会需要更多可用空间(无法在使用区分大小写的文件系统的卷上安装)。

(5) 1 024x768 显示器(推荐使用 1 280×800),带有 16 位颜色和 512 MB 或更大的专用 VRAM;推荐使用 2 GB。

(6) 支持 OpenGL 2.0 的系统。

(7) 必须具备 Internet 连接并完成注册,才能激活软件、验证会员资格和访问在线服务。

32 位平台和 VRAM 小于 512 MB 的计算机上将禁用 3D 功能。油画滤镜和视频功能在 32 位 Windows 系统上不受支持。

(四) 关于位图图像

位图图像（在技术上称作栅格图像）使用图片元素的矩形网格（像素）表现图像。每个像素都分配有特定的位置和颜色值。在处理位图图像时，用户所编辑的是像素，而不是对象或形状。位图图像是连续色调图像（如照片或数字绘画）最常用的电子媒介，因为它们可以更有效地表现阴影和颜色的细微层次。

位图图像与分辨率有关，也就是说，它们包含固定数量的像素。因此，如果在屏幕上以高缩放比率对它们进行缩放或以低于创建时的分辨率来打印它们，则将丢失其中的细节，并会呈现出锯齿，如图 9-3-1 所示。

图 9-3-1　不同放大级别的位图图像

(五) 关于矢量图形

矢量图形（有时称作矢量形状或矢量对象）是由称作矢量的数学对象定义的直线和曲线构成的。矢量根据图像的几何特征对图像进行描述。

用户可以任意移动或修改矢量图形，而不会丢失细节或影响清晰度，因为矢量图形是与分辨率无关的，即当调整矢量图形的大小、将矢量图形打印到 PostScript 打印机、在 PDF 文件中保存矢量图形或将矢量图形导入基于矢量的图形应用程序中时，矢量图形都将保持清晰的边缘。因此，对于将在各种输出媒体中按照不同大小使用的图稿（如徽标），矢量图形是最佳选择。

(六) 将矢量图形和位图图像组合

在文档中组合矢量图形和位图图像时，要注意图片在屏幕上的外观并不一定是其在最终媒体中的外观（无论是商业印刷、在桌面打印机上打印，还是在 Web 上查看）。以下因素将影响最终图稿的质量：

1. 透明度

许多效果会向图稿添加半透明的像素。当图片包含透明效果时，Photoshop 将在打印或导出前执行一个称作拼合的过程。在大多数情况下，默认拼合过程可达到出色的效果。但是，如果图片包含复杂、重叠的区域，并且需要进行高分辨率输出，那么可能需要预览拼合的效果。

2. 图像分辨率

位图图像中每英寸像素(ppi)数量。使用太低的分辨率来打印图像会导致像素化,即输出结果上的像素大而粗糙。使用太高的分辨率(图像像素比输出设备可生成的像素小)将增大文件大小而不会提高印刷输出的质量,并将降低图片打印的速度。

（七）颜色通道

每个 Photoshop 图像都有一个或多个通道,每个通道中都存储了关于图像色素的信息。图像中的默认颜色通道数取决于图像的颜色模式。默认情况下,位图、灰度、双色调和索引颜色模式的图像有一个通道;RGB 和 Lab 图像有三个通道;而 CMYK 图像有四个通道。除位图模式图像之外,可以在所有其他类型的图像中添加通道。实际上,彩色图像中的通道实际上是用于表示图像的每个颜色分量的灰度图像。例如,RGB 图像具有分别用于红色、绿色和蓝色值的单独通道。

除颜色通道外,还可以为图像添加 Alpha 通道,以便存储和编辑用作蒙版的选区,另外还可以添加专色通道,以便添加用于印刷的专色印版。

（八）位深度

位深度用于指定图像中的每个像素可以使用的颜色信息数量。每个像素使用的信息位数越多,可用的颜色就越多,颜色表现就更逼真。例如,位深度为 1 的图像的像素有两个可能的值:黑色和白色。位深度为 8 的灰度模式图像有 256 个可能的灰色值。

RGB 图像由三个颜色通道组成。8 位/像素的 RGB 图像中的每个通道有 256 个可能的值,这意味着该图像有 1 600 万个以上可能的颜色值。有时将带有 8 位/通道(bpc)的 RGB 图像称作 24 位图像(8 位×3 通道＝24 位数据/像素)。

除了 8 位/通道的图像之外,Photoshop 还可以处理包含 16 位/通道或 32 位/通道的图像。包含 32 位/通道的图像也称作高动态范围(HDR)图像。

二、**Adobe Photoshop CC 2018 的新增功能**

Photoshop 是美国 Adobe 公司开发的位图处理软件,在过去十年的发展历程中,始终以强大的功能,层出不穷的艺术效果征服了全世界专业设计人员。在平面广告设计、室内设计、影视后期合成、网页制作、插画设计等领域中得到最广泛的应用,是设计领域人员得力的助手。Photoshop CC 2018 年 1 月版和 2017 年 10 月版为设计人员、数字摄影师和插图制作人员推出了一些令人兴奋的新增功能。下面就来介绍几项新增功能:

（一）选择主体

通过选择主体命令,只需单击一次,即可选择图像中最突出的主体。凭借先进的机器学习技术,选择主体功能经过学习训练后,能够识别图像上的多种对象,包括人物、宠物、动物、车辆、玩具等。

在编辑图像时,选择【选择】|【主体】。

在使用快速选择或魔棒工具时,单击选项栏中的【选择主体】。

在"选择并遮住"工作区中使用快速选择工具时，单击选项栏中的【选择主体】。

选择主体可自动选择图像中突出的主体。然后，用户可以使用其他选择工具调整选区。例如，将"从选区中减去"选项与另一种选择工具配合使用来删除自动选择区域中包含的人行道部分，如图9-3-2所示。

图9-3-2 "从选区中减去"

（二）支持 Microsoft Surface Dial

结合使用 Surface Dial 与 Photoshop，无需将目光从画布上移开即可调整工具设置。使用 Dial 调整所有画笔类工具的大小、不透明度、硬度、流量和平滑。使用"控制"选项，用户还可以在进行画笔描边的同时，转动转盘以对设置进行动态调整，如图9-3-3所示。

Photoshop 支持在运行 Windows 10 Fall Creators 更新（版本2017年9月）及更高版本且启用蓝牙技术的计算机上使用 Surface Dial。

图9-3-3 在进行画笔描边的同时动态调整设置

（三）高密度显示器支持和每个显示器的缩放比例

在 Windows 10 Creators Update 和更高版本中，Photoshop 现在为 UI 缩放提供了全方位的选择，即以25％为增量，从100％到400％进行缩放。无论显示器像素密度如何，这种增强功能都能让 Photoshop 用户界面看起来更加清晰锐利。Photoshop 可根据 Windows 设置自动调整其分辨率。

此外，Adobe 还与 Microsoft 密切合作，针对每个显示器提供缩放，各个显示器可以采用不同的缩放系数。此增强功能可确保高分辨率（HiDPI）笔记本电脑与低分辨率桌面显示器之间无缝协作,反之亦然。例如,可将其中一台显示器的缩放系数设置为175%,而将另一台显示器的缩放系数设置为400%。为此,用户可以选择配有4k屏幕的最高端13英寸笔记本电脑,或选择较为实惠的1080p机型,抑或使用最新的8k桌面显示器,无论是上述哪种选择,都可以在Photoshop中获得无与伦比的体验。

(四)描边平滑

Photoshop现在可以对画笔描边执行智能平滑。在使用以下工具之一时,只需在选项栏中输入平滑的值(0~100):画笔、铅笔、混合器画笔或橡皮擦。值为0等同于Photoshop早期版本中的旧版平滑。应用的值越高,描边的智能平滑量就越大。

描边平滑在多种模式下均可使用。单击齿轮图标 ✲ 以启用下面一种或多种模式:

1. 拉绳模式

仅在绳线拉紧时绘画。在平滑半径之内移动光标不会留下任何标记。如图9-3-4所示。

2. 描边补齐

暂停描边时,允许绘画继续使用光标补齐描边。禁用此模式可在光标移动停止时马上停止绘画应用程序。如图9-3-5所示。

图9-3-4 拉绳模式

图9-3-5 描边补齐

图9-3-6 补齐描边末端

3. 补齐描边末端

完成从上一绘画位置到松开鼠标/触笔控件所在点的描边。如图9-3-6所示。

4. 缩放调整

通过调整平滑,防止抖动描边。在放大文档时减小平滑;在缩小文档时增加平滑。如图9-3-7所示。

图9-3-7 缩放调整

（五）简化的画笔管理

在"画笔"面板中，可以将任何启用了画笔的工具预设转换为画笔预设；其所有属性（如不透明度、流量和混合模式）都会保留下来。在将启用了画笔的工具预设转换为画笔预设后，可以选择将其从工具预设列表中移去。如图 9-3-8 和图 9-3-9 所示。

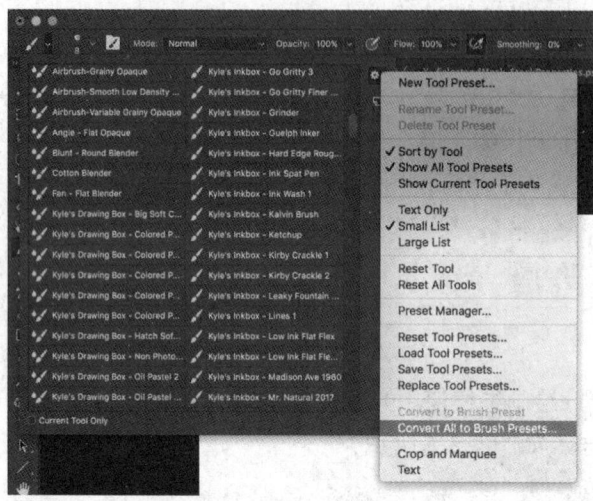

图 9-3-8　工具预设列表

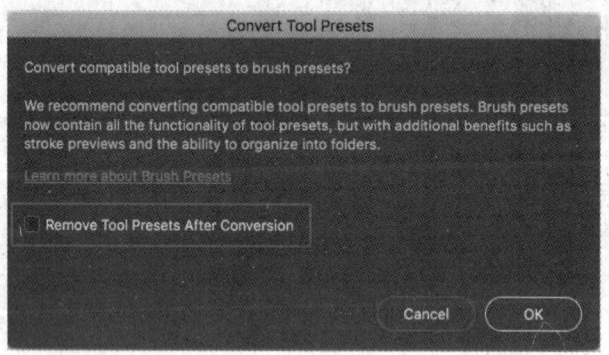

图 9-3-9　转换画笔预设

（六）可变字体

Photoshop 现在支持可变字体，这是一种新的 OpenType 字体格式，支持直线宽度、宽度、倾斜度、视觉大小等自定义属性。此版 Photoshop 附带几种可变字体，可以使用"属性"面板中便捷的滑块控件调整其直线宽度、宽度和倾斜度。在调整这些滑块时，Photoshop 会自动选择与当前设置最接近的文字样式。例如，在增加常规文字样式的倾斜度时，Photoshop 会自动将其更改为一种斜体的变体。如图 9-3-10 所示。

图 9-3-10　可变字体

（七）弯度钢笔工具

弯度钢笔工具可轻松绘制平滑曲线和直线段。使用这个直观的工具，可以在设计中创建自定义形状，或定义精确的路径，以便毫不费力地优化图像。在执行该操作的时候，无需切换工具就能创建、切换、编辑、添加或删除平滑点或角点。可从钢笔工具组中访问此新工具。如图 9-3-11 所示。

（八）路径选项

路径线和曲线不再只有黑白两色！现在可定义路径线的颜色和粗细，使其更符合自己的审美且更加清晰可见。如图 9-3-12 所示。

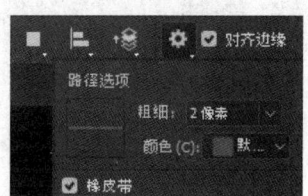

图 9-3-11　弯度钢笔工具　　　　　图 9-3-12　路径选项

（九）富媒体工具提示

现在了解各种 Photoshop 工具的用途比以往任何时候都更加容易！将指针悬停在"工具"面板中某些工具的上方，Photoshop 会显示相关工具的描述和简短视频。如图 9-3-13、9-3-14 所示。

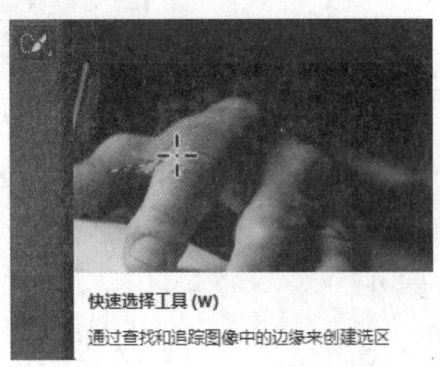
图 9-3-13　富媒体工具提示效果 1

图 9-3-14　富媒体工具提示效果 2

（十）保留细节 2.0 放大

　　Photoshop 当前提供由人工智能辅助的升级，可在调整图像大小时保留重要的细节和纹理，并且不会产生任何扭曲。除了肤色和头发纹理外，此功能还可保留更加硬化的边缘细节，例如文本和徽标。对汤、沙拉、披萨和任何其他需要保留纹理额外虚线的对象可尝试此功能。如图 9-3-15 所示。

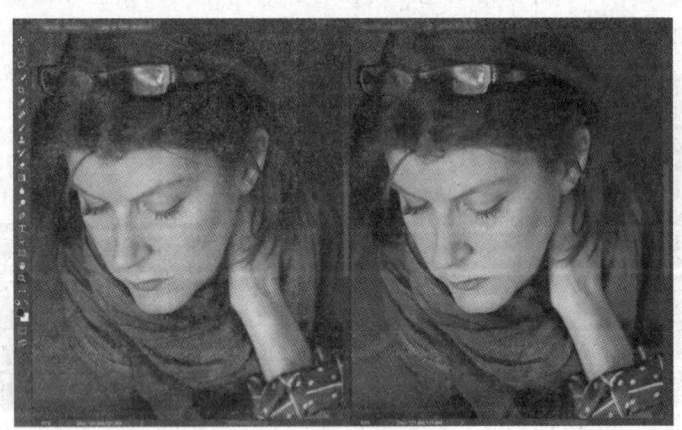
图 9-3-15　保留细节

（十一）绘画对称

　　Photoshop 现在允许用户在使用画笔、铅笔或橡皮擦工具时绘制对称图形。在使用这些工具时，单击选项栏中的蝴蝶图标，从几种可用的对称类型中选择。绘画描边在对称线间实时反映，从而可以更加轻松地素描人脸、汽车、动物等。如图 9-3-16 所示。

图 9-3-16　绘画对称

三、Adobe Photoshop CC 的操作界面

在 Adobe Photoshop CC 中，可以使用各种元素（如面板、栏以及窗口）来创建和处理文档和文件。这些元素的任何排列方式称为工作区。（不同 Adobe 创意应用程序的工作区具有相似的外观，因此用户可以轻松地在应用程序之间切换。）也可以通过从多个预设工作区中进行选择或创建自己的工作区来调整 Photoshop，以适合自己的工作方式。

（一）"开始"工作区

通过 Photoshop 中的"开始"工作区，可以快速访问最近打开的文件、库和预设。根据订阅状态，"开始"工作区可能还会显示专门针对用户的需求定制的内容。此外，还可以直接从"开始"工作区中查找对应的 Adobe Stock 资源。

Photoshop 会在启动时或没有打开的文档时显示"开始"工作区，如图 9-3-17 所示。

图 9-3-17 "开始"工作区

（二）工作区概述

位于顶部的应用程序栏包含工作区切换器、菜单（仅限 Windows）和其他应用程序控件。在 Mac 操作系统中，对于某些产品，可以使用"窗口"菜单显示或隐藏应用程序栏。

【工具面板】包含用于创建和编辑图像、图稿、页面元素等的工具。相关工具将进行分组。

【选项栏】控制面板显示当前所选工具的选项。

【文档窗口】显示用户正在处理的文件。可以将文档窗口设置为选项卡式窗口，并且在某些情况下可以进行分组和停放。

【面板】可以帮助用户监视和修改自己的工作。可以对面板进行编组、堆叠或停放。

【应用程序帧】将所有工作区元素分组到一个允许将应用程序作为单个单元的单个集

成窗口中。当用户移动应用程序帧或其任何元素,或调整其大小时,它其中的所有元素则会彼此响应而没有重叠。切换应用程序或不小心在应用程序之外单击时,面板不会消失。如果使用两个或更多应用程序,可以将各个应用程序并排放在屏幕或多台显示器上。

如果使用的是 Mac,并且更偏爱传统的、自由形式的用户界面,可以关闭应用程序帧。

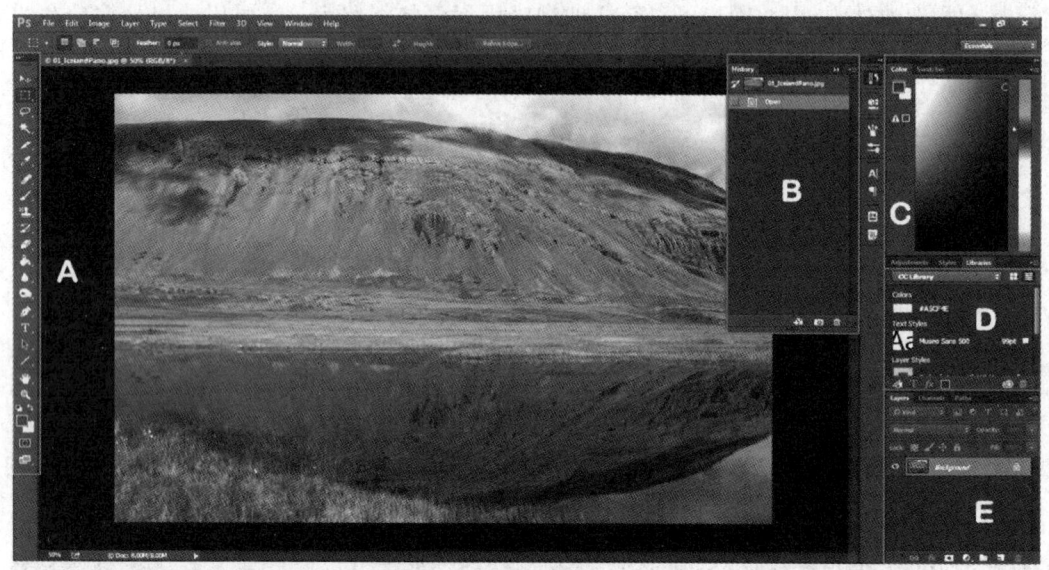

A:工具面板|B:历史记录面板|C:颜色面板|D:Creative Cloud 库面板|E:图层面板

图 9-3-18　工作区

(三) 管理窗口和面板

可以通过移动和处理"文档"窗口和面板来创建自定工作区。用户也可以存储工作区并在它们之间进行切换。

重新排列、停放或浮动"文档"窗口。

打开多个文件时,"文档"窗口将以选项卡方式显示。

若要重新排列选项卡式"文档"窗口,请将某个窗口的选项卡拖动到组中的新位置。

要从窗口组中取消停放(浮动或取消显示)某个"文档"窗口,请将该窗口的选项卡从组中拖出。

要将某个"文档"窗口停放在单独的"文档"窗口组中,请将该窗口拖到该组中。

若要创建堆叠或平铺的文档组,请将此窗口拖动到另一窗口的顶部、底部或侧边的放置区域。也可以利用应用程序栏上的"版面"按钮为文档组选择版面。

要在拖动某个选项时切换到选项卡式文档组中的其他文档,可将选项拖到该文档的选项卡上并保持一段时间。

(四) 停放和取消停放面板

停放是一组放在一起显示的面板或面板组,通常在垂直方向显示。可通过将面板移到停放中或从停放中移走来停放或取消停放面板。如图 9-3-19 所示。

要停放面板,请将其标签拖移到停放中(顶部、底部或两个其他面板之间)。

要停放面板组,请将其标题栏(标签上面的实心空白栏)拖移到停放中。

要删除面板或面板组,请将其标签或标题栏从停放中拖走。可以将其拖移到另一个停放中,或者使其变为自由浮动。

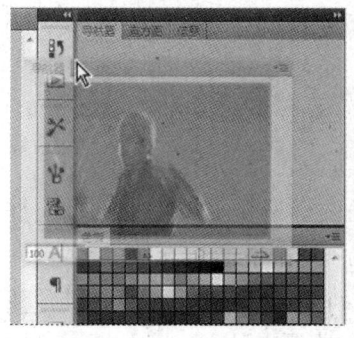 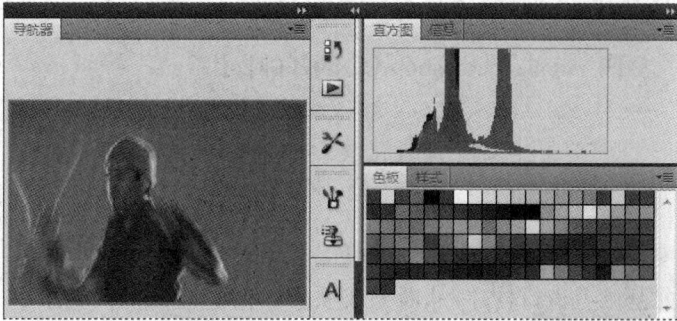

图 9-3-19　停放和取消停放面板

(五)移动面板

在移动面板时,会看到蓝色突出显示的放置区域,可以在该区域中移动面板。例如,通过将一个面板拖移到另一个面板上面或下面的窄蓝色放置区域中,可以在停放中向上或向下移动该面板。如果拖移到的区域不是放置区域,该面板将在工作区中自由浮动。

若要移动面板,可以拖动其标签。如图 9-3-20 所示。

若要移动面板组,可以拖动其标题栏。

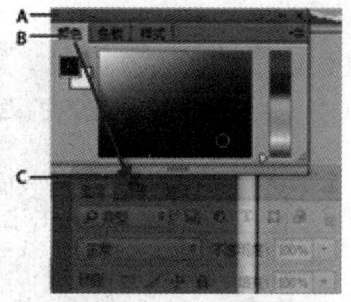

A. 标题栏　B. Tab　C. 放置区域

图 9-3-20　移动面板

(六)添加和删除面板

如果从停放中删除所有面板,该停放将会消失。可以通过将面板移动到工作区右边缘直到出现放置区域来创建停放。

若要移除面板,请右键单击(Windows)或按住 Ctrl 单击(Mac)其选项卡,然后选择"关闭",或从"窗口"菜单中取消选择该面板。

要添加面板,请从"窗口"菜单中选择该面板,然后将其停放在所需的位置。

(七)处理面板组

要将面板移到组中,可将面板标签拖到该组突出显示的放置区域中。

要重新排列组中的面板,可将面板标签拖移到组中的一个新位置。

要从组中删除面板以使其自由浮动,可将该面板的标签拖移到组外部。

要移动组,可拖动其标题栏(选项卡上方的区域)。

（八）堆叠浮动的面板

当面板拖出停放但并不将其拖入放置区域时，面板会自由浮动。此时，可以将浮动的面板放在工作区的任何位置，也可以将浮动的面板或面板组堆叠在一起，以便在拖动最上面的标题栏时将它们作为一个整体进行移动。

四、Adobe Photoshop CC 的基础操作

（一）创建文档

在用 Adobe Photoshop CC 2018 创建文档时，无需从空白画布开始，而是可以从各种模板中进行选择，包括 Adobe Stock 中的模板。这些模板包含 Stock 资源和插图，可以在此基础上进行构建，从而完成项目。在 Photoshop 中打开一个模板时，可以像处理其他任何 Photoshop 文档（.psd）那样处理该模板。除了模板之外，还可以从 Photoshop 大量可用的空白预设中进行选择，进而创建文档。如图 9-3-21 所示。

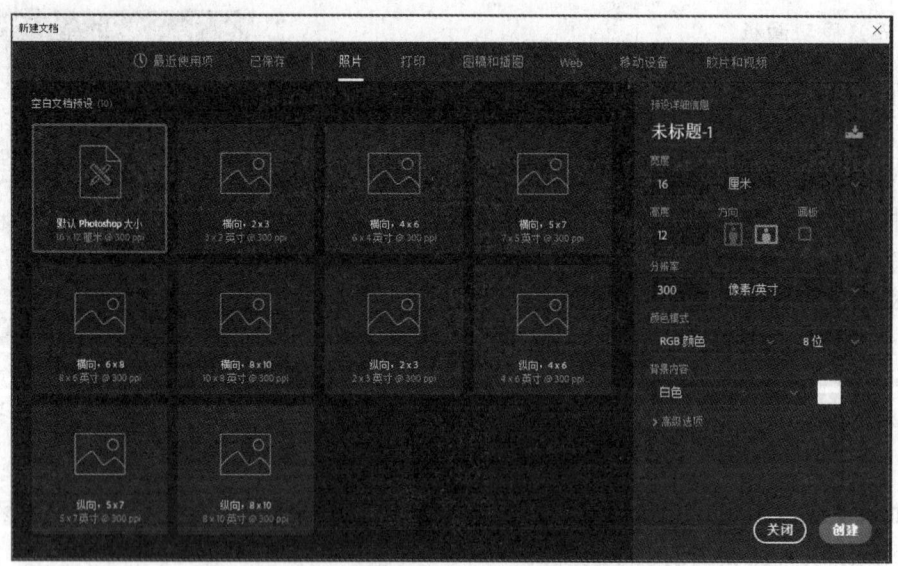

图 9-3-21　新建文档对话框

（二）存储和切换工作区

通过将面板的当前大小和位置存储为命名的工作区，即使移动或关闭了面板，也可以恢复该工作区。已存储的工作区的名称出现在应用程序栏上的工作区切换器中。

1. 存储自定工作区

（1）按照要存储的配置设置工作区后，选择【窗口】|【工作区】|【新建工作区】。

（2）键入工作区的名称。

（3）在"捕捉"下，选择一个或多个选项。

2. 显示或切换工作区

从应用程序栏上的工作区切换器中选择一个工作区。

3. 删除自定工作区

(1) 从应用程序栏上的工作区切换器中选择"管理工作区",再选择工作区,然后单击"删除"。

(2) 从工作区切换器中选择删除工作区。

(3) 选择【窗口】|【工作区】|【删除工作区】,选择该工作区,然后单击"删除"。

4. 恢复默认工作区

(1) 从应用程序栏的工作区切换器中选择"默认"或"基本"工作区。

(2) 选择【窗口】|【工作区】|【重置"工作区名称"】。

5. 恢复存储的工作区排列方式

(1) 在 Photoshop 中,工作区自动按上次排列的方式进行显示,但用户可以恢复原来存储的面板排列方式。

(2) 要恢复单个工作区,请选择【窗口】|【工作区】|【重置"工作区名称"】。

(3) 要恢复随 Photoshop 一起安装的所有工作区,请在"界面"首选项中单击"恢复默认工作区"。

(三) 设置图像大小

1. 像素与分辨率

一个图像的品质好坏跟图像的分辨率和尺寸大小是有密切联系的。单位尺寸含有的像素数目是决定分辨率的主要因素,因此像素数目与分辨率之间也是息息相关的。在像素大小固定的情况下,当分辨率变动时,图像尺寸也必定跟着改变,同样图像尺寸变动时分辨率也必定随之变动,无论是改变图像分辨率、尺寸还是像素大小,都需要使用【图像大小】对话框来完成。执行【图像】|【图像大小】命令,其对话框如图 9-3-22 所示。

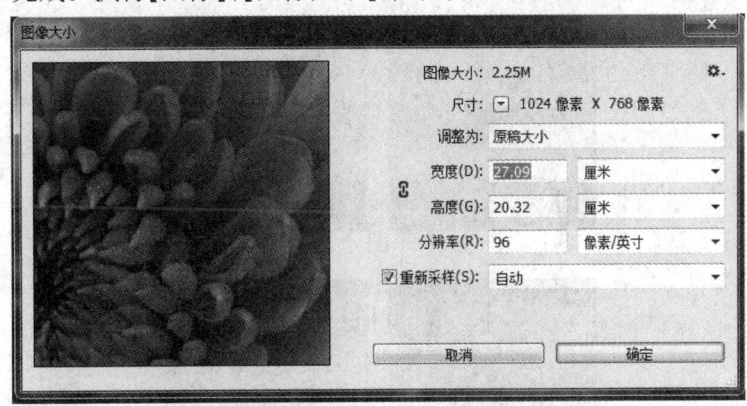

图 9-3-22　图像大小对话框

2. 裁剪图像

打开需要裁剪的图像,选择工具箱中的【裁剪工具】,在照片图像上单击并拖出一个矩形框,然后把鼠标放在定界框的控制点上,当鼠标呈现双箭头形状时,即可拖动控制点,缩小定界框。调整好裁剪大小后单击选项框中的【提交当前裁剪操作】✓按钮,或者按下回车键 Enter 完成裁剪照片,裁剪后的照片效果如图 9-3-23 所示。

图 9-3-23　裁剪图像

（四）图像的变换和变形

打开一幅图像后,执行【编辑】|【变换】命令,或按快捷键 Ctrl+T,对象周围会出现一个定界框,定界框中央有一个中心点,周围有控制点,默认情况下,中心点位于对象的中心,它用于定义对象的变换中心,拖动它可以移动它的位置。拖动控制点则可以对其进行变换。其中包括的变换命令能够进行各种样式的变形,如图 9-3-24 所示。

缩放:相对于项目的参考点（围绕其执行变换的固定点）增大或缩小项目。用户可以水平、垂直或同时沿这两个方向缩放。

旋转:围绕参考点转动项目。默认情况下,此点位于对象的中心,但是用户可以将它移动到另一个位置。

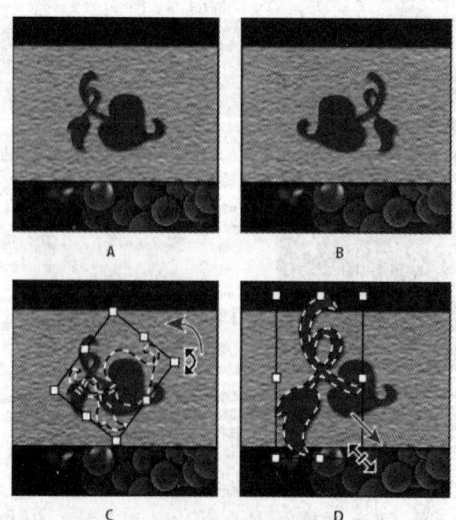

A. 原稿图像　B. 翻转的图层　C. 旋转后的选区边框　D. 对象的局部被缩放

图 9-3-24　图像的变换和变形

斜切：垂直或水平倾斜项目。
扭曲：将项目向各个方向伸展。
透视：对项目应用单点透视。
变形：变换项目的形状。
旋转180度、顺时针旋转90度、逆时针旋转90度：通过指定度数，沿顺时针或逆时针方向旋转项目。
翻转：垂直或水平翻转项目。

（五）存储文件

使用"存储"命令可将更改存储到当前文件，或者使用"存储为"命令可将更改存储到另一个文件。

1. 存储对当前文件的更改

选取【文件】|【存储】。文件仍然使用当前格式。

2. 用不同的名称、位置或格式存储文件

选取【文件】|【存储为】。从"格式"菜单中选取格式，指定文件名和位置，在"存储为"对话框中，选择存储选项，单击"存储"。当利用某些图像格式进行存储时，将会出现一个对话框以便选取选项。

3. 选取文件格式

各种图形文件格式的不同之处在于表示图像数据的方式（作为像素还是矢量），并且它们支持不同的压缩方法和 Photoshop 功能。要保留所有 Photoshop 功能（图层、效果、蒙版等），请以 Photoshop 格式（PSD）存储图像的备份。

与大多数文件格式一样，PSD 只能支持最大为 2 GB 的文件。对于大于 2 GB 的文件，以大型文档格式（PSB）、Photoshop Raw（仅限拼合图像）、TIFF（最大为 4 GB）或 DICOM 格式存储。

图像的标准位深度是 8 位/通道。要在 16 位或 32 位图像中获得更大的动态范围，请使用以下格式：用于 16 位图像的格式（需要"存储为"命令）；Photoshop、大型文档格式（PSB）、Cineon、DICOM、IFF、JPEG、JPEG 2000、Photoshop PDF、Photoshop Raw、PNG、便携位图和 TIFF。

五、实例操作

图像合成，素材如图 9-3-25、9-3-26 所示，最终效果如图 9-3-27 所示。

图 9-3-25　素材茶杯

图 9-3-26　素材标志

图 9-3-27　最终效果

要求：掌握移动图像、变换图像大小以及图像变形等操作方法和技巧。

【引导问题】如何将标志图像缩小后符合茶杯的透视扭曲？

（1）执行【文件】|【打开】命令，打开"素材文件→CH02→素材 10.jpg"、"素材文件→CH02→素材 11.jpg"，如图 9-3-28 所示。

（2）选择工具箱中的【移动工具】，将"素材 11.jpg"移动到"素材 12.jpg"图像文件中，得到新图层"图层 1"，如图 9-3-29 所示。

图 9-3-28　打开素材文件

图 9-3-29　移动图像

（3）选中"图层 1"图层，执行【编辑】|【自由变换】命令，弹出自由变换定界框，单击并拖动控制点，缩小标志，如图 9-3-30 所示。

（4）在自由变换定界框中右击鼠标，在弹出的快捷菜单中选择【变形】命令，如图 9-3-31 所示。

图 9-3-30　缩小标志

图 9-3-31　执行【变形】命令

（5）拖动控制点上的方向点，使图片向内收缩，让图片依照杯子的结构扭曲并覆盖住杯子。

（6）按 Enter 键确认变形，在【图层】面板中将图层混合模式设置为"线性加深"。

【思考与练习】

一、填空

1. 演示文稿与幻灯片的区别是_____。

2. 演示文稿中每张幻灯片都是基于某种_____创建的，它预定义了新建幻灯片的各种占位符的布局情况。

3. 在幻灯片的放映过程中若要中断放映，可以直接按_____键。

二、选择

1. 制作课件时，需要使一个对象沿着一个圆形运动，可通过自定义动画的（　　）动画类型实现。
   A. 进入效果　　　　　　　　B. 强调效果
   C. 退出效果　　　　　　　　D. 动作路径

2. 在 PowerPoint 中，如果要给课件选择模版，应该通过窗格的（　　）来完成。
   A. 幻灯片设计　　　　　　　B. 幻灯片版式
   C. 自定义动画　　　　　　　D. 幻灯片切换

3. 在同一课件中，复制和删除幻灯片一般在（　　）中进行。
   A. 普通视图　　　　　　　　B. 幻灯片浏览视图
   C. 幻灯片放映视图　　　　　D. 阅读视图

4. PowerPoint 2016 演示文档的扩展名是（　　）。
   A. ppt　　　　　　　　　　　B. pptx
   C. xsl　　　　　　　　　　　D. doc

5. 在 PowerPoint 中，要选定多个图形时，需（　　）然后用鼠标单击要选定的图形对象。
   A. 先按住【Alt】键
   B. 先按住【Home】键
   C. 先按住【Shift】键
   D. 先按住【Ctrl】键

三、研究与设计

1. 结合自己的专业，运用 PowerPoint 2016 设计并制作一节课的课件。

2. 以自己的姓名为输入文本，设计文本的水漂文字效果。

3. 通过打散文字的方法，设计文字的变形效果。

4. 感兴趣的同学可以设计一个文字书空的短片，介绍文字笔画的书写方法。

5. Photoshop 常见的保存格式是什么？

6. 在 Photoshop 中置入文件时如何操作可以快速确认置入？

【参考文献】

[1] 缪亮,李明,袁斌,田艳琴. PowerPoint 多媒体课件制作实用教程[M]. 北京：清华大学出版社,2009.

[2] 杨继萍,吴军希,孙岩. PowerPoint 2010 办公应用从新手到高手[M]. 北京：清华大学出版社,2011.

[3] 杨继萍,彭涛等. PowerPoint 2010 实战技巧精粹[M]. 北京:清华大学出版社,2013.
[4] 九州书源. PowerPoint 2010 高效办公从入门到精通(高清视频版)[M]. 北京:清华大学出版社,2012.
[5] 胡永斌,唐慧丽. 聋校开发多媒体课件的策略[J]. 中国教育信息化,2008(6).
[6] 陆修平. 培智数学课堂多媒体课件的设计和使用[J]. 现代特殊教育,2016(6).
[7] 刘美萍. 利用多媒体优化培智语文课堂教学[J]. 新课程学习(下),2012(7).
[8] 音频资料:www.5ykj.com.
[9] 音频资料:http://www.lspjy.com/.
[10] 视频资料:http://www.youku.com/.
[11] 视频资料:http://www.tudou.com/.
[12] http://et.jixue.cn/kecheng/201110/207.html.
[13] http://office.microsoft.com/zh-cn/powerpoint-help/.
[14] http://www.ruanme.com/ppt-insert-video.html.
[15] http://jiguang.ci123.com/blog/jhuiytiu12/entry/2563.
[16] http://jiguang.ci123.com/blog/jhuiytiu12/entry/2563 发布于2010年12月17日.
[17] 梁莉菁,廖德伟,付达杰. Flash CS 5.5 经典动画制作教程[M]. 人民邮电出版社出版,2012.
[18] 沈大林. 中文 Flash 8 案例教程[M]. 中国铁道出版社,2007.
[19] [美]安德鲁福克纳,康拉德查韦斯. Adobe Photoshop CC 2017 经典教程[M]. 人民邮电出版社,2017.
[20] 许梦阳. Photoshop 平面设计实用教程[M]. 清华大学出版社,2014.
[21] 邓凯. Photoshop 图像处理[M]. 吉林电子出版社,2009.
[22] 李金民,李金荣. 中文版 photoshop CS5 完全自学教程[M]. 人民邮电出版社,2010.
[23] http://www.smzy.com/smzy/tech31552.html.
[24] https://helpx.adobe.com/cn/photoshop/user-guide.html.

第十章 微课慕课的发展及应用

◆ 学习目标

1. 了解微课、慕课的概念及发展。
2. 了解微课在特殊教育学校中的应用。
3. 掌握微课制作方法与评价指标。

◆ 思维导图

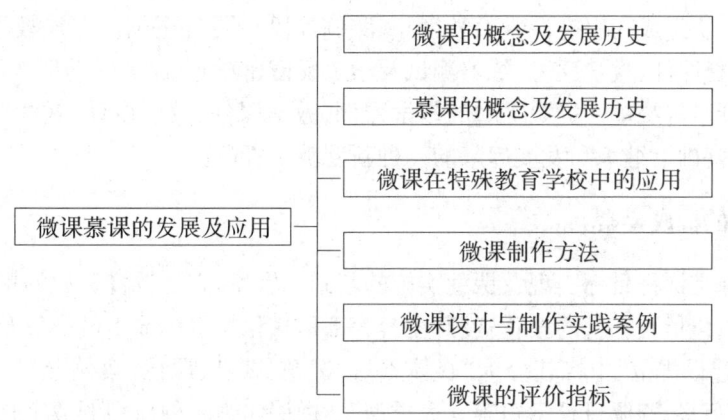

第一节 微课的概念及发展历史

一、什么是微课?

广东省佛山市教育局电教站的胡铁生先生是国内关注微课的第一人,他在2011年从区域教育信息资源发展的角度提出了微课的定义,并在此后持续关注着微课。他对微课的定义是:微课又名微课程,是微型视频网络课程的简称,它是以微型教学视频为主要载体,针对某个学科知识点(如重点、难点、疑点、考点等)或教学环节(如学习活动、主题、实验、任务等)设计开发的一种情景化的、支持多种学习方式的新型网络课程资源。

上海师范大学教育技术系的黎加厚教授在他所发表的《微课的含义与发展》一文中,以及在他所主持的培训团队就教师培训"翻转课堂"项目中对微课是这样定义的:微课程是指时间在10分钟以内,有明确的教学目标,内容短小,集中说明一个问题的小课程。

华南师范大学的焦建利教授在他所撰写的《微课及其应用与影响》一文中提出:微课

是以阐释某一知识点为目标，以短小精悍的在线视频为表现形式，以学习或教学应用为目的的在线教学视频。

南京师范大学现代教育技术中心的张一春教授是这样对微课做出界定的：微课是指为使学习者的自主学习获得最佳效果，经过精心的信息化教学设计，以流媒体形式展示，围绕某个知识点或教学环节开展的简短、完整的教学活动。它的形式是自主学习，目的是最佳效果，设计是精心的信息化教学设计，形式是流媒体，内容是某个知识点或教学环节，时间是简短的，本质是完整的教学活动。因此，对于教师而言，最关键的是要从学生的角度去制作微课，而不是从教师的角度去制作，要体现以学生为本的教学思想。

综合以上诸位专家学者对微课的解释和阐述，可将微课的概念总结为：以视频为主要载体，通过精心的教学设计，围绕某个知识点或教学环节而开展的精彩教与学活动的全过程。它不仅包含课堂教学活动的视频，还包含与该教学主题相关的教学设计、素材课件、教学反思、练习测试、学生反馈及教师点评等辅助性教学资源，并以一定的组织关系和呈现方式共同"营造"了一个半结构化、主题式的资源应用"小环境"。

微课的核心组成内容是课堂教学视频（课例片段），同时还包含与该教学主题相关的教学设计、素材课件、教学反思、练习测试及学生反馈、教师点评等辅助性教学资源，因此，"微课"既有别于传统单一资源类型的教学课例、教学课件、教学设计、教学反思等教学资源，又是在其基础上继承和发展起来的一种新型教学资源。

二、微课的构成要素

课程资源是课程目标实现及课程实施的基础和保障，它是教育资源的重要组成部分。其中教育资源包括数字化的教育资源，由教育部信息化技术标准委员会发布的"CELTS-41教育资源建设规范"中将其分为"媒体素材、试题、试卷、课件、案例、文献资料、网络课程、常见问题解答、资源目录索引等9大类型"。微课作为一种新型的数字化教育资源，与CELTS-41所定义的"媒体素材、课件、网络课程"等资源类型具有不同的特征，如表10-1-1所示。

表 10-1-1　数字化教育资源类型的特征比较

	媒体素材	课件	网络课程	微课
技术形态	文本、图形/图像、音频、视频、动画	PPT、动画、可执行文件	以富媒体形态呈现的学习内容及教与学支持环境	视频
结构化程度	低	中偏低	高	中偏高
适用领域	教师备课	课堂教学	自主学习	自主学习、课堂教学
应用对象	教师	教师	学习者	学习者、教师
设计理念		教师为中心	学习者为中心	学习者为中心

微课作为一种数字化教育资源，从其"教育资源"属性出发，一个典型的微课需要包含以下构成要素：目标、内容、教的活动、交互、多媒体。

1. 目标

目标是指教师预期微课的适用教学阶段和期望教学应用中所要达成的结果。它包含两方面的含义：应用目的，即为什么要设计开发微课，这与微课应用的教学阶段（课前、课中、课后）有关，如为学生的课后练习提供个别化的指导而设计制作某练习详解的微课；应用效果，即教师期望学生在使用微课后所要解决的具体问题，如引发学生的思考、掌握某道题目的解题方法等。微课的目标一般具有单一、具体明确的特征，对微课的内容选择和应用形式起到导向作用。

2. 内容

内容是指服务于微课预期目标达成的，与特定学科相关的有意传递的素材及信息。它是教师实现微课预期目标的信息载体。微课内容是教师依据微课目标，根据学生学习情况、准备应用的教学阶段等教学实际，有针对性地对特定学科教学内容进行综合加工而成。微课内容的不同会直接影响教师对"教的活动"的设计。由于微课的时间很短，在内容上具有短小、主题明确、相对独立的特征，需要教师对内容进行精心选取、删减、改编、设计。

3. 教的活动

"活动"是主体与环境的相互作用过程，其中环境包括客体、其他主体以及主体本身。这里说的"教的活动"就是指教师作为活动的主体与特定微课内容的客体之间的相互作用过程，通过这种相互作用向学习微课的学生有效传递教学信息，以帮助学生对内容进行思考、理解与意义建构。教的活动是实现微课目标的方法。从教的方法来看，教的活动可以分为教师讲授、教师演示、教师操作、教师与其他活动主体的言语对话等活动类型。

4. 交互

教师需要借助特定的工具来完成微课中相应的"教的活动"，以促进学生与微课之间形成有助于学生对内容产生正确意义建构的相互交流与相互作用。在微课中包括交互工具，当学生在学习微课时，能促进学生与微课内容之间更有效地进行信息交互和操作交互。

5. 多媒体

多媒体技术能更生动形象地呈现信息，能更好地帮助教师表达、解释教学内容，提高学生在学习微课时与学习资源间信息交互的有效性，如微课中呈现的课件、图形图像、动画、视频等多媒体资源。

微课的五大构成要素是相互联系、相互影响的，教师通过对这五大要素的精心设计，组织构成一个具有一定结构化程度的数字化课程资源。

三、微课的框架组成

微课是一种课程，其载体为微课视频，不能将微课视频等同于微课。完整的微课教学，还需要配合其他教学活动或者教学环节、教学要求和教学反馈等内容，才能构成一个完整的教学环境。微课视频仅仅是教学的一种资源，而非教学的全部。为了保证教学的效果，胡铁生等人提出了"非常6+1"的微课框架，1是长为5～8分钟的微课视频，并以此网络视频为核心，整合微教案、微课件、微练习、微反思、微点评、微反馈"6"个配套资源，共同组成微课。如图10-1-1所示，图中上半部分的微教案、微课件、微练习是教师提供的相对静态型的技术化资源；下半部分的微反思、微点评、微反馈是微课在组织微课教学活动和应用过程中动态生成的智慧型资源。

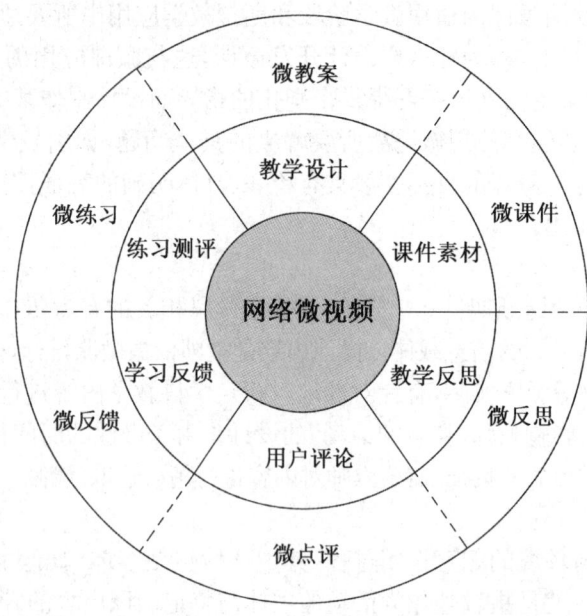

图 10-1-1　微课"非常 6＋1"的资源构成与应用环境

四、微课的特点

（1）教学时间较短：教学视频是微课的核心组成内容。根据中小学生的认知特点和学习规律，"微课"的时长一般为 5～8 分钟，最长不宜超过 10 分钟。因此，相对于传统的 40 或 45 分钟的一节课的教学课例来说，"微课"可以称之为"课例片段"或"微课例"。

（2）教学内容较少：相对于较宽泛的传统课堂，"微课"的问题聚集，主题突出，更适合教师的需要。"微课"主要是为了突出课堂教学中某个学科知识点（如教学中重点、难点、疑点内容）的教学，或是反映课堂中某个教学环节、教学主题的教与学活动，相对于传统一节课要完成的复杂众多的教学内容，"微课"的内容更加精简，因此又可以称为"微课堂"。

（3）资源容量较小：从大小上来说，"微课"视频及配套辅助资源的总容量一般在几十兆左右，视频格式须是支持网络在线播放的流媒体格式（如 rm，wmv，flv 等），师生可流畅地在线观摩课例，查看教案、课件等辅助资源；也可灵活方便地将其下载保存到终端设备（如笔记本电脑、手机、MP4 等）上实现移动学习、"泛在学习"，非常适合于教师的观摩、评课、反思和研究。

（4）资源组成/结构/构成"情景化"：资源使用方便。"微课"选取的教学内容一般要求主题突出、指向明确、相对完整。它以教学视频片段为主线"统整"教学设计（包括教案或学案）、课堂教学时使用到的多媒体素材和课件、教师课后的教学反思、学生的反馈意见及学科专家的文字点评等相关教学资源，构成了一个主题鲜明、类型多样、结构紧凑的"主题单元资源包"，营造了一个真实的"微教学资源环境"。这使得"微课"资源具有视频教学案例的特征。广大教师和学生在这种真实的、具体的、典型案例化的教与学情景中可易于实现"隐性知识""默会知识"等高阶思维能力的学习并实现教学观念、技能、风格的模仿、迁移和提升，从而迅速提升教师的课堂教学水平、促进教师的专业成长，提高学生学业水平。

五、微课发展历史

微课的说法最早出现于1960年，美国爱荷华大学附属学校提出微型课程（Mini－course，也可称为短期课程或课程单元）的说法。20世纪90年代，新加坡教育部开始实施Micro·Lesson项目，旨在培训教师将课程时间压缩至30分钟至1小时，力求教学目标单纯集中，为学生提供有效的学习支架。进入21世纪后，英国启动教师电视频道，每个视频时长15分钟，频道开播后得到了教师的普遍认可。2007年，孟加拉裔青年可汗成立了非营利性的网站——可汗学院，他通过使用写字板、麦克风等硬件设施在十分钟之内讲解一个问题，然后将每集视频课程放到网上并解答学习者的问题。2008年，美国新墨西哥州圣胡安学院的戴维·彭罗斯教授首创了影响广泛的"一分钟的微视频"——"微课程"，其核心理念要求教师把教学内容与教学目标紧密地联系起来，以产生更加聚焦的学习体验。随后，一大批教育工作者在全球各地成功开办了自己的MOOC，掀起了一股MOOC热潮。可见，微课因其网络化、碎片化、视频化、可移动等特点迎合了现代学习者的需求，在国外引起了广泛的关注。

我国对微课的研究和实施较国外稍晚。2010年，广东省佛山市举办了中小学微课设计与制作大赛，佛山市教育局在大赛中首次正式提出"微课"的概念。2011年，"佛山市中小学优秀微课作品展播平台"和"微课网"创立，微课自此开启了在实践层面上的建设与发展。短短几年的时间，微课在中国已经历了由区域到全国、由中小学到高校的发展演变，内容上所涉及的学科也越来越丰富。

第二节 慕课的概念及发展历史

一、什么是慕课？

慕课（MOOC），即大规模开放在线课程（Massive Open Online Course），是"互联网＋教育"的产物，是新近涌现出来的一种在线课程开发模式。可以这么说，慕课是由微课及其他教学资源如拓展资源、学习计划、作业要求、考核办法等构成的。慕课的教学视频就是一组微课的集合。

慕课背后核心的教学原理是"掌握学习"，这是由著名教育家、心理学家、芝加哥大学教育学教授布卢姆提出的，其核心观点是："学生的学习能力并不能直接决定他的学习成效，而只能决定他掌握内容所需要花费的时间。只要教师为其提供所需要的学习时间和学习帮助，90%以上的学生都能掌握我们所教授的事物。"

"掌握学习"教学原理是建立在卡罗尔关于"学校学习模式"的基础上的。卡罗尔认为，教学效果（学习程度）会受到五个变量相互作用的影响，这五个变量分别是机会、毅力、教学质量、学生理解能力和能力倾向。学习的程度是学生实际用于某一学习任务上的时间量与掌握该学习任务所需的时间量的函数,即学习程度＝f(实际用于学习的时间量/需要的时间量)。因此,要想让学生获得较好的学习程度,教师需要做的就是提高学生实际用于学习的时间量,并减少学生掌握所需要的时间量。控制好这些变量及其关系,就可以使他们共同对教学发挥积极的影响。实际用于学习的时间量会受到机会、毅力两个变量影响,需要通过提高机会和毅力的方式来增加学生实际用于学习的时间,进而加强学习效果;而需要的时间量受教学质量、学生理解能力和能力倾向三个变量的影响,需要通过提高这三个变量来有效地减少学生学习所需的时间量,进而加强学习效果。

MIT 针对 MOOC 视频的研究发现:短视频更吸引人,6 分钟左右;有教师头像出现比单纯 PPT 录屏更好;有手绘比单纯的 PPT 录屏更好;MOOC 视频语速可以稍快,完全不需要故意放慢语速;学生更喜欢随意、非正式的上课形式。

慕课的体系结构主要由微视频,练习和讨论三个部分组成。

慕课中,视频是学习内容传递的重要形式。慕课视频具有以下四个特点:

1. 小片段,时间短

第一个特点是"小片段",一般是 3 分钟到 15 分钟不等,这是慕课视频给人的第一印象,也是其和"国家精品课(资源共享课)"以及"视频公开课"相比,最直观的不同之处。"国家精品课(资源共享课)"以及"视频公开课"一般的视频长度都在 30 分钟到 50 分钟不等。视频时间短的好处是可以方便碎片化学习,而如果视频过长的话,在观看的过程中就有可能会被打断,重新看的时候往往已经忘记了之前的要点,又需要从头再来,这样反复几次,学习兴趣会大减。

但是时间短并非必要条件,慕课视频最需要强调的是完整讲授某个专题,因此,慕课视频的"小片段""时间短"必须建立在第二个特点基础上。

2. 主题聚焦,相对独立完整

这是慕课视频设计最为核心的要点,强调模块化分割内容。慕课中,每个小视频自成一体,围绕一个概念,或一个原理,或一个话题,逐步深入,有始有终,相对完整。这样做的好处是便于学生有针对性地选择需要学习或复习的内容。清晰的主题划分就像字典一样,可以让学生快速找到需要学习和了解的信息。在一定意义上,这样就可以满足不同的学习需求,也可以提高学习者的学习效率。

不过,这样的特点就需要授课教师去重新规划和设计自己的教学,需要思考在这一讲或这一周的时间里,学生究竟需要掌握哪些知识点,按照什么样的逻辑顺序来讲学生最容易吸收掌握。也就是说,在划分知识点的时候,可能会与传统的教学有较大的区别,需要考虑学生的学习过程。

在制作慕课视频时,授课教师还需要思考如何把这个知识点或话题讲清楚,讲完整。因此,对具体一个视频而言,非常考验老师对具体话题或知识点的内容进行"编码"的能力。

3. 形式多样,强调借助技术最大化教学效果

慕课视频在表现形式上也是风格各异,丰富多彩,这体现了媒体技术在视觉化效果方面的推动和影响。慕课视频可以拍摄教师站在黑板前讲授;也可以用平板电脑代替黑板,边讲边画,甚至可以全是 PPT 播放,只闻其声,不见其人;还可以用动画制作的方式,更加清晰地呈现知识演变的过程,或者呈现一些用文字和语言不好表达的内容;还有些会拍摄

两人交谈或多人讨论的过程。从视频拍摄和后期剪辑的技术手段来说,可以有若干种组合,视频形式的选择取决于知识表达的特点,也取决于教师的习惯和特点。

4. 分分和合,组合学习路径

前面的三个特点都是针对具体的一个视频而言的,第四个特点是和课程中视频之间的延展关系有关的。一门慕课课程中包含很多视频,这些视频是比较细碎的,这些视频组合成若干集合,就形成了每周或每讲的内容,每讲内容又构成了课程的教学序列,这种序列化的安排是老师推荐学生学习的序列,也是教学开展、逐步深入的过程。当然,学生在学习的过程中,也可以根据自己的学习需求自己定义学习路径,支持个性化的学习。

简而言之,短小精悍、主题明确、形式多样且自成体系的慕课视频,允许学习者进行个性化的学习,也为慕课教学效果超越传统课堂提供了可能。

用大量精心设计的练习来促进学生掌握和吸收知识是慕课的核心教学理念之一。目前大多数慕课都会包含下面三类练习活动:

第一类,测验活动。测验主要以客观题为主,支持的题型越来越多。比如 Coursera 支持单选、多选、填空、程序结果验证题;edX 除了上述题型之外,还有一些拖动匹配题,呈现形式更加活泼有趣。

第二类,视频中或视频之后的小测。Coursera 和中国大学慕课平台都支持视频嵌入小测功能,edX 和学堂在线采用的是在视频之后进行随堂测验活动。这些都是为了强化观看教学视频而形成的短时记忆。

第三类,作业活动。作业与测验的区别是作业往往需要花较长的时间来完成,而且可能需要借助一些其他资源或者与他人合作。有些作业可以由软件自动批改,比如程序作业,也有一些作业,如文章类作业,就需要人工批阅。目前慕课主要是借助"同伴互评"功能来组织学员对这类主观性较强作业进行批阅、提供评语。有研究表明,学生按照教师提供的评分标准进行作业自评或他评,会提高学生对教学目标的理解、提高对教学内容的认识、拓展解题思路,是一种很有效的教学方法。

简而言之,慕课背后最重要的教学理念是掌握学习理论,其实现主要依赖练习活动的开展。学习慕课的学生是自主的学习者,他们需要通过练习知道自己学到了什么,学到了什么程度,还有哪些不足。练习对慕课教学质量的重要性不亚于教学视频。

在慕课中,讨论也是一种重要的教学活动。有研究表明,在线讨论甚至比面对面的讨论更能促进深刻地思考,因为和直接发言相比,学生在论坛中发言时需要用文字组织思路并表达出来,这个过程有助于对思考的进一步加工和细化。慕课中的讨论环节主要体现在如下两个方面:

(1) 课程论坛模拟的是在传统课堂中"和同伴一起学习"的气氛,能减少学生独立学习的孤独感和无助感。

(2) 从促进掌握学习的角度,学生需要借助讨论开展深入的思考和学习。

总之,不同层次的讨论活动进一步缩短了学生在时空上的距离,而营造相互指导和帮助的学习氛围,也可以帮助学生建立自己的归属感和成就感,获得更好的学习体验和学习效果。

二、慕课与微课的联系与区别

微课与慕课的区别主要在于：一是知识内容方面，微课以阐释某一知识点为目标，视频短小精悍，知识点零碎，慕课在知识内容上较系统、完整，每门课程的内容都是相互衔接的；二是课程的时间和完整性方面，微课的学习通常是单个知识点的讲解，而慕课是一系列完整的课程，学习者在学习过程中不仅有学习活动，还有师生、生生间的交流和课后作业，以学生为中心；三是学习评价方面，微课缺少学习效果评价的途径与方法，而慕课可以通过作业、考试对学习效果进行评估，通过考试后可颁发学习证书。

三、慕课的发展历史

MOOC这个术语是2008年由加拿大爱德华王子岛大学网络传播与创新主任同国家人文教育技术应用研究院高级研究员联合提出来的，但真正的井喷却始于2011年秋，被誉为"印刷术发明以来教育最大的革新"。斯坦福大学计算机科学教授塞巴斯蒂安·特龙(Scbastian Thrun)和彼得·诺维格(Peter Norvig)在网上推出"人工智能导论"课程，来自190多个国家的16万人同时注册了该课程。特龙教授等在2012年1月投资推出Udacity在线课程。同年，斯坦福大学另外两位计算机科学教授安特鲁·吴(Andrew Ng)和达芙尼·科勒(Daphne Koller)创立Coursera在线免费课程，2012年4月上线，4个月后学生便突破100万。2012年5月2日，麻省理工学院和哈佛大学共同宣布将创建免费开源在线课程计划——edX。由于各大学、各机构在2012年积极推进和有效作为，因此2012年也被《纽约时报》称为"慕课元年"。

MOOC课程在中国同样受到了很大关注。根据Coursera的数据显示，2013年Coursera上注册的中国用户共有13万人，位居全球第九，因此，2013年也被称为中国的"慕课元年"。2014年达到了65万人，增长幅度远超过其他国家。而Coursera的联合创始人和董事长吴恩达(Andrew Ng)在参与果壳网MOOC学院2014年度的在线教育主题论坛时发言中谈道：现在每8个新增的学习者中，就有一个人来自中国。果壳网CEO、MOOC学院创始人姬十三也重点指出，和一年前相比，越来越多的中学生开始利用MOOC提前学习大学课程。以MOOC为代表的新型在线教育模式，为那些有超强学习欲望的90后、95后提供了前所未有的机会和帮助。Coursera现在也逐步开始和国内的一些企业合作，让更多中国大学的课程出现在Coursera平台上。

而中国的MOOC学习者主要分布在一线城市和教育发达城市，学生的比例较大。目前，我国上线慕课数量已达5 000门，学习人数突破7 000万人次，慕课总量、参与开课学校数量、学习人数均处于世界领先地位，我国已成为世界慕课大国。

四、什么是SPOC?

SPOC是小规模在线课程(Small Private Online Course)，其中"small"是指学生规模一般在几十人到几百人；"private"是指对学生设置限制性准入条件，达到要求的申请者才能被纳入SPOC课程。对于符合准入条件的在线学习者学习SPOC课程，有学习强度和时间、参与在线讨论、完成作业和考试要求，合格后获得证书。

SPOC 是对 MOOC 的发展和补充，简单理解为：SPOC＝MOOC＋课堂，不仅弥补 MOOC 在学校教学中的不足，还将线上学习与线下相结合的一种混合式教学模式，采用 MOOC 视频实施翻转课堂教学。

SPOC 主要教学过程是：教师根据教学大纲，每周定期发布视频教学材料，布置作业和组织网上讨论。学生在学习清单的引导下按照时间点完成视频观看、作业和参加讨论。在课堂上教师进行课堂授课，处理网络课程答疑，并进行课堂测试。SPOC 利用 MOOC 技术支持教师将时间和精力转向更高价值的活动中，如讨论、任务协作和面对面交流互动等。

SPOC 是融合了实体课堂与在线教育的混合教学模式，既融合了 MOOC 的优点，又弥补了传统教育的不足。在进行 SPOC 教学设计时，需要注意网络教学平台只是知识传授的载体，课堂授课才是巩固教学效果和掌握教学节奏的关键。

第三节　微课在特殊教育学校中的应用

与传统课堂相比，微课所面对的学生类型更加复杂，以往一些被教师所忽视的问题在这里会变得突出，比如一些存在视听以及运动障碍的学生可能无法按照其他学生的学习方式来参与学习。在微课中，教师需要全面关注学生的特征与需求，从学习者的角度出发，尽可能地使自己的课程内容对于最大范围内的学生来说，都是可以平等获取的，不管这些学生是否具有生理的或是其他方面的障碍。因此，在特殊教育学校中，微课的设计和制作更应关注信息无障碍[①]，保证微课内容的可及性。

做到微课内容的可及性就需要针对学生多样化的需求，提供相应的支持，在创建与传递内容时要允许学生使用内置的具有可及性功能和辅助技术以及替代的形式。一些可能出现的情况如下：

✓目盲的学习者会使用一个读屏器，帮助阅读页面的文本内容，或使用一个 Braille 的显示器，以他们能够感知的形式来呈现页面内容。

✓视力模糊的学习者会使用一些具有放大页面显示功能的软件。

✓视力障碍的学习者，如色弱的学习者，可能会改变背景与文字的颜色，使其更易阅读。

✓具有运动障碍的学习者可能不会使用传统的物理键盘，而是使用一些转换设备、声音识别软件或眼动激活软件等来操作电脑。

✓听力损伤的学习者无法获取音频内容，需要可替代的形式来呈现同样的信息，比如文字说明或字幕等。

edX 平台对创建可及性内容的建议包括以下几点：学习的通用设计，内容的易读性，PDF 的可及性，自定义内容类型，图像的描述，媒体的可及性以及 html 标记的利用。需要注意的一点是，内容可及性程度与平台提供的功能也有一定关系，所以大家在制作微课

---

① 信息无障碍是指任何人（无论是健全人还是残疾人，无论是年轻人还是老年人）在任何情况下都能平等地、方便地、无障碍地获取信息、利用信息。

时，需要了解相关平台能够提供哪些可及性的功能。

一、学习的通用设计

学习的通用设计是指在课程设计时，内容呈现形式与活动方式不受特定教学方法的限制，让尽可能多的学生都能很好地与课程内容和活动互动。通用设计的原则可以总结为以下三点：第一，以多种不同的方式呈现信息与内容。第二，允许学生以不同的方式来表达他们所知道的东西。第三，激发学生的学习兴趣和动机。教学人员可以通过以下方式来运用这些原则：

（1）设计能够让学生以不同方式获取的资源和活动。比如提供一些能够让学习者放大或替换颜色的文字材料，在提供图表的同时对其进行文字说明，视频在提供声音的同时也提供字幕。

（2）让学习者以多样的方式来处理信息与呈现知识。这在开发练习与测试时尤为重要。

（3）识别需要运用特定感官和运动技能的活动，比如要求识别颜色的活动，对那些缺乏相关能力的学习者来说是很难适应的。在这样的情况下，就需要考虑是否可以做出一些教学方法上的调整。

二、内容的易读性

内容易读性的重要性在于清晰简明的语言风格以及组织良好的内容结构能够让学习者，特别是对于那些来自不同地区的学习者，以及有阅读障碍等阅读能力受影响的阅读者更好地了解与吸取课程内容中述及的概念。提升内容的易读性可以从以下几点入手：

在为课程的各个组成部分如课程的章节、单元或讨论的主题取名时，名称需要能够准确描述内部的内容，且让学习者在看名称第一眼的时候就能容易知道这部分会讲到什么。这些名字通常会被使用到导航栏、页面标题以及章节标题，可以作为学习者浏览课程与阅读课程内容的标识信息。前置的菜单与标题能够帮助学习者迅速建立内容上的联系。

在编辑课程内容时，可以将文本分解成不同的部分并使用一些 html 元素（如标题、段落和列表）。没有分块的大段文本会为大部分的学习者带来阅读上的困难，因此片段化的内容更平易近人，同时也易于浏览与检索。

避免任意使用专业术语。如果专业术语与课程的主题相关，那么在第一次用到时，一定对其进行说明。如果在课程材料中使用到多个专业术语，则需要将这些术语汇总，提供一个专业词汇表进行说明。当在使用一个简写的时候，一定要在第一次使用的时候说明全程。如 MOOC 代表"Massive Online Open Course"。

使用能够提供链接的文本，比如"请参见案例模板"，点击这里的案例模板就可以转向提供案例模板下载的链接。链接的文本最好与链接之间有明确的联系。比如"请在此参见案例模板"，这里的"在此"与案例模板之间没有明确的联系，所以在表述上就没有之前的一种方式好。

三、PDF 的可及性

虽然 PDF 是一种常见的课程材料形式,但将课程材料转换成 PDF 会产生可及性上的障碍,特别是对那些有视觉障碍的学习者。所以,需要通过以下的方式来帮助提高 PDF 的可及性:

如果 PDF 是从微软的 Office 文件转化而来,在早期制作这些源文件时,可以对文章进行结构和格式上的编排,使其清晰易懂,以尽量减小可及性的问题。

在准备 Word 文档时,采用简洁、规范化的格式,使用标题、段落、列表、图表、表格以及标注使内容一目了然,而不要使用没有必要的空格和行列来增加阅读的难度。同时,尽量使用样式来规范文本,如正文以及不同的标题等级来规范格式,而不是采用粗体、空格等形式。

如果是准备要转换为 PDF 的 PPT 文档,要考虑到使用读屏软件的学习者的感受,无论是在设计提纲还是内容。比如在完成提纲之后,要及时添加一些设计元素和图片,并为图片补充图片传达信息的描述。避免使用动画或者是切换,因为这些元素都不会被保存到 PDF 格式当中。同时,还要浏览与调整 PPT 的逻辑顺序,以及为每一个表格设置描述准确的合适表头。

在准备 Excel 文档时,则要为每一个工作表建立独特以及能够传达出表格信息的表名,为每一张表提供具有信息量的表头,为图片提供可替代的文本,不使用空白单元格来设置格式,使用具有描述性的链接而不是直接在表格中填入 URL 地址。

以上从 Word、PPT 以及 Excel 向 PDF 转化时可以做出改善的前提是你是材料的创建者。有些时候,我们需要使用到第三方提供的 PDF 文档,在这样的情况下,PDF 的可及性是未知的。如果可以的话可以向材料的提供者提出一些问题以获取到文章的可及性信息。如使用读屏软件的人可以阅读这些文本么?文档中的图片包含文字解释么?所有的表格、图表或是数学公式都以可及的形式呈现的么?所有的多媒体都包含了等同的文字信息么?文章提供了导航的指导么?有没有提供内容列表、标题以及标记?等等。还有一些情况下你需要使用一些特殊的软件(如 Adobe Acrobat Professional)对已有的 PDF 文章做出可及性的改进。

四、自定义内容类型

使用不同内容呈现类型能够显著提升学习者的学习体验。我们需要对这些内容类型进行设计,使那些有障碍的学生也能够顺利获取。在图表信息方面,尽管图像在交流概念与信息时很有帮助,但对于那些有视觉障碍的学生来说是一个挑战。比如色弱的人难以理解一张使用颜色来区分类属的图表,视力不高的人不容易看清有着很小的标题和注释的图例。同时,所有的图表对那些目盲的人来说,都是障碍。那么,可以通过什么样的方式来避免这些问题呢?首先,要避免仅仅使用颜色的方式来区分图像中重要的特征,还可以使用其他的标记方式。其次,在可能的情况下,使用一些支持缩放的图片格式,如 SVG 格式。关键是要考虑到能够清晰地展现图像的内容及其重要的细节。最后,提供一些可替代的文本来描述图形中的信息。对于一些图表来说,可替代的方式就是数据表格。

除了在图表信息上要多加注意之外,还有一种需要考虑的自定义内容类型就是与数学相关的内容类型，比如说数学公式。教学人员通常会采用图片代替文本的形式来表达一些公式。那些需要以高对比度方式看清内容的人无法对其修改，而读屏软件也无法将其读出。在这里，则需要关注平台是否提供一些系统和插件来方便数学公式的输入。

此外，教学人员还会使用模拟仿真或是一些互动的模块来提升学习者的学习体验，如动画或一些游戏性的内容。此种方式对那些单独阅读和处理文本内容有困难的学生特别有效，然而对另外有些学生来说却存在着障碍。为了尽可能地缩小障碍，教学人员需要考虑采用模拟仿真方式背后的学习意图，是用来加强学生对文本内容或视频内容的理解，还是想要传递一些其他材料覆盖不到的新的信息？由此来选择是否需要提供一些替代性的资源帮助学习者缓和障碍造成的影响。尽管教学人员可以通过改变设计来减少障碍的问题，但是有些时候教学人员的模拟仿真工具与材料是由第三方提供的，所以一些障碍可能会因为技术或教学法方面的原因而没有得到重视。这个时候教学人员就需要对这些障碍本身多做了解，以此为那些受到影响的学习者提供变通的方案，但有一点需要记住的是，在尝试对这些模拟仿真工具和材料进行变通时，需要征得第三方的同意。以下是一些教学人员在设计模拟仿真等交互方式时需要考虑的问题：

这些模拟仿真是否需要视力的参与才能被理解？如果是这样的话，就需要对仿真传达的概念提供文本描述。

模拟仿真过程中会出现可能引起癫痫等症状的闪烁现象吗？如果是的话，就需要在模拟仿真中注意以下两个问题：首先，不要求学生使用模拟仿真完成一个必需的测试活动。其次，在包含闪烁内容出现的模拟仿真中提供警告信息。

在线练习与测试也是自定义内容类型可及性方面需要考虑的问题。教学人员在设计测试的时候需要关注到那些存在障碍的学生，尽可能地让学生能够顺利完成活动和提交作业。比如在测试时间的设置上，就要考虑到一些学生存在视觉或行动障碍，需要花费更长的时间来完成操作。除此以外，一些测试的题型也会对其造成影响，比如说一些需要绘图或是拖动的操作。除非一些运动技能非常有必要，教学人员可以考虑不要求有很好的运动技能也能很好完成练习与测试的替代方法。比如可以使用多选题的方式来代替将原子拖动到化合物中的操作。

在自定义内容类型时，通常还会包括指向第三方内容的链接，为了避免这些资源也出现之前提到的那些问题，所以研究人员在分享这些链接之前需要自己先试一下链接是否易于使用。

五、图像的描述

图片在交流沟通时能提供很大的帮助，然而却会给有视觉障碍的学习者，或使用读屏软件的学习者造成困扰。在这样的情况下，就非常需要一些替代性的文本来表达图片所传达的意涵。以下列举了一些可以采取的建议：

首先，是使用简短的文本描述图片的意图。当图片展现的是一个概念，或者是所表达的信息的唯一来源时，可以使用大段的文本。需要注意的是，如果图片所表达的信息在其他文本中有所体现时，就不必再使用文本复述了。其次，使用html语言中图片元素的alt属性，给图片添加解释信息。这样，当鼠标滑过图片时，就能呈现解释信息了。再次，对于那些没有信息量的图片，就将其 alt 值设置为空，这样读屏软件就可以直接跳过这张图了。此外，可以使用段落元素在图片下方添加注解。最后，当文本说明很长的时候，可以为图片设置一个指向文本的描述性链接，让学习者可以下载阅读。

六、媒体的可及性

基于媒体的课程材料能够生动地传达课程概念与信息。就 edX 平台而言，它要求所有的 edX 课程都提供可以被读屏软件获取的交互式的字幕。这种内在的通用学习设计机制能够帮助提升课程的可及性。在制作这些媒体资源时，需要安排一些时间来制作相关的字幕文件。通常字幕文件为". srt"格式。这些字幕文件除了可以帮助那些听觉有障碍的学生理解课程内容之外，还能够为那些不是来自同一个语言地区的学习者提供帮助。比如我们在听国外课程的时候，就需要有对应的字幕来帮助我们了解其中的内容。而且，我们还可以根据字幕来快速定位课程片段，找到我们需要的信息。同时，也可以将这些字幕文件制作成文本材料，供学习者下载。不过，由于一些字幕文件在制作的时候会有时间点信息，所以需要将其去除，确保只包含文字信息。在制作视频片段的时候，教学人员需要考虑如何向视觉障碍的人传递信息。在一些情况下，需要将自己的行为或写下的文字口述出来。

七、html 标记

html 标记能够被多种浏览器与设备支持，一些标记信息能够为一些辅助技术提供帮助，比如说读屏软件。这些标记为视觉障碍学习者提供了功能与信息。教学人员可以在编辑文本时，切换至 html 模式编辑，这样就可以插入 html 的标记了。在使用 html 语言编辑时，需要注意以下几点：

(1) 使用 html 语言排版时，需要关注如何准确描述内容的意味，而非关注其外观。标题标签能用来标明主题，粗体则起到强调文字的作用，将一组元素用列表呈现则是用于呈现它们的联系。

(2) 合理使用 html 的不同级别的标题标签来帮助梳理内容的逻辑顺序和结构，这样学习者就能够更快速地浏览内容和找到想要的信息。

(3) 使用列表元素将一些相关元素成组也能帮助学习者快速阅读。html 提供了三种类型的列表：一种是无序列表，每个子项都是由一个统一的符号标记；另一种是有序列表，每个子项都按照数字进行排列；第三种是定义列表，用户可以使用词语或短语等自定义的标记方式，类似于字典的呈现方式。

(4) 还需要使用表格来呈现数据集，也就是按照行列的方式将信息组织起来，形成网格结构。

以上就是在提升微课可及性，确保特殊教育学校的学生能够顺利获取到课程内容上可以做出的努力，包括学习的通用设计、内容的易读性、PDF 的可及性、自定义内容类型、图像的描述、媒体的可及性以及 html 标记的利用几个方面，希望大家在以后设计制作自己微课内容时也能相应地考虑到这些问题。

第四节　微课制作方法

与过去的数字化教学资源制作与开发方式相比,微课的技术门槛较低(尤其是借助于录屏软件或手机制作的微课),投入成本也不高,容易在学科教师中间很快普及。同时,也可以把教师从技术的束缚中解脱出来,从而聚焦于课程及教学的设计和实施。

一、微课制作环节

微课的实质是微型化的网络课程,而一门完整的网络课程(如 MOOCs)也可以由众多的与知识相关的教学环节紧密联系的系列微课构成。因此,微课的设计与制作可以在掌握学习理论指导下,像网络课程开发那样进行系统的设计、制作,其流程如图 10-4-1 所示。

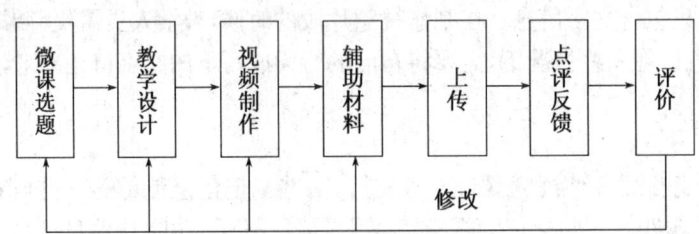

图 10-4-1　微课制作环节

1. 选题

微课针对特定的主题,如核心概念、单个知识点、某教学环节、教学活动等,教学目标明确,教学内容清晰,能够在很短的时间内讲解清楚,而且学习者很感兴趣,容易在短时间内掌握。因此,微课的选题要在众多的知识点或教学环节中提炼出重点、难点或兴趣点予以重点解答。微课内容可以是知识讲解、题型精讲、技能演示、总结归纳、知识拓展、教材解读、方法传授、教学经验交流等。学习一般不像玩游戏那样有趣,在生活碎片时间里利用微课进行移动学习、泛在学习,就要求微课选题实用准确、内容生动有趣、形式短小精炼。微课不适合对过于复杂而又不能分割论述的学习内容进行讲解。因此,对于无关紧要、主题不明显、没有特色或对学习者没有吸引力的教学内容或活动,没有必要作为微课进行开发,那样起不到微课引导自主学习的效果,还增加微课管理系统的负担和教学内容的冗余。

2. 教学设计

梁乐明在对国内外 36 门微课进行对比分析的基础上,提出了微课的设计模式。在该模式中,首先做前端分析,对微课的学习者特征、教学任务和学习内容进行分析,然后根据布卢姆的学习目标分类理论确定合适的学习目标,根据教学内容、教学环节、教学活动和方法确定合适的微课类型和组成要素,制定符合学习者特征、学习内容和教学形式的教学策略,设计教学视频的情景、案例、教学过程,以及相关的网络教学支持材料和评价、反馈机制等。

在进行微课视频或多媒体课件设计与制作时，要尽量减少学习者的认知负荷。认知负荷理论认为，影响认知负荷的基本因素是学习材料的组织与呈现方式、学习材料的复杂性和学习者的先验知识。微课主题明确，内容短小，要求在尽可能短的时间内将教学内容组织好、讲清楚，而且要生动、有趣。尽量将复杂问题简单化，避免给学习者有限的工作记忆空间带来太大的压力，要适度安排原生性认知负荷，降低无关性认知负荷，优化相关性认知负荷。

根据掌握学习操作程序中的形成性评价原则，在微课视频学习完成后对学习者的学习效果进行形成性评价，有利于巩固、强化所学知识。所以，在微课视频的支持材料中提供适量的练习题，以巩固学习内容。微课的练习题可以是确定性的选择题，也可以是开放性的思考题，对素质教育类学习内容来说，后者更合适。练习题不宜太多，不要增加学习负担，让学习者有兴趣、有能力主动完成练习。

3. 视频制作

视频是微课的核心内容，大多采用流媒体形式呈现教学过程。微课程的教学过程要简短完整，包括教学问题的提出、教学案例或情景导入、教学内容讲解、教学活动安排、引导和启发学生开展协作学习、探究学习等。根据记忆的信息加工理论，只有受到注意的信息才能得到人脑的进一步加工，只有注意到的感觉记忆（瞬时记忆）才能进一步加工成为工作记忆（短时记忆）。因此，在微课中吸引并保持学生的注意是成功的关键。

根据微课的类型不同，可能有不同的教学主题导入方式，但都要快速、准确，力求新颖、有趣，能够很好地吸引学习者。微课开头应开门见山地进入主题，或采用承上启下的语言引出主题，或设置疑问、悬念等引出主题；也可以从学习者熟悉的与生活相关的现象或很感兴趣的案例引出主题。但从吸引学生注意力和引起学生学习兴趣的角度，后者效果更好。比如，采用与教学主题密切相关而又有趣的案例、事件等，很容易引起学习者的学习兴趣和注意，就像好的电影片头那样一开始就抓住观众的心，吸引观众继续看下去。

微课在讲解教学内容时要清晰、明确，沿着教学主题逐步展开，突出重点，去除繁冗。教师在整个教学过程中，应有意识地采取恰当的措施保持学生对学习内容的注意力，而不为外界噪音等与学习无关的刺激所分心。因此，在微课中呈现的学习内容需要突出显示，引导学习者顺利地将选择性注意转换为工作记忆，不要太多无意义的装饰，避免对主要学习内容产生干扰。

微课的收尾、总结要简洁明了，留出给学生思考、回味的空间。由于微课时间很短，学习内容少，往往都在学习者的短时记忆中，适当而简短的总结，可以使学习者对学习内容加深印象，减轻学生的记忆负担，但也不是每个微课教学都需要对学习内容进行小结，留出给学生思考、回味的空间更重要，教学视频外的支持材料更适合学习总结和拓展。

4. 辅助材料

微课除教学视频外还有相关的支持材料辅助微课的视频教学，通常包括微课教学内容简介、教学设计的教案或学案、多媒体教学素材和课件、教师课后的教学反思、练习测试、学生的反馈及学科专家的点评等。但不是样样都要有，应根据教学目标、教学内容和教学活动等选择必要而又简明的支持材料，避免冗余、过多过乱、不是很紧密的辅助或拓展材料。

值得注意的是，在各类微课比赛的微课评价指标中有不同的要求。比如，文字材料中要求有教师简介、教学内容说明等，在视频片头要求有标题、作者、单位，在教学过程中要求有教师与学生镜头，体现教师风采、师生交互等。这些在微课的实际教学应用中不是必需的。因此，制作微课不应受微课比赛评价指标影响（为比赛而制作的微课另当别论）。

5. 上传与反馈

微课视频和相关材料制作完成后，要上传到相应的网络环境中。如果是参加微课比赛，应传到指定的网络平台，并且按规定的技术要求和规范调整视频分辨率和速率参数以及填报要求的参赛信息等。

如果是为某课程或相关主题、领域的网络教学而制作的微课，应传到相应的网络平台，并按平台要求对用户点评、疑问等进行答疑、反思、更新等。

目前，有关微课的网络平台还不是很多，有些是为微课竞赛制作并建立的网络平台，带有明显的评比色彩，有些是借助已有的网络学习平台支持微课的网络学习应用，而针对微课教育特点的网络学习环境，还需要进一步研究、开发和完善。

6. 评价与修改

我们认为，微课的评价应从教育性、技术性和应用效果三方面通盘考虑。

微课的教育性包括教学目标、教学内容组织、教学策略和教学评价等。教学目标应明确，教学主题应突出，针对的学习对象应明确。教学内容组织有序，教学环节承接自然，安排合理恰当，知识单元相对完整，课程说明清晰。教学内容表现方式恰当，形式新颖。视频讲解深入浅出，生动有趣，画面美观，语言亲和，节奏恰当。配套的学习资源适量，不宜太多，与教学主题紧密结合，练习和思考题富有趣味性和启发性，能吸引学习者主动完成。

微课的技术性包括微课本身的技术性与艺术性以及平台环境的技术性与共享性。视频制作应符合技术规范，如分辨率、码流速度等。视频、课件画面布局美观协调，文字、色彩搭配合理，符合学习者认知风格。微课的支持材料也要符合相应的技术规范，相对完整，形式尽量多样化。微课平台的技术性包括系列微课的有效组织、检索、访问、浏览、上传、评论等，并能提供学习指导、信息提示、学习者之间和师生之间的在线或离线交互以及学习者与媒体之间的交互，能够追踪记录学习者个人学习过程，提供相关主题资源的推荐和推送等。

微课的应用效果受微课的教育性和技术性影响很大。微课的教育性好、技术性强，微课的应用效果一般会比较好，表现在微课的点击率、点赞率、用户评价、作者与用户互动情况、收藏次数、分享次数、讨论热度等综合评价。

二、微课视频的制作方法

目前的微课以微视频为核心，因而微课视频的制作尤为重要，可以说微课视频的制作质量反映了微课的制作水平。有关微课视频的制作方法主要有五类：

1. 教学录像型

它将教师的讲课、演示、示范等教学活动利用摄像机或录播系统拍摄下来，制成教学微视频。教师的教学活动可以在教室、实验室、演播室、微格教室、实习场地、室外操场等。

可以有学生听课或观摩，也可以无学生。可以使用黑板、白板、投影、触摸屏、演示设备、器械、道具、模型等。出现在视频镜头里的教师要求形象好，口齿伶俐或身体健捷，最好是教学名师或权威专家等，否则教学效果会受一定的影响。这种微课视频制作简单，但要求主讲教师备课充分，教学环境安排恰当，学生配合自然，工作量较大。如视频公开课、百家讲坛等教学视频均由国内著名专家、学者讲授，制作精良。

2. 屏幕录制型

它利用PPT、多媒体课件、计算机软件或工具等教学或辅助教学材料在计算机屏幕上展示，教师对着计算机显示的教学材料讲解教学内容，或者教师直接利用鼠标、手绘板或触摸屏等在计算机显示器中书写教学内容，利用计算机录屏软件将屏幕显示的教学内容、教师的书写和点评、教师讲解的声音录制下来，实现微课教学过程的视频录制。

屏幕录制型微视频制作方法简单、方便，几乎没有技术门槛，很容易在普通教师中推广，但微课质量参差不齐，难以保证。为了提高这类微课视频的制作质量，视频录制最好在学校的录音室、电教室或家中比较安静的房间内，选择合适的时间，避免环境嘈杂。教师的讲解要流畅、亲切、自然，避免咳嗽、过多停顿、读错别字、方言或口音过重、翻书等杂声。最好能写出讲解词，请人或自己在幽静的环境中播读录音，然后在计算机中播放，配合精制的PPT、多媒体课件或熟练的计算机软件、工具操作等，将计算机屏幕显示的教学内容、教师的书写、点评操作和播放的录音一并录制下来，制成微课视频。

3. 多媒体讲解型

它利用PowerPoint2010、Authorware、方正奥思等多媒体工具将文本、图形、图像、声音、动画、视频等多媒体元素同步讲解、展示教学内容，再直接转换或利用录屏软件录制成多媒体课件自动讲解的微课视频。这类微课视频的质量由多媒体课件的质量决定，通常画面清晰，讲解流畅，声画同步，效果良好。解说词可以事先写好，自己或请人提前录制，再经过编辑去除噪声、错误等，避免实时录像或录音时解说紧张、干咳、不连贯、发音错误等现象。这类微课视频画面清晰、美观，制作有一定的难度，可用于制作较高质量的微课。

4. 动画讲解型

动画是按时间排列的序列图像。教学的讲解声音就是教学过程的时间轴。根据教师讲解的声音在时间轴恰当的位置呈现教学内容的文本、图像、表格、数据或连续变化的序列图像，则形成一段教学动画，可以转换为微课视频。制作知识讲解型微课可利用二维动画制作软件，就可以制作漂亮的动画型微课视频。事实上，任何有趣、过程性的讲话录音都可以制作成生动有趣的动画片，例如Flash动画。同样，将一段有意义的教学讲解录音做成动画型微课教学视频，配以必要的教学文字，更能生动形象地讲解教学内容，教学效果更好。这类微课视频画面清晰、生动、漂亮，但制作难度较大，需要的绘画素材较多。

5. 视频剪辑型

优秀的微课视频应该像电视教学短片那样综合使用各种影视拍摄技巧与后期编辑手段完成制作。在视频中一般包括教师或主讲人的讲解、示范或演示活动，体现了教师的教学风采和主持、引领性的教学活动，也常常包括师生互动、实验操作、实训实践等教学活动。更多的是显示教学内容的PPT、多媒体课件、演示动画、计算机操作截屏等，通常添加字幕、特技效果等，综合利用远近景别、多机位拍摄等手段。这类微课视频效果好，但制作难度大,制作成本高,通常需要专业的策划、拍摄、动画制作、后期编辑,甚至配音、配乐等。如果从制作精品微课的角度考虑,不仅需要一流的教学设计,还应有一流的微课视频制作水平。

此外,还可用手机视频拍摄教师在白纸上书写与讲解教学内容、用课堂录播系统录制教师授课与计算机屏幕等方法制作微课视频,但做出来的微课视频质量不高。在微课开始推广阶段不妨推行,但当微课建设达到一定规模、微课制作达到一定水平后,应提倡制作高水平、高质量的微课,以便获得学习者的认可和兴趣。如果海量的微课由于制作水平不高,应用效果不佳,管理不到位,势必吸引不了广大的学习者,将丧失微课在网络教育中应用的优势。那样,微课将成为网络资源垃圾。

第五节　微课设计与制作实践案例

本节将以"青少年学习与生活中的心理学"系列微课为例,来分析阐述该系列微课的设计与制作。"青少年学习与生活中的心理学"系列微课是面向青少年在学习和生活中遇到的一些心理现象和行为,从科普的角度进行解释和学习,引导青少年学习、掌握一些基本的心理学概念、原理、效应和定律等,利用简单的心理学知识处理和解决学习和生活中的心理学问题,在生活和学习中建立积极向上的心态和观念。

根据司继伟的《青少年心理学》、刘儒德的《学习心理学》、戴维·迈尔斯的《社会心理学(第 8 版)》和理查德·格里格的《心理学与生活(第 18 版)》等,我们抽取出与当前青少年学习与生活联系比较密切的心理学基本概念、理论、定律、现象、规律、效应等,分为认识自我、调控自我、交往心理和社会心理部分,共 128 个知识点。这样,将"青少年学习与生活中的心理学"的网络课程教学目标分解到 128 个微课中,实现整个课程的教学目标。该系列微课的稿本设计模板如表 10-5-1。

表 10-5-1　"青少年学习与生活中的心理学"系列微课稿本设计模板

微课信息	
微课名称	
所属课程	青少年学习与生活中的心理学
关键词	
微课类型	讲授型
制作方法	
制作人员	稿本：　　制作：　　解说：　　绘画：
教学目标	
课程简介	

(续表)

教学视频制作稿本

	序号	知识点	解说词	字幕	画面要求
教学过程	1	情景案例			
	2	提出问题			
	3	概念讲解			
	4	案例分析			
	5	拓展应用			
	6	思考启示			
问题	判断题： 选择题（单选题、多选题）： 思考题：				

  本系列微课因为是面向青少年在课外碎片时间内的学习，以此对微课的教学内容讲解要求生动、有趣、亲和，定位于知识讲授型微课。本系列微课以建构主义理论为指导，采用"1-1-1模式"，即用1个案例引入教学情景，带出1个概念或理论、定律；通过对这个概念、理论分析，强化对概念、理论的理解；利用1个总结、测试或操作实现知识的迁移。一般由实例引出问题，讲解解决问题的方法、法则、原理等，再引导学习者用这些方法、法则、原理等解决更多的问题，始终保持学习者的学习兴趣，促成学习者有意义的知识建构。

  按照建构主义的"案例—问题—讲解—启发—应用"教学过程模式，微课一开始提出一个学习者熟悉或感兴趣的与教学主题密切相关的事件或现象作为案例，做到"一个微课，一个故事，一个问题"，保持学习的新鲜感，引起学习者的兴趣，而不采用"复习上节内容，引出新课"的传统模式。然后，提出问题让学习者思考，引出教学内容的核心概念、定律、效应等。

  对教学主题的讲解要通俗，但要有一定的深度。讲解图文声画协调一致，画面美观大方，解说亲切自然。讲解完后学习者对学习内容已初步理解并发生学习迁移，后面再引导学习者思考，将学习的心理效应或规律应用到学习和生活中，以解决遇到的问题、困难和迷茫。在微视频学习结束后，微课平台提供相应的测试题和思考题。测试题包括对错判断题和单选或多项题。数量不多但与微课主题紧密相关，每类题仅有1题。思考题与学习者的学习或生活相关，能引起学习者主动思考，甚至诱发学习者在论坛中留言表达自己的想法，进行思想交流。

  系列微课主要采用多媒体讲解、Flash动画讲解和综合视频编辑方法进行制作。每个微课视频讲解的时间控制在5—8分钟，适合青少年学习者在碎片时间中了解、学习心理学的一些基本概念、理论和生活、学习中的一些有趣的心理学现象、规律和效应等。

  制作微课视频时，先按照微课的教学设计写出讲解教学内容的解说词，保证解说词的科学性，注重通俗性、生活化。微课稿本定稿后请播音专业的学生和教师播读解说词，要求吐字清楚，环境安静，语言亲和。播读的语速基本保持在每分钟260字，即中等偏慢的播音速度。微课的屏幕显示画面与解说声音同步,画面背景平淡、柔和,营造轻松的视觉环境。画面布局匀称,文字清晰。文字少而精,主要用于描述关键的概念、标题、标识、说明等。适当使用艺术字,字体、大小、色彩搭配适当。画面中的点缀物、动态效果适当,不宜太多,避免分散学习者的注意力。这样,学习者边听边看,在轻松的视觉环境中学习,没有太大的视觉干扰。微课的辅助学习材料包括微课的知识点简介、学习指导、学习后的测试题或思考题、知识点的相关资源链接等。学习后的测试题和思考题尽可能有趣、开放,吸引学习者主动思考。

第六节 微课的评价指标

微课最关键、最根本的衡量标准是学生的学习效果。如果学生用微课很快捷地掌握了知识,这个微课就是好的微课。因此微课要从学生学的角度去制作,体现以学生为本。教育部全国高校教师网络培训中心和教育部教育管理信息中心分别组织的高校和中小学的微课大赛各提出了一个评审标准,如表 10-6-1 和表 10-6-2 所示,都有一定的代表性。

表 10-6-1 全国高校(本科)微课教学比赛评审规则

作品规范 10 分	一、材料完整(5 分) 包含微课视频、教学方案设计、课件等。如在微课视频中使用到的习题及总结等辅助扩展资料,可以单个文件方式上传相关辅助扩展资料。
	二、技术规范(5 分): 1. 微课视频:时长 5~15 分钟,鼓励简明易懂、短小精趣的微课作品;视频图像清晰稳定、构图合理、声音清楚,主要教学内容有字幕提示等;视频片头应显示作品标题、作者、单位。 2. 多媒体教学课件:配合视频讲授使用的主要教学课件为 PPT 格式,需单独文件提交;其他拓展资料符合网站上传要求。 3. 教学方案设计表内应注明讲课内容所属学科、专业、课程及适用对象等信息。
教学安排 40 分	一、选题价值(10 分):选取教学环节中某一知识点、专题、实验活动作为选题,针对教学中的常见、典型、有代表性的问题或内容进行设计,类型包括但不限于:教授类、解题类、答疑类、实验类、活动类。选题尽量"小而精",具备独立性、示范性、代表性,应针对教学过程中的重点、难点问题。
	二、教学设计与组织(15 分): 1. 教学方案:围绕选题设计,突出重点,注重实效;教学目的明确,教学思路清晰,注重学生全面发展。 2. 教学内容:严谨充实,无科学性、政策性错误,能理论联系实际,反映社会和学科发展。 3. 教学组织与编排:要符合学生的认知规律;教学过程主线清晰、重点突出,逻辑性强,明了易懂;注重突出学生的主体性以及教与学活动有机结合。
	三、教学方法与手段(15 分):教学策略选择正确,注重调动学生的学习积极性和创造性思维能力;能根据教学需求选用灵活适当的教学方法;信息技术手段运用合理,正确选择使用各种教学媒体,教学辅助效果好。

(续表)

教学效果 40分	一、目标达成(15分):完成设定的教学目标,有效解决实际教学问题,促进学生思维能力提高。	
	二、教学特色(15分):教学形式新颖,教学过程深入浅出,形象生动,趣味性和启发性强,教学氛围的营造有利于提升学生学习的积极主动性。	
	三、教学规范(10分) 教学语言规范、清晰,富有感染力;教学逻辑严谨,能够较好运用各种现代教育技术手段,相关知识点、教学内容等讲解清楚。如教师出镜,则需仪表得当,教态自然,能展现良好的教学风貌和个人魅力。	
网络评价 10分	依据参赛微课作品发布后受欢迎程度、点击率、投票率、用户评价、作者与用户互动情况、收藏次数、分享次数、讨论热度等综合评价。	

表10-6-2 教育部发布首届中小学"微课"评审标准

一级指标	二级指标	指标说明
选题设计 (10分)	选题简明(5)	主要针对知识点、例题/习题、实验活动等环节进行讲授、演算、分析、推理、答疑等教学选题。尽量"小(微)而精",建议围绕某个具体的点,而不是抽象、宽泛的面。
	设计合理(5)	应围绕教学或学习中的常见、典型、有代表的问题或内容进行针对性设计,要能够有效解决教与学过程中的重点、难点、疑点、考点等问题。
教学内容 (20分)	科学正确(10)	教学内容严谨,不出现任何科学性错误。
	逻辑清晰(10)	教学内容的组织与编排,要符合学生的认知逻辑规律,过程主线清晰、重点突出,逻辑性强,明了易懂。
作品规范 (15分)	结构完整(5)	具有一定的独立性和完整性,作品必须包含微课视频,还应该包括在微课录制过程中使用到的辅助扩展资料(可选):微教案、微习题、微课件、微反思等,以便于其他用户借鉴与使用。
	技术规范(5)	微课视频时长一般不超过10分钟,视频画质清晰、图像稳定、声音清楚(无杂音)、声音与画面同步; 微教案要围绕所选主题进行设计,要突出重点,注重实效; 微习题设计要有针对性与层次性,设计合理难度等级的主观、客观习题; 微课件设计要形象直观、层次分明;简单明了,教学辅助效果好; 微反思应在微课拍摄制作完毕后进行观摩和分析,力求客观真实、有理有据、富有启发性。
	语言规范(5)	语言标注,声音洪亮、有节奏感,语言富有感染力。
教学效果 (40分)	形式新颖(10)	构思新颖,教学方法富有创意,不拘泥于传统的课堂教学模式,类型包括但不限于:教授类、解题类、答疑类、实验类、活动类、其他类;录制方法与工具可以自由组合,如用手写板、电子白板、黑板、白纸、PPT、Pad、录屏软件、手机、DV摄像机、数码相机等制作。
	趣味性强(10)	教学过程深入浅出,形象生动,精彩有趣,启发引导性强,有利于提升学生学习积极主动性。
	目标达成(20)	完成设定的教学目标,有效解决实际教学问题,促进学生思维的提升、能力的提高。

(续表)

网络评价 （15分）	网上评审（15）	参赛作品发布后受到欢迎，点击率高、人气旺，用户评价好，作者能积极与用户互动。根据线上的点击量、投票数量、收藏数量、分享数量、讨论热度等综合评价。
总计		

从两个评价标准分析来看，有以下特点：

（1）教学对象不同。中小学教学对象的低龄化使得对教学内容的科学性、正确性要求比较高，要求精选内容合适、简单明了的教学内容。高校的教学内容相对比较复杂，有一定的学术研究性，因此重点考察教学设计与组织，强调教学方法与手段的应用。

（2）语言要求不同。中小学是学语言的阶段，因此要求教师教学的语言要规范，而高校并没有重点强调，只是要突出教师的授课风采。

（3）教学方式不同。针对中小学的特点，中小学的微课要求有趣味性，以便吸引学生兴趣。而高校学生的理解、自学能力都较强，不要故意增强趣味性，因此提出了要体现教学特色。

（4）教学应用不同。高校的微课传播更为广泛，有些起到了全民教育和终身教育的需要，因此高校的微课应用的要求更高一些。

微课有课程的属性，也有课件的属性，既有知识性，又有资源性，因此可以有多重评判标准和要求。比如可以用上文提到的"四术"作为衡量标准，但最核心的是以下五个方面：

一是选题。并不是所有的内容都要做微课，必须是重点和难点。

二是设计。要对原有的内容重新设计与组织，要体现信息化教学设计的思想。

三是讲解。要准确清楚，言简意赅。

四是表现。音视频及多媒体等技术实现要准确规范。

五是效果。学习者使用的效果要明显有效。

扫码目录页二维码，查看"全国高校（本科）微课教学比赛作品要求"和"全国高校微课教学比赛视频制作参考"。

【思考与练习】

作业1：手机+白纸，制作一个简单微课。

作业2：在中国大学MOOC网上，选择一门自己感兴趣的课程，进行注册学习。

作业3：剪辑一段完整的微课程。制作要求：利用第一个作业，导入外部视频素材，设置背景音乐，在Camtasia中编辑，并导出成品。最终输出的微视频中须包含背景音乐、转场效果、片头片尾、字幕。

【参考文献】

[1] 苏小兵等.微课概念辨析及其教学应用研究[J].中国电化教育，2014(330).

[2] 孟祥增等.微课设计与制作的理论与实践[J].远程教育杂志，2014(6).

[3] 黄益玲等.浅谈微课视频录制方式的利与弊[J].教育教学论.

参考文献

[1] 孙江山,吴永和,任友群.3D打印教育创新:创客空间、创新实验室和STEAM[J].现代远程教育研究,2015(4):96-103.

[2] 李敏,韩丰.虚拟现实技术综述[J].软件导刊,2010,9(6):142-144.

[3] 高媛,刘德建,黄真真,黄荣怀.虚拟现实技术促进学习的核心要素及其挑战[J].电化教育研究,2016(10):77-87.

[4] 张泊平.虚拟现实理论与实践[M].清华大学出版社,2017:2-6.

[5] 杨宁宁.虚拟现实技术及其在特殊教育中的应用[J].软件导刊,2014(2):39-40.

[6] 梁璇,王庭照.虚拟现实技术在我国自闭症康复训练中的应用综述[J].现代特殊教育(高等教育研究),2017(6):39-43.

[7] 刘德建,刘晓琳,张琰,陆奥帆,黄荣怀.虚拟现实技术教育应用的潜力、进展与挑战[J].开放教育研究,2016,22(4):25-31.

[8] 赵一鸣,郝建江,王海燕,乔星峰.虚拟现实技术教育应用研究演进的可视化分析[J].电化教育研究,2016(12):26-33.

[9] 王庭照,许琦,赵微.虚拟现实技术在特殊儿童教学与训练中的应用研究[J].华东师范大学学报(教育科学版),2013,31(3):33-40.

[10] 韩雪.虚拟现实技术在特殊教育中的应用研究[J].无线互联科技,2013(8):224.

[11] 刘德建,刘晓琳,张琰,陆奥帆,黄荣怀.虚拟现实技术教育应用的潜力、进展与挑战[J].开放教育研究,2016,22(4):25-31.

[12] 吴晨一,郑权.体感游戏在自闭症儿童教育康复中困境与化解之道[J].中国教育信息化,2016(12):15-18.

[13] 朱祝武.人工智能发展综述[J].中国西部科技,2011,10(17):08-10.

[14] 贺倩.人工智能技术发展研究[J].现代电信科技,2016,46(02):18-21,27.

[15] 蔡自兴.中国人工智能40年[J].科技导报2016,34(15):13-32.

[16] 吴永和,刘博文,马晓玲.构筑"人工智能+教育"的生态系统[J].远程教育杂志,2017,35(5):27-39.

[17] 孙晔,吴飞扬.人工智能的研究现状及发展趋势[J].价值工程,2013(28):5-7.

[18] 贾积有.人工智能赋能教育与学习[J].远程教育杂志,2018(1):39-47.

[19] 陈凯,何瑶,仲国强.人工智能视域下的信息素养内涵转型及AI教育目标定位——兼论基础教育阶段AI课程与教学实施路径[J].远程教育杂志,2018(1):61-71.

[20] 张妮,徐文尚,王文文.人工智能技术发展及应用研究综述[J].煤矿机械,2009,30(2):4-7.

[21] 王亚飞,刘邦奇.智能教育应用研究概述[J].现代教育技术,2018(1):5-11.

[22] 徐鹏,王以宁.国内人工智能教育应用研究现状与反思[J].现代远距离教育,2009(5):3-5.

[23] 王琦,廖娟,李长安,彭刚.人工智能背景下基于特教专业的大学联盟构建[J].残疾人研究,2018(1):52-57.

[24] 窦艳辉,张义兵.技术支持在孤独症儿童教育干预中的应用[J].现代特殊教育,2011(4):36-38.